EL AMANTE
≈ DE LADY ≈
CHATTERLEY

D.H. LAWRENCE

EDIMAT LIBROS, SA

Copyright © EDIMAT LIBROS, SA
C/ Primavera, 10, nave 35
28500 Arganda del Rey
MADRID — ESPAÑA
www.edimat.es

ISBN: 978-84-9794-570-7
Depósito Legal: M-1277-2024

Título: El amante de Lady Chatterley
Título original: *Lady Chatterley's Lover*
Autor: D. H. Lawrence
Traducción: María Jesús Sevillano Ureta
Diseño e ilustraciones de cubierta: Karakachoff Estudio

Impreso en España — *Printed in Spain*

Introducción

DAVID HERBERT RICHARDS LAWRENCE

Más conocido como D. H. Lawrence, fue un escritor inglés, novelista, autor de cuentos, poemas, obras de teatro, ensayos, libros de viaje, traducciones y críticas literarias, además de acuarelista de talento. Nació en 1885 como cuarto hijo de un minero que casi no sabía leer y de una antigua maestra. Pasó su infancia en el pueblo minero de Eastwood, su entorno obrero y las tensiones entre sus padres por la diferencia cultural entre sí le aportaron material para muchas de sus obras. Hizo de su medio natal, que él llamaba «el campo de mi corazón», el escenario de muchas de sus obras de ficción. Estuvo interno en la Beauvale Board School de 1891 a 1898 y se convirtió en el primer alumno local en conseguir una beca para estudiar en el Instituto de Nottingham.

Dejó los estudios en 1901 y estuvo empleado como dependiente en una fábrica de aparatos quirúrgicos tres meses, antes de que una neumonía pusiera fin a su empleo. En su convalecencia se rodeó de amigos que sentían pasión por la Literatura. De 1902 a 1906 trabajó como maestro en la British School, dedicó todo su tiempo a los estudios y recibió un diploma de docencia por la Universidad de Nottingham en 1908. En estos años trabajó en poemas, relatos breves y el inicio de una novela a la que finalmente tituló *The White Peacock* (El pavo real blanco). A finales de 1907 ganó un concurso de relatos breves organizado por un periódico local.

En 1908 se trasladó a Londres, donde impartió clases en un colegio y continuó escribiendo. Algunos de sus primeros poemas llamaron la atención del editor de la revista *The English Review,* quien le encargó un cuento para publicarlo. Este cuento llevó al editor Heinemann a pedirle nuevos trabajos, inaugurando así su carrera como escritor profesional, aunque siguió como profesor unos años más. Su primera novela, *El pavo real blanco,* se publicó en 1910, poco después de la muerte de su madre, con la que estaba muy unido, acontecimiento que marcó profundamente la vida de Lawrence.

En 1911 conoció al editor Edward Garnett, quien actuó como su protector y lo incentivó a seguir escribiendo. Inició su novela *Hijos y amantes* y terminó su segunda novela, *El intruso.* A finales de ese mismo año sufrió un segundo episodio de neumonía y decidió abandonar la enseñanza para dedicarse por completo a escribir. Terminó una relación con una amiga de su infancia a quien llegó a proponer matrimonio. En 1912 conoció a Frieda Weekley, perteneciente a la aristocrática familia alemana Von Richtofen, casada por entonces con su antiguo profesor de lenguas en la Universidad, y con tres hijos pequeños. Comenzaron una aventura y huyeron a la casa de los padres de ella en Metz. Allí fue detenido y acusado de ser un espía británico, pero fue liberado por la intervención del padre de Frieda. Después de este encuentro con el militarismo, se desplazaron a una aldea al sur de Munich en lo que fue su «luna de miel».

Desde allí fueron a Italia, donde terminó *Hijos y amantes,* publicada en 1913 y reconocida como fiel retrato de la realidad de la clase obrera rural. Tras un breve viaje a Inglaterra regresaron a Italia, asentándose en el golfo de la Spezia, también conocido como Golfo de los Poetas. Allí comenzó a escribir sus novelas *El arco iris* y su secuela, *Mujeres enamoradas.* Frieda consiguió al fin su divorcio de Weekly y regresaron a Inglaterra al inicio de la Primera Guerra Mundial, contrayendo matrimonio en 1914. Como Frieda era de origen alemán y él era conocido por su antimilitarismo, se levantaron sospechas contra ellos, llegando a ser acusados de espías, y prácticamente vivieron en la indigencia. A finales de 1917 fueron obligados a dejar su casa por el constante acoso de las autoridades militares. Como consecuencia, Lawrence inició su «peregrinación salvaje», huyendo de Inglaterra y viajando el resto de su vida en compañía de Frieda por Australia, Italia, Sri Lanka, Estados Unidos, México y el sur de Francia.

En 1922 llegó a los Estados Unidos. Junto con Frieda y algunos amigos, idearon crear una comunidad utópica en Taos, Nuevo México. Completó varias obras de ficción, como *El chico en el arbusto, La serpiente emplumada, Saint Mawr, La mujer cabalgante* y *La princesa,* y algunos libros de viajes, como *Mañanas en México.* En 1925 sufrió un grave ataque de malaria y tuberculosis en México, lo que lo obligó a regresar a Europa. Se afincó cerca de Florencia, donde

escribió *La virgen y el gitano* y varias versiones de *El amante de lady Chatterley,* en 1928. Desde allí se mantuvo en contacto con Aldous Huxley, quien publicó tras la muerte de Lawrence la primera colección de cartas con una nota biográfica.

En los últimos años, Lawrence revivió un antiguo interés por la pintura con acuarela. Fue acosado oficialmente y una exposición de pinturas en Londres fue confiscada por la Policía por indecente en 1929. Escribió varias obras poéticas, revisiones de obras y ensayos, además de una defensa de su última novela ante los censores. Lawrence murió en Vence, localidad francesa, debido a complicaciones de la tuberculosis.

Hoy es reconocido como uno de los escritores de libros de viajes más prolíficos en inglés.

EL AMANTE DE LADY CHATTERLEY

Lawrence empezó a redactar su novela más famosa y controvertida en 1926, en Florencia. De ella redactó tres versiones, siendo publicada la última en 1928, haciéndose famosa. La obra fue censurada y prohibida en Inglaterra y otros países hasta 1960. Fue tachada de inmoral y escandalosa por tratar la sexualidad y el deseo femeninos desde un punto de vista demasiado natural y desinhibido para la época. Lawrence tomó inspiración en su propia vida para esta novela: era hijo de un minero y acabó casándose con una baronesa de origen alemán, y ella, como la protagonista, escoge abandonar una vida social aristocrática y un matrimonio arreglado para escaparse con él.

Tras casarse con sir Clifford Chatterley y adoptar su apellido (cosa habitual en culturas como la sajona), Constance (Connie) Reid, ahora Clifford, hija de intelectuales con ideas socialistas y educada en un entorno artístico, vive en el ambiente de riqueza y privilegio que le proporciona la posición social del barón; una vida acomodada y en apariencia plácida, rodeada por los placeres burgueses y regida por los «términos correctos» que deben ser los de todo buen matrimonio, pero Connie siente un extraño vacío vital, que se incrementa por el desapego continuo de Clifford hacia ella.

La acción se sitúa en la comarca de Derbyshire, empobrecida y fuertemente industrializada (la Inglaterra agrícola, bucólica y bella, deja paso a la Inglaterra industrializada y fea), con trabajadores exprimidos y oprimidos por los aristócratas como Clifford. Éste, que ha

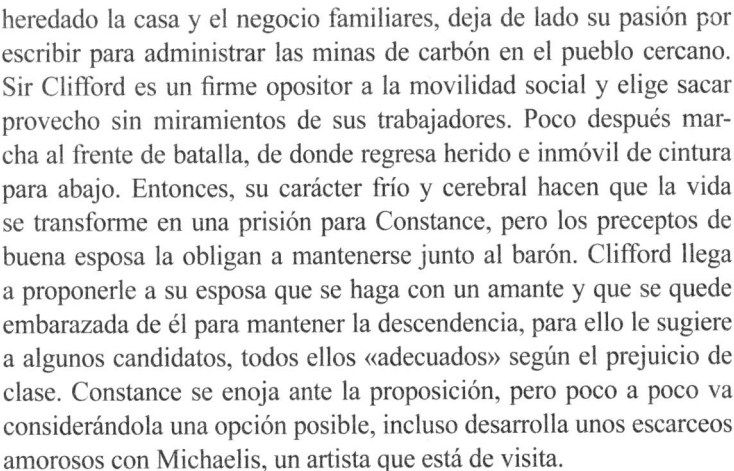

heredado la casa y el negocio familiares, deja de lado su pasión por escribir para administrar las minas de carbón en el pueblo cercano. Sir Clifford es un firme opositor a la movilidad social y elige sacar provecho sin miramientos de sus trabajadores. Poco después marcha al frente de batalla, de donde regresa herido e inmóvil de cintura para abajo. Entonces, su carácter frío y cerebral hacen que la vida se transforme en una prisión para Constance, pero los preceptos de buena esposa la obligan a mantenerse junto al barón. Clifford llega a proponerle a su esposa que se haga con un amante y que se quede embarazada de él para mantener la descendencia, para ello le sugiere a algunos candidatos, todos ellos «adecuados» según el prejuicio de clase. Constance se enoja ante la proposición, pero poco a poco va considerándola una opción posible, incluso desarrolla unos escarceos amorosos con Michaelis, un artista que está de visita.

Un día le presenta a Oliver Mellors, guardabosque de sus fincas. Es un hombre callado, fuerte, desinhibido, salvaje y apasionado, que ha sabido elevarse de su baja condición al integrarse al Ejército por un tiempo durante la Gran Guerra. Mellors critica el belicismo de la época y augura varias veces el estallido de la Segunda Guerra Mundial (asimismo, profetiza: «se tendrán niños en botellas y la sexualidad ya no será necesaria»). Constance se siente atraída por él, por su virilidad, pero también rechaza su clase social, su forma de vivir y su manera de hablar, entreverada de dialecto local. Sus encuentros, cada vez más eróticos, acaban por despertar la sensualidad y la sexualidad de Constance y culminan por fin en el suelo de una cabaña, iniciándose así un tenso triángulo en el que Mellors no tiene cabida por su posición social. La pasión entre los dos no será únicamente una válvula de escape de todas sus frustraciones vitales, sino también un reino afortunado al margen de todo, especialmente de las diferencias de clase y de otras injusticias (entre las cuales habría que contar el derecho de la mujer al placer, históricamente ignorado).

Constance se enfrenta finalmente a la decisión de seguir a su corazón con Mellors, o regresar con Clifford y cumplir con las expectativas de la sociedad. Lawrence utiliza la premisa para criticar las rígidas jerarquías de clase que dominaban la sociedad británica —junto con la industrialización desmedida de la época—, al tiempo que abogaba por un contacto humano mucho más profundo. Sin embargo, los problemas se ocasionaron por las escenas gráficas en las que describía al

detalle el placer femenino y utilizaba palabras tabú, que por entonces se consideraban demasiado lascivas para salir impresas o circular por el correo. Pero en esta novela ofrece un magnífico retrato de la sociedad británica en el período de entreguerras, época que, según él mismo dijo, «es esencialmente trágica, así que nos negamos a tomarla por lo trágico».

El amante de Lady Chatterley una obra maestra imperecedera por su capacidad para retratar la frustración que azota a quienes viven bajo el yugo del puritanismo, incluso si la sociedad sigue avanzando en otros planos. Asimismo, ilustra la oposición entre el vitalismo y el intelectualismo, dos formas antagónicas de ver la vida. El carácter liberador de las energías instintivas en la relación sexual es el catalizador de este conflicto en la novela.

Son más de una docena las versiones realizadas de esta novela, o inspirada en ella, para el cine o la televisión desde 1955.

EL AMANTE DE LADY CHATTERLEY

Capítulo primero

La nuestra es una época esencialmente trágica, así que nos negamos a tomarla por lo trágico. El cataclismo ha ocurrido, nos encontramos entre las ruinas; empezamos a construir nuestros nuevos y pequeños espacios para vivir, a tener nuevas y pequeñas esperanzas. Es una ardua tarea: ahora no hay un camino llano hacia el futuro, pero rodeamos o saltamos por encima de los obstáculos. Tenemos que vivir, sin importar cuántos cielos hayan caído.

Esta era, más o menos, la situación de Constance Chatterley. La guerra había derrumbado el techo sobre su cabeza, y se había dado cuenta de que había que vivir y aprender.

Se había casado con Clifford Chatterley en 1917, cuando él volvió a casa con un mes de permiso. Su luna de miel duró un mes; luego él regresó a Flandes, para que le embarcaran hacia Inglaterra seis meses más tarde, hecho pedacitos más o menos. Constance, su esposa, tenía veintitrés años, y él veintinueve.

Su apego a la vida era maravilloso. No murió, y los pedacitos parecían ir uniéndose de nuevo. Dos años permaneció en manos de los médicos. Luego le dijeron que estaba curado, y pudo volver de nuevo a la vida, con la mitad inferior de su cuerpo, de las caderas hacia abajo, paralizada para siempre.

Esto sucedió en 1920. Clifford y Constance regresaron a su hogar, la mansión Wragby, la «sede» familiar. El padre de Clifford había muerto y ahora Clifford era baronet. Constance era lady Chatterley. Comenzaron su vida hogareña y matrimonial en la mansión, un tanto abandonada, de los Chatterley, con unos ingresos más bien insuficientes. Clifford tenía una hermana, pero se había marchado. Por lo demás, no había más parientes cercanos. El hermano mayor había muerto en la guerra. Inválido para siempre, sabiendo que nunca tendría hijos, Clifford había regresado al hogar de las humosas Midlands para mantener vivo el nombre de los Chatterley mientras le fuera posible.

En realidad no se sentía abatido. Podía trasladarse en una silla de ruedas, y tenía otra con un pequeño motor incorporado, de modo que podía recorrer lentamente el jardín y el melancólico parque que lo bordeaba, del cual se sentía realmente orgulloso, aunque fingía no darle importancia.

Al haber sufrido tanto, había perdido la capacidad de sufrimiento, hasta cierto punto. Seguía siendo raro, brillante y alegre, casi podría decirse chispeante, con su rostro rubicundo y saludable, con sus vivos y desafiantes ojos de color azul pálido. Sus hombros eran anchos y robustos, sus manos fuertes. Vestía ropa cara y llevaba corbatas elegantes de Bond Street. Aun así, en su rostro se veía la mirada vigilante, el ligero vacío de un paralítico.

Había estado tan cerca de perder la vida que cuanta le quedaba tenía un maravilloso valor para él. Resultaba obvio en el ansioso brillo de sus ojos lo orgulloso que estaba de seguir vivo tras superar tan gran conmoción. Pero tanto daño había sufrido que algo en su interior había perecido, parte de sus sentimientos habían desaparecido. Había un vacío de insensibilidad.

Constance, su esposa, era una joven lozana, de aspecto campesino, cabello castaño y cuerpo robusto, de lentos movimientos, rebosante de inusitada energía. Tenía los ojos grandes y curiosos, una voz dulce y suave, y parecía recién llegada de su pueblo natal. Pero no era así en absoluto. Su padre era el anciano sir Malcolm Reid, en otros tiempos muy conocido en la Real Academia. Su madre había sido una de las cultas fabianas de la floreciente época del prerrafaelismo. Entre artistas y socialistas cultos, Constance y su hermana Hilda habían recibido lo que podría llamarse una educación estéticamente poco convencional. Habían sido llevadas a París, Florencia y Roma para respirar arte, y también las habían llevado en la otra dirección, a La Haya y a Berlín, a grandes convenciones socialistas, donde los oradores hablaban en todas las lenguas civilizadas y nadie se avergonzaba.

En consecuencia, las dos muchachas, ya desde edad temprana, no se sentían intimidadas ni por el arte ni por la política. Era su ambiente natural. Eran a la vez cosmopolitas y provincianas, con

el provincialismo cosmopolita del arte asociado a ideales sociales puros.

Habían sido enviadas a Dresde a la edad de quince años para aprender música entre otras cosas. Y lo habían pasado bien allí. Vivían libremente entre los estudiantes, discutían con los hombres sobre temas filosóficos, sociológicos y artísticos; lo hacían tan bien como los hombres, o mejor, puesto que eran mujeres. Y se iban a los bosques con jóvenes robustos que llevaban guitarras, ¡tling, tling! Cantaban las canciones de los Wandervogel[1] y eran libres. ¡Libres! Esa era la gran palabra. Abiertas al mundo, en los bosques matinales, con jóvenes vigorosos y dotados de gargantas espléndidas, libres para hacer lo que quisieran y, sobre todo, para decir lo que quisieran. Era hablar lo que importaba por encima de todo: el apasionado intercambio de conversación. El amor era tan sólo un acompañamiento menor.

Tanto Hilda como Constance habían tenido aventuras amorosas a la edad de dieciocho años. Los jóvenes con quienes conversaban con tanta pasión, cantaban tan animadamente y acampaban bajo los árboles con tal libertad, deseaban, por supuesto, una relación amorosa. Las muchachas dudaban, pero después se hablaba tanto de aquello, se suponía que era tan importante, y los hombres parecían tan humildes y anhelantes... ¿Por qué no podía una chica ser como una reina y ofrecerse a sí misma como regalo?

Así que se habían ofrecido como regalo, cada una de ellas al joven con quien tenía las discusiones más sutiles e íntimas. Los debates, las discusiones eran lo importante; hacer el amor y conectarse eran sólo una especie de reversión primitiva y algo decepcionante. Luego ella se sentía menos enamorada del muchacho, y un poco inclinada a odiarle, como si él hubiese traspasado la privacidad y la libertad interior. Porque, por supuesto, siendo una chica, toda la dignidad y significado de la vida consistían en el logro de una libertad absoluta, perfecta, pura y noble. ¿Qué otro sentido tenía la vida de una joven, sino el de sacudirse las viejas y sórdidas relaciones y ataduras?

Y por mucho sentimentalismo que hubiera en este asunto del sexo, era una de las relaciones y ataduras más antiguas y sórdidas.

---

[1] *Wandervogel:* Movimiento juvenil alemán de finales del siglo XIX. *(N. de la T.)*

Los poetas que lo glorificaban eran en su mayoría hombres. Las mujeres siempre habían sabido que había algo mejor, algo más elevado. Y ahora lo sabían con más certeza que nunca. La hermosa y pura libertad de una mujer era infinitamente más maravillosa que cualquier amor sexual. Lo único que había que lamentar era que los hombres iban muy rezagados con respecto a las mujeres en este asunto. Ellos insistían en lo del sexo como perros.

Y una mujer tenía que ceder. El hombre era como un niño en cuanto a sus apetitos. Una mujer tenía que ceder ante sus deseos o, al igual que un niño, probablemente se volvería desagradable, huiría y echaría a perder lo que era una relación muy placentera. Pero una mujer podía rendirse a un hombre sin rendir su yo interno y libre. Eso era algo que ni los poetas ni quienes hablaban de sexo parecían haber tenido en cuenta lo suficiente. Una mujer podía aceptar a un hombre sin entregarse realmente. Sin duda, ella podía aceptarle sin entregarse a su poder. Ella podría, más bien, emplear el sexo para ejercer poder sobre él; pues le bastaría con contenerse en la relación sexual, permitirle acabar y agotarse, sin llegar ella a la culminación; y luego ella podría prolongar la relación y lograr su orgasmo y culminación, mientras él ya no sería más que un mero instrumento para ella.

Las dos hermanas habían tenido sus experiencias amorosas antes de estallar la guerra y regresar a casa apresuradamente. Ninguna de las dos se había enamorado de un joven a no ser que se sintieran muy cercanos verbalmente; es decir, a menos que su *conversación* no fuera profundamente interesante para ambos. La asombrosa, profunda e increíble emoción consistía en conversar con algún joven realmente inteligente hora tras hora, y reanudar esa conversación día tras día, durante meses... ¡Nunca se habían dado cuenta de esto hasta que sucedió! La paradisíaca promesa: ¡Tendrás hombres con quienes hablar!, no se había pronunciado jamás. Y se cumplió antes de que ellas supieran lo que una promesa así significaba.

Y si después de la intimidad que suscitaba estas vívidas y reveladoras discusiones llegaba a ser más o menos inevitable el sexo, entonces accedían a ello. Marcaba el final de un capítulo. También tenía su propia emoción: una emoción extraña y vibrante dentro del cuerpo, un último espasmo de autoafirmación, como la última palabra, emocionante, y muy parecida a la fila de asteriscos que se pueden poner para mostrar el final de un párrafo, o para cambiar de tema.

Cuando las muchachas llegaron a casa a pasar las vacaciones de verano de 1913, Hilda tenía veinte años y Connie dieciocho. Su padre pudo ver con claridad que habían vivido experiencias amorosas. *L'amour avait passé par lá,* como dijo alguien. Pero él mismo era un hombre dotado de experiencia y dejó que la vida siguiera su curso. Respecto a la madre, enferma de los nervios durante los últimos meses de su vida, deseaba que sus hijas fuesen «libres» y «se realizaran». Ella no había sido capaz de realizarse: se le había negado. Dios sabe por qué, pues era una mujer que tenía ingresos propios y vivía su vida. Culpaba a su esposo; pero, en realidad, era una antigua huella que la autoridad había dejado en su propia mente o en su espíritu de la que no podía librarse. Nada tenía que ver con sir Malcolm, quien dejaba que su esposa nerviosa y hostil llevara las riendas de su vida, mientras él vivía la suya.

De modo que las muchachas eran «libres» y regresaron a Dresde, a su música, a la universidad y a los jóvenes. Amaban a sus respectivos jóvenes, y sus respectivos jóvenes las amaban a ellas con toda la pasión de la atracción mental. Todas las cosas maravillosas que los jóvenes pensaban, expresaban y escribían, las pensaban, expresaban y escribían para las muchachas. El de Connie tenía talento musical; el de Hilda, técnico. Pero ambos simplemente vivían para ellas. En sus mentes y en sus emociones mentales, claro. En algún otro aspecto eran rechazados en parte, aunque ellos no lo sabían.

Era evidente que ellos también habían experimentado el amor, es decir, la experiencia física. Resulta curioso qué sutil, pero a la vez inconfundible transformación se produce tanto en el cuerpo de los hombres como en el de las mujeres: en las mujeres más radiantes, más sutilmente redondeadas, se suavizan sus angulosidades juveniles y su expresión es ansiosa o triunfante; el hombre se vuelve mucho más sereno, más introvertido, la propia forma de sus hombros y nalgas es menos firme, más indecisa.

Con la exaltación sexual en el interior del cuerpo, las hermanas casi sucumbieron al extraño poder masculino, pero se recuperaron rápidamente, consideraron aquel entusiasmo sexual como una sensación más, y siguieron siendo libres. Mientras tanto, los hombres, en agradecimiento a la mujer por la experiencia sexual, le entregaban el alma a ella. Después daba la impresión de que ellos habían perdido un chelín para encontrar seis peniques. El de Connie se volvía un poquito mohíno, y el de Hilda un poquito burlón. Pero ¡así son los hombres! Desagradecidos y nunca satisfechos. Cuando no te entregas a ellos te odian porque no lo haces; y cuando te entregas, también te odian por alguna otra razón. O sin razón alguna, a no ser porque son niños descontentos y nada les satisface, haga lo que haga una mujer.

Sin embargo, llegó la guerra. Hilda y Connie regresaron a casa apresuradamente después de haber estado allí en el mes de mayo para asistir al funeral de su madre. Antes de la Navidad de 1914, sus dos jóvenes compañeros alemanes ya habían muerto; tras lo cual las hermanas lloraron y amaron apasionadamente a los jóvenes, pero después los olvidaron. Ya no existieron.

Las dos hermanas vivían en casa de su padre, que realmente era de su madre, en Kensington, y se relacionaban con el grupo joven de Cambridge, el grupo que defendía la «libertad» y los pantalones de franela, y las camisas de franela de cuello abierto, y una especie de anarquía emocional y de buena educación, que hablaba en susurros y mostraban una actitud extremadamente sensible. Hilda, no obstante, se casó inesperadamente con un hombre diez años mayor que ella, uno de los miembros de más edad del mismo grupo de Cambridge, un hombre que tenía mucho dinero y un cómodo trabajo de tradición familiar en el Gobierno; también escribía ensayos de filosofía. Vivía con él en una casa más bien pequeña en Westminster y entró a formar parte de esa buena sociedad de gente del Gobierno que no está en la cumbre, pero que es, o podría ser, el verdadero poder intelectual de la nación: gente que sabe de qué habla, o habla como si lo supiera.

Connie realizó algunas tareas ligeras de guerra y se unió a los intransigentes de pantalón de franela de Cambridge, quienes se burlaban de todo educadamente, hasta cierto punto. Su «amigo» era un tal Clifford Chatterley, un joven de veintidós años que había vuelto precipitadamente de Bonn, donde estudiaba los aspectos técnicos de la minería del carbón. Previamente había pasado dos años en Cambridge. Ahora era primer teniente de un elegante regimiento, de modo que, vestido de uniforme, podía burlarse de todo de un modo más apropiado.

Clifford Chatterley pertenecía a una clase social más elevada que la de Connie. Connie pertenecía a la de la intelectualidad acomodada, pero él a la aristocracia. No a la más alta, pero aristocracia al fin y al cabo. Su padre era baronet y su madre era hija de un vizconde.

Pero si bien es cierto que él era de mejor linaje que Connie y con más «sociedad», también era, a su manera, más provinciano y más tímido. Se encontraba a gusto en el reducido «gran mundo», es decir, en la sociedad aristocrática terrateniente, pero resultaba tímido y nervioso en ese otro gran mundo constituido por las vastas hordas de las clases medias y bajas, y los extranjeros. A decir verdad, le asustaban las clases media y baja, así como los extranjeros que no pertenecían a su propia clase social. En cierto modo le paralizaba ser consciente de su propia indefensión, aunque gozaba de la defensa propia del privilegiado. Lo cual resulta curioso, pero es un fenómeno que se da en nuestros días.

Por consiguiente, le fascinó la peculiar y tierna seguridad de una muchacha como Constance Reid. Ella era mucho más dueña de sí misma en aquel caótico mundo exterior de lo que lo era él de sí mismo.

No obstante, Clifford también era rebelde; se rebelaba incluso contra los de su clase. O tal vez rebelde sea un término muy rotundo, demasiado rotundo. Tan sólo se había visto envuelto en el rechazo general y popular de los jóvenes contra los convencionalismos y cualquier clase de verdadera autoridad. Los padres resultaban ridículos: el suyo, tan obstinado, el que más. Y los gobiernos resultaban ridículos, especialmente el nuestro, que eran de los de esperar a ver qué pasa. Y los ejércitos resultaban ridículos, y los generales carcamales más aún, sobre todo Kitchener, el del rostro enrojecido. Hasta la guerra resultaba ridícula, aunque mataba a mucha gente.

En realidad, todo resultaba un poco ridículo, o muy ridículo; ciertamente todo lo relacionado con la autoridad, ya fuera en el ejército, en el gobierno o en las universidades, resultaba ridículo hasta cierto punto. Y mientras la clase gobernante tuviera cualquier pretensión de gobernar, también resultaría ridícula. Sir Geoffrey, el padre de Clifford, era extremadamente ridículo, talando árboles y arrancando a los hombres de su mina, como a las malas hierbas, para lanzarlos a la guerra; y por sí mismo, siendo tan precavido y patriótico; pero también gastando más dinero en su país del que tenía.

Cuando la señorita Chatterley —Emma— llegó a Londres desde las Midlands para realizar cierto trabajo de enfermería, hacía comentarios muy ingeniosos, aunque de un modo sereno, sobre sir Geoffrey y su decidido patriotismo. Herbert, el hermano mayor y heredero, se reía abiertamente, aunque eran sus árboles los que caían para hacer trincheras. Pero Clifford tan sólo sonreía un poco incómodo. Todo resultaba ridículo, era cierto. Pero, ¿y si aquello se acercaba demasiado y uno mismo llegaba a ser ridículo también...? Al menos la gente que pertenecía a una clase diferente, como Connie, se tomaban algo en serio. Creían en algo.

Se tomaban bastante en serio a los soldados, y la amenaza de reclutamiento, y la escasez de azúcar y dulces para los niños. En todas estas cosas, por supuesto, las autoridades se mostraban ridículamente culpables. Pero Clifford no podía tomárselo en serio. Para él, las autoridades eran ridículas *ab ovo,* y no por los dulces ni por los soldados.

Y las autoridades se sentían ridículas y se comportaban de un modo bastante ridículo, y todo fue como una fiesta de té de un sombrerero loco durante un tiempo. Hasta que las cosas se complicaron allí y vino Lloyd George a salvar la situación de aquí. Y esto superó incluso el ridículo, y el frívolo joven dejó de reírse.

En 1916 mataron a Herbert Chatterley, de modo que Clifford se convirtió en el heredero. Incluso eso le aterraba. La importancia de ser hijo de sir Geoffrey y descendiente de Wragby estaba tan arraigada en él, que jamás podría escapar de ella. Y, sin embargo, sabía también que, a los ojos del vasto e inquieto mundo, resultaba ridículo. Ahora era el heredero y responsable de Wragby. ¿No era eso terrible? Y ¿no era también magnífico y al mismo tiempo, quizás, simplemente absurdo?

Sir Geoffrey no tenía nada de absurdo. Estaba pálido y tenso, encerrado en sí mismo, y obstinadamente decidido a salvar a su país y su propia posición, con Lloyd George o con quien fuese. Tan aislado, tan alejado se hallaba de la Inglaterra que era realmente Inglaterra, tan absolutamente necio era, que incluso pensaba bien de Horatio Bottomley. Sir Geoffrey apoyaba a Inglaterra y a Lloyd George como sus antepasados habían apoyado a Inglaterra y a san Jorge: y nunca supo que existía una diferencia. De modo que sir Geoffrey talaba árboles y apoyaba a Lloyd George y a Inglaterra, a Inglaterra y a Lloyd George.

Y quería que Clifford se casara y tuviera un heredero. Clifford pensaba que su padre era un anacronismo sin remedio. Pero, ¿iba él por delante de su padre en algún aspecto, exceptuando la dolorosa sensación de ridiculez de todo, y la ridiculez suprema de su propia posición? Porque, le gustase o no, aceptó el título de baronet y se hizo cargo de Wragby con la mayor seriedad.

El alegre entusiasmo había desaparecido de la guerra... había muerto. Demasiada muerte y horror. Un hombre necesitaba apoyo y consuelo. Un hombre necesitaba anclar en el mundo seguro. Un hombre necesitaba una esposa.

Los Chatterley, dos hermanos y una hermana, habían vivido curiosamente aislados, encerrados en Wragby, a pesar de todas sus relaciones. Esa sensación de aislamiento intensificaba el vínculo familiar, una sensación de debilidad de su posición, y una sensación de indefensión, a pesar del título y de las tierras, o quizás a causa de ello. Se habían distanciado de aquellas Midlands industriales en las que habían pasado sus vidas. Y se habían distanciado de su propia clase social debido a la naturaleza taciturna, obstinada y cerrada de sir Geoffrey, su padre, a quien ridiculizaban, pero ante quien eran tan sensibles.

Los tres habían dicho que siempre vivirían juntos. Pero ahora Herbert había muerto y sir Geoffrey quería que Clifford se casara. Sir Geoffrey apenas lo mencionaba; hablaba muy poco. Pero a Clifford le resultaba difícil resistirse a su silencio, a su callada insistencia, de que debía de ser así.

Pero Emma dijo «¡No!». Era diez años mayor que Clifford y pensaba que su matrimonio supondría una deserción y una traición a lo que los jóvenes de la familia habían defendido.

Clifford se casó con Connie pese a todo, y pasó un mes de luna de miel con ella. Era el terrible año de 1917, e intimaron como dos personas que se encuentran en un barco que se hunde. Él había ido virgen al matrimonio, y la parte sexual no significaba mucho para él. Aparte de eso, los dos estaban muy unidos. Y a Connie le agradaba aquella intimidad que iba más allá del sexo, y más allá de la «satisfacción» del hombre. De todos modos, Clifford no ansiaba su propia «satisfacción», como parece ser el caso de muchos hombres. No, la intimidad era más profunda, más personal que eso. El sexo tan sólo era algo casual, o complementario, uno de los curiosos procesos orgánicos y anticuados que persistían en su propia torpeza, pero que no era realmente necesario. Sin embargo, Connie quería tener hijos, aunque sólo fuera por fortalecer su posición ante su cuñada Emma.

Pero a principios de 1918, embarcaron a Clifford rumbo a casa hecho pedazos, y no hubo hijos. Sir Geoffrey murió de desazón.

Capítulo II

Connie y Clifford regresaron a su hogar de Wragby en otoño de 1920. La señorita Chatterley, indignada aún por la deserción de su hermano, se había marchado y vivía en un pequeño piso de Londres.

Wragby era un viejo caserón bajo y alargado, de piedra oscura, que había empezado a construirse a mediados del siglo XVIII y se habían ido añadiendo partes hasta convertir el lugar en una madriguera sin mucha distinción. Estaba situado en un lugar elevado dentro de un bello parque de robles, pero ¡ay!, se podía ver a corta distancia la chimenea de la mina de Tevershall, con sus nubes de vapor y humo; y en la húmeda y neblinosa lejanía de la colina, las casas diseminadas del pueblo de Tevershall, un pueblo que comenzaba casi en las puertas del parque y se extendía en completa e irremediable fealdad a lo largo de más de un espantoso kilómetro y medio: casas, hileras de sucias, pequeñas y lamentables casas de ladrillo, con tejados de pizarra negra que parecían tapaderas, casas con ángulos pronunciados, y una obstinada y rotunda sordidez.

Connie estaba acostumbrada a Kensington, a las colinas escocesas o a las de Sussex; esa era su Inglaterra. Con el estoicismo propio de la juventud, asimiló la completa y desalmada fealdad de las Midlands de carbón y hierro, y las consideró lo que eran: algo increíble en lo que no había que pensar. Desde las sombrías habitaciones de Wragby se oía el ruido metálico de las cribas en la mina, el resoplido de la máquina, el traqueteo de las vagonetas y el ronco silbido de las locomotoras. Las laderas de la mina de Tevershall ardían, llevaban años ardiendo, y costaría miles de libras apagarlas. Así que tenían que arder. Y cuando el viento soplaba de allí, lo cual sucedía con frecuencia, la casa se llenaba del hedor de aquella sulfurosa combustión de los excrementos de la tierra. Pero aun en los días que no había viento, el aire siempre olía a algo subterráneo: azufre, hierro, carbón o ácido. E incluso en las rosas de Navidad se posaba la carbonilla de un modo persistente, increíble, como un maná negro caído de cielos de condenación.

Bueno, así era; predestinada como las demás cosas. Era bastante horrible, pero ¿para qué quejarse? No se podía echar de allí de una patada. Seguía adelante, como la vida, como todo lo demás. Por la noche, sobre el bajo y oscuro techo nublado, manchas rojas ardían y temblaban, se esparcían, se hinchaban y se contraían, como dolorosas quemaduras. Al principio fascinaban a Connie provocándole una especie de horror; tenía la impresión de estar viviendo bajo tierra. Después se acostumbró. Y por la mañana solía llover.

Clifford afirmaba que Wragby le gustaba más que Londres. Aquella región tenía una voluntad propia austera y la gente tenía arrestos. Connie se preguntaba qué más tenían; ciertamente carecían de ojos y cerebro. La gente era tan macilenta, informe y deprimente como el paisaje, e igual de hostil que él. Aunque en el tono grave del dialecto que mascullaban y en el golpeteo de sus botas claveteadas cuando regresaban a casa en grupo después de trabajar, arrastrando los pies sobre el asfalto, había algo que resultaba terrible y un tanto misterioso.

No dieron la bienvenida al joven terrateniente, no hubo celebraciones, ni delegación, ni siquiera una simple flor. Sólo un frío y húmedo recorrido en automóvil por un camino oscuro y mojado que atravesaba una sombría arboleda y llegaba hasta la ladera del parque, donde pacían ovejas grises y mojadas, y luego hasta el altozano donde la casa desplegaba su oscura fachada, donde el ama de llaves y su marido andaban dando vueltas, como arrendatarios inseguros sobre la faz de la tierra, dispuestos a balbucir algunas palabras de bienvenida.

No había comunicación entre Wragby Hall y Tevershall, ninguna. Nadie se tocaba la gorra, nadie hacía reverencias para saludar. Los mineros se limitaban a mirar fijamente; los comerciantes levantaban sus gorras ante Connie como ante una conocida, y saludaban a Clifford con un torpe movimiento de cabeza; eso era todo. Un abismo infranqueable, y una especie de silencioso resentimiento por ambas partes. Al principio, Connie sufría por la constante llovizna de resentimiento que provenía del pueblo. Después se endureció y la consideró una especie de tónico, algo que había que superar. Y no

se trataba de que no sintieran aprecio por ella o por Clifford, sólo era que pertenecían a una especie completamente diferente a la de los mineros. Un abismo infranqueable, una brecha indescriptible, como quizás no exista otra al sur de Trent. Pero en las Midlands y en el norte industrial el abismo era infranqueable, y no podía establecerse comunicación alguna a través de él. ¡Tú quédate en tu lado, yo me quedaré en el mío! Un extraño rechazo al pulso común de la humanidad.

No obstante, en sentido abstracto, el pueblo sentía simpatía por Clifford y Connie. En persona era un «¡Déjame en paz!» por ambas partes.

El rector era un hombre amable de unos sesenta años, consciente de su deber, y reducido a casi nada personalmente por el mudo «¡Déjame en paz!» del pueblo. Las esposas de los mineros eran casi todas metodistas. Los mineros no eran nada. Pero el uniforme oficial que llevaba el clérigo bastaba para ocultar el hecho de que era un hombre como cualquier otro. No, él era el señor Ashby, una especie de aparato automático de predicar y orar.

El obstinado e instintivo: «Nos consideramos tan buenos como usted, por muy lady Chatterley que *usted* sea» confundía y desconcertaba mucho a Connie al principio. La extraña, sospechosa, falsa afabilidad con la que las esposas de los mineros acogían su acercamiento a ellas; el curioso matiz ofensivo de «¡Válgame Dios! Ahora *soy* alguien, lady Chatterley habla conmigo! Pero que no vaya a pensar por eso que no soy tan buena como ella», el cual Connie siempre oía en el tono medio adulador de las mujeres, le resultaba insufrible. No había manera de superarlo. Demostraba un desesperante y ofensivo inconformismo.

Clifford les dejaba en paz, y ella aprendió a hacer lo mismo: pasaba a su lado sin mirarlas, y ellas la miraban fijamente como si fuese una figura la que pasara andando. Cuando Clifford tenía que tratar con ellos, mostraba cierta altanería y desprecio; ya no podía permitirse tratarles amistosamente. De hecho, era bastante arrogante y desdeñoso con quien no pertenecía a su propia clase. Se mantenía firme sin intentar la más mínima conciliación. Y a la gente no le caía ni bien ni mal: formaba parte de las cosas, como la mina y la propia mansión de Wragby.

Pero ahora que Clifford estaba inválido, era extremadamente tímido y cohibido. Detestaba ver a quienes no fueran sus sirvientes personales. Pues tenía que permanecer sentado en una silla de ruedas o en la otra más pequeña. No obstante, seguía vistiéndose con el mismo esmero de antes, con trajes de sastres caros, y llevaba elegantes corbatas de Bond Street igual que antes, y la parte superior de su cuerpo presentaba el mismo aspecto elegante y distinguido de siempre. Jamás había sido uno de esos jóvenes modernos afeminados: más bien bucólico, con su rostro colorado y sus anchos hombros. Pero su voz baja y vacilante, y sus ojos de mirada audaz y temerosa al mismo tiempo, segura e indecisa, revelaban su naturaleza. Sus modales mostraban con frecuencia una arrogancia ofensiva, pero luego volvía a ser modesto, discreto, casi trémulo.

Connie y Clifford estaban muy unidos, aunque al modo distante moderno. Se sentía demasiado herido en su interior, por la gran conmoción que había supuesto quedar lisiado, para poder comportarse con naturalidad o con frivolidad. Era un ser herido. Y como tal, Connie se aferró a él apasionadamente.

Pero Connie no podía evitar darse cuenta de la escasa relación que él tenía con la gente. Los mineros eran, en cierto sentido, sus propios hombres; pero él los consideraba objetos más que hombres, eran parte de la mina más que parte de la vida, fenómenos ordinarios y toscos más que seres humanos como él. En cierto modo les temía; no podía soportar que le mirasen desde que estaba inválido. Y sus extrañas y ordinarias vidas le parecían tan poco normales como las de los erizos.

Clifford mostraba un remoto interés; pero como quien mira por un microscopio, o por un telescopio. No estaba en contacto. En realidad no tenía contacto con nada ni con nadie, salvo con Wragby, por tradición, y a través del estrecho vínculo de defensa de la familia, lo tenía con Emma. Aparte de esto, no mantenía contacto con nada. Connie tenía la impresión de que ni siquiera con ella llegaba a conectar realmente; quizás no había nada que conseguir en definitiva; como si tan solo se tratase de negarse al contacto humano.

Sin embargo, dependía absolutamente de ella, la necesitaba a cada momento. A pesar de ser grande y fuerte, estaba incapacitado. Era capaz de trasladarse en una silla de ruedas, y tenía otra con un motor incorporado con la que podía desplazarse lentamente por el

parque. Pero cuando se encontraba solo, estaba perdido. Necesitaba que Connie estuviese allí, para convencerle de que existía.

No obstante, era ambicioso. Le había dado por escribir relatos; relatos curiosos, muy personales, sobre personas que había conocido. Eran ingeniosos, bastante malintencionados y, sin embargo, de un modo un tanto misterioso, carentes de sentido. La observación era extraordinaria y peculiar. Pero no había contacto, no un contacto real. Era como si todo tuviera lugar en un vacío. Y puesto que el terreno de la vida hoy en día es como un gran escenario iluminado artificialmente, curiosamente los relatos resultaban acertados en la vida moderna, o más bien, en la psicología moderna.

Clifford mostraba una sensibilidad casi morbosa en esos relatos. Quería que todos pensaran que eran buenos, de lo mejor, *ne plus ultra*. Aparecían en las revistas más modernas, y eran alabados y criticados, como es lo habitual. Pero para Clifford la crítica era una tortura, como si le clavaran cuchillos. Era como si todo su ser estuviese dentro de esos relatos.

Connie le ayudaba cuanto podía. Al principio le entusiasmaba. Él hablaba de todo con ella monótona, insistente, constantemente, y ella tenía que responder con toda su capacidad. Era como si toda su alma, y su cuerpo y su sexo tuvieran que despertar y pasar a los relatos de Clifford. Esto la emocionada y absorbía.

Tenían muy poca actividad física. Ella debía supervisar la casa. Pero el ama de llaves había servido a sir Geoffrey durante muchos años, y aquella fémina seca, anciana, extremadamente correcta —a quien apenas podía llamársela doncella, ni siquiera mujer— que esperaba junto a la mesa, llevaba en la casa cuarenta años. Ni siquiera las doncellas eran mucho más jóvenes. ¡Era horrible! ¡Qué podías hacer en semejante lugar, salvo dejarlo como estaba! ¡Todas aquellas interminables habitaciones que nadie usaba, todas las rutinas de las Midlands, la limpieza mecánica y el orden mecánico! Clifford había insistido en traer a una nueva cocinera, una mujer con experiencia que le había servido en su casa de Londres. Respecto al resto del lugar, parecía regido por una anarquía mecánica. Todo seguía un buen orden, limpieza estricta y puntualidad estricta; incluso una honradez bastante estricta. Y, sin embargo, para Connie, aquello era una anarquía metódica. Ninguna calidez de sentimientos daba unidad orgánica a la casa. Parecía tan deprimente como una calle vacía.

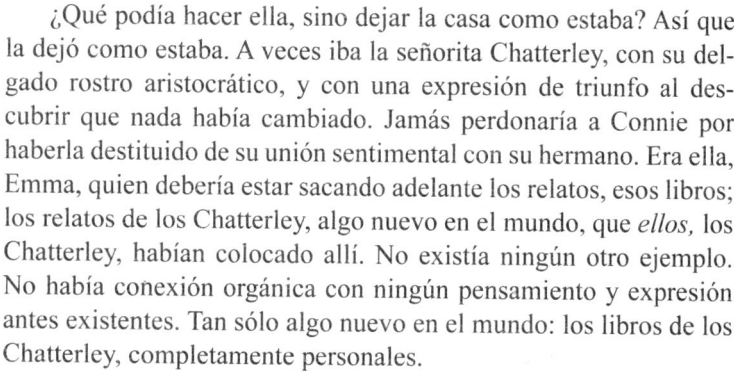

D. H. Lawrence

¿Qué podía hacer ella, sino dejar la casa como estaba? Así que la dejó como estaba. A veces iba la señorita Chatterley, con su delgado rostro aristocrático, y con una expresión de triunfo al descubrir que nada había cambiado. Jamás perdonaría a Connie por haberla destituido de su unión sentimental con su hermano. Era ella, Emma, quien debería estar sacando adelante los relatos, esos libros; los relatos de los Chatterley, algo nuevo en el mundo, que *ellos,* los Chatterley, habían colocado allí. No existía ningún otro ejemplo. No había conexión orgánica con ningún pensamiento y expresión antes existentes. Tan sólo algo nuevo en el mundo: los libros de los Chatterley, completamente personales.

Cuando el padre de Connie realizó una breve visita a Wragby, dijo en privado a su hija: «En cuanto a lo que escribe Clifford, es ingenioso, pero *no hay nada dentro.* ¡No durará!». Connie miraba al fornido caballero escocés que tan bien se las había arreglado en la vida; y sus ojos, sus grandes y asombrados ojos azules, adquirieron una expresión distraída. ¡Nada dentro! ¿Qué quería decir él con que no había nada dentro? Si las críticas alababan lo que escribía y el nombre de Clifford era casi famoso, e incluso ganaba dinero... ¿qué quería decir su padre cuando decía que no había nada en lo que escribía Clifford? ¿Qué más podría haber?

Connie había adoptado el criterio de los jóvenes: lo que había en el momento era todo lo que existía. Y los momentos se sucedían unos a otros sin relacionarse necesariamente unos con otros.

Fue durante el segundo invierno en Wragby cuando le dijo su padre:

—Espero, Connie, que las circunstancias no te obliguen a ser una *demi-vierge.*

—¡Una *demi-vierge!* —replicó Connie vagamente—. ¿Por qué? ¿Por qué no?

—¡A no ser que te guste, por supuesto! —dijo su padre apresuradamente. A Clifford le dijo lo mismo cuando los dos hombres se quedaron solos:

—Me temo que no le sienta muy bien a Connie ser *demi-vierge.*

—¡Semivírgen! —replicó Clifford, traduciendo la frase para asegurarse.

Reflexionó un momento, luego se ruborizó con intensidad. Se sentía enojado y ofendido.

—¿En qué aspecto no le sienta bien? —preguntó Clifford, fríamente.

—Está adelgazando... es más angulosa. No es su estilo. No es de esa clase de muchachas menudas que parecen sardinas, sino una preciosa trucha escocesa.

—¡Sin manchas, por supuesto! —dijo Clifford.

Quería hablar más tarde con Connie sobre el asunto de ser *demi-vierge*, sobre su estado de semi-virginidad. Pero no se atrevió a hacerlo. Tenía demasiada intimidad con ella y a la vez no tenía la suficiente. Eran uno solo mentalmente, pero corporalmente no existían el uno para el otro, y ninguno podía soportar sacar a relucir el *corpus delicti*. Estaban íntimamente unidos, pero carecían por completo de contacto.

Connie intuyó, sin embargo, que su padre le había dicho algo y que Clifford daba vueltas en la cabeza a ese algo. Sabía que a él no le importaba si ella era *demi-vierge* o *demi-monde*, con tal de que él no lo supiera, ni nadie se lo hiciera saber. Lo que los ojos no ven y la mente no sabe, no existe.

Connie y Clifford llevaban casi dos años en Wragby, viviendo una vida vaga, absorta en Clifford y en su obra. Nunca había dejado de fluir el interés en la obra de Clifford. Hablaban y luchaban en la agonía de la composición literaria, y tenían la impresión de que algo estaba sucediendo, sucediendo realmente, en el vacío.

Y así discurría la vida: en el vacío. Lo demás no existía. Wragby estaba allí, los criados... pero eran espectros, no existían realmente. Connie salía a pasear por el parque y por el bosque que había junto al parque. Y disfrutaba de la soledad y del misterio, dando patadas a las hojas marrones del otoño y cogiendo prímulas en primavera. Pero todo era un sueño; o más bien un simulacro de realidad. Las hojas de los robles eran para ella como hojas de roble vistas a través de un espejo; ella misma era un personaje que alguien había leído, cogiendo prímulas que sólo eran sombras o recuerdos, o palabras. ¡Sin sustancia en ella, sin nada... sin roce, sin contacto! Solamente esa vida con Clifford, ese interminable entrelazado de hilos, de pormenores de la conciencia, en esas historias de las que sir Malcolm decía que no había nada dentro y que no durarían. ¿Por qué debería haber algo en ellas, por qué deberían durar? Basta para el día el mal que hay en él. Basta por el momento la *apariencia* de realidad.

Clifford tenía numerosos amigos, conocidos en realidad, y les invitaba a ir a Wragby. Invitaba a toda clase de personas, críticos y escritores, personas que le ayudarían a alabar sus libros. Y ellos se sentían halagados cuando les invitaban a Wragby, y los alababan. Connie lo comprendía todo perfectamente. Pero ¿por qué no? Era uno de los fugaces reflejos en el espejo. ¿Qué había de malo en ello?

Connie era la anfitriona de aquella gente... en su mayoría hombres. También era anfitriona de los escasos parientes aristocráticos de Clifford. Al ser una joven amable, rubicunda, de aspecto campesino, propensa a las pecas, con grandes ojos azules y cabello rizado castaño, con una voz dulce y recias caderas de mujer, se la consideraba un poco pasada de moda y «femenina». No era una «sardina» menuda, con aspecto de muchacho, pecho plano y nalgas pequeñas. Era demasiado femenina para resultar elegante.

Así que los hombres, especialmente aquellos que ya no eran tan jóvenes, eran muy amables con ella. Pero, sabiendo la tortura que el pobre Clifford sufriría ante el menor indicio de flirteo por su parte, no les alentaba en absoluto. Se mostraba serena y ausente; no tenía ningún contacto con ellos ni pretendía tenerlo. Clifford se sentía extraordinariamente orgulloso de sí mismo.

Los parientes de Clifford la trataban con amabilidad. Ella sabía que esa amabilidad indicaba ausencia de temor, y que aquellas personas no te respetaban a menos que les infundieras cierto temor. Pero tampoco tenía contacto con ellos. Les permitía ser amables y desdeñosos, les permitía pensar que no tenían necesidad de desenvainar el acero con presteza. No tenía una verdadera relación con ellos.

Transcurría el tiempo. Ocurriera lo que ocurriese, nada sucedía, pues ella se mantenía fuera de contacto de un modo excelente. Ella y Clifford vivían en sus ideas y en sus libros. Ella atendía a los invitados... siempre había gente en casa. El tiempo transcurría como en el reloj, son las ocho y media en lugar de las siete y media.

Capítulo III

Connie era consciente, sin embargo, de su creciente desasosiego. Debido a su falta de relación, el desasosiego iba tomando posesión de ella como la locura. Se contraían sus extremidades cuando ella no quería contraerlas, le daba una sacudida la columna cuando ella no quería sacudirla, sino que prefería descansar cómodamente. Algo se estremecía en el interior de su cuerpo, en su vientre, en alguna parte, hasta que sentía el impulso de saltar al agua y nadar para escapar de aquello; un desasosiego enloquecedor. Su corazón latía con violencia sin razón alguna. Y estaba adelgazando.

No sólo era desasosiego. Cruzaba corriendo el parque, abandonaba a Clifford y se tumbaba boca abajo entre los helechos. Huir de la casa... debía huir de la casa y de todos. El bosque era su único refugio, su santuario.

Pero en realidad no era un refugio, ni un santuario, porque no tenía ninguna conexión con él. Tan sólo era un lugar adonde podía huir de los demás. Jamás llegó a conectar realmente con el espíritu del bosque... si es que existía tal absurdo.

Vagamente sabía que estaba haciéndose pedazos en cierto modo. Vagamente sabía que estaba desconectada: había perdido el contacto con el mundo sustancial y vital. Únicamente Clifford y sus libros, que no existían... ¡que no había nada dentro de ellos! Vacío en el vacío. Vagamente lo sabía. Pero era como golpearse la cabeza contra una piedra.

Su padre volvió a aconsejarle: «Connie, ¿por qué no te buscas un galán? Te vendría muy bien.»

Aquel invierno vino Michaelis a pasar unos días. Era un joven irlandés que ya había ganado una fortuna con sus obras de teatro en América. Durante un tiempo, había sido aceptado con bastante entusiasmo por la clase elegante de Londres, pues escribía obras de teatro elegantes. Después la sociedad elegante se fue dando cuenta

de que les había ridiculizado una miserable rata de alcantarilla de Dublín, y llegó el rechazo. Michaelis fue la última palabra en lo referente a lo canallesco y a la desvergüenza. Se descubrió que estaba en contra de los ingleses, y para la clase que hizo este descubrimiento aquello fue peor que el más sucio crimen. Le descuartizaron y arrojaron su cadáver al cubo de la basura.

A pesar de todo, Michaelis tenía su piso en Mayfair y paseaba por Bond Street con el aspecto de un caballero, pues no se puede evitar que los mejores sastres vistan a sus clientes más rastreros, cuando esos clientes pagan.

Clifford invitó al joven de treinta años en un momento aciago de su joven carrera. Sin embargo, Clifford no lo dudó. Michaelis captaba la atención de unos cuantos millones de personas, probablemente; y, al ser un intruso empedernido, no dudaría en agradecer que le invitaran a ir a Wragby en esta coyuntura, cuando el resto de la sociedad elegante le despreciaba. Al estar agradecido, sin duda apoyaría a Clifford allí, en América. ¡La gloria! Un hombre consigue la gloria, signifique lo que signifique, si se habla de él de la forma apropiada, especialmente «allá». Clifford estaba en ascenso; y destacaba el instinto de publicidad que tenía. Al final, Michaelis le incluyó en una obra, de un modo notable, y Clifford se convirtió en una especie de héroe popular. Hasta que llegó la reacción, cuando se descubrió que le había ridiculizado.

A Connie le asombraba un poco el ciego e imperioso deseo de Clifford por darse a conocer: es decir, ser conocido en ese vasto y amorfo mundo que él mismo desconocía, y que le causaba un incómodo temor; conocido como escritor, como escritor moderno de primera clase. Connie sabía ya por el próspero, viejo, cordial y fanfarrón sir Malcolm, que los artistas se anunciaban a sí mismos, y que se esforzaban por colocar sus productos. Pero su padre utilizaba canales ya existentes, empleados por todos los demás miembros de la Real Academia que vendían sus cuadros. Mientras que Clifford descubría nuevos canales de publicidad, de todas clases. Invitaba a Wragby a todo tipo de gente, sin rebajarse él mismo exactamente. Pero, dispuesto a erigirse rápidamente un monumento de reputación, empleaba cualquier escombro que tuviera a mano.

Michaelis llegó puntualmente en un impecable automóvil, con chofer y criado. ¡Absolutamente vestido a lo Bond Street! Pero al verle, el espíritu aristocrático de Clifford sintió cierta aversión. Él no era exactamente... no exactamente... de hecho, no era en absoluto, bueno, lo que con su aspecto pretendía dar por hecho. A Clifford eso le bastó y resultó definitivo. No obstante, se mostró muy cortés con él, con el extraordinario éxito de aquel hombre. La perra diosa del Éxito, como la suelen llamar, rondaba, gruñona y protectora, alrededor de los talones de Michaelis, en parte humilde, en parte desafiante, e intimidaba a Clifford por completo; pues él también quería prostituirse a la perra diosa del Éxito, si ella le aceptaba.

Obviamente, Michaelis no era inglés, a pesar de todos los sastres, sombrereros, barberos y zapateros del mejor barrio de Londres. No, no, obviamente no era un inglés: había algo en su rostro plano y pálido, y en su porte, que no era adecuado; y una especie de resentimiento inadecuado. Sentía rencor y resentimiento; eso resultaba obvio para cualquier auténtico caballero inglés de nacimiento, quien no se dignaría a permitir que tal cosa se manifestara en su comportamiento. El pobre Michaelis había recibido muchas patadas, de modo que tenía un ligero aspecto de llevar el rabo entre las piernas, incluso ahora. Se había abierto camino por puro instinto, y más puro descaro, hasta llegar al escenario y al público frente a él con sus obras de teatro. Había sabido ganarse al público. Y había pensado que los días en los que recibía patadas habían terminado. ¡Ay! No era así... nunca terminarían. Pues él, en cierto sentido, estaba pidiendo que se las dieran. Anhelaba estar donde no le correspondía... entre las clases altas inglesas. ¡Y como disfrutaron con las patadas que le dieron! ¡Y cuánto las odió él!

A pesar de todo, viajaba con su criado y su impecable automóvil, este bastardo de Dublín.

Había algo en él que agradaba a Connie. No era pretencioso; no se hacía ilusiones sobre sí mismo. Hablaba con Clifford de un modo sensato, breve y práctico sobre todas las cosas que Clifford deseaba saber. No se extendía ni daba rienda suelta. Sabía que le habían invitado a ir a Wragby para hacer uso de él, y como un viejo, astuto, casi indiferente hombre de negocios, o gran hombre de negocios, permitía que le preguntara, y él respondía sin derrochar sentimientos.

—¡El dinero! —dijo—. El dinero es una especie de instinto. Ganar dinero es una especie de propiedad de la naturaleza humana. No hay nada que hacer. No se trata de un truco que se pone en práctica.

Es una especie de rasgo permanente en el propio carácter; una vez se empieza, se gana dinero y se sigue adelante; hasta cierto punto, supongo.

—Pero se tiene que empezar.

—¡Oh, cierto! Primero se tiene que *entrar*. No se puede hacer nada si uno se queda fuera. Hay que abrirse camino a golpes. Una vez conseguido eso, no se puede evitar.

—Pero, ¿podría haber ganado dinero, de no ser por las obras de teatro? —preguntó Clifford.

—Probablemente no. Puede que sea un buen escritor o puede que no, pero soy escritor, y escritor de obras de teatro es lo que soy, y es lo que tengo que ser. No hay la menor duda al respecto.

—¿Y piensa usted que tiene que ser escritor de obras de teatro populares? —preguntó Connie.

—¡Exactamente! —dijo, volviéndose hacia ella de pronto—. ¡No significa nada! No hay nada en la popularidad. No hay nada en el público, después de todo. Realmente no hay nada en mis obras que las hagan populares. No se trata de eso. Son como el tiempo atmosférico... es el que tiene que *hacer*... de momento.

Fijó en Connie sus ojos lentos y algo saltones, que habían estado ahogados en una insondable desilusión, y ella se estremeció. Parecía tan viejo... tan infinitamente viejo, construido a base de capas de desilusión, depositadas en él generación tras generación, como estratos geológicos; y al mismo tiempo parecía desamparado como un niño. Un marginado, en cierto sentido; pero con la desesperada valentía de su existencia de rata.

—Al menos es maravilloso lo que ha conseguido usted a su edad —dijo Clifford, pensativamente.

—Tengo treinta años... ¡Sí, treinta años! —dijo Michaelis secamente, repentinamente, con una curiosa risa; hueca, triunfante y amarga.

—¿Y está usted solo? —preguntó Connie.

—¿Qué quiere decir? ¿Si vivo solo? Tengo a mi criado. Es griego, eso dice él, y es bastante incompetente. Pero lo conservo. Y voy a casarme. ¡Oh, sí! Debo casarme.

—Suena como si tuviesen que operarle de las amígdalas —rio Connie—. ¿Le supone un esfuerzo?

Él la miró con admiración.

—¡Bueno, señora Chatterley, en cierto modo sí! Sé... discúlpeme... sé que no puedo casarme con una inglesa, ni siquiera con una irlandesa...

—Pruebe con una americana —dijo Clifford.

—¡Oh, las americanas! —se rio con una risa hueca—. No, le he pedido a mi criado que me encuentre una turca o alguna... alguna más oriental.

A Connie le asombraba realmente aquel espécimen extraño y melancólico, de tan extraordinario éxito; se decía que tenía unos ingresos de cincuenta mil dólares, en América solamente. A veces resultaba atractivo; a veces, cuando miraba de soslayo, hacia abajo, y la luz caía sobre él, tenía la serena y estoica belleza de las máscaras talladas en marfil de los negros, con sus ojos un poco saltones, y las pronunciadas cejas extrañamente arqueadas, la inmóvil y apretada boca; esa momentánea pero reveladora inmovilidad, una inmovilidad, una intemporalidad a la que aspira Buda, y que los negros expresan a veces sin proponérselo; ¡algo antiguo, antiguo y consentido en la raza! Siglos de consentimiento al destino de la raza, en vez de nuestra resistencia individual. Y después cruzar nadando, como las ratas en un río oscuro. Connie sintió un súbito y extraño impulso de simpatía hacia él, un impulso mezclado con compasión, y con un matiz de repulsión, que equivalía casi al amor. ¡El intruso! ¡El intruso! ¡Y le llamaban canalla! ¡Cuánto más canallesco y engreído parecía Clifford! ¡Cuánto más estúpido!

Michaelis supo de inmediato que había impresionado a Connie. Volvió hacia ella sus ojos intensos, de color avellana, ligeramente saltones, con una mirada de pura indiferencia. La estaba evaluando a ella, y también hasta qué punto la había impresionado. Entre ingleses nada le salvaba de ser el eterno intruso, ni siquiera el amor. Aunque a veces había mujeres que se enamoraban de él... también inglesas.

Michaelis sabía exactamente cuál era su posición respecto a Clifford. Eran dos perros extraños a los que les hubiese gustado gruñirse mutuamente, pero que en vez de eso mostraban sonrisas forzadas. Pero con la mujer no estaba tan seguro.

El desayuno se servía en las habitaciones; Clifford no aparecía nunca antes del almuerzo, y el comedor era un poco sombrío. Después del café, Michaelis, de espíritu inquieto e impaciente, se preguntaba qué podría hacer. Era un hermoso día de noviembre... hermoso día para Wragby. Miró hacia el melancólico parque. ¡Dios mío! ¡Qué lugar!

Envió a un criado a preguntar si podía prestarle algún servicio a lady Chatterley: pensaba ir en automóvil a Sheffield. Llegó la respuesta diciendo si no le importaría subir a la sala de estar de lady Chatterley.

Connie tenía una sala en la tercera planta, la más alta de la parte central de la casa. Las habitaciones de Clifford se encontraban en la planta baja, por supuesto. Michaelis se sintió halagado al pedírsele que subiera a la sala privada de la señora Chatterley. Siguió a ciegas al criado... nunca se fijaba en las cosas, ni tenía contacto con lo que le rodeaba. Cuando llegó a la estancia, miró vagamente las excelentes reproducciones alemanas de Renoir y Cézanne.

—Resulta muy agradable estar aquí —dijo, con su extraña sonrisa, como si le doliese sonreír, enseñando los dientes—. Es usted muy inteligente subiendo a la última planta.

—Sí, eso creo —dijo ella.

Su sala era la única estancia moderna y alegre de la casa, el único lugar de Wragby donde se revelaba por completo su personalidad. Clifford jamás la había visto, y ella invitaba a subir allí a muy pocas personas.

Ella y Michaelis se habían sentado uno a cada lado de la chimenea y hablaban. Ella le preguntó por sí mismo, su madre, su padre, sus hermanos... siempre había algo en las demás personas que la asombraba, y cuando despertaban su simpatía, carecía de todo sentido de clase. Michaelis hablaba de sí mismo con franqueza, con bastante franqueza, sin afectación, simplemente revelando su alma amarga, indiferente, de perro callejero, para luego mostrar un destello de orgullo vengativo por su éxito.

—Pero, ¿por qué es usted un ave solitaria? —le preguntó Connie; y él la miró de nuevo, con esa mirada intensa, escrutadora, de color avellana.

—Algunas aves *son* así —respondió él. Luego, con cierta ironía y confianza, añadió—: pero, mírese usted, ¿qué sucede con usted? ¿No es también un ave solitaria? —Connie se sobresaltó un poco, reflexionó unos instantes y dijo a continuación:

—Sólo en cierta manera. ¡No completamente, como usted!

—¿Soy yo un ave completamente solitaria? —preguntó, con su extraña y amplia sonrisa, como si le dolieran las muelas; resultaba tan irónica, mientras sus ojos seguían siendo tan imperturbablemente melancólicos, o estoicos, o desilusionados, o temerosos.

—Bueno —dijo ella, casi sin aliento mientras él la miraba—. Lo es, ¿no es cierto?

Connie se sintió terriblemente atraída por él, tanto que casi le hizo perder el equilibrio.

—¡Oh! Tiene usted toda la razón —dijo él, volviendo la cabeza y mirando de soslayo, con la extraña inmovilidad de una antigua raza que apenas se encuentra aquí en nuestros días. Fue aquello lo que en realidad le hizo perder a Connie su capacidad de verle alejado de sí misma.

Michaelis levantó la vista hacia ella con esa mirada intensa que todo lo veía, que todo lo registraba. Al mismo tiempo, el niño que lloraba en la noche dirigía a Connie el llanto de su pecho, de un modo que le afectó a ella en sus propias entrañas.

—Resulta muy agradable que piense en mí —dijo él lacónicamente.

—¿Por qué no debería pensar en usted? —exclamó ella, casi sin aliento para pronunciarlo.

Él lanzó una carcajada irónica, rápida, silbante.

—¡Oh, de esa manera...! ¿Puedo cogerle la mano un momento? —preguntó él de repente, fijando sus ojos en ella con un poder casi hipnótico, y ejerciendo una atracción que le afectó directamente en las entrañas.

Ella le miró fijamente, se sintió aturdida y paralizada, y él se acercó y se arrodilló a su lado, y apretó sus pies con ambas manos, hundió el rostro en el regazo de ella y permaneció inmóvil. Connie se sentía muy confusa y aturdida, mirando asombrada su tierna nuca, sintiendo su rostro presionándole los muslos. En su ardiente consternación, no pudo evitar poner la mano, con ternura y compasión, sobre la indefensa nuca, y él tembló, con un profundo estremecimiento.

Después alzó la mirada hacia ella con aquel terrible atractivo que había en sus ojos intensos y brillantes. Ella fue completamente incapaz de resistirse a aquello. De su pecho brotó la respuesta, una inmensa necesidad de él; debía darle lo que fuera, lo que fuera.

Fue un amante extraño y muy delicado, muy delicado con la mujer, temblando de un modo incontrolable, y manteniéndose al mismo tiempo distante, consciente, consciente de cualquier ruido que procediera del exterior.

Para ella no significó nada más que haberse entregado a él. Finalmente él dejó de temblar, y se quedó acostado muy quieto, muy quieto. Luego ella, con dedos suaves y compasivos, le acarició la cabeza, que reposaba sobre su pecho.

Cuando Michaelis se levantó, le besó las manos, luego los pies, y sus zapatillas de ante, y en silencio se alejó hasta el otro extremo de la sala, donde quedó de espaldas a ella. Durante unos minutos reinó el silencio. Después dio media vuelta y se acercó de nuevo a ella, que se encontraba sentada junto al fuego como antes.

—Y ahora supongo que me odiará —dijo él en un tono sereno, inevitable. Ella alzó la vista rápidamente hacia él.

—¿Por qué debería hacerlo? —preguntó.

—La mayoría lo hace —dijo; después rectificó—. Quiero decir que... se supone que es lo que hace una mujer.

—Este es el preciso momento en el que no le odiaría —dijo ella con resentimiento.

—¡Lo sé! ¡Lo sé! ¡Así debería ser! Es usted *terriblemente* buena conmigo... —exclamó afligido.

Ella se preguntaba por qué se sentía desgraciado.

—¿No quiere sentarse de nuevo? —preguntó Connie. Él miró hacia la puerta.

—Sir Clifford... —dijo—. ¿No... no estará él...?

Ella meditó unos instantes.

—Quizá —dijo. Y levantó la mirada hacia él—. No quiero que Clifford lo sepa, ni que lo sospeche siquiera. Le haría mucho daño. Pero no creo que hayamos hecho nada malo, ¿no es cierto?

—¡Malo! ¡Dios mío, no! Ha sido infinitamente buena conmigo... tanto, que apenas puedo soportarlo.

Michaelis apartó la mirada y ella se dio cuenta de que de un momento a otro sollozaría.

—Pero Clifford no tiene por qué saberlo, ¿verdad? —rogó ella—. Le haría daño. Y si no llega a saberlo nunca, si no sospecha, no se hace daño a nadie.

—¡Por mí! —dijo él, con vehemencia—; ¡por mí no sabrá nada! Ya lo verá. ¡Delatarme yo! ¡Ja, ja! —soltó una carcajada hueca, cínica, ante tal idea. Ella le observaba asombrada. Él le dijo:

—¿Me permite besarle la mano y marcharme? Iré a Sheffield, creo, y comeré allí, si es posible, y regresaré a la hora del té. ¿Puedo hacer algo por usted? ¿Puedo estar seguro de que no me odiará?... ¿Y de que usted no...? —terminó con un tono desesperado de cinismo.

—No, no le odio —dijo ella—. Creo que es usted agradable.

—¡Ah! —exclamó él con vehemencia—. ¡Prefiero que me diga eso a que me diga que me ama! Significa mucho más... hasta esta tarde, entonces. Tengo que pensar mucho hasta entonces. —Le besó las manos con humildad y se marchó.

—Creo que ya no soporto a ese joven —dijo Clifford durante el almuerzo.

—¿Por qué? —preguntó Connie.

—Debajo de esa fachada no hay más que un canalla... esperando el momento de saltar sobre nosotros.

—Creo que la gente ha sido demasiado cruel con él —dijo Connie.

—¿Y te asombra? ¿Y crees que dedica sus mejores horas a hacer obras de caridad?

—Creo que en cierto modo es generoso.

—¿Con quién?

—No lo sé exactamente.

—Naturalmente que no. Me temo que confundes la falta de escrúpulos con la generosidad.

Connie guardó silencio. ¿Era cierto? Cabía la posibilidad. Sin embargo, aquella falta de escrúpulos de Michaelis ejercía cierta fascinación en ella. Él había avanzado una gran distancia donde Clifford tan sólo había dado unos tímidos pasos. A su manera había conquistado el mundo, que era lo que Clifford quería hacer. ¿Y el modo de hacerlo y los medios? ¿Eran los de Michaelis más despreciables que los de Clifford? ¿Era el modo en el que el pobre intruso se había abierto camino a codazos, y por la puerta de atrás, peor que el modo en el que Clifford se anunciaba para adquirir protagonismo? La perra diosa, Éxito, era perseguida por miles de perros jadeantes con la lengua fuera. El primero que llegaba a ella era el más perro de entre los perros, ¡a juzgar por el éxito! Así que Michaelis podía mantener el rabo en alto.

Lo extraño era que no lo hacía. Regresó a la hora del té con un gran ramo de violetas y lirios, y la misma expresión de perro vagabundo. Connie se preguntaba a veces si no sería una especie de máscara para desarmar al adversario, porque era casi demasiado fija. ¿Realmente era ese perro triste?

Su aspecto de perro triste duró toda la velada, Clifford percibía a través de él su descaro interior. Connie no lo percibía, quizás porque no iba dirigido contra las mujeres; tan sólo contra los hombres, y sus presunciones y suposiciones. El indestructible descaro interior de este flaco individuo era lo que motivaba que los hombres se volvieran contra Michaelis. Su mera presencia era una afrenta para un hombre de sociedad; aunque la envolviera de buenos modales adquiridos.

Connie se sentía enamorada de él, pero se las arregló para permanecer sentada con su bordado y dejar que hablaran los hombres, sin delatarse. Respecto a Michaelis, estuvo perfecto; fue el mismo joven melancólico, atento y distante de la velada anterior, a una inmensa distancia de sus anfitriones, pero adulándoles lo requerido de un modo lacónico, y sin acercarse a ellos ni un instante. A Connie le daba la impresión de que había olvidado aquella mañana. Él no la había olvidado. Pero sabía dónde estaba... en el mismo viejo lugar, afuera, donde nacen los intrusos. No consideraba algo personal el hecho de hacer el amor. Sabía que no por eso cambiaría su vida de perro sin amo, al que todo el mundo envidia su collar de oro, por una cómoda vida de perro de sociedad.

En realidad, lo que sucedía era que en el fondo de su alma *era* un intruso, un ser antisocial, y aceptaba aquel hecho en su interior, sin importar el aspecto de Bond Street que mostraba al exterior. Su aislamiento era para él una necesidad; al igual que era también una necesidad la apariencia de conformidad y mezclarse con gente elegante.

Pero el amor ocasional, como consuelo y alivio, también era algo bueno, y él no era desagradecido. Al contrario, era ardiente, conmovedoramente agradecido por un poco de amabilidad espontánea, natural; hasta llegar casi a las lágrimas. Bajo su pálido, inmóvil y desilusionado rostro, su alma de niño sollozaba de gratitud hacia la mujer, y ardía en deseos de volver a ella; igual que sabía que su alma marginada se mantendría realmente alejada de ella.

Halló ocasión de decirle, mientras encendían las velas del vestíbulo:

—¿Puedo ir?

—Iré yo —dijo Connie.

—¡Oh, está bien!

La esperó largo rato... pero Connie acudió.

Era de ese tipo de amantes que tiemblan al excitarse, cuya culminación llegaba pronto, y terminaba. Había algo que resultaba curiosamente pueril e indefenso en su cuerpo desnudo: como sucede en los niños cuando están desnudos. Toda su defensa se encontraba en su ingenio y astucia, en su astuto instinto, y cuando no los empleaba, parecía doblemente desnudo y era igual que un niño de tierna e inmadura carne que, de alguna manera, forcejea en vano.

Despertaba en la mujer una especie de compasión y necesidad salvajes, y un deseo físico salvaje. El deseo físico no quedaba satisfecho en ella, él siempre llegaba al orgasmo y terminaba muy deprisa, encogiéndose después sobre el pecho de ella, y recobrando en cierto modo su descaro mientras ella yacía confusa, decepcionada, perdida.

Pero pronto aprendió ella a contenerle, a retenerle en su interior cuando ya había llegado él a su culminación. Y entonces él se mostraba generoso y curiosamente potente; permanecía firme dentro de ella, entregándose, mientras ella se mantenía activa... salvaje, apasionadamente activa, hasta llegar a su propia culminación. Y cuando él sentía el frenesí de haber alcanzado la satisfacción del orgasmo producido por su firme y erecta pasividad, experimentaba una curiosa sensación de orgullo y satisfacción.

—¡Ah, qué bien! —susurraba ella trémulamente, y luego se quedaba inmóvil, aferrada a él. Y él yacía a su lado inmerso en su propio aislamiento, aunque orgulloso en cierto modo.

En aquella ocasión permaneció en Wragby tres días, y ante Clifford se comportó exactamente igual que durante la primera velada; ante Connie también. Nada se quebró en su aspecto externo.

Escribía a Connie con el mismo tono lastimero y melancólico de siempre, a veces ingenioso, e impregnado de un extraño afecto ajeno a lo sexual. Parecía sentir por ella una especie de afecto sin esperanza, y su esencial lejanía seguía siendo la misma. Era un ser desesperanzado en lo más profundo, y quería seguir siéndolo. Parecía odiar la esperanza. *Une immense espérance a traversé la Terre*, leyó en alguna parte, y su comentario fue: «... y la maldita esperanza ahogó todo lo que valía la pena».

Connie jamás llegó a comprenderle realmente, pero le amó a su manera. Y durante todo ese tiempo sentía en ella el reflejo de su desesperanza. No podía amarle del todo, amarle del todo en esa desesperanza. Y él, un ser sin esperanza, no era capaz de llegar a amar del todo.

Así continuaron durante bastante tiempo, escribiéndose, y encontrándose de vez en cuando en Londres. Ella aún deseaba la excitación física, sexual, que podía conseguir con él mediante su propia actividad, una vez él había tenido su pequeño orgasmo. Y él aún deseaba proporcionársela, lo cual bastaba para mantenerles en contacto.

Y bastaba para infundir en ella una sutil confianza en sí misma, algo ciega y un poco arrogante. Se trataba casi de una confianza mecánica en sus propias fuerzas, e iba acompañada de una enorme alegría.

Connie estaba terriblemente alegre en Wragby. Y empleaba toda esa alegría despierta y satisfacción en estimular a Clifford, de modo que escribió mejor que nunca en aquella época, y era casi feliz en su extraña ceguera. En realidad era él quien recogía el fruto de la satisfacción sensual que Connie obtenía de la erecta pasividad masculina de Michaelis en el interior de ella. Pero, por supuesto, Clifford jamás lo supo y, de haberlo sabido, ¡no habría dado las gracias!

No obstante, cuando aquellos días tan alegres y estimulantes terminaron, terminaron por completo, y ella se mostraba deprimida e irritable, ¡cómo deseaba Clifford que volvieran de nuevo! Tal vez si él lo hubiese sabido, podría incluso haber deseado que Michaelis y ella se unieran de nuevo.

Capítulo IV

Connie siempre presintió la desesperanza en su aventura amorosa con Mick, como le llamaba la gente. Sin embargo, los demás hombres no parecían significar nada para ella. Estaba muy unida a Clifford. Él necesitaba una buena parte de su vida y ella se la daba. Pero Connie deseaba una buena parte de la vida de un hombre, y Clifford no se la daba; no podía. Tenía encuentros ocasionales con Michaelis. Pero, como ella presentía, aquello llegaría a su fin. Mick *era incapaz* de conservar nada. Formaba parte de su ser la necesidad de romper vínculos, y de nuevo ser un perro vagabundo, aislado, absolutamente solitario. Era una necesidad imperiosa, aunque dijera siempre: «¡Me dejó ella!»

Se supone que el mundo está lleno de posibilidades, pero se limitan a muy pocas en la mayoría de las experiencias personales. Abunda el buen pescado en el mar... tal vez... pero da la impresión de que las grandes masas están formadas de caballas o arenques, y si uno no es ni caballa ni arenque, resulta muy poco probable que encuentre buen pescado en el mar.

Clifford avanzaba a pasos agigantados hacia la fama, e incluso ganaba dinero. La gente le visitaba. Connie casi siempre tenía a alguien en Wragby. Pero si no eran caballas, eran arenques, y de vez en cuando algún que otro bagre o algún congrio.

Unos cuantos eran asiduos, constantes; hombres que habían estado en Cambridge con Clifford. Uno de ellos era Tommy Dukes, que permanecía en el ejército y era general de brigada. «El ejército me deja tiempo para pensar, y evita que tenga que enfrentarme a la batalla de la vida», decía.

Otro era Charles May, irlandés, quien escribía trabajos científicos sobre las estrellas. Y Hammond, otro escritor. Todos tenían aproximadamente la misma edad de Clifford; los jóvenes intelectuales del momento. Todos ellos creían en la vida intelectual. Lo que

se hiciera aparte de eso, era asunto privado y no importaba mucho. A nadie se le ocurre preguntar a otra persona a qué hora va al retrete. No le interesa a nadie, salvo a la persona que le concierne.

Y así con la mayoría de los asuntos de la vida ordinaria... cómo se gana uno el dinero, si amas a tu esposa, o si tienes «aventuras» amorosas. Todos estos asuntos sólo conciernen a la persona implicada y, como lo de ir al retrete, no interesa a nadie más.

—Todo el asunto del problema sexual —dijo Hammond, un individuo alto y delgado, con esposa y dos hijos, pero con una relación más estrecha con una máquina de escribir— es que no hay asunto. En sentido estricto no hay problema. No queremos seguir a un hombre hasta el retrete, así que, ¿por qué deberíamos seguirle hasta la cama cuando está con una mujer? Y ahí yace el problema. Si no nos fijáramos en una cosa más que en la otra, no habría problema. Carece totalmente de sentido; se trata de un asunto de curiosidad mal enfocada.

—¡De acuerdo, Hammond, de acuerdo! Pero si alguien empezara a cortejar a Julia, empezarías a calentarte, y si él continuara, pronto llegarías al punto de ebullición. —Julia era la esposa de Hammond.

—¡Exactamente! Igual que si él empezara a orinar en un rincón de mi salón. Existe un lugar para todas estas cosas.

—¿Quieres decir que no te importaría que hiciera el amor con Julia en alguna alcoba discreta?

Charlie May hablaba de un modo sarcástico, pues había flirteado un poco con Julia, y Hammond lo había cortado bruscamente.

—Por supuesto que me importaría. El sexo es algo privado entre Julia y yo; y por supuesto que me importaría que alguien intentara inmiscuirse.

—En realidad —dijo el flaco y pecoso Tommy Dukes, quien parecía mucho más irlandés que May, que era pálido y más bien gordo—, en realidad, Hammond, posees un fuerte instinto de propiedad, una firme voluntad hacia la asertividad, y quieres el éxito. Como me he quedado en el ejército definitivamente, me he alejado del mundo, y ahora me doy cuenta de lo desmesuradamente fuerte que es el ansia de asertividad y éxito en los hombres. Se ha desarrollado excesivamente. Toda nuestra individualidad se ha precipitado por ese camino. Y, por supuesto, hombres como tú creen que les irá mejor con el apoyo de una mujer. Esa es la razón por la que eres tan celoso. Eso es el sexo para ti... una pequeña dinamo vital entre tú y Julia, para llegar al éxito. Si empezaras a no tener éxito, empezarías a flirtear, como Charlie, quien no tiene éxito. Las personas casadas, como Julia y tú, lleváis etiquetas, como los baúles de los viajeros. Julia lleva la etiqueta de *Sra. de Arnold B. Hammond* —exactamente igual que un baúl del ferrocarril que pertenece a alguien. Y tú llevas la etiqueta de *Arnold B. Hammond, a cargo de la Sra. Arnold B. Hammond*. ¡Oh, tienes razón, tienes toda la razón! La vida intelectual necesita una casa confortable y una comida decente. Tienes razón. Incluso necesita posteridad. Pero todo gira sobre el instinto para el éxito. Ese es el eje sobre el que giran todas las cosas.

Hammond parecía molesto. Estaba bastante orgulloso de su integridad intelectual, de *no* ser un oportunista. A pesar de todo, deseaba el éxito.

—Es totalmente cierto, no se puede vivir sin dinero —dijo May—. Hay que tener cierta cantidad para poder vivir y seguir adelante... incluso se debe tener una cierta cantidad de dinero para *pensar* con libertad, o el estómago lo impedirá. Pero me parece que deberías dejar de poner etiquetas al sexo. Somos libres para hablar con cualquiera; así que, ¿por qué no deberíamos ser libres para hacer el amor con cualquier mujer que nos predisponga a ello?

—Ya habla el celta lascivo —dijo Clifford.

—¡Lascivo! Bueno, ¿Por qué no? No veo que haga yo más daño a una mujer durmiendo con ella que bailando con ella... o incluso hablando con ella del tiempo. Es tan sólo un intercambio de sensaciones, en vez de ideas, así que, ¿por qué no?

—¡Ser tan promiscuos como los conejos! —dijo Hammond.

—¿Por qué no? ¿Qué tienen de malo los conejos? ¿Son peores que una humanidad revolucionaria y neurótica, llena de un odio nervioso?

—Pero no somos conejos, en cualquier caso —dijo Hammond.

—¡Precisamente! Poseo una inteligencia: Tengo que hacer ciertos cálculos en ciertos asuntos astronómicos que me conciernen casi más que la vida o la muerte. A veces la indigestión me afecta. El hambre me afectaría de un modo desastroso. Del mismo modo me afecta el hambre de sexo. ¿Entonces qué?

—Yo habría pensado que es la indigestión sexual, el exceso, lo que te habría afectado más seriamente —dijo Hammond con ironía.

—¡Nada de eso! No como en exceso ni jodo en exceso. Se puede elegir comer demasiado. Pero tú me matarías de hambre, claro.

—¡En absoluto! Puedes casarte.

—¿Cómo sabes tú que puedo? Quizá no se adecúe al proceso de mi mente. El matrimonio podría... atrofiar mis procesos mentales. No me dispongo a eso... ¿para tener que estar encadenado en una caseta de perro igual que un monje? Todo eso son sandeces o miedo, muchacho. Debo vivir y hacer mis cálculos. A veces necesito mujeres. Me niego a hacer una montaña de ello, me niego a que la moralidad de alguien me condene o prohíba. Me daría vergüenza ver a una mujer caminando por ahí con la etiqueta de mi nombre, dirección y estación de ferrocarril, como si fuera un baúl de ropa.

Los dos hombres no se habían perdonado el asunto del flirteo de Julia.

—Resulta gracioso, Charlie —dijo Dukes— eso de que el sexo tan sólo sea otra forma de conversar, donde interpretas las palabras en vez de pronunciarlas. Supongo que es cierto. Supongo que deberíamos intercambiar tantas sensaciones y emociones con las mujeres como intercambiamos ideas sobre el tiempo atmosférico y demás. El sexo debería ser una especie de conversación física normal entre un hombre y una mujer. Tú no hablas con una mujer a menos que tengáis ideas en común. Es decir, no hablas sin interés. Y del mismo modo, a menos que tuvieras en común alguna emoción o simpatía con una mujer, no te acostarías con ella. Pero si tuviese...

—Si tú *sientes* el tipo adecuado de emoción o simpatía con una mujer, *deberías* acostarse con ella —dijo May—. Es lo único decente, irse a la cama con ella. Al igual que cuando se tiene interés en hablar con alguien, lo único decente es tener una conversación. No pones la lengua entre los dientes y te la muerdes por mojigatería. Dices lo que tienes que decir. Pues es lo mismo en el otro caso.

—No —dijo Hammond—. Eso no es cierto. Tú, por ejemplo, May, malgastas la mitad de tus fuerzas con mujeres. Jamás harás lo que realmente deberías hacer, con un cerebro tan extraordinario como el tuyo. Se desvía demasiado hacia el otro lado.

—Tal vez sea así... y el tuyo se desvía demasiado poco, Hammond, muchacho, casado o no. Puedes conservar la pureza e integridad de tu cerebro, pero se está secando. Tu cerebro puro está tan seco como el arco de un violín, por lo que veo. Simplemente le restas importancia.

Tommy Dukes soltó una carcajada.

—¡Vaya dos cerebros! —dijo—. Miradme a mí... no realizo ningún trabajo mental elevado y puro, ninguno; simplemente anoto unas cuantas ideas. Y, sin embargo, ni me caso ni corro detrás de las mujeres. Creo que Charlie tiene razón; si quiere correr detrás de las mujeres, también es libre de no hacerlo con demasiada frecuencia. Pero yo no le prohibiría que lo hiciera. En cuanto a Hammond, tiene instinto de propiedad, de modo que lo correcto para él son el camino recto y la puerta estrecha. Le veremos convertirse en el típico hombre de letras inglés. Abecé de los pies a la cabeza. Luego estoy yo. No soy nada. Sólo un satírico. Y, ¿qué opinas tú, Clifford? ¿Crees que el sexo es la dinamo que ayuda al hombre a tener éxito en el mundo?

Clifford rara vez hablaba en esos momentos. Jamás peroraba; realmente sus ideas no eran lo bastante vitales, estaba demasiado confuso y sensible. Se ruborizó en ese momento y parecía incómodo.

—Bueno —dijo— puesto que estoy *hors de combat,* no veo que tenga algo que decir sobre el asunto.

—No del todo —dijo Dukes—; por la parte superior no estás *hors de combat.* Tu vida intelectual está sana e intacta. Así que, escuchemos tus ideas.

—Bueno —tartamudeó Clifford—, aun así, supongo que no tengo mucha idea... Supongo que «casarse y asunto concluido» es lo que más se acerca a lo que pienso. Aunque, por supuesto, entre un hombre y una mujer que sienten algo el uno por el otro, es algo muy bueno.

—¿En qué sentido es muy bueno?

—Oh... perfecciona la intimidad —dijo Clifford, tan incómodo como una mujer ante una conversación así.

—Bueno, Charlie y yo creemos que el sexo es una especie de comunicación, como el hablar. Si una mujer empezara una conversación sobre el sexo conmigo, para mí sería natural irme a la cama con ella para terminarla, todo a su debido tiempo. Por desgracia, ninguna mujer empieza esa conversación conmigo, así que me voy a la cama solo; y no me siento peor por ello... o por lo menos eso espero, pero ¿cómo podría saberlo? De todos modos no tengo cálculos astronómicos a los que les pueda afectar, ni obras inmortales que escribir. Simplemente soy un individuo que se refugia en el ejército...

Se hizo el silencio. Los cuatro hombres fumaban. Y Connie, sentada allí, dio otra puntada a su labor... Sí, ¡estaba sentada allí! Tenía que estar sentada en silencio. Tenía que estar quieta como un ratón, sin interrumpir las importantísimas especulaciones de aquellos caballeros tan intelectuales. Pero tenía que estar allí. Sin ella no estaban tan bien avenidos; las ideas no fluían con tanta libertad. Clifford se mostraba mucho más susceptible y nervioso, se atemorizaba con más rapidez en ausencia de Connie, y la conversación no avanzaba. Tommy Dukes era el que salía mejor parado; se sentía inspirado por la presencia de Connie. Hammond no le agradaba a ella realmente; parecía tan egoísta en sentido intelectual. Y Charles May, aunque le gustaba algo de él, parecía un poco desagradable y descuidado, a pesar de sus estrellas.

¡Cuántas veladas había permanecido Connie allí sentada, escuchando las declaraciones de aquellos cuatro hombres! Estos y uno o dos más. Que nunca parecieran llegar a ninguna parte no preocupaba profundamente a Connie. Le gustaba oír lo que tenían que decir, especialmente cuando Tommy se encontraba allí. Resultaba divertido. En vez de besarla y tocarla con sus cuerpos, aquellos hombres le revelaban sus mentes. ¡Era muy divertido! Pero ¡qué mentes más frías!

Y también resultaba un poco irritante. Sentía más respeto por Michaelis, en cuyo nombre vertían todos ellos un devastador desprecio, como si se tratase de un mezquino arribista mestizo, y un canalla inculto de la peor clase. Fuese mestizo y canalla o no lo fuese, Michaelis llegaba a sus propias conclusiones. No se limitaba a darles vueltas con millones de palabras en la ostentación de la vida intelectual.

A Connie le gustaba la vida intelectual, era algo que la apasionaba. Pero creía que exageraban un poco. Le encantaba estar allí, entre el humo de tabaco de aquellas famosas veladas de amigotes, como les llamaba en su fuero interno. Le divertía infinitamente, y también le enorgullecía, que no pudieran hablar sin su muda presencia. Sentía un inmenso respeto por el pensamiento... y aquellos hombres, por lo menos, intentaban pensar honestamente. Pero, en cierto modo, allí había gato encerrado. Todos ellos hablaban de un modo parecido sobre algo, aunque ella de ninguna manera sabría decir de qué se trataba. Tampoco Mick le aclaraba.

Pero Mick no intentaba hacer otra cosa que abrirse camino en la vida y comunicar con éxito a otras personas otro tanto de lo que ellos intentaban comunicarle a él. Era realmente antisocial, y eso era lo que Clifford y sus amigotes tenían contra él; trataban más o menos de salvar a la humanidad, o al menos de instruirla.

Durante la velada del domingo, mantenían una animada conversación cuando esta derivó de nuevo hacia el amor.

—«Bendito sea el lazo que nos une». Nuestros corazones en fraternidad, o algo por el estilo —dijo Tommy Dukes—. Me gustaría saber qué lazo es ese... El lazo que nos une exactamente es el de la desavenencia intelectual. Y, aparte de eso, no hay ni un condenado lazo más entre nosotros. En cuanto nos separamos, nos degradamos diciendo cosas horribles de los otros, igual que todos los demás intelectuales del mundo. Malditos todos, en lo que a eso se refiere, porque todos lo hacen. O si no, ocultamos esas cosas horribles que sentimos contra el otro pronunciando falsos halagos. Resulta curioso que la vida intelectual parezca florecer con sus raíces hundidas en el rencor, un inefable e insondable rencor. ¡Siempre ha sido así! ¡Mirad a Sócrates, según Platón, y al grupo que había a su alrededor! El puro rencor, sólo el puro placer de hacer pedazos a otro... ¡A Protágoras, o a quien fuese! ¡Y Alcibíades, y todos los demás perros discípulos que se unían a la contienda! Debo decir que eso hace que uno prefiera a Buda, sentado tranquilamente debajo del árbol sagrado, o a Jesús, dándoles catequesis a sus discípulos, pacíficamente, y sin fuegos de artificio intelectuales. No, algo va mal en la vida intelectual, radicalmente. Tiene sus raíces en el rencor y en la envidia, en la envidia y en el rencor. Conocerás al árbol por sus frutos.

—No creo que todos seamos tan rencorosos —protestó Clifford.

—Querido Clifford, piensa en el modo en el que nos hablamos los unos a los otros, todos nosotros. Yo soy el peor de todos. Porque prefiero infinitamente más el rencor espontáneo que los aderezos empalagosos; esos sí *son* veneno; si empiezo a decir que Clifford es un tipo excelente, etcétera, etcétera, es porque el pobre Clifford da lástima. Por el amor de Dios, decidme todos vosotros cosas malin-

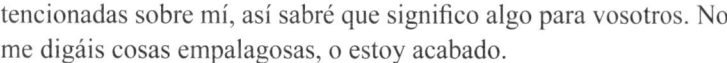

tencionadas sobre mí, así sabré que significo algo para vosotros. No me digáis cosas empalagosas, o estoy acabado.

—Oh, pero yo creo que nos apreciamos honestamente —dijo Hammond.

—Te digo que debemos... ¡Decimos tantas cosas malintencionadas los unos a los otros, unos de otros, a nuestras espaldas! Yo soy el peor.

—Y yo creo que confundes la vida intelectual con la actividad crítica. Estoy de acuerdo contigo, Sócrates dio un gran impulso a la actividad crítica, pero hizo más que eso —dijo Charlie May, de un modo un tanto magistral. Los amigotes eran curiosamente pretenciosos bajo su supuesta humildad. Todo se decía *ex cathedra* y fingían decirlo con gran humildad.

Dukes se negó a hacer más comentarios sobre Sócrates.

—Eso es cierto, crítica y conocimiento no son lo mismo —dijo Hammond.

—Por supuesto que no lo son —convino Berry, un joven moreno, tímido, que había ido de visita para ver a Dukes, y se había quedado a pasar la velada.

Todos le miraron como si hubiese hablado un asno.

—No estaba hablando de conocimiento... estaba hablando de la vida intelectual —rio Dukes—. El verdadero conocimiento procede del corpus entero de la consciencia; tanto del vientre y del pene como del cerebro y de la mente. La mente sólo puede analizar y racionalizar. Pon la mente y la razón por encima de todo lo demás, y todo lo que harán será criticar y debilitar. Yo digo que es *todo* lo que pueden hacer. Es sumamente importante. Dios mío, el mundo necesita criticar hoy en día... criticar hasta la muerte. Por tanto, vivamos una vida intelectual, y gloria a nuestro rencor, y acabemos con el maldito espectáculo. Pero, tened en cuenta esto: mientras *vives* tu vida, eres en cierto modo un todo orgánico con la vida. Pero una vez empiezas la vida intelectual, arrancas la manzana. Cortas la conexión entre la manzana y el árbol: la conexión orgánica. Y si en la vida no hay nada más que vida intelectual, entonces sólo se es una manzana arrancada... caída del árbol. Y luego surge la lógica necesidad de ser rencoroso, igual que la necesidad natural de una manzana arrancada es pudrirse.

Clifford abrió mucho los ojos: todo aquello era palabrería. Connie se reía en su interior.

—Bueno, entonces todos somos manzanas arrancadas —dijo Hammond, en un tono agrio y malhumorado.

—Entonces hagamos sidra de nosotros —dijo Charlie.

—Pero, ¿qué piensan ustedes del bolchevismo? —añadió el moreno Berry, como si todo hubiese llevado a esa cuestión.

—¡Bravo! —vociferó Charlie—. ¿Qué pensáis del bolchevismo?

—¡Vamos! ¡Saquemos partido del bolchevismo! —dijo Dukes.

—Me temo que el bolchevismo es una cuestión de envergadura —dijo Hammond, negando con la cabeza seriamente.

—A mí me parece que el bolchevismo —dijo Charlie— es un odio supremo a lo que ellos llaman burguesía; y la burguesía es algo que no está muy bien definido. Es capitalismo, entre otras cosas. Las emociones y los sentimientos también son tan decididamente burgueses que tienes que inventar a un hombre que no los tenga.

»Entonces el individuo, especialmente el hombre en su fuero interno, es burgués; por tanto, debe ser suprimido. Debemos sumergirnos en algo mayor, en el socialismo soviético. Hasta un organismo es burgués; por tanto el ideal debe ser mecánico. Lo único que es una unidad, no orgánica, compuesta de muchas partes diferentes, pero todas igualmente esenciales, es la máquina. Cada persona forma parte de una máquina, y la fuerza motriz de la máquina es el odio... odio a la burguesía. Eso es para mí el bolchevismo.

—¡Exacto! —dijo Tommy—. Pero también me parece una perfecta descripción del ideal industrial. Es el ideal del propietario de una fábrica, en resumen; con la salvedad de que negaría que la fuerza motriz fuera el odio. Y aun así, es odio; odio a la propia vida. Sólo hay que mirar en las Midlands, si no lo llevan escrito claramente... pero todo forma parte de la vida intelectual, es un desarrollo lógico.

—Niego que el bolchevismo sea lógico, no cumple parte de las premisas —dijo Hammond.

—Estimado señor, admite la premisa material; eso es lo que hace el intelecto puro... exclusivamente.

—Al menos el bolchevismo ha llegado al fondo —dijo Charlie.

—¡Al fondo! ¡El fondo que no tiene fondo! Los bolcheviques tendrán el mejor ejército del mundo en muy poco tiempo, con el mejor equipamiento mecánico.

—Pero eso no puede continuar... ese odio. Tiene que haber una reacción... —dijo Hammond.

—Bueno, llevamos años esperando... y seguiremos esperando. El odio crece como crece todo lo demás. Es el resultado inevitable de imponer ideas a la vida, de forzar los instintos más profundos; obligamos a nuestros sentimientos más profundos a estar de acuerdo con ciertas ideas. Nos guiamos siguiendo una fórmula, como una máquina. La mente lógica finge llevar las riendas, y las riendas se convierten en odio puro. Todos somos bolcheviques, sólo que somos hipócritas. Los rusos son bolcheviques sin hipocresía.

—Pero hay muchas otras maneras —dijo Hammond—, aparte de la soviética. Los bolcheviques no son inteligentes en realidad.

—Por supuesto que no. Pero a veces resulta inteligente ser bobo si quieres conseguir algo. Personalmente considero al bolchevismo una estupidez; pero también considero nuestra vida social occidental una estupidez. Incluso considero una estupidez nuestra famosa vida intelectual. Todos somos tan fríos como los cretinos, todos carecemos de pasión como los idiotas. Somos todos bolcheviques, aunque le damos otro nombre. Pensamos que somos dioses... ¡hombres como dioses! Es exactamente igual que el bolchevismo. Uno tiene que ser humano, y tener un corazón y un pene si quiere escapar de ser un dios o un bolchevique... pues son la misma cosa: ambas son demasiado buenas para ser ciertas.

Del silencio producido por la desaprobación, surgió la pregunta ansiosa de Berry:

—Entonces crees en el amor, ¿no es así, Tommy?

—¡Qué muchacho más encantador! —exclamó Tommy—. No, mi querubín, nueve veces de cada diez, no. El amor es otra de esas estupideces de hoy en día. El amor es otra de esas representaciones estúpidas de hoy en día. Individuos de cintura bamboleante jodiendo con muchachitas de nalgas pequeñas de muchacho, que son como botones. ¿Quieres decir esa clase de amor? ¿O la clase de amor de compartir-bienes, tener-éxito, mi-marido-mi-esposa? ¡No, estimado amigo, no creo en eso en absoluto!

—Pero, ¿crees en algo?

—¿Yo? Oh, intelectualmente creo en tener un buen corazón, un pene animado, una inteligencia despierta y valor para decir «mierda» delante de una dama.

—Bueno, todo eso lo tienes —dijo Berry.

Tommy Dukes soltó una carcajada.

—¡Eres un ángel! ¡Ojalá lo tuviera! ¡Ojalá lo tuviera! No; mi corazón es insensible como una patata, el pene se encurva y no levanta cabeza jamás, y preferiría cortármelo antes de decir «mierda» delante de mi madre o de mi tía... esas son auténticas damas, ¿sabes? Y, en realidad, tampoco soy inteligente, sólo soy un «vividor intelectual». Sería maravilloso ser inteligente; entonces estarían vivas todas las partes mencionadas y las no mencionables. El pene de cualquier persona realmente inteligente levanta la cabeza y dice «¿Qué tal?». Renoir decía que pintaba sus cuadros con el pene... lo hacía, ¡cuadros maravillosos! Ojalá hiciera yo algo con el mío. ¡Dios! ¡Y uno sólo es capaz de hablar! ¡Otra tortura más que añadir al Hades! Y Sócrates fue el que empezó.

—Hay mujeres agradables en el mundo —dijo Connie, levantando la cabeza y hablando al fin.

A los hombres les molestó aquello... debería haber fingido no oír nada. Detestaban que admitiera de esa manera que había prestado atención a una conversación así.

—¡Dios mío!

«Si no son agradables conmigo,

¡qué me importa a mí lo agradables que sean!».

—¡No, es inútil! Simplemente no puedo vibrar al unísono con una mujer. No hay mujer a la que desee de veras cuando estoy delante de ella, y no voy a empezar ahora a obligarme a ello... ¡Dios mío, no! Seguiré como estoy y viviré la vida intelectual. Es lo único honrado que puedo hacer. Puedo ser feliz *hablando* con las mujeres; pero todo es puro, irremediablemente puro. ¿Qué dices tú, Hildebrand, muchacho?

—Es mucho menos complicado si uno se mantiene puro —dijo Berry.

—¡Sí, la vida es demasiado simple!

Capítulo V

Una helada mañana de débil sol de febrero, Clifford y Connie cruzaron el parque y fueron a pasear por el bosque. Es decir, Clifford en su silla de ruedas con motor, y Connie caminando a su lado.

El aire pesado aún olía a azufre, pero ellos estaban acostumbrados. En todo el horizonte cercano se extendía la neblina opalescente de escarcha y humo, y por encima de ella el reducido cielo azul; de modo que era como encontrarse dentro de un recinto, siempre dentro. La vida siempre era un sueño o un frenesí, dentro de un recinto.

Las ovejas balaban en la áspera y marchita hierba del parque, donde la escarcha azuleaba en los huecos que había entre las matas. Atravesaba el parque un sendero que llegaba hasta la entrada del bosque, como una estrecha cinta de color rosa. Clifford había ordenado que lo cubrieran de grava cribada procedente de los deshechos de la mina. Una vez que la roca y los deshechos del inframundo se habían quemado y desprendido su azufre, adquirían un color rosado brillante, como el de las gambas, en los días secos, y más oscuro, como el de los cangrejos, en los días húmedos. Ahora tenía el color de las gambas, cubierto de una capa de escarcha blanca azulada. A Connie siempre le agradó este suelo de grava rosa brillante. No todo iba a ser tan malo.

Clifford descendía con precaución por la cuesta del altozano, que comenzaba en la entrada de la casa, y Connie sujetaba la silla con una mano. Ante ellos se extendía el bosque, la espesura de avellanos más cerca, y más allá la densidad purpúrea de robles. En el límite del bosque los conejos se movían de un lado a otro y mordisqueaban. Una bandada de grajos se alzó de repente formando una fila negra y fue alejándose en el reducido cielo.

Connie abrió la puerta de madera y Clifford avanzó lentamente por el ancho camino que ascendía por una cuesta entre avellanos vareados. El bosque era un vestigio del gran bosque en el que cazaba

Robin Hood, y ese camino era un antiguo paso para cruzar aquella región. Pero ahora, por supuesto, tan sólo era un sendero que atravesaba el bosque privado. La carretera de Mansfield se desviaba hacia el norte.

En el bosque todo estaba inmóvil, las hojas caídas en el suelo aún tenían escarcha debajo. Un arrendajo lanzó un áspero graznido, y muchos pajarillos revoloteaban. Pero no había caza; no había faisanes. Los habían matado durante la guerra, y el bosque había quedado desprotegido, hasta que Clifford había vuelto a contratar a un guardabosque.

Clifford amaba aquel bosque; amaba los viejos robles. Sentía que eran suyos desde hacía generaciones. Quería protegerlo. Quería que ese lugar siguiera inviolable, aislado del mundo.

La silla ascendió lentamente por la cuesta, balanceándose y moviéndose a sacudidas sobre los terrones helados. Y de pronto, a la izquierda, se llegaba a un claro donde no había nada más que una maraña de helechos muertos, algún árbol joven largo, delgado e inclinado, grandes tocones aserrados que mostraban sus partes superiores y sus raíces arrancadas, sin vida. Y zonas negras donde los leñadores habían quemado maleza y basura.

Este era uno de los lugares que sir Geoffrey había ordenado talar durante la guerra para hacer trincheras con la madera. Todo el altozano que se elevaba suavemente hacia la derecha del camino, estaba desnudo de árboles y presentaba un extraño abandono. En lo alto del altozano, donde antes había robles, ahora había desnudez; y desde allí se podía ver por encima de los árboles el ferrocarril de la mina de carbón, y las nuevas fábricas de Stacks Gate. Connie se había detenido y miraba, era una brecha en la reclusión pura del bosque. Permitía entrar al mundo. Pero no se lo decía a Clifford.

Este desnudo lugar siempre enojaba a Clifford de un modo extraño. La guerra había pasado por él, había visto lo que significaba. Pero no se enfadó de veras hasta que vio esta colina desnuda. Había dispuesto que se replantara. Pero aquello le hacía odiar a sir Geoffrey.

Clifford ascendía despacio con una expresión fija en el rostro. Cuando llegaron a lo alto de la cuesta, se detuvo; no se arriesgaría a bajar traqueteando por aquella larga pendiente. Se quedó mirando la verdosa curva del camino que descendía, despejado de helechos y robles. Llegaba hasta el pie de la colina y desaparecía; pero era una curva tan suave y hermosa, como a propósito para caballeros sobre monturas y damas sobre palafrenes.

—Creo que este es realmente el corazón de Inglaterra —dijo Clifford a Connie, mientras se hallaba sentado allí, al débil sol de febrero.

—¿De veras? —dijo ella, mientras se sentaba sobre un tocón del sendero con su vestido de punto azul.

—¡Sí! Esta es la vieja Inglaterra, su corazón; e intento mantenerlo intacto.

—¡Oh, sí! —dijo Connie. Pero, en el momento de decirlo, oyó las sirenas de la mina de Stacks Gate que indicaban que eran las once. Clifford estaba demasiado acostumbrado a aquel sonido como para advertirlo.

—Quiero que este bosque sea perfecto... intocable. No quiero que nadie entre sin permiso —dijo Clifford.

Había cierto patetismo. El bosque aún conservaba parte del misterio de la salvaje y vieja Inglaterra. Pero las talas de sir Geoffrey durante la guerra le habían dado un duro golpe. ¡Qué quietos estaban los árboles, con sus innumerables y quebradizas ramas en contraste con el cielo, y sus grises y obstinados troncos alzándose desde los oscuros helechos! ¡Con qué seguridad revoloteaban los pájaros entre ellos! Y en otro tiempo hubo allí ciervos, y arqueros, y monjes que pasaban por allí al lento paso de los asnos. El lugar se acordaba, todavía se acordaba.

Clifford estaba sentado bajo el pálido sol; la luz caía sobre su cabello suave, algo rubio; su rostro rubicundo, redondo e inescrutable.

—Siento mucho más no haber tenido un hijo cuando vengo aquí, más que en cualquier otro momento —dijo.

—Pero el bosque es más antiguo que tu familia —dijo Connie amablemente.

—¡Claro! —dijo Clifford—. Pero nosotros lo hemos conservado. Si no fuera por nosotros, ya habría desaparecido, como el resto del bosque. ¡Se debe conservar algo de la vieja Inglaterra!

—¿Seguro? —dijo Connie—. ¿Aun si tiene que conservarse en contra de la nueva Inglaterra? Es triste, lo sé.

—Si no se conserva algo de la vieja Inglaterra, no quedará nada de Inglaterra —dijo Clifford—. Y quienes poseemos este tipo de propiedades, y sentimos algo por ellas, debemos conservarlas.

Hubo una triste pausa.

—Sí, por poco tiempo —dijo Connie.

—¡Por poco tiempo! Es todo lo que podemos hacer. Sólo podemos aportar nuestro granito de arena. Creo que todos y cada uno de los miembros de mi familia lo ha aportado desde que poseemos este lugar. Se puede estar en contra de los convencionalismos, pero debemos mantener la tradición.

De nuevo hubo una pausa.

—¿Qué tradición? —preguntó Connie.

—¡La tradición de Inglaterra! ¡De esto!

—Sí —dijo ella pausadamente.

—Esa es la razón de tener un hijo; uno no es más que un eslabón en la cadena —dijo.

A Connie no le entusiasmaban las cadenas, pero no dijo nada. Estaba pensando en la curiosa impersonalidad de su deseo de tener un hijo.

—Lamento que no podamos tener un hijo —dijo ella.

Él la miró fijamente, con sus intensos ojos azul pálido.

—Casi estaría bien que tuvieras un hijo con otro hombre —dijo él—. Si lo criáramos en Wragby, nos pertenecería a nosotros y a este lugar. No creo excesivamente en la paternidad. Si tuviéramos un hijo que criar, sería de nuestra propiedad y nos sucedería. ¿No crees que merece la pena considerarlo?

Connie levantó la mirada hacia él. El hijo, el hijo de ella, era sólo una propiedad para él.

—Pero, ¿y el otro hombre? —preguntó ella.

—¿Importa mucho eso? ¿Realmente nos afectan en profundidad esas cosas? Tuviste aquel amante en Alemania... ¿qué importa eso ahora? Casi nada. Me parece que no se trata de que esos pequeños actos y esas pequeñas relaciones que tenemos en nuestras vidas importen demasiado. Acaban, y ¿en qué quedan? ¿Dónde... dónde están las nieves de antaño?... Es lo que perdura en la vida de uno lo que importa; mi propia vida es lo que me importa, en su larga continuidad y desarrollo. Pero, ¿qué importan las relaciones ocasionales? ¡Y especialmente las relaciones sexuales ocasionales! Si la

gente no las exagera de ese modo tan ridículo, transcurren como el apareamiento de los pájaros. Y así debería ser. ¿Qué importan? Es acompañarse durante toda la vida lo que importa. Es vivir juntos día a día, no acostarse juntos una o dos veces. Tú y yo estamos casados, no importa lo que nos suceda. Estamos habituados el uno al otro. Y el hábito, en mi opinión, es más vital que cualquier excitación ocasional. Por lo que es largo, lento y duradero... por eso es por lo que vivimos... no por ningún espasmo ocasional, sea del tipo que sea. Poco a poco, viviendo juntas, dos personas consiguen ir al unísono, vibrar juntas de un modo intrincado. Ese es el verdadero secreto del matrimonio, no el sexo; al menos no la simple función del sexo. Tú y yo estamos entrelazados en un matrimonio. Si nos aferramos a eso, deberíamos ser capaces de acordar el asunto del sexo igual que acordamos ir al dentista; ya que el destino nos ha dado jaque mate físicamente.

Connie escuchaba sentada con una especie de asombro, y una especie de temor. No sabía si él tenía razón o no. Existía Michaelis, a quien amaba; o eso era lo que se decía a sí misma. Pero su amor era de alguna manera tan sólo una excursión que ella realizaba desde su matrimonio con Clifford; del largo y lento hábito de intimidad forjado a través de años de sufrimiento y paciencia. Quizás el alma humana necesita excursiones y no se les deben negar. Pero la cuestión más importante de una excursión es que se vuelve a casa.

—¿Y no te importaría con *qué* hombre tuviera el hijo? —preguntó Connie.

—Bueno, Connie, confiaría en tu instinto natural de decencia y selección. Seguro que no permitirías que te tocase un individuo inapropiado.

¡Ella pensaba en Michaelis! Era precisamente la idea que tenía Clifford de individuo inapropiado.

—Pero hombres y mujeres pueden tener opiniones diferentes sobre los individuos inapropiados —dijo ella.

—No —replicó—. Tú me quieres. Creo que no querrías a un hombre que fuera completamente opuesto a mí. Tu ritmo no te lo permitiría.

Ella guardó silencio. No podía responderse a aquella lógica porque era absolutamente errónea.

—¿Y esperarías que te lo dijera? —preguntó, desviando la mirada casi de un modo furtivo.

—De ninguna manera. Preferiría no saberlo... Pero ¿estás de acuerdo conmigo en que la cuestión del sexo ocasional no significa nada, comparada con la larga vida que hemos vivido juntos? ¿No crees que se pueda subordinar la cuestión del sexo a las necesidades de una larga vida? ¿Utilizarlo, ya que a eso nos vemos forzados? Después de todo, ¿qué importan esas excitaciones pasajeras? ¿No se trata la vida de construir una personalidad íntegra a lo largo de los años? ¿A vivir una vida integrada? No tiene sentido una vida desintegrada. Si carecer de sexo va a desintegrarte, entonces sal y ten una aventura amorosa. Si carecer de hijos va a desintegrarte, entonces ten un hijo si es que puedes. Pero haz estas cosas para tener una vida integrada, que sea armoniosa. Y tú y yo podemos hacer eso juntos... ¿no crees?... Si nos adaptamos a nuestras necesidades, y al mismo tiempo tejemos juntos la adaptación para convertirla en una sola pieza con nuestra vida asentada. ¿No estás de acuerdo?

Connie se sentía un poco abrumada ante sus palabras. Sabía que tenía razón en teoría. Pero cuando pensaba realmente en su vida asentada con él... dudaba. ¿De verdad era su destino seguir tejiendo su vida con la de él el resto de su vida? ¿Nada más?

¿No era más que eso? Tenía que contentarse con tejer una vida asentada con él, formar un solo tejido, pero bordado, tal vez, con la flor ocasional de alguna aventura. Pero, ¿cómo podía saber ella lo que sentiría al año siguiente? ¿Cómo podría saberlo nadie? ¿Cómo podía decir «sí» para años y años? ¡El pequeño sí que se dice en un aliento! ¿Por qué debería quedar clavada por aquella palabra como una mariposa? ¡Por supuesto, aquella palabra revolotearía y desaparecería, e iría seguida de otros «síes» y «noes»! Igual que el revoloteo de las mariposas.

—Creo que tienes razón, Clifford. Y hasta donde puedo comprender, estoy de acuerdo contigo. Sólo que la vida puede dar un cariz nuevo a todo.

—Pero hasta que la vida dé un cariz nuevo a todo, ¿estás de acuerdo?

—¡Oh, sí! Creo que sí.

Ella estaba observando a un *spaniel* marrón que había salido de un sendero lateral y les miraba con el hocico levantado, dando pequeños y suaves ladridos. Un hombre con una escopeta, que caminaba a rápidas zancadas, salió en silencio tras el perro, enfrentándose a ellos como si fuese a atacarles; después se detuvo, saludó y se dispuso a bajar la cuesta. Tan sólo era el nuevo guardabosque, pero había asustado a Connie al aparecer de forma tan rápida y amenazadora. Así es como ella le había visto, como una repentina amenaza surgiendo de la nada.

Iba vestido de pana de color verde oscuro y polainas... a la antigua usanza, con cara roja, bigote pelirrojo y mirada distante. Iba a bajar por la cuesta rápidamente.

—¡Mellors! —le llamó Clifford.

El hombre se volvió hacia ellos y saludó con rápido gesto, ¡como el de un soldado!

—¿Podrías darle la vuelta a la silla y ponerla en marcha? Resultará más fácil —dijo Clifford.

El hombre enseguida se colgó la escopeta al hombro y avanzó con la misma curiosa rapidez, pero con movimientos suaves, como si quisiese ser invisible. Era relativamente alto y delgado, y callado. No miró a Connie en ningún momento, sólo a la silla.

—Connie, este es el nuevo guardabosque, Mellors. ¿Aún no conocías a la señora, Mellors?

—¡No, señor! —contestó de un modo mecánico y neutro.

El hombre se quitó el sombrero, mostrando su pelo abundante, casi rubio. Miró directamente a los ojos de Connie, con una mirada perfecta, sin mostrar temor, impersonal, como si quisiese saber cómo era ella. Le hizo sentirse tímida. Inclinó la cabeza con timidez y él se pasó el sombrero a la mano izquierda e hizo una ligera reverencia, como un caballero; pero no dijo nada. Permaneció inmóvil un momento, con el sombrero en la mano.

—Pero usted lleva ya aquí un tiempo, ¿verdad? —le dijo Connie.

—Ocho meses, señora... ¡Excelencia! —se corrigió con calma.

—¿Y le gusta?

Ella le miró a los ojos. Él entornó un poco los suyos, con ironía, tal vez con descaro.

—¡Sí, claro, gracias, excelencia! Me crié aquí...

Él hizo otra ligera reverencia, se dio la vuelta, se puso el sombrero y se acercó a grandes zancadas hacia la silla. En las últimas palabras, su voz había adoptado el acento pesado y arrastrado del

dialecto... quizás también lo hiciera por burla, pues no había mostrado antes ni rastro del dialecto. Casi se le podía considerar un caballero. En cualquier caso, era un individuo curioso, rápido, diferente, solitario, pero seguro de sí mismo.

Clifford puso en marcha el pequeño motor; el hombre giró la silla con cuidado y la colocó frente a la cuesta que descendía suavemente en curva hacia el oscuro avellanal.

—¿Eso es todo, sir Clifford? —preguntó el hombre.

—No, sería mejor que nos acompañara por si se para. El motor no tiene potencia suficiente para subir cuestas.

El hombre miró a su alrededor en busca de su perro... una mirada atenta. El *spaniel* le miró y movió débilmente el rabo. Una ligera sonrisa, de burla o provocadora, aunque cariñosa, se vio en sus ojos durante un instante, después desapareció y su rostro se volvió inexpresivo. Bajaron por la pendiente bastante deprisa, el hombre con una mano en la barra de la silla, estabilizándola así. Parecía más un soldado libre que un criado. Y había algo en él que a Connie le recordaba a Tommy Dukes.

Cuando llegaron al avellanal, Connie echó a correr de repente y abrió la puerta que daba al parque. Mientras la sostenía, los dos hombres la miraron al pasar, Clifford con mirada crítica, el otro hombre con curioso y frío asombro; queriendo ver de un modo impersonal cómo era ella. Y ella vio en sus ojos azules e impersonales una expresión de sufrimiento y desapego, y sin embargo, había cierta calidez. Pero, ¿por qué se mostraba tan distante, tan alejado?

Clifford detuvo la silla, una vez cruzaron la puerta, y el hombre se apresuró cortésmente a cerrarla.

—¿Por qué has salido corriendo para cerrar la puerta? —preguntó Clifford, en un tono bajo y calmado que mostraba su desagrado—. Mellors lo habría hecho.

—Pensé que seguiríais adelante —dijo Connie.

—¿Y dejar que tú corrieras detrás de nosotros? —dijo Clifford.

—¡Oh, bueno, a veces me gusta correr!

Mellors agarró la silla de nuevo, dando la impresión de no haber oído nada; sin embargo, Connie advirtió que se había dado cuenta de todo. Mientras empujaba la silla por la empinada cuesta del altozano en el parque, respiraba agitadamente a través de sus labios entrea-

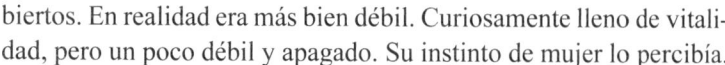

biertos. En realidad era más bien débil. Curiosamente lleno de vitalidad, pero un poco débil y apagado. Su instinto de mujer lo percibía.

Connie se quedó atrás, dejó que la silla siguiera adelante. El día se había vuelto gris; el reducido cielo azul acomodado sobre los cercos de neblina se había cerrado otra vez, se había bajado la tapadera, el frío era crudo. Iba a nevar. ¡Todo gris, todo gris! El mundo parecía desgastado.

La silla esperó en lo alto del sendero rosa. Clifford miró a su alrededor en busca de Connie.

—No estás cansada, ¿verdad? —dijo él.

—¡Oh, no! —dijo ella.

Pero lo estaba. Un extraño, cansado anhelo, una insatisfacción, se había despertado en ella. Clifford no lo advirtió: no se daba cuenta de esas cosas. Pero el desconocido sí lo notó. Para Connie, todo en su mundo y en su vida parecía desgastado, y su insatisfacción era más antigua que las colinas.

Llegaron a la casa y se dirigieron a la parte de atrás, donde no había escalones. Clifford consiguió pasar a la silla de ruedas de casa con un movimiento de balanceo; era muy fuerte y ágil con los brazos. Luego Connie levantó el peso de sus piernas muertas.

El guardabosque, esperando en posición de firme a que le dijeran que podía marcharse, observaba todo detenidamente, no se perdía nada. Palideció, por una especie de temor, cuando vio a Connie levantar con sus brazos las piernas inertes del hombre para pasarlas a la otra silla, mientras Clifford giraba su cuerpo. Se asustó.

—Gracias por su ayuda, Mellors —dijo Clifford despreocupadamente, mientras empezaba a avanzar por el pasillo de las habitaciones de los criados.

—¿Nada más, señor? —dijo con voz neutral, como en un sueño.

—¡Nada más! ¡Buenos días!

—Buenos días, señor.

—¡Buenos días! Ha sido muy amable al empujar la silla para subir la colina... Espero que no le haya resultado muy pesado —dijo Connie, volviéndose a mirar al guardabosque que se había quedado en la puerta.

Sus ojos se fijaron en ella durante un instante, como si acabara de despertar. Advirtió su presencia.

—¡Oh, no! No ha sido pesado —dijo rápidamente. Después su voz volvió a caer en el marcado acento local—. ¡Buen día tenga excelencia!

—¿Quién es tu guardabosque? —preguntó Connie durante el almuerzo.

—¡Mellors! Ya lo has visto —respondió Clifford.

—Sí, pero, ¿de dónde procede?

—¡De ninguna parte! Era un muchacho de Tevershall... hijo de un minero, creo.

—¿Y él también era minero?

—Herrero en la mina, creo: herrero en la superficie. Pero fue guardabosque aquí durante dos años, antes de la guerra... antes de alistarse. Mi padre siempre tuvo buena opinión de él, así que cuando regresó y fue a la mina para trabajar de herrero, le contraté para que volviera aquí de guardabosque. Me alegro mucho de tenerle aquí... resulta prácticamente imposible encontrar un buen guardabosque por aquí... se necesita a un hombre que conozca a la gente.

—¿Y no está casado?

—Lo estuvo. Pero su esposa se marchó con... con varios hombres... pero finalmente con un minero de Stacks Gate, y creo que aún sigue viviendo allí.

—¿Así que este hombre está solo?

—¡Más o menos! Tiene a su madre en el pueblo... y una hija, creo.

Clifford miró a Connie con sus ojos azul pálido, un poco saltones, en los que aparecía cierta vaguedad. A simple vista, daba la impresión de estar alerta, pero en el fondo era como la atmósfera de las Midlands, neblinosa y cargada de humo. Y la neblina parecía avanzar sigilosamente. Por ello, cuando fijó en Connie esa mirada peculiar suya para darle la información peculiar y precisa, ella tuvo la sensación de que el fondo de su mente se estaba cubriendo de neblina, de vacío. Y eso le asustó. Le hacía parecer impersonal, llegando casi hasta la idiotez.

Y Connie se dio cuenta vagamente de una de las grandes leyes del alma humana: que cuando se recibe un duro golpe que hiere al alma emocionalmente, sin matar el cuerpo, el alma parece recuperarse al mismo tiempo que el cuerpo. Pero esto tan sólo sucede en apariencia. Realmente tan sólo se trata del mecanismo de reasumir

el hábito. Lenta, lentamente la herida del alma empieza a dejarse sentir, como una contusión que va provocando lentamente un terrible dolor, hasta que llena toda la psique. Y cuando creemos que nos hemos recuperado y olvidado, es cuando tenemos que enfrentarnos al peor aspecto de los terribles efectos secundarios.

Eso es lo que le sucedía a Clifford. Una vez que se encontró «bien», una vez que regresó a Wragby y empezó a escribir sus relatos, y a sentirse seguro en la vida a pesar de todo, pareció olvidar y haber recuperado toda su ecuanimidad. Pero ahora, a medida que pasaban los años lenta, lentamente, Connie percibía que la herida del temor y del horror volvía a aparecer y se extendía en él. Durante un tiempo había estado tan profunda que parecía dormida, como si no existiera. Ahora, lentamente, empezaba a mostrarse como un temor creciente, casi paralizante. Mentalmente él seguía alerta. Pero la parálisis, la herida de aquel golpe tan grande, se iba extendiendo gradualmente en su yo afectivo.

Y, a medida que se extendía en él, Connie sentía que también se extendía en ella. Un temor interior, un vacío, una indiferencia hacia todo iba invadiendo su alma. Cuando Clifford estaba animado, aún podía hablar con brillantez y, en cierto modo, ordenar el futuro; como cuando, en el bosque, hablaron de tener un hijo, de dar un heredero a Wragby. Pero al día siguiente todas aquellas brillantes palabras parecían hojas secas, que se desmenuzan y se convierten en polvo, que realmente no significan nada, que son arrastradas en cualquier ráfaga de viento. No eran las frondosas palabras de una vida afectiva, jóvenes con energía, y unidas al árbol. Eran ejércitos de hojas caídas de una vida infructuosa.

Y así le parecía a ella en todas partes. Los mineros de Tevershall hablaban otra vez de huelga, y a Connie también eso le parecía que no era una manifestación de energía; era la contusión de la guerra que había estado oculta, que lentamente ascendía hacia la superficie y creaba el gran dolor de la inquietud, y el estupor del descontento. La contusión era profunda, profunda, profunda... la contusión de la falsa guerra inhumana. Pasarían muchos años antes de que la sangre viva de las generaciones disolviera el enorme coágulo negro en lo más profundo de sus almas y de sus cuerpos. Y se necesitaría una nueva esperanza.

¡Pobre Connie! A medida que pasaban los años era el miedo a la nada lo que más le afectaba. La vida intelectual de Clifford, y la de ella, se iban pareciendo cada vez más a la nada. Su matrimonio, su vida integrada basada en el hábito de la intimidad, sobre la que él hablaba: había días en que todo se convertía en un completo vacío y en la nada. Eran palabras, nada más que muchas palabras. La única realidad era la nada, y por encima de ella, la hipocresía de las palabras.

Ahí estaba el éxito de Clifford: ¡la perra diosa! Era cierto que casi era famoso, y sus libros le proporcionaban miles de libras. Sus fotografías aparecían por todas partes. Había un busto suyo en una de las galerías, y un retrato suyo en otras dos. Parecía la voz más moderna entre las voces modernas. Con su inexplicable instinto de lisiado para la publicidad, en cuatro o cinco años se había convertido en uno de los jóvenes «intelectuales» más conocidos. Connie no entendía muy bien dónde entraba allí el intelecto. Realmente, Clifford tenía habilidad para analizar con cierto humor a las personas y los motivos, análisis que al final deja todo hecho añicos. Pero era más bien como cachorros destrozando los cojines de un sofá; sólo que no era joven ni juguetón, sino extrañamente viejo y con una obstinada presuntuosidad. Era raro y no era nada. Esta era la impresión que resonaba como un eco en el fondo del alma de Connie: todo era representación, una maravillosa exhibición de nihilidad. Y al mismo tiempo era ostentación. ¡Ostentación! ¡Ostentación! ¡Ostentación!

Michaelis había utilizado a Clifford como figura central de una obra de teatro; ya tenía un esbozo del argumento y había escrito el primer acto. Michaelis era aún mejor que Clifford en lo que se refería a hacer ostentación de la nihilidad. Era el último pedacito de pasión que quedaba en estos hombres: la pasión por hacer ostentación. Sexualmente carecían de pasión, estaban muertos incluso. Y ahora no era el dinero tras lo que iba Michaelis. Para Clifford el dinero nunca había sido primordial, aunque lo ganaba cuando podía, pues el dinero es el sello del éxito. Y el éxito es lo que ellos deseaban. Ambos querían hacer una auténtica ostentación... un hombre haciendo ostentación de sí mismo, que cautivase al inmenso populacho durante un tiempo.

Resultaba extraño... la prostitución a la perra diosa. Para Connie, puesto que se mantenía realmente al margen de ello y había ido perdiendo el entusiasmo, aquello seguía siendo el vacío. Incluso la prostitución a la perra diosa era el vacío, aunque los hombres se prostituyeran en innumerables ocasiones. Incluso eso era el vacío.

Michaelis escribió a Clifford para hablarle de la obra. Por supuesto ella lo sabía desde hacía tiempo. Y Clifford volvió a emocionarse. Esta vez le iban a exhibir, alguien iba a exhibirle, y a favorecerle. Invitó a Michaelis a Wragby, con el primer acto.

Michaelis llegó en verano, con un traje de color pálido, guantes de ante blancos, orquídeas malvas para Connie, muy bonitas, y el primer acto fue un gran éxito. Hasta Connie se emocionó... se emocionó hasta el poco de médula que le quedaba. Y Michaelis, emocionado por su poder de emocionar, estuvo realmente maravilloso... y muy atractivo a los ojos de Connie. Vio en él esa antigua impasibilidad de una raza que ya no puede desilusionarse, una impureza extrema, quizás, que alcanza la pureza. Al otro lado de su suprema prostitución a la perra diosa, parecía puro, puro como una máscara africana de marfil que sueña la impureza como pureza, en sus curvas y superficies marfileñas.

El momento de pura emoción con los dos Chatterley, durante el cual, sencillamente, entusiasmó a Connie y a Clifford, fue uno de los momentos supremos de la vida de Michaelis. Había tenido éxito: les había entusiasmado. Incluso Clifford se enamoró de él temporalmente... si esa es la forma en que uno puede decirlo.

De modo que, a la mañana siguiente, Mick se encontraba más inquieto que nunca; agitado, consumido, con sus inquietas manos dentro de los bolsillos del pantalón. Connie no había ido a visitarle por la noche... y no había sabido dónde encontrarla. ¡Coquetería!... en su momento de triunfo.

Subió a la sala de Connie por la mañana. Ella sabía que acudiría. Y la inquietud de Michaelis era evidente. Él le preguntó por la obra... ¿le parecía buena? Tenía que oír alabanzas: aquello le producía una sutil pasión que superaba a la de cualquier orgasmo sexual. Y ella la alabó con entusiasmo. Sin embargo, en todo momento, en el fondo de su alma, sabía que la obra no era nada.

—¡Oye! —dijo él de repente—. ¿Por qué no dejamos clara nuestra situación? ¿Por qué no nos casamos?

—Pero, estoy casada —dijo ella, con asombro, pero sin sentir nada.

—¡Oh eso!... Él se divorciará de ti sin problema... ¿Por qué no nos casamos? Quiero casarme. Sé que sería lo mejor para mí... casarme y llevar una vida ordenada. Llevo una vida endemoniada, simplemente me estoy destrozando. Escucha, tú y yo estamos hechos el uno para el otro... mano y guante. ¿Por qué no nos casamos? ¿Ves alguna razón por la que no deberíamos casarnos?

Connie le miró asombrada; y, sin embargo, no sentía nada. Estos hombres, todos eran iguales, obviaban todo. Salían disparados como los cohetes, y esperaban que una fuera arrastrada hacia el cielo como sus varillas.

—Pero yo ya estoy casada —dijo ella—. No puedo abandonar a Clifford, ya lo sabes.

—¿Por qué no? Pero, ¿por qué no? —objetó—. Pasados seis meses, apenas se dará cuenta de que te has ido. Ignora que exista alguien, salvo él mismo. Porque ese hombre no te sirve para nada, por cuanto he podido ver; sólo se dedica a sí mismo.

Connie sabía que aquello era verdad. Pero también sabía que Mick no estaba haciendo ostentación de altruismo precisamente.

—¿No se dedican a sí mismos todos los hombres? —preguntó ella.

—¡Oh!, más o menos, lo reconozco. Un hombre tiene que hacerlo para abrirse camino. Pero esa no es la cuestión. La cuestión es, ¿qué clase de vida puede ofrecer un hombre a una mujer? ¿Puede ofrecerle una buena vida o no? Si no puede, no tiene derecho alguno a la mujer... —hizo una pausa y la miró fijamente con sus ojos de color avellana, intensos, casi hipnóticos—. Ahora bien —añadió—, creo que yo puedo ofrecer a una mujer la mejor vida que pueda pedir. Creo que puedo garantizarlo.

—¿Y qué clase de buena vida? —preguntó Connie, mirándole aún fijamente con una especie de asombro que parecía emoción; y sin sentir nada en el fondo.

—¡Toda clase de buena vida, buenísima, de toda clase! Vestidos, joyas hasta cierto punto, asistir a cualquier club nocturno que le guste, conocer a quienes quiera conocer, vivir al día... viajar y ser alguien allá adonde vaya... ¡Maldita sea! Toda clase de buena vida.

Decía aquello casi resplandeciente de triunfo, y Connie le miraba como si se sintiera deslumbrada, pero realmente no sentía nada. Apenas rozaban la superficie de su mente aquellas brillantes perspectivas

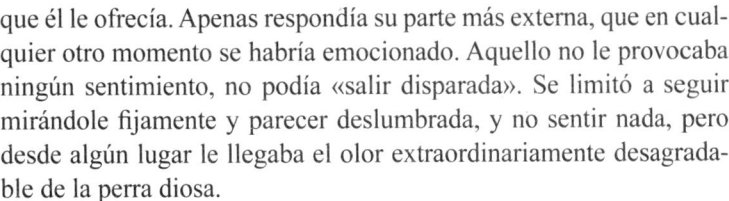

que él le ofrecía. Apenas respondía su parte más externa, que en cualquier otro momento se habría emocionado. Aquello no le provocaba ningún sentimiento, no podía «salir disparada». Se limitó a seguir mirándole fijamente y parecer deslumbrada, y no sentir nada, pero desde algún lugar le llegaba el olor extraordinariamente desagradable de la perra diosa.

Mick estaba sobre ascuas, inclinado hacia adelante en su silla, mirándola fijamente casi de un modo histérico: y quién podría decir si, por vanidad, estaba más ansioso por oír un sí, o aterrorizado por temor a que ella dijera que sí.

—Tendría que pensar en ello —dijo—. No puedo decir nada ahora. Tal vez creas que Clifford no cuenta, pero lo hace. Hay que pensar en lo incapacitado que se encuentra...

—¡Oh, maldita sea! Si un individuo se va a aprovechar de sus incapacidades, yo debería empezar a hablar de lo solo que estoy, y he estado siempre, y de todas esas bobadas. ¡Maldita sea, si un individuo no cuenta con nada más que su incapacidad para recomendarle...!

Apartó la mirada, mientras movía furiosamente las manos en el interior de los bolsillos del pantalón. Por la tarde le dijo a Connie:

—Vas a venir a mi habitación esta noche, ¿verdad? No sé dónde diablos está la tuya.

—¡De acuerdo! —respondió ella.

Fue un amante más ardiente aquella noche, con la extraña y frágil desnudez de un muchacho. A Connie le resultó imposible llegar a su culminación antes de que él terminara. Despertaba cierta pasión y deseo en ella aquella desnudez y dulzura de muchacho; después de haber terminado él, ella tuvo que seguir, en una agitación salvaje y movimiento de caderas, mientras él se mantenía heroicamente erecto y presente en ella, con toda su voluntad y entrega, hasta que ella llegó a su propia culminación entre extraños y pequeños gemidos.

Cuando por fin se apartó de ella, le dijo en un tono agrio, casi burlón:

—No puedes acabar al mismo tiempo que un hombre, ¿verdad? ¡Tienes que conseguirlo tú sola! ¡Tienes que dirigir tú la función!

Ese pequeño discurso, en ese preciso momento, fue una gran conmoción en su vida. Porque aquella forma pasiva en la que él se entregaba, era sin duda la única forma de realizar el coito.

—¿Qué quieres decir? —preguntó.

—Ya sabes lo que quiero decir. Tú sigues durante horas después de haber acabado yo... y yo tengo que esperar y apretar los dientes hasta que lo logras por tu propio esfuerzo.

Connie se quedó atónita ante aquella inesperada brutalidad, en el instante en que se sentía rebosante de una especie de placer que no se puede expresar con palabras, y de sentir una especie de amor por él. Porque, después de todo, como tantos hombres modernos, terminaba casi antes de haber empezado. Y eso obligaba a la mujer a ser activa.

—Pero, ¿tú quieres que continúe, que consiga mi propia satisfacción? —dijo.

Él rio de un modo sombrío.

—¡Que si quiero! —dijo—. ¡Esto sí que es bueno! ¡Quiero apretar los dientes mientras tú sigues!

—¿No quieres? —insistió.

Él eludió la pregunta.

—Todas las malditas mujeres son iguales —dijo—. O no acaban en absoluto, como si estuviesen muertas por dentro... o esperan hasta que uno ha terminado para empezar ellas a proporcionarse placer, y uno tiene que aguantar. Nunca he estado con una mujer que haya acabado al mismo tiempo que yo.

Connie oyó a medias esta novedosa información masculina. Estaba atónita por su opinión contra ella... su incomprensible brutalidad. Ella se consideraba inocente.

—Pero tú quieres que tenga placer también, ¿no? —repitió.

—¡Oh, de acuerdo! ¡Lo quiero! Pero de ninguna manera es diversión para el hombre aguantar y esperar a que acabe la mujer.

Aquellas palabras fueron uno de los golpes cruciales en la vida de Connie. Mató algo en ella. No le había entusiasmado mucho Michaelis; hasta que él dio el primer paso, ella no le deseaba. Era como si nunca le hubiera deseado realmente. Pero una vez empezaron, le parecía natural llegar a su propia culminación con él. Casi le había amado por ello... aquella noche casi le había amado y había deseado casarse con él.

Quizá él se había dado cuenta instintivamente, y esa fue la razón por la que destruyó toda la función de un solo golpe; como un castillo de naipes. Toda su atracción sexual por él, o por cualquier hombre, se derrumbó aquella noche. Su vida se apartó de la de Michaelis por completo, como si él jamás hubiese existido.

Y los días pasaban en monotonía. No había nada salvo esa noria vacía de lo que Clifford llamaba vida integrada, la larga vida en común de dos personas que están acostumbradas a vivir juntas en la misma casa.

¡Nada! Aceptar la gran nada de la vida parecía ser el único propósito de vivir. ¡Todas esas pequeñas cosas importantes y absorbentes que componen la gran suma total de la nada!

Capítulo VI

—¿Por qué los hombres y las mujeres no se gustan hoy en día? —preguntó Connie a Tommy Dukes, quien era más o menos su oráculo.

—¡Oh, pero sí que se gustan! Desde que se inventó la especie humana, no creo que haya habido una época en la que los hombres y las mujeres se hayan gustado tanto como lo hacen hoy en día. ¡Se gustan de verdad! Fíjate en mí. Me gustan mucho más las mujeres que los hombres; son más valientes, uno puede ser más franco con ellas.

Connie reflexionó sobre esto.

—Ah, sí. ¡Pero nunca tienes trato con ellas! —dijo ella.

—¿Yo? ¿Qué estoy haciendo en este momento, sino hablar con una mujer?

—Sí, hablar...

—¿Y qué más podría hacer yo si fueras un hombre, sino hablarte con toda sinceridad?

—Nada quizás. Pero una mujer...

—Una mujer quiere gustar y que le hablen, y al mismo tiempo que la amen y la deseen; y a mí eso me parecen dos cosas que se excluyen mutuamente.

—¡Pero no debería ser así!

—Sin duda el agua no debería ser tan húmeda; tiene exceso de humedad. ¡Pero ahí está! Me gustan las mujeres y hablo con ellas, y por eso, ni las amo ni las deseo. A mí no me suceden las dos cosas a la vez.

—Pues creo que deberían.

—De acuerdo. El hecho de que las cosas debieran ser algo más de lo que son, no es competencia mía.

Connie reflexionó.

—No es cierto —dijo—. Los hombres pueden amar a las mujeres y hablar con ellas. No comprendo cómo pueden amarlas *sin* hablar con ellas, y ser amigos e intimar. ¿Cómo es posible?

—Bueno —dijo él—. No lo sé. ¿De qué sirve generalizar? Yo sólo conozco mi propio caso. Me gustan las mujeres, pero no las deseo. Me gusta hablar con ellas; pero el hecho de hablar con ellas, aunque me lleve a la intimidad en una dirección, me coloca en el polo opuesto en lo que se refiere a besarlas. ¡Así que ya lo ves! Pero no me tomes como el ejemplo general, probablemente soy un caso especial: un hombre al que le gustan las mujeres, pero no ama a las mujeres, incluso las odia si le obligan a fingir amor o aparentar que existe una relación amorosa.

—¿Pero no te entristece eso?

—¿Por qué debería? ¡Ni un ápice! Mira a Charlie May, y a los demás hombres que tienen aventuras amorosas... No, no les envidio ni un ápice. Si el destino me enviara a una mujer, sería perfecto. Pero como no conozco a ninguna mujer que yo desee, y jamás he visto a ninguna... bueno, supongo que soy frío, pero en realidad me *gustan* mucho algunas mujeres.

—¿Te gusto yo?

—¡Muchísimo! Y ya ves que no es cuestión de empezar a besarnos, ¿no crees?

—¡En absoluto! —dijo Connie—. ¿Pero no debería ser así?

—¿*Por qué*, en nombre de Dios? Me gusta Clifford, pero, ¿qué dirías si empezara a besarle?

—¿Pero no existe una diferencia?

—¿Dónde está, en lo que se refiere a nosotros? Todos somos seres humanos inteligentes, y la cuestión de macho y hembra está en desuso. Totalmente en desuso. ¿Te gustaría que empezara a actuar como un macho continental en este momento, y exhibiera mi sexualidad?

—Lo aborrecería.

—¡Pues entonces! Te digo que si soy realmente un macho, jamás he corrido tras la hembra de mi especie. Pero no la echo de menos, simplemente me gustan las mujeres. ¿Quién me va obligar a amarlas o a fingir que las amo, a interesarme por el juego del sexo?

—No, yo no. ¿Pero no hay algo que va mal?

—Puede que tú lo creas, yo no.

—Sí, creo que algo va mal entre los hombres y las mujeres. La mujer ya no tiene encanto para el hombre.

—¿Lo tiene el hombre para la mujer?

Ella reflexionó sobre este otro aspecto de la cuestión.

—No mucho —dijo con sinceridad.

—Entonces, dejemos las cosas como están, y limitémonos a ser decentes y sencillos con los demás, como deben hacer los seres humanos. ¡Al diablo con la coacción artificial al sexo! ¡Me niego a ella!

Connie sabía que tenía razón. Sin embargo, aquello la dejaba desamparada, desamparada y perdida. Se sentía como una astilla sobre un estanque deprimente. ¿Qué sentido tenía ella, o nada?

Era su juventud la que se rebelaba. Aquellos hombres parecían tan viejos y fríos. Todo parecía viejo y frío. Y Michaelis le había decepcionado; no le servía. Los hombres no la deseaban; realmente no deseaban a una mujer, ni siquiera Michaelis lo hacía.

Y los patanes que fingían desearlas e iniciaban el juego del sexo eran los peores.

Resultaba triste, pero había que soportarlo. Era muy cierto, los hombres no tenían un verdadero encanto para la mujer; si eras capaz de engañarte a ti misma pensando que lo tenían, como le había pasado a ella con Michaelis, era lo mejor que podías hacer. Mientras tanto, se iba sobreviviendo sin más. Comprendía perfectamente la razón por la que la gente acudía a cócteles y bailaba *jazz* o charlestón hasta caer rendidos. Tenías que dar salida a la juventud de un modo u otro, o ella acabaría devorándote. Pero ¡qué cosa tan horrible, esta juventud! Te sientes tan viejo como Matusalén y, sin embargo, la juventud burbujea por alguna razón y no te deja vivir tranquilo. ¡Qué vida tan miserable! ¡Y sin perspectivas! Casi deseó haber huido con Mick y convertido su vida en un largo cóctel, en una velada de *jazz*. De todos modos, aquello era mejor que andar como alma en pena hasta llegar a la tumba.

Uno de sus días malos, salió sola a pasear por el bosque, con lentitud, sin prestar atención a nada, ni tan siquiera darse cuenta de dónde estaba. El sonido de un disparo no muy lejano la sobresaltó y enfadó.

Luego, mientras caminaba, oyó voces y retrocedió. ¡Gente! No quería ver a gente. Pero su fino oído captó rápidamente otro sonido y sintió curiosidad; se trataba de un niño sollozando. Acudió de inmediato; alguien estaba maltratando a un niño. Avanzó a grandes zancadas, descendiendo rápidamente por el camino mojado, su hosco resentimiento se apoderaba de ella. Estaba dispuesta a montar una escena.

Al girar en la curva, vio dos figuras en el camino, delante de ella: el guardabosque y una niña con un abrigo morado y un gorro de piel, llorando.

—¡Ah! ¡Cállate, pequeña zorra falsa! —se oyó la voz enojada de un hombre, y a la niña sollozar aún más fuerte.

Constance se acercó dando zancadas, con ojos iracundos. El hombre se volvió y la miró, saludándola fríamente, pero pálido de ira.

—¿Qué sucede? ¿Por qué llora? —preguntó Constance imperiosamente, pero apenas sin aliento.

Una débil sonrisa de desprecio se manifestó en el rostro del hombre.

—Nada, señora, pregúntele a ella —respondió con brusquedad en su lengua vernácula.

Connie se sintió como si aquel hombre le hubiese dado una bofetada, y cambió de color. Luego, mostró una actitud desafiante y le miró con sus ojos de color azul oscuro que brillaban débilmente.

—Le he preguntado a *usted* —dijo jadeante.

Él hizo una ligera reverencia, levantándose el sombrero.

—Sí, excelencia —dijo; después volvió a su dialecto local—; pero no se lo puedo decir —y adoptó la actitud de un soldado, inescrutable, tan sólo pálido de ira.

Connie se volvió hacia la niña, colorada, de cabello negro, y unos nueve o diez años de edad.

—¿Qué pasa, jovencita? ¡Dime por qué lloras! —dijo, con la dulzura convencional apropiada. Más sollozos violentos, con afectación. Más dulzura aún por parte de Connie.

—¡Vamos! ¡Vamos! ¡No llores! ¡Dime qué te han hecho!... —con una intensa dulzura en el tono. Al mismo tiempo buscó en el bolsillo de su chaqueta de punto y, afortunadamente, encontró una moneda de seis peniques.

—¡No llores más! —dijo, inclinándose hacia la niña—. ¡Veamos lo que tengo para ti!

Sollozos, sorbiciones, un puño que se aparta de un rostro lloroso, y un astuto ojo negro que lanza una mirada de apenas un segundo a la moneda de seis peniques. Luego más sollozos, pero controlados.

—Y ahora dime qué ha pasado, dímelo —dijo Connie, poniendo la moneda en la rolliza mano de la niña, que la cerró enseguida.

—Es... es el... gatito.

Estremecimientos de sollozos que van cesando.

—¿Qué gatito, jovencita?

Tras un silencio, el tímido puño que apretaba la moneda señaló hacia unas zarzas.

—¡Allí!

Connie miró, y allí, efectivamente, había un gato negro grande, estirado de un modo lastimoso, con un poco de sangre sobre él.

—¡Oh! —exclamó Connie con repulsión.

—Un cazador furtivo, excelencia —dijo el hombre con ironía.

Ella le miró enojada.

—No me sorprende que llore la niña —dijo—, si le ha disparado estando ella presente. ¡No me sorprende que llore!

Él miró a Connie a los ojos, lacónico, con desprecio, sin ocultar sus sentimientos. Y de nuevo se sonrojó Connie; pensaba que había montado una escena, el hombre no la respetaba.

—¿Cómo te llamas? —dijo animadamente a la niña—. ¿No quieres decirme tu nombre?

Sorbiciones; luego en un tono afectado y agudo:

—¡Connie Mellors!

—¡Connie Mellors! Bueno, es un nombre muy bonito, ¿y has salido con tu papá y él ha disparado a un gatito? ¡Pero era un gatito malo!

La niña la miró con sus audaces ojos oscuros, escrutándola, evaluándola a ella y a su condolencia.

—Yo quería quedarme con mi abuelita —dijo la niña.

—¿Sí? ¿Y dónde está tu abuelita?

La niña levantó un brazo y señaló hacia el camino.

—En la casita.

—¡En la casita! ¿Y te gustaría volver con ella?

Repentinos estremecimientos y temblores de nuevos sollozos.

—¡Sí!

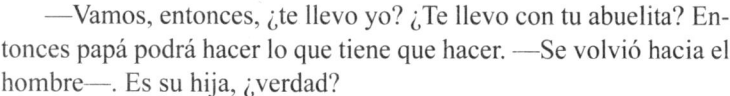

D. H. Lawrence

—Vamos, entonces, ¿te llevo yo? ¿Te llevo con tu abuelita? Entonces papá podrá hacer lo que tiene que hacer. —Se volvió hacia el hombre—. Es su hija, ¿verdad?

Él se cuadró y asintió con un ligero movimiento de cabeza.

—Supongo que puedo llevarla a la casa —dijo Connie.

—Si su excelencia así lo desea...

De nuevo la miró a los ojos, con esa mirada serena y escrutadora. Un hombre muy solo, e independiente.

—¿Te gustaría ir conmigo a casa con tu abuelita, jovencita?

La niña volvió a mirarla con disimulo.

—¡Sí! —dijo con una sonrisa afectada.

A Connie no le gustaba aquella niña falsa y consentida. Sin embargo, le limpió la cara y la cogió de la mano. El guardabosque le hizo un saludo de despedida en silencio.

—¡Buenos días! —dijo Connie.

Había más de un kilómetro y medio de distancia hasta la casa, y la Connie mayor ya estaba cansada de la Connie menor cuando tuvo a la vista la pintoresca casita del guardabosque. La niña sabía ya más trucos que un mono amaestrado, y estaba muy segura de sí misma.

La puerta de la casita estaba abierta y se oía un ruido metálico en el interior. Connie se detuvo, la niña le soltó la mano y esta corrió hacia el interior.

—¡Abuelita! ¡Abuelita!

—¡Cómo! ¿Ya estás de vuelta?

La abuela había estado pintando de negro la estufa; era sábado por la mañana. Salió a la puerta con su delantal de arpillera, una brocha en la mano y una mancha negra en la nariz. Era una mujer menuda, y un tanto seca.

—¡Vaya! ¿Qué ha pasado? —dijo, pasándose rápidamente el brazo por la cara al ver a Connie afuera.

—¡Buenos días! —dijo Connie—. Estaba llorando, así que la he traído a casa.

La abuela miró a la niña enseguida:

—¿Por qué? ¿Dónde estaba tu padre?

La niña se aferró a la falda de su abuela y sonrió con afectación.

—Estaba allí —dijo Connie—, pero disparó a un gato que andaba cazando y la niña se ha disgustado.

—¡Oh! No debería haberse molestado, lady Chatterley. Ha sido usted muy amable, pero no debería haberse molestado. ¡Vaya, dónde se ha visto! —y la anciana se volvió hacia la niña—. ¡Fíjate! ¡Lady Chatterley tomándose todas estas molestias por ti! ¡Ella no debería haberse molestado!

—No ha sido ninguna molestia, sólo un paseo —dijo Connie, sonriendo.

—Ha sido usted muy amable, ¡vaya que sí! Tengo que decirlo. ¡Así que estaba llorando! Ya sabía yo que algo pasaría antes de que se alejaran mucho. Ella le tiene miedo, eso es lo que pasa. Parece casi un extraño para ella, un extraño, y no creo que estos dos se lleven bien. Él es muy raro.

Connie no sabía qué decir.

—¡Mira, abuelita! —dijo la niña con sonrisa afectada.

La anciana vio la moneda de seis peniques que tenía la niña en la mano.

—¡Y además seis peniques! ¡Oh, excelencia! No debería, no debería. ¡Vaya! Lady Chatterley ha sido buena contigo. ¡Caramba! Sí que has sido una niña afortunada esta mañana.

Ella pronunció el nombre como lo hacía la gente del lugar: Chat'ley.

—¿No ha sido *buena* contigo lady Chat'ley?

Connie no pudo evitar mirar la nariz de la anciana, y esta se pasó vagamente la muñeca por la cara, pero sin acertar en la mancha.

Connie se dispuso a marcharse.

—Bueno, muchísimas gracias, lady Chat'ley. Da las gracias a lady Chat'ley —dijo a la niña.

—Gracias —dijo la niña con voz aflautada.

—¡Es un encanto! —rio Connie, y empezó a alejarse diciendo «Buenos días», muy aliviada por librarse de aquella compañía.

Connie pensó que resultaba curioso que aquel hombre delgado y orgulloso tuviera como madre a aquella mujer menuda y despierta.

Y la anciana, tan pronto se hubo marchado Connie, corrió hacia el espejo del fregadero y se miró la cara. Al verse, dio una patada al suelo con irritación. «¡*Por supuesto,* tenía que pillarme con este áspero delantal y la cara sucia! ¡Bonita idea se habrá hecho de mí!».

Connie regresó despacio a casa, a Wragby. «¡A casa!»... cálida palabra para aplicarla a aquella enorme y aburrida madriguera. Pero también era una palabra que había tenido su momento. Ahora había quedado invalidada en cierto modo. A Connie le daba la impresión de que todas las grandes palabras habían quedado invalidadas para su generación: amor, alegría, felicidad, hogar, madre, padre, esposo, todas esas grandes y dinámicas palabras estaban ahora medio muertas, e iban muriendo día a día. La casa era un lugar en el que se vivía, el amor era algo por lo que no te volvías loco, la alegría era una palabra que aplicabas a un buen charlestón, la felicidad era un término de hipocresía empleado para engañar a otras personas, un padre era un individuo que disfrutaba de su propia existencia, un marido era un hombre con el que se vivía y a quien había que mantener de buen humor. Respecto al sexo, la última de las grandes palabras, era tan sólo un término que significaba lo mismo que cóctel: la excitación te animaba un rato y después te dejaba más abatido que nunca. ¡Deshilachado! Era como si el material del que estás hecho fuese un paño barato, y se deshilachase hasta convertirse en nada.

Todo lo que quedaba en realidad era un estoicismo obstinado: y eso proporcionaba cierto placer. En la experiencia misma del vacío de la vida, fase tras fase, *étape* tras *étape,* había una cierta satisfacción espeluznante. ¡Eso es *todo!* Siempre esta última expresión: hogar, amor, matrimonio, Michaelis. ¡Eso es todo! Y cuando uno muere, las últimas palabras a la vida serían: ¡Eso es todo!

¿Dinero? Quizás no se podría decir lo mismo de esto. Siempre se necesitaba dinero. Dinero, Éxito, la perra diosa, como Tommy Dukes insistía en llamarlo, siguiendo a Henry James, que era una permanente necesidad. No podías gastar tu último céntimo y decir finalmente: ¡Eso es *todo!* No, incluso si vivieras diez minutos más, necesitarías unos cuantos céntimos más para una cosa u otra. Hasta para continuar adelante mecánicamente, se necesitaría dinero. Tienes que tenerlo. Tienes que *tener* dinero. En realidad no se necesita nada más. ¡Eso es todo!

Ya que, por supuesto, no es culpa tuya estar vivo, una vez lo estás el dinero es una necesidad, y la única necesidad absoluta. Puedes pasar sin todo lo demás, si fuera necesario. Pero no del dinero. Decididamente, ¡eso es todo!

Pensó en Michaelis y en el dinero que podría haber tenido con él; y ni siquiera eso deseaba. Prefería la cantidad inferior que ayudaba a ganar a Clifford con sus escritos. Realmente le ayudaba a ganarlo. «Clifford y yo juntos ganamos mil doscientas libras al año escribiendo»; se dijo a sí misma. ¡Ganar dinero! ¡Ganarlo! Sacarlo de la nada. ¡Sacarlo del aire! ¡La última hazaña de la que sentirse humanamente orgullosa! Lo demás eran bobadas.

Así que caminó a paso lento hacia casa, hacia Clifford, a unir sus fuerzas a las de él, a crear otro relato sacado de la nada: un relato significaba dinero. A Clifford parecía preocuparle mucho si sus relatos eran considerados literatura de primera clase o no. A decir verdad, a ella no le preocupaba. ¡No hay nada dentro!, decía su padre. ¡Mil doscientas libras el último año! Era la respuesta simple y definitiva.

Si se era joven, bastaba con apretar los dientes, morder y seguir mordiendo hasta que el dinero empezaba a fluir desde lo invisible; era cuestión de fuerza. Era cuestión de voluntad; una sutil, sutil emanación poderosa de voluntad que salía de uno y regresaba a uno con la misteriosa nihilidad del dinero; una palabra escrita en un trozo de papel. Era una especie de magia, desde luego era triunfo. ¡La perra diosa! Bueno, si uno tiene que prostituirse, que sea con la perra diosa. Uno siempre podría despreciarla incluso en el momento de prostituirse con ella, lo cual era bueno.

Clifford, por supuesto, aún tenía muchos tabúes y fetiches infantiles. Quería que pensaran que era «realmente bueno», lo cual no era más que una solemne tontería. Lo realmente bueno era lo que de verdad gustaba al público. De nada servía ser realmente bueno y guardarse lo escrito. Daba la impresión de que la mayoría de los «realmente buenos» perdían el tren. Ya que sólo se vive una vez, si pierdes el tren, te quedas en el andén junto con el resto de los fracasados.

Connie estaba considerando pasar el invierno en Londres con Clifford, el invierno siguiente. Los dos habían cogido el tren a tiempo, de modo que bien podrían viajar un poco y demostrarlo.

Lo peor era que Clifford tendía a encontrarse distraído, ausente, y a caer en un estado de depresión inexpresiva. Era la herida de la psique que emergía. Pero a Connie le daban ganas de gritar. ¡Oh, Dios! Si el mecanismo de la conciencia iba a fallar, entonces, ¿qué iba a hacer una? ¡Diablos! Una ponía su granito de arena. ¿Iba a ser *absolutamente* todo una decepción?

D. H. Lawrence

Algunas veces lloraba amargamente, pero incluso mientras lloraba se decía a sí misma: «¡Loca insensata, mojando pañuelos! ¡Como si eso te llevase a alguna parte!».

Desde lo de Michaelis, había decidido no desear nada. Esa parecía ser la solución más sencilla a lo que de otra forma era irresoluble. No deseaba más de lo que tenía; tan sólo quería seguir adelante con lo que tenía: Clifford, sus relatos, Wragby, ser lady Chatterley, dinero y fama, tal y como era... quería seguir adelante con todo ello. ¡Amor, sexo, toda esa clase de cosas, eran como helados! Los lames y te olvidas de ellos. Si la mente no se aferra a ellas, no son nada. El sexo sobre todo... ¡nada! Decídelo así y habrás solucionado el problema. El sexo y el cóctel: ambos duraban más o menos lo mismo, tenían igual efecto y equivalían a lo mismo.

¡Pero un hijo! ¡Un bebé! Aún le causaba cierta sensación. Se arriesgaría a ese experimento con mucho cuidado. Había que pensar en el hombre, y resultaba curioso que no hubiera hombre en el mundo con quien deseara tener hijos. ¡Hijos de Mick! ¡Una idea repulsiva! Sería como tener un hijo con un conejo. ¿Tommy Dukes?... era muy agradable, pero en cierto modo no podía asociarle con un niño, era otra generación. Tommy acababa en sí mismo. Y de los demás conocidos de Clifford, no había ninguno que no despertara su desprecio cuando pensaba en tener un hijo con él. Varios de ellos habrían tenido posibilidades como amantes, incluso Mick. Pero ¡permitirles engendrar un hijo en ella! ¡Uf! Humillación y abominación.

¡Eso era todo!

No obstante, Connie tenía la idea del hijo en el fondo de su mente. ¡Espera! ¡Espera! Cribaría generaciones de hombres, y vería si no era capaz de encontrar uno que fuese válido. «Id por las calles y callejones de Jerusalén, y ved si podéis encontrar a un *hombre.*» Había sido imposible encontrar a un hombre en la Jerusalén del profeta, aunque había miles de varones. Pero ¡un *hombre! C'est une autre chose.*

Ella tenía idea de que tendría que ser un extranjero: no un inglés, y aún menos un irlandés. Un auténtico extranjero.

¡Pero espera! ¡Espera! El próximo invierno llevaría a Clifford a Londres; y al invierno siguiente le llevaría al extranjero, al sur de Francia, a Italia. ¡Espera! No había prisa por tener un hijo. Aquello era un asunto privado suyo, y la única cuestión que, a su manera extraña y femenina, se tomaba en serio en el fondo de su alma. No iba a arriesgarse con el primero con que el que tuviera oportunidad, ¡ella no! Se puede tener un amante casi en cualquier momento, pero un hombre que engendrara un hijo en ella... ¡Espera! ¡Espera! Eso es un asunto muy diferente... «Id por las calles y callejones de Jerusalén...». No se trataba de amor, se trataba de un *hombre*. De modo que tal vez incluso pudiera odiarle personalmente. Pero si era el hombre, ¿qué importaba el odio personal? Era un asunto que concernía a otra parte de sí misma.

Había llovido como era habitual y los senderos se encontraban demasiado empapados para la silla de Clifford, pero Connie salió. Ahora salía sola todos los días, principalmente al bosque, donde se encontraba sola de verdad. No veía a nadie allí.

Aquel día, sin embargo, Clifford quería enviar un mensaje al guardabosque, y el mozo estaba en cama con gripe —siempre parecía haber alguien con gripe en Wragby—, Connie dijo que iría a su casa.

El aire era suave y apagado, como si el mundo entero estuviese agonizando lentamente. Gris y húmedo y silencioso, ni siquiera se oía el movimiento de los mineros, pues se trabajaba poco tiempo en los pozos y hoy habían parado por completo. ¡El fin de todas las cosas!

En el bosque todo estaba completamente inerte e inmóvil, tan sólo gruesas gotas caían de las ramas desnudas, produciendo un sonido hueco al estrellarse. Respecto a lo demás, entre los viejos árboles sólo había profundidad dentro de una profundidad de inercia gris, desesperanzada, silencio, la nada.

Connie paseaba vagamente. Desde el viejo bosque llegaba una melancolía antigua que en cierto modo la tranquilizaba y que prefería a la dura insensibilidad del mundo exterior. Le gustaba la *introspección* de lo que quedaba de aquel bosque, la muda reticencia de los viejos árboles. Parecían dominar el silencio y, sin embargo, eran una presencia vital. Ellos también esperaban: obstinadamente, estoicamente, esperaban y difundían silencio. Quizás tan sólo estuviesen esperando el final; ser talados, que se los llevaran, el fin del bosque, para ellos el final de todas las cosas. Pero quizás su fuerte y aristocrático silencio, el silencio de los árboles fuertes, significaba algo más.

Cuando llegó al bosque por la parte norte, la casita del guardabosque, una casa bastante oscura, de piedra marrón, con gabletes y una hermosa chimenea, parecía deshabitada por lo silenciosa y solitaria que estaba. Pero un hilo de humo salía por la chimenea, y el jardincillo cercado situado delante de la casa estaba cavado y se mantenía muy limpio. La puerta estaba cerrada.

Ahora que se encontraba allí, sintió cierta timidez al pensar en aquel hombre de ojos curiosos y precavidos. A ella no le gustaba llevarle órdenes, y pensó en marcharse de nuevo. Llamó a la puerta suavemente, no acudió nadie. Volvió a llamar, pero no con más fuerza. No hubo respuesta. Se asomó por la ventana y vio una pequeña habitación oscura, con su privacidad casi siniestra, sin desear que la invadieran.

Se quedó allí escuchando, y le pareció oír ruidos que procedían de la parte de atrás de la casita. Haber fracasado en hacerse oír le dio coraje, no se daría por vencida.

Así que rodeó la casa. En la parte de atrás de la casita, el terreno se elevaba abruptamente, de modo que el patio trasero estaba hundido y rodeado de un muro bajo de piedra. Dio la vuelta a la esquina y se detuvo. En el pequeño patio, a dos pasos de ella, el hombre se estaba lavando, sin ser consciente de su presencia. Estaba desnudo hasta las caderas, sus pantalones de pana se deslizaban sobre sus delgadas caderas. Y su delgada espalda blanca se curvaba sobre una palangana grande con agua jabonosa, en la cual agachó la cabeza, sacudiéndola con un extraño y rápido movimiento, levantando sus delgados brazos blancos, y restregando el agua jabonosa en las orejas, con rapidez, con agilidad, como una comadreja jugando con el agua, y completamente solo. Connie retrocedió por la esquina de la casa y se alejó apresuradamente hacia el bosque. Muy a su pesar aquello le había conmocionado. Después de todo, tan sólo se trataba de un hombre lavándose, algo bastante común. ¡Dios del cielo!

Sin embargo, de una manera bastante extraña, había sido una experiencia reveladora: le había impactado de lleno. Veía los bastos pantalones deslizándose sobre las puras, delicadas y blancas caderas, mostrando levemente los huesos; y la sensación de soledad, de una criatura completamente sola, la abrumó. La perfecta, blanca, solitaria desnudez de una criatura que vive sola, que interiormente se encuentra sola. Y además poseía cierta belleza de criatura pura. No la materia de la belleza, ni siquiera el cuerpo de la belleza, sino una refulgencia, la cálida, blanca llama de una vida sola, revelándose en contornos que uno podía tocar: ¡un cuerpo!

Connie había recibido el impacto de la visión en sus entrañas, y lo sabía; lo sentía en su interior. Pero su mente tendía a ridiculizarlo. ¡Un hombre lavándose en el patio trasero! Sin duda con jabón amarillo maloliente. Se sentía molesta. ¿Por qué tenía que tropezarse ella con aquellas vulgares intimidades?

De modo que se alejó, pero al cabo de un rato se sentó sobre un tocón. Estaba demasiado confusa para pensar. Pero en el torbellino de su confusión, decidió dar el recado a aquel individuo. No fracasaría. Tenía que darle tiempo para que se vistiera, pero no para salir de casa. Probablemente se estaba preparando para ir a alguna parte.

Así que retrocedió lentamente, escuchando. Cuando volvió a acercarse, la casita seguía exactamente igual. Ladró un perro, y ella llamó a la puerta, con el corazón latiéndole con fuerza a pesar suyo.

Oyó al hombre bajar por las escaleras suavemente. Abrió la puerta rápidamente y ella se sobresaltó. Él pareció inquietarse, pero al instante su rostro mostró una sonrisa.

—¡Lady Chatterley! ¿Desea pasar? —dijo.

Su actitud fue tan desenvuelta y agradable que ella cruzó el umbral y entró en la pequeña y triste habitación.

—Sólo vengo a darle un recado de parte de sir Clifford —dijo con voz suave, algo jadeante.

El hombre la miraba con aquellos ojos azules que todo lo ven, y que hicieron que ella volviera ligeramente el rostro hacia un lado. Pensó que ella era agradable, casi hermosa, en su timidez, y se hizo cargo de la situación enseguida.

—¿Quiere sentarse? —preguntó, presuponiendo que no lo haría. La puerta permanecía abierta.

—¡No, gracias! Sir Clifford se preguntaba si usted... — y le transmitió el mensaje, mirando inconscientemente a sus ojos de nuevo. Y ahora sus ojos parecían cálidos y amables, especialmente hacia una mujer, maravillosamente cálidos, y amables, y serenos.

—Muy bien, excelencia. Me ocuparé de ello enseguida.

Al recibir la orden, todo su ser cambió, velándose con una especie de frialdad y distanciamiento. Connie dudó, debería irse. Pero ella miró a su alrededor, al pequeño cuarto de estar, limpio, ordenado y un poco triste, con cierta consternación.

—¿Vive usted aquí completamente solo? —preguntó.

—Completamente solo, excelencia.

—¿Pero su madre...?

—Vive en su propia casa en el pueblo.

—¿Con la niña? —preguntó Connie.

—Con la niña.

Y su rostro sencillo, bastante cansado, adoptó una indefinible expresión de burla. Era un rostro que cambiaba constantemente, desconcertante.

—No —dijo, viendo a Connie confundida— mi madre viene a limpiar los sábados. Lo demás lo hago yo mismo.

De nuevo le miró Connie. Sus ojos sonreían de nuevo, algo burlones, aunque cálidos y azules, y amables en cierto modo. Estaba asombrada. Iba vestido con unos pantalones y una camisa de franela, llevaba una corbata gris, el pelo suave y húmedo, la cara un tanto pálida que mostraba cansancio. Cuando sus ojos dejaban de sonreír, daban la impresión de haber sufrido mucho, aunque sin perder su calidez. Pero le sobrevino la lividez del aislamiento, ella no estaba realmente allí para él.

Connie quería decir tantas cosas..., pero no dijo nada. Se limitó a mirarle de nuevo y añadió:

—Espero no haberle interrumpido.

La débil sonrisa burlona entornó sus ojos.

—Sólo me estaba peinando, no importa. Lamento no haberme puesto la chaqueta, pero no sabía quién estaba llamando. Nadie llama aquí, y lo inesperado suena a amenaza.

Fue delante de ella por el sendero del jardín para abrirle la puerta. En camisa, sin la burda chaqueta de pana, vio de nuevo lo esbelto que era, delgado, y un poco encorvado. Sin embargo, al pasar a su lado, vio que había algo vivo y juvenil en su cabello rubio, en sus ojos despiertos. Debía tener unos treinta y siete o treinta y ocho años.

Connie se internó en el bosque con paso lento, sabiendo que él la miraba; él la turbaba, a pesar suyo.

Y él, cuando entró en casa, iba pensando: «Es atractiva, es real, es más atractiva de lo que ella cree».

Ella reflexionaba sobre él; no parecía un guardabosque, tampoco parecía un obrero; aunque tenía algo en común con las gentes del lugar. Pero también tenía algo fuera de lo común.

—El guardabosque, Mellors, es una persona curiosa —le dijo a Clifford—; casi podría ser un caballero.

—¿Sí? No me había dado cuenta —dijo Clifford.

—Pero, ¿no hay algo especial en él? —insistió Connie.

—Creo que es un individuo bastante amable, pero sé muy poco sobre él. Sólo que salió del ejército el año pasado, hace menos de un año. Estuvo en la India, creo. Puede que haya aprendido algunos trucos allí, tal vez sirviera a algún oficial, y mejoró su posición. Algunos soldados hacen eso. Pero de nada les sirve; luego tienen que retroceder cuando regresan a su antiguo lugar, cuando vuelven a casa.

Connie miró a Clifford pensativamente. Vio en él la peculiar y rigurosa actitud de rechazo hacia cualquier persona de clases más bajas que tuviera oportunidad de ascender realmente, actitud que sabía ella que era característica de su linaje.

—Pero, ¿no crees que hay algo especial en él? —preguntó ella.

—¡Francamente, no! No he notado nada.

Él la miró con curiosidad, con intranquilidad, casi con recelo. Y ella pensó que no le estaba diciendo la verdad; no se estaba diciendo la verdad a sí mismo, eso era. A él le desagradaba cualquier alusión a un ser humano realmente excepcional. La gente tenía que estar más o menos a su nivel, o por debajo de él.

Connie volvió a sentir la rigurosidad, la mezquindad de los hombres de su generación. Eran tan rigurosos, ¡tan temerosos de la vida!

Capítulo VII

Cuando Connie subió a su dormitorio, hizo lo que no había hecho en mucho tiempo: se quitó toda la ropa y se miró desnuda en el enorme espejo. No sabía qué estaba buscando, o mirando, en definitiva; sin embargo, movió la lámpara para que le diera la luz de pleno.

Y pensó, como lo había hecho con tanta frecuencia, en lo frágil, vulnerable y patético que es el cuerpo humano desnudo; ¡era algo inacabado, incompleto!

Se decía que tenía buena figura, pero ahora estaba pasada de moda; quizá resultaba demasiado femenina, y no lo bastante adolescente. No era muy alta, sino baja, de tipo escocés; pero poseía cierta gracia armoniosa, juvenil, que bien podría haber sido belleza. Su piel era vagamente morena, sus miembros poseían cierta serenidad, su cuerpo debería haber estado dotado de una riqueza plena, juvenil; pero carecía de algo.

En vez de madurar sus curvas firmes descendentes, su cuerpo se iba aplanando y cobrando aspereza. Era como si no hubiese recibido bastante sol y calor; estaba grisáceo y sin savia.

Se sentía decepcionada con su feminidad adulta; no había conseguido adquirir aspecto juvenil, insustancial y transparente; en vez de eso, se había vuelto opaco.

Sus senos eran bastante pequeños, caídos y en forma de pera. Pero estaban inmaduros, un poco amargos, colgando allí sin sentido. Y su vientre había perdido la frescura y redondez de cuando era joven, en los días de su amigo alemán, quien realmente la amó físicamente. Entonces su vientre era joven y expectante, con atractivo propio. Ahora era cada vez más flácido, plano, más delgado, pero una delgadez flácida. También sus muslos, que siempre parecían tan vivos y resplandecientes en su redondez femenina, de alguna forma se estaban volviendo planos, flácidos, carentes de sentido.

Su cuerpo iba careciendo de sentido, se estaba apagando y volviéndose opaco, de una sustancia más insignificante. Le hacía sentirse sumamente deprimida y desesperanzada. ¿Qué esperanza había allí? Era vieja, vieja a los veintisiete años, sin fulgor en la carne. Vieja a causa del abandono y la abnegación, sí, abnegación. Las mujeres de moda mantenían sus cuerpos brillantes como delicadas porcelanas gracias a los cuidados externos. No había nada dentro de la porcelana; pero ella ni siquiera tenía aquel brillo. ¡La vida intelectual! De pronto la odió con impetuosa furia, ¡aquella estafa!

Miró en otro espejo el reflejo de su espalda, de su cintura y de sus caderas. Estaba adelgazando, pero no le favorecía. La arruga de su cintura en la espalda, al girarse para mirarse, presentaba un aspecto un tanto cansado; solía parecer alegre. Y la larga pendiente de sus caderas y nalgas había perdido su resplandor y su sentido de riqueza. ¡Había desaparecido! Sólo el muchacho alemán había apreciado aquello, y llevaba diez años muerto, más o menos. ¡Cómo había pasado el tiempo! Diez años muerto, y ella tan sólo tenía veintisiete. ¡Aquel muchacho sano, con su sensualidad fresca y torpe, que tanto había despreciado ella! ¿Dónde encontraría eso ahora? Los hombres la habían perdido. Tenían sus patéticos espasmos de dos segundos, como Michaelis; pero no había sensualidad humana saludable, que calienta la sangre y refresca a todo el ser.

Aun así, seguía pensando que la parte más hermosa de su cuerpo era la larga caída de las caderas desde la concavidad de la espalda, y la adormecida y redondeada quietud de las nalgas. Como dunas de arena, según dicen los árabes, suaves y deslizándose por una larga pendiente. Ahí todavía había vida y esperanza. Pero también ahí estaba ella más delgada, y perdiendo madurez, secándose.

Pero la parte delantera de su cuerpo le hacía sentirse desdichada. Ya estaba empezando a aflojarse, con una especie de flácida delgadez, casi marchita, envejeciendo antes de haber empezado a vivir realmente. Pensaba en el niño que algún día podría llevar dentro. ¿Era apta para ello, de todos modos?

Se puso el camisón y se metió en la cama, donde sollozó amargamente. Y en su amargura ardía una fría indignación contra Clifford, sus escritos y su conversación: contra todos los hombres de su clase que defraudaban a una mujer, incluso su propio cuerpo.

¡Injusto! ¡Injusto! La sensación de profunda injusticia física le quemaba el alma.

Pero por la mañana todo seguía igual, se levantaba a las siete y bajaba a ver a Clifford. Tenía que ayudarle en todas sus tareas íntimas, pues no tenía ayuda de cámara y se negaba a que lo hiciera alguna criada. El marido del ama de llaves, quien le conocía desde que era niño, le ayudaba y se ocupaba de levantar lo más pesado; pero Connie se ocupaba de las cosas personales, y lo hacía voluntariamente. Se le exigía aquello, y ella quería hacer cuanto pudiera.

De modo que apenas salía de Wragby, y nunca más de un día o dos; entonces era la señora Betts, el ama de llaves, quien atendía a Clifford. Como resultó inevitable con el trascurso del tiempo, él daba por sentado aquel servicio. Era natural que así fuese.

Y, sin embargo, en su interior, una sensación de injusticia, de sentirse defraudada, empezó a arder en Connie. La sensación física de injusticia es un sentimiento peligroso, una vez despierta. Ha de tener una salida, o devora a quien lo despierta. Pobre Clifford, él no era culpable. Su desgracia era mayor. Todo formaba parte de la catástrofe general.

Y, sin embargo, ¿no era él culpable en cierto modo? Esa falta de calidez, esa falta de simple, afectuoso, contacto físico. ¿No era él culpable de eso? Jamás se mostraba afectuoso, ni siquiera amable; tan sólo se comportaba de un modo atento, considerado, de esa manera fría de los bien educados. Pero nunca afectuoso como un hombre puede ser afectuoso con una mujer, como incluso el padre de Connie podría serlo con ella, con la calidez de un hombre que sólo piensa en sí mismo, y así lo procuraba, pero quien, aun así, era capaz de consolar a una mujer con un poco de fuego masculino.

Pero Clifford no era así. Su linaje entero no era así. Eran duros y distantes en su interior, y la afectuosidad era simplemente algo de mal gusto. Tenías que seguir adelante sin ella, y mantenerte firme; lo cual estaba muy bien si eras de la misma clase y estirpe. En ese caso podías mostrarte frío y ser muy respetable, y mantenerte en tu sitio, y disfrutar de la satisfacción de hacerlo. Pero si eras de otra clase y de otro linaje, ya no era así; no era nada divertido mantenerte en tu sitio y sentir que se pertenecía a la clase gobernante. ¿Qué sentido tenía, cuando incluso los aristócratas más inteligentes no tenían nada positivo que mantener en su sitio, y su poder era en realidad

una farsa, no era poder en absoluto? ¿Qué sentido tenía? ¡Todo era fría estupidez!

Una sensación de rebeldía ardía en Connie. ¿De qué servía todo aquello? ¿De qué servía su sacrificio, dedicar su vida a Clifford? ¿A qué estaba sirviendo, después de todo? A un frío espíritu de vanidad, carente de cálidos contactos humanos, y tan corrupto como cualquier judío de humilde cuna, ansioso por prostituirse a la perra diosa, al Éxito. Ni siquiera la seguridad fría y sin contacto de Clifford por pertenecer a la clase gobernante evitaba que fuera con la lengua fuera, jadeando tras la perra diosa. Después de todo, Michaelis era más digno en ese sentido, y tenía mucho, mucho más éxito. En realidad, si observabas detenidamente a Clifford, era un bufón, y ser un bufón es más humillante que ser un sinvergüenza.

Entre los dos hombres, Michaelis le había sido más útil que Clifford en realidad. Incluso tenía más necesidad de ella. ¡Cualquier enfermera podía ocuparse de unas piernas lisiadas! Y en cuanto al esfuerzo heroico, Michaelis era una rata heroica, y Clifford se parecía mucho a un perrito faldero exhibiéndose.

Había invitados en la casa, entre ellos Eva, lady Bennerley, tía de Clifford. Era una mujer delgada de unos sesenta años, con la nariz roja, viuda y todavía con algo de *grande dame*. Pertenecía a una de las mejores familias, y tenía carácter para saberlo llevar. A Connie le gustaba, era sumamente sencilla y franca, hasta donde pretendía ser franca, y superficialmente amable. En su interior era una maestra en mantenerse en su sitio, y en mantener a otras personas un poco más abajo. No era presuntuosa en absoluto: estaba demasiado segura de sí misma. Practicaba a la perfección el arte social de mantenerse fríamente en su sitio, y obligar a otras personas a ceder ante ella.

Era amable con Connie e intentaba penetrar en su alma de mujer con la afilada barrena de sus observaciones de buena familia.

—Eres realmente maravillosa, en mi opinión —le dijo a Connie—. Has hecho milagros con Clifford. Nunca había visto yo a un genio en ciernes, y ahí está, haciendo furor. —A tía Eva le complacía plenamente sentirse orgullosa del éxito de Clifford. ¡Otra pluma en el penacho de la familia! Le importaban un bledo sus libros, pero ¿por qué tenían que importarle?

—¡Oh! No creo que sea obra mía —dijo Connie.

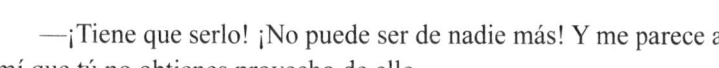
—¡Tiene que serlo! ¡No puede ser de nadie más! Y me parece a mí que tú no obtienes provecho de ello.

—¿Cómo?

—Mira de qué modo estás encerrada aquí. Se lo dije a Clifford: ¡Si esa criatura se rebela un día, será gracias a ti!

—Pero Clifford jamás me niega nada —dijo Connie.

—¡Mira, querida!... —y lady Bennerley apoyó su fina mano en el brazo de Connie—. Una mujer tiene que vivir su vida, o la vive o se arrepentirá de no haberla vivido. ¡Créeme! —Y dio otro sorbo de brandy, que tal vez fuera su forma de arrepentimiento.

—Pero yo vivo mi vida, ¿no?

—¡Yo opino que no! Clifford debería llevarte a Londres y permitirte que salieras. La clase de amigos que tiene son los adecuados para él, pero ¿qué son para ti? Yo en tu lugar debería pensar que no son lo bastante buenos. Dejarás pasar tu juventud, y pasarás tu vejez, y tu madurez también, arrepintiéndote de ello.

La dama se sumió en un silencio contemplativo, aliviado por el brandy.

Pero a Connie no le entusiasmaba ir a Londres, ni dejarse manejar por lady Bennerley en el mundo elegante. No se sentía realmente elegante, y aquello no le resultaba interesante. Y sí percibía claramente la peculiar y devastadora frialdad que había debajo de todo aquello. Como el suelo de Labrador, que tiene alegres florecillas en su superficie, y a un pie de profundidad está helado.

Tommy Dukes se encontraba en Wragby, y otro hombre, Harry Winterslow, y Jack Strangeways con su esposa Olive. La conversación era mucho más insulsa que cuando sólo estaban los amigotes, y todo el mundo se aburría un poco, pues hacía mal tiempo y sólo había billares y la pianola para el baile.

Olive estaba leyendo un libro sobre el futuro, futuro en el que los niños se engendrarían en frascos y las mujeres estarían «inmunizadas».

—¡Sería estupendo! —dijo—. Entonces la mujer podría vivir su propia vida. —Strangeways quería tener hijos, pero ella no.

—¿Te gustaría estar inmunizada? —le preguntó Winterslow, con una sonrisa desagradable.

—Creo que lo estoy de forma natural —dijo—. De todos modos el futuro va a tener más sentido, y a una mujer no le hará falta dejarse arrastrar por sus funciones.

—Tal vez se vayan todas volando al espacio —dijo Dukes.

—Creo que una civilización avanzada debería eliminar muchas discapacidades físicas —dijo Clifford—. Todo el asunto del amor, por ejemplo, debería desaparecer también. Supongo que así sería si pudiéramos engendrar niños en frascos.

—¡No! —exclamó Olive—. Eso dejaría mucho más espacio para la diversión.

—Supongo —dijo lady Bennerley, pensativamente— que si desapareciera el asunto del amor, alguna otra cosa ocuparía su lugar. La morfina, quizás. Un poco de morfina en el aire. Sería maravilloso para reanimar a todo el mundo.

—¡El gobierno emitiendo éter al aire los sábados para pasar un fin de semana alegre! —dijo Jack—. Suena bien, pero ¿dónde estaríamos el miércoles?

—Mientras es posible olvidarte del cuerpo, eres feliz —dijo lady Bennerley—. Y en el momento en el que empiezas a ser consciente de tu cuerpo, te sientes abatido. Por lo tanto, si la civilización sirve de algo, tiene que ayudarnos a olvidarnos de nuestros cuerpos, y entonces el tiempo pasará felizmente sin que nos demos cuenta.

—Ayudarnos a liberarnos de nuestros cuerpos por completo —dijo Winterslow—. Ya es hora de que el hombre empiece a mejorar su propia naturaleza, especialmente la parte física.

—Imaginad que flotáramos como el humo del tabaco —dijo Connie.

—Eso no sucederá —dijo Dukes—. Nuestra vieja farsa fracasará; nuestra civilización se va a derrumbar. Está cayendo a un pozo sin fondo, al abismo. Y creedme, ¡el único puente que cruce el abismo será el falo!

—¡Oh! ¡Qué ridiculez, general! —exclamó Olive.

—Creo que nuestra civilización se va a hundir —dijo tía Eva.

—¿Y qué vendrá después? —preguntó Clifford.

—No tengo ni la menor idea, pero algo, supongo —dijo la anciana dama.

—Connie habla de gente en forma de volutas de humo, y Olive de mujeres inmunizadas y niños en frascos, y Dukes dice que el falo

es el puente hacia lo que está por venir. Yo me pregunto qué pasará
en realidad —dijo Clifford.

—¡Oh, no te preocupes! ¡Vivamos el día de hoy! —dijo Olive—. Que se den prisa con lo de la reproducción en un frasco, y que
nos dejen en paz a las pobres mujeres.

—Incluso podría haber hombres de verdad en la siguiente fase
—dijo Tommy—. Hombres de verdad, inteligentes, sanos, ¡y mujeres sanas hermosas! ¿No sería eso un cambio, un enorme cambio? Nosotros no somos hombres, y las mujeres no son mujeres.
Sólo estamos elucubrando experimentos provisionales, mecánicos
e intelectuales. Puede llegar incluso una civilización de hombres y
mujeres auténticos, en lugar de nuestro pequeño montón de listi-
llos, todos ellos con una edad mental de siete años. Eso sorprende-
ría aún más que los hombres de humo o los niños en frascos.

—¡Oh! Cuando los hombres empiezan a hablar de mujeres de
verdad, abandono —dijo Olive.

—Ciertamente, lo único que merece la pena tener en nosotros es
el espíritu —dijo Winterslow.

—¡Espíritus! —dijo Jack, bebiéndose su wiski con soda.

—¿Eso piensas? ¡Que me den la resurrección del cuerpo! —dijo
Dukes.

—Pero llegará con el tiempo, cuando hayamos apartado un poco
la losa del cerebro, del dinero y de lo demás. Entonces obtendremos
una democracia del contacto en lugar de una democracia del bolsillo.

Algo resonó dentro de Connie: «¡Dadme la democracia del contacto y la resurrección del cuerpo!». No sabía muy bien qué significaba, pero la consolaba, como pueden consolar a veces las cosas
sin sentido.

De cualquier manera, todo le parecía terriblemente estúpido, y le
producía un exasperante hastío todo aquello: Clifford, tía Eva, Olive
y Jack, Winterslow, incluso Dukes. ¡Hablar, hablar, hablar! ¡Era un
infierno aquel parloteo continuo!

Luego, cuando todos se marcharon, la situación no mejoró. Ella
seguía saliendo a pasear, pero la exasperación y la irritación se habían apoderado de la parte inferior de su cuerpo, no podía escapar.
Los días parecían desgranarse en un extraño dolor, pero no ocurría
nada. Sólo que cada vez estaba más delgada; incluso el ama de lla-

ves se dio cuenta y le preguntó cómo se encontraba. Hasta Tommy Dukes insistía en que no se encontraba bien, aunque ella decía que estaba bien. Pero comenzó a tener miedo de las espantosas lápidas blancas, de esa peculiar blancura repugnante del mármol de Carrara, detestable como dientes postizos, que sobresalían en la ladera, al pie de la iglesia de Tevershall, y que veía ella con tan sombrío dolor desde el parque. Las lápidas de la colina, erizadas cual espantosos dientes postizos, le producían una especie de horror espeluznante. Presentía el momento no muy lejano en el que sería enterrada allí, sumándose a la horrible hueste que yacía bajo las lápidas y panteones de aquella sucia tierra de Midlands.

Necesitaba ayuda, y lo sabía; así que escribió un pequeño *cri du coeur* a su hermana Hilda. «No me encuentro bien últimamente y no sé qué me pasa».

Hilda le respondió desde Escocia, lugar donde residía. Llegó en marzo, sola, conduciendo ella misma un automóvil de dos plazas. Subió por la cuesta del camino, tocando el claxon; luego describió la curva del rombo de hierba, donde había dos grandes hayas silvestres, en el terreno llano situado enfrente de la casa.

Connie bajó corriendo los escalones. Hilda detuvo el coche, se bajó y besó a su hermana.

—¡Pero Connie! —exclamó—. ¿Qué pasa?

—¡Nada! —dijo Connie, bastante avergonzada; pero sabía lo que había sufrido si se comparaba con Hilda. Ambas hermanas tenían la misma piel dorada y resplandeciente, el cabello sedoso y castaño, y una constitución fuerte y sensual por naturaleza. Pero ahora Connie estaba delgada y tenía un aspecto más tosco, con un cuello enjuto y amarillento que asomaba por su jersey.

—¡Pero tú estás enferma, criatura! —dijo Hilda, con esa voz suave, algo jadeante, que tenían ambas hermanas. Hilda era casi dos años mayor que Connie.

—No, enferma no. Quizás aburrida —dijo Connie con cierto patetismo.

La luz de la batalla resplandeció en el rostro de Hilda; pese a su aspecto dulce y tranquilo, era una mujer del tipo de las antiguas amazonas, no estaba hecha para adecuarse a los hombres.

—¡Este horrible lugar! —dijo suavemente, mirando a la pobre, vieja y descuidada Wragby con verdadero odio. Hilda tenía el aspecto dulce y suave de una pera madura, aunque era una amazona de la auténtica antigua raza.

Hilda se acercó a Clifford en silencio. Él pensó en lo hermosa que parecía, pero también sentía cierto temor hacia ella. La familia de su esposa no tenía los mismos modales, ni la misma etiqueta que la suya. Los consideraba fuera de su círculo, pero una vez que entraron, le hacían pasar por el aro.

Clifford estaba sentado en su silla, rígido y bien arreglado, con su cabello rubio liso y brillante, el rostro fresco, los ojos azul pálido, un poco saltones, y con una expresión inescrutable pero educada. Hilda pensó que era una expresión mohína y estúpida, y él seguía aguardando. Mostraba cierto aplomo, pero a Hilda no le preocupaba que tuviera ese aplomo; se había levantado en armas, y hubiera dado exactamente lo mismo si se hubiese tratado del papa o del emperador.

—Connie tiene un aspecto horrible —le dijo con su suave voz, fijando en él sus hermosos y brillantes ojos grises. Parecía muy modesta, igual que Connie; pero él conocía bien el tono de obstinación escocesa que se ocultaba debajo.

—Está un poco más delgada —dijo él.

—¿Has hecho algo al respecto?

—¿Lo crees necesario? —preguntó él, con su rigidez inglesa más cortés, pues las dos cosas suelen darse juntas.

Hilda se limitó a mirarle sin responder; los comentarios ingeniosos no eran su fuerte, tampoco el de Connie; de modo que ella le miraba, y él se sentía mucho más incómodo que si hubiese dicho algo.

—La llevaré al médico —dijo Hilda al fin—. ¿Puedes indicarme alguno bueno que haya por aquí?

—Me temo que no.

—Entonces la llevaré a Londres, donde tenemos un médico de confianza.

Aunque hervía de rabia, Clifford no dijo nada.

— Supongo que podré pasar aquí la noche —dijo Hilda, quitándose los guantes—. La llevaré a la ciudad mañana.

Clifford estaba amarillo de ira, y cuando llegó la noche, también el blanco de sus ojos estaba un poco amarillo. Su hígado se resentía.

Pero Hilda se comportaba de un modo discreto y modesto constantemente.

—Tendrías que contratar a una enfermera o a alguien que se ocupara de tus necesidades personales. En realidad, deberías tener ayuda de cámara —dijo Hilda, mientras permanecían sentados, con aparente calma, tomando café después de la cena. Hablaba en tono suave, aparentemente cortés, pero la sensación que tenía Clifford era la de que le estaba golpeando la cabeza con un mazo.

—¿Tú crees? —dijo él con frialdad.

—¡Estoy segura! Es necesario. O eso, o mi padre y yo nos llevamos a Connie unos meses. Esto no puede continuar.

—¿Qué no puede continuar?

—¿No has visto a la criatura? —preguntó Hilda, mirándole fijamente. Clifford parecía en ese momento un enorme cangrejo cocido; o así lo pensó ella.

—Connie y yo hablaremos de ello —dijo él.

—Ya he hablado yo con ella —dijo Hilda.

Clifford había pasado mucho tiempo en manos de enfermeras; las detestaba porque no le dejaban tener ninguna clase de intimidad. ¡Y un ayuda de cámara!... No podría soportar tener a un hombre a su alrededor. Casi era preferible cualquier mujer. Pero ¿por qué no Connie?

Las dos hermanas partieron por la mañana. Connie tenía el mismo aspecto que un cordero de Pascua, acurrucada al lado de Hilda, que sujetaba el volante. Sir Malcolm estaba de viaje, pero tenía abierta la casa de Kensington.

El doctor examinó a Connie detenidamente y le preguntó todo sobre su vida.

—Algunas veces veo su fotografía, y la de sir Clifford, en las revistas. Son casi celebridades, ¿no? Así es como crecen las niñas buenas, aunque usted sigue siendo una niña, a pesar de las revistas. ¡No, no! No hay nada mal en su organismo, pero eso no servirá. ¡No servirá! Dígale a sir Clifford que tiene que traerla a la ciudad, o llevarla al extranjero, y distraerla. ¡Tiene que distraerse! ¡Tiene que hacerlo! Su vitalidad se encuentra demasiado baja; no hay reservas, no hay reservas; los nervios ya están un poco afectados. ¡Oh, sí! No son más que nervios; se arreglarían las cosas pasando un mes en Cannes o en Biarritz. Pero esto no debe seguir así, *no debe,* le digo,

o no responderé de las consecuencias. Está gastando su vida sin renovarla. Tiene que estar distraída, distraída de un modo adecuado y saludable. Está agotando su vitalidad sin hacer nada. No puede continuar así, ya sabe. ¡Depresión! ¡Evite la depresión!

Hilda apretó las mandíbulas, y eso tenía su significado.

Michaelis se enteró de que se encontraban en la ciudad y se apresuró a ir a verlas con rosas en la mano.

—¡Vaya! ¿Qué te pasa? —exclamó—. No eres ni la sombra de ti misma. ¡Jamás había visto un cambio así! ¿Por qué no me lo hiciste saber? ¡Vente a Niza conmigo! ¡Ven a Sicilia! ¡Vamos, vente a Sicilia conmigo! Ahora se está allí estupendamente. ¡Necesitas sol! ¡Necesitas vida! ¡Te estás consumiendo! ¡Huye conmigo! ¡Vente a África! ¡Ah, que se pudra sir Clifford! ¡Déjale y acompáñame! Me casaré contigo en cuanto te divorcies. ¡Acompáñame e intenta vivir! ¡Por el amor de Dios! Ese lugar, Wragby, mataría a cualquiera. ¡Es un lugar horroroso! ¡Un lugar espantoso! ¡Huye conmigo al sol! Es sol lo que necesitas, y un poco de vida normal.

Pero el corazón de Connie aún se mantenía firme en ese momento ante la idea de abandonar a Clifford. No podía hacerlo. ¡No... no! Sencillamente no podía. Tenía que regresar a Wragby.

Michaelis se indignó. A Hilda no le gustaba Michaelis, pero *casi* le prefería a Clifford. Las hermanas regresaron a las Midlands.

Hilda habló con Clifford, quien aún tenía los globos oculares amarillos cuando volvieron. Él también, a su manera, estaba muy alterado; pero tuvo que escuchar todo lo que le dijo Hilda, todo lo que había dicho el médico, pero no lo que había dicho Michaelis, por supuesto, y escuchó en silencio el ultimátum.

—Aquí tienes la dirección de un buen ayuda de cámara que estuvo con un paciente inválido del doctor hasta que murió el mes pasado. Es muy buen hombre, y vendrá casi con certeza.

—Pero yo *no* soy un inválido, y *no* tendré ayuda de cámara —dijo Clifford, pobre diablo.

—Y aquí tienes la dirección de dos mujeres; conozco a una de ellas, cumpliría muy bien; una mujer de unos cincuenta años, callada, fuerte, amable y culta a su manera.

Clifford se limitó a poner mala cara y no respondió.

—Muy bien, Clifford. Si no hemos resuelto nada de aquí a mañana, telegrafiaré a mi padre y nos llevaremos a Connie.

—¿Irse Connie? —preguntó Clifford.

—Ella no quiere, pero sabe que debe. Madre murió de cáncer, producido por los nervios. No vamos a correr riesgos.

Así que al día siguiente Clifford sugirió el nombre de la señora Bolton, la enfermera de la parroquia de Tevershall. Al parecer, la señora Betts había pensado en ella. La señora Bolton se retiraba de sus deberes parroquiales para dedicarse a trabajos de enfermería privados. Clifford tenía un extraño temor a ponerse en manos de un desconocido, pero la señora Bolton había cuidado de él cuando tuvo la escarlatina, y la conocía.

Las dos hermanas visitaron de inmediato a la señora Bolton, quien vivía en una casa bastante nueva y muy selecta para Tevershall. Hallaron a una mujer de buena presencia, de unos cuarenta y tantos años, vestida con uniforme de enfermera, cuello y delantal blancos, preparándose una taza de té en una pequeña sala de estar repleta de objetos.

La señora Bolton se mostró de lo más atenta y cortés, hablaba arrastrando un poco las palabras, pero en un correcto inglés, y tras haber conseguido que le obedecieran durante muchos años los mineros enfermos, tenía muy buena opinión de sí misma, y mostraba una enorme seguridad. En resumen, en su pequeño mundo, pertenecía a la clase gobernante del pueblo y era muy respetada.

—Sí, lady Chatterley no parece encontrarse muy bien. Solía tener un aspecto muy saludable, ¿verdad? Pero ha ido desmejorando durante el invierno. ¡Oh, es duro! ¡Pobre Clifford! ¡Ah, esa guerra! Tiene que asumir muchas consecuencias.

Y la señora Bolton estaba dispuesta a ir a Wragby de inmediato si el doctor Shardlow se lo permitía. Debía trabajar dos semanas más como enfermera en la parroquia, pero tal vez podrían encontrar una sustituta.

Hilda envió una carta al doctor Shardlow, y el domingo siguiente la señora Bolton llegó a Wragby con dos baúles en el coche de Leiver. Hilda sostuvo conversaciones con ella; la señora Bolton estaba dispuesta a conversar en cualquier momento. ¡Y parecía tan joven! ¡De qué manera ruborizaba sus pálidas mejillas la pasión! Tenía cuarenta y siete años.

Su marido, Ted Bolton, había muerto en la mina hacía veintidós años, veintidós años la última Navidad, exactamente el día

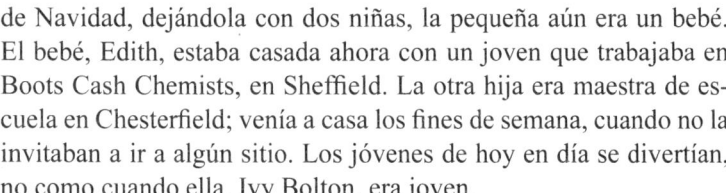

de Navidad, dejándola con dos niñas, la pequeña aún era un bebé. El bebé, Edith, estaba casada ahora con un joven que trabajaba en Boots Cash Chemists, en Sheffield. La otra hija era maestra de escuela en Chesterfield; venía a casa los fines de semana, cuando no la invitaban a ir a algún sitio. Los jóvenes de hoy en día se divertían, no como cuando ella, Ivy Bolton, era joven.

Ted Bolton tenía veintiocho años cuando murió en una explosión en la mina. El compañero que iba delante gritó que se tumbaran en el suelo rápidamente; eran cuatro. Todos se tumbaron a tiempo, a excepción de Ted, y murió. Luego, en la investigación, la patronal dijo que Ted se había asustado e intentó salir corriendo, sin obedecer las órdenes, de modo que, en realidad, había sido culpa suya. Así que la indemnización fue sólo de trescientas libras, y dieron a entender que era más una donación que una indemnización legal, porque realmente había sido culpa del hombre. Y no permitirían que ella recibiera todo el dinero de una vez; ella quería abrir una pequeña tienda. Dijeron que sin duda lo malgastaría, ¡tal vez en bebida! De modo que tenía que ir retirando treinta chelines a la semana. Sí, tenía que ir cada lunes por la mañana a las oficinas, y permanecer allí un par de horas esperando que llegara su turno; sí, durante casi cuatro años fue todos los lunes. ¿Y qué podía hacer ella con dos niñas pequeñas a su cargo? Pero la madre de Ted se portó muy bien con ella. Cuando la pequeña ya sabía andar, cuidaba de las niñas durante el día, mientras ella, Ivy Bolton, iba a Sheffield, y asistía a clase en el hospital; al cuarto año incluso realizó un curso de enfermera y obtuvo el título. Estaba decidida a ser independiente y mantener a sus hijas. De modo que durante un tiempo fue asistente en el hospital de Uthwaite, un pequeño lugar. Pero cuando la empresa, la Compañía de Minas de Carbón de Tevershall, sir Geoffrey en realidad, vio que podía salir adelante por sí misma, se portó muy bien con ella, le ofreció el puesto de enfermera de la parroquia, y la apoyó, algo que ella tenía que reconocer. Y lo había sido desde entonces, hasta ahora, que ya era demasiado trabajo para ella; necesitaba algo más ligero. Una enfermera de distrito tenía mucho ajetreo.

«Sí, la Compañía se portó muy bien *conmigo,* siempre lo digo». Pero jamás olvidaría lo que dijeron de Ted, pues era tan firme y tan valiente como cualquiera de los que ponen un pie en la jaula de la mina, y aquello fue llamarle cobarde. Pero ahora estaba muerto y no podía decirles nada a ninguno de ellos.

Mostraba una extraña mezcla de sentimientos cuando hablaba. Apreciaba a los mineros, a quienes había cuidado durante tanto tiempo; pero se sentía muy superior a ellos. Casi se sentía de clase alta; y al mismo tiempo ardía en ella un resentimiento contra la clase gobernante. ¡Los amos! En una disputa entre amos y obreros, ella siempre estaba a favor de los obreros. Pero cuando no había confrontación, deseaba ser superior, pertenecer a la clase alta. Las clases altas la fascinaban, despertando su peculiar pasión inglesa por la superioridad. Se sentía emocionada por ir a Wragby; le emocionaba hablar con lady Chatterley, palabra de honor, ¡tan diferente de las ordinarias esposas de los mineros! Así lo decía ella llanamente. Sin embargo, se podía apreciar en ella el rencor que sentía hacia los Chatterley; rencor contra los amos.

«¡Sí, por supuesto, agotaría a lady Chatterley! Es una suerte que tenga una hermana para acudir en su ayuda. Los hombres no piensan, ni los de arriba ni los de abajo, dan por supuesto todo lo que una mujer hace por ellos. ¡Oh, se lo he dicho más de una vez a los mineros! Pero resulta muy duro para sir Clifford, sabe, inválido como está. Siempre han sido una familia arrogante, distante en cierto sentido, como tienen derecho a serlo. ¡Y ahora abatidos de esta manera! Y es muy duro para lady Chatterley, tal vez más duro para ella. ¡Todo lo que echará de menos! Yo sólo tuve tres años a Ted, pero, palabra de honor, que mientras lo tuve fue un marido que jamás olvidaré. Uno entre un millar, y tan alegre como el día. ¿Quién iba a pensar que moriría? Aún hoy no me lo creo en cierto modo, nunca lo creí, aunque le lavé con mis propias manos. Pero nunca ha estado muerto para mí, nunca. Nunca lo asimilé».

Se oía una voz nueva en Wragby, muy nueva para Connie; despertaba en ella una nueva forma de escuchar.

Durante la primera semana, sin embargo, la señora Bolton estuvo muy callada. Su seguridad en sí misma y dotes de mando la habían abandonado, y estaba nerviosa. Con Clifford se mostraba tímida, casi asustada, y callada. A él le gustaba aquello y pronto recuperó la seguridad en sí mismo, permitiéndole que le sirviera sin apenas advertir su presencia.

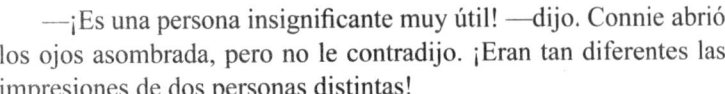

—¡Es una persona insignificante muy útil! —dijo. Connie abrió los ojos asombrada, pero no le contradijo. ¡Eran tan diferentes las impresiones de dos personas distintas!

Y no tardó en adoptar una actitud soberbia, un tanto altanera, con la enfermera. Ella casi lo había esperado y él lo asumió sin saberlo. ¡Tan susceptibles somos a lo que se espera de nosotros! Los mineros se habían comportado como niños, le hablaban y le decían lo que les dolía, mientras ella les vendaba o atendía. Siempre habían hecho que se sintiera importante, casi un ser sobrehumano, en sus servicios. Ahora Clifford le hacía sentirse pequeña, igual que una criada, y lo aceptaba sin decir palabra, adaptándose a las clases superiores.

Acudía a atenderle en completo silencio, con su rostro alargado y hermoso, y los ojos bajos. Y decía muy humildemente: «¿Hago esto ahora, sir Clifford? ¿Hago ahora aquello?».

—No, déjelo de momento. Ya se hará más tarde.

—Muy bien, sir Clifford.

—Venga dentro de media hora.

—Muy bien, sir Clifford.

—Y llévese esos periódicos viejos.

—Muy bien, sir Clifford.

Salía sin hacer ruido, y a la media hora volvía sin hacer ruido. La humillaba, pero a ella no le importaba. Estaba conociendo a la clase alta. No sentía rencor hacia sir Clifford ni le disgustaba; él formaba parte de un fenómeno, el fenómeno de las gentes de clase alta, tan desconocidas para ella, pero ahora las estaba conociendo. Se sentía más a gusto con lady Chatterley y, después de todo, era la señora de la casa lo que más importaba.

La señora Bolton ayudaba a Clifford a acostarse por la noche; ella dormía al otro lado del pasillo y acudía si él hacía sonar la campanilla durante la noche. También le ayudaba por la mañana, y no tardó en empezar a lavarle, incluso a afeitarle, de esa manera delicada e insegura que tienen las mujeres. Era muy buena y competente, y pronto sabría cómo tenerle en su poder. Él no era muy diferente a los mineros, después de todo, en el momento de enjabonarles la barbilla y pasar la brocha suavemente sobre la barba. La actitud distante y la falta de franqueza no le molestaban; estaba viviendo una nueva experiencia.

Clifford, sin embargo, nunca perdonó del todo a Connie por ceder su cuidado personal a una asalariada desconocida. Eso había matado, se decía a sí mismo, la auténtica flor de la intimidad que había entre ellos. Pero a Connie no le importaba eso. La hermosa flor de la intimidad que había entre ellos era más bien como una orquídea, un bulbo parásito pegado al árbol de su propia vida, y que producía, a su entender, una flor bastante desvaída.

Ahora tenía más tiempo para sí misma y podía tocar suavemente el piano, arriba en su salita, y cantar: «No toques la ortiga, pues los lazos del amor son difíciles de desatar». Hasta hacía poco tiempo no se había dado cuenta de lo difícil que era desatar esos lazos del amor. ¡Pero gracias a Dios los había aflojado! Se alegraba tanto de estar sola, de no tener que estar siempre hablando con él. Cuando estaba solo, escribía, escribía, escribía a máquina hasta no tener fin. Pero cuando no estaba «trabajando», y ella estaba allí, él hablaba, siempre hablaba; análisis infinitamente pequeños de personas y motivos, y resultados, caracteres y personalidades, hasta llegar a hartarla. Durante años le había encantado a Connie, hasta que se había hartado y, de pronto, le resultaba excesivo. Agradecía quedarse a solas.

Era como si miles y miles de pequeñas raíces e hilos de consciencia en él y en ella hubiesen crecido hasta formar una maraña, hasta no poder crecer más, y la planta se estaba muriendo. Ahora ella, con serenidad y sutileza, iba desenredando la maraña formada por sus consciencias, cortando los hilos con delicadeza, uno a uno, con paciencia y desespero por liberarse. Pero los lazos de un amor así eran más difíciles de desatar que los de la mayoría; aunque la llegada de la señora Bolton le había resultado de gran ayuda.

Pero Clifford aún deseaba las antiguas veladas íntimas en las que hablaba con Connie: hablaban o leían en voz alta. Pero ahora ella podía disponer que la señora Bolton les interrumpiera a las diez. A las diez en punto Connie podía subir al piso de arriba y estar a solas. Clifford estaba en buenas manos con la señora Bolton.

La señora Bolton comía con la señora Betts en la habitación del ama de llaves, ya que así lo habían acordado entre todos. Y resultaba curioso cuánto parecían haberse acercado los cuartos de los criados; hasta casi las puertas del despacho de Clifford, cuando antes estaban tan alejadas. La señora Betts iba algunas veces a la habitación de la señora Bolton, y Connie las oía hablar en voz baja; de alguna manera sentía la fuerte vibración de la gente obrera invadir casi la sala de estar, cuando ella y Clifford se encontraban solos. Así había cambiado Wragby simplemente con la llegada de la señora Bolton.

Y Connie se sentía liberada, en otro mundo, sentía que respiraba de una forma diferente. Pero aún temía cuántas de sus raíces, quizás mortales, estaban enredadas con las de Clifford. No obstante, respiraba con más libertad, una nueva fase estaba a punto de comenzar en su vida.

Capítulo VIII

La señora Bolton también se ocupaba con cariño de Connie, consciente de que tenía que extender a ella su protección femenina y profesional. Siempre le instaba a que saliera, a que fuera en automóvil a Uthwaite, a que estuviera al aire libre. Pues Connie había tomado por costumbre sentarse junto al fuego, fingiendo leer, o coser con desgana, y apenas salía al exterior.

Un día ventoso, poco después de haberse marchado Hilda, dijo la señora Bolton:

—¿Por qué no va a dar un paseo por el bosque a ver los narcisos que hay detrás de la casa del guardabosque? Son los más bonitos que haya visto en un día de marzo. Y podría poner algunos en su habitación; los narcisos silvestres tienen siempre un aspecto muy alegre, ¿no cree?

Connie aceptó de buen grado, incluso lo de los narcisos. ¡Narcisos silvestres! Después de todo, una no podía estar siempre cociéndose en su propia salsa. Volvía la primavera... «Las estaciones vuelven, pero no vuelve a mí el Día, ni se acercan dulcemente la Noche o la Mañana».

Y el guardabosque, ¡su cuerpo delgado, blanco, como un único pistilo en una flor invisible! Le había olvidado en su atroz depresión. Pero ahora algo despertaba... «Pálido más allá del zaguán y del porche»... lo que había que hacer era cruzar los zaguanes y los porches.

Se había fortalecido, podía caminar mejor, y en el bosque el viento no sería tan fatigante como en el parque, donde le azotaba. Quería olvidar, olvidarse del mundo y de toda la gente espantosa, con cuerpo de carroña. «¡Debes nacer de nuevo! ¡Creo en la resurrección de la carne! ¡Si el grano de trigo no cae a la tierra y muere, no germinará! ¡Cuando salga el azafrán, yo también surgiré y veré el sol!». Con el viento de marzo infinitas frases se propagaban por su consciencia.

Deslumbraban pequeñas ráfagas de sol, extrañamente brillantes, e iluminaban las celidonias al borde del bosque, bajo los avellanos; resplandecían con un brillo amarillo. Y el bosque estaba sereno, más sereno, a pesar de las ráfagas de viento que cruzaban las del sol. Ya habían salido las primeras anémonas, y todo el bosque parecía palidecer con la lividez de las infinitas pequeñas anémonas esparcidas por el agitado suelo. «El mundo ha palidecido con tu aliento». Pero esta vez era el aliento de Perséfone; ella había salido del infierno una fría mañana. Llegaban brisas frías, y por arriba la furia del viento quedaba enredado, atrapado entre las ramas. También el viento estaba atrapado e intentaba liberarse, como Absalón. ¡Qué frías parecían las anémonas, meciendo sus desnudos hombros blancos sobre faldas de crinolina de color verde! Pero se mantenían firmes. También unas cuantas prímulas desvaídas, las primeras, junto al sendero, empezaban a abrir sus capullos amarillos.

El rugido y el balanceo se encontraba arriba, abajo sólo llegaban corrientes frías. Connie se sentía extrañamente excitada en el bosque, y el color brotaba en sus mejillas, y se encendía el azul de sus ojos. Caminaba a paso lento, recogiendo unas cuantas prímulas y las primeras violetas de un olor dulce y frío, dulce y frío. Y vagaba sin saber dónde se hallaba.

Hasta que llegó al claro, al final del bosque, y vio la casita de piedra manchada de verdín, que casi parecía rosada, como la parte inferior de un hongo, calentándose su piedra en una explosión de sol. Y había un destello de jazmines amarillos junto a la puerta; la puerta estaba cerrada. Pero ningún sonido; no salía humo de la chimenea; no ladraba ningún perro.

Se dirigió en silencio a la parte de atrás, donde se elevaba el terraplén; tenía una excusa, ver los narcisos.

Y allí estaban, las flores de corto tallo, susurrando y oscilando y estremeciéndose, tan brillantes y vivas, pero sin ningún lugar donde ocultar sus rostros al volverlos de espaldas al viento.

Sacudían su brillantes y soleados pequeños harapos en ataques de angustia. Pero quizás les gustaba realmente; quizás les gustaban las sacudidas.

Constance se sentó con la espalda apoyada en un pino joven, que contrarrestaba su peso con una extraña vida, elástica y poderosa, elevándose. ¡Era una criatura viva, erecta, con la copa al sol! Y ella observó cómo los narcisos se volvían dorados en una explosión de sol que le calentó las manos y el regazo. Incluso percibió el ligero perfume alquitranado de las flores. Y después, hallándose tan serena y sola, le pareció que se sumergía en la corriente de su propio destino. Había estado amarrada, atada y atrapada como una barca en un embarcadero; ahora se había soltado e iba a la deriva.

El sol cedió el paso al frío; los narcisos estaban a la sombra, inclinándose en silencio. Así seguirían inclinados durante todo el día y la larga y fría noche. ¡Tan fuertes en su fragilidad!

Connie se levantó un poco rígida, cogió unos cuantos narcisos e inició el descenso. Odiaba arrancar flores, pero quería llevarse una o dos. Tenía que regresar a Wragby y a sus muros, y ahora lo odiaba, especialmente a sus gruesos muros. ¡Muros! ¡Siempre muros! Y, sin embargo, eran necesarios con ese viento.

Cuando regresó a casa, Clifford le preguntó:

—¿Adónde has ido?

—¡He cruzado el bosque! Mira, ¿no son adorables estos pequeños narcisos? ¡Pensar que salen de la tierra!

—No tanto como del aire y del sol —dijo él.

—Pero modelados en la tierra —replicó, contradiciéndole con una rapidez que le sorprendió a ella misma.

A la tarde siguiente fue de nuevo al bosque. Siguió el ancho camino que cambiaba de dirección bruscamente y ascendía por entre los alerces hasta un manantial llamado el Pozo de John. Hacía frío en aquella ladera, y no había ninguna flor en la oscuridad de los alerces. Pero el pequeño manantial helado brotaba suavemente hacia arriba desde su diminuto lecho de guijarros puros de color blanco rojizo. ¡Qué gélido y transparente era! Sin duda el nuevo guardabosque había sustituido los guijarros. Oyó el débil tintineo del agua, mientras el diminuto desbordamiento bajaba por la ladera formando un pequeño reguero. Incluso por encima del susurro del bosque de alerces, que extendía su erizada, desnuda y lobuna oscuridad por la pendiente, oía ella el tintineo como de diminutas campanillas de agua.

Aquel paraje era un poco siniestro, frío, húmedo. Sin embargo, el manantial debía de haber sido un lugar donde se acudió a beber durante cientos de años. Ahora ya no. Se encontraba en un claro de espacio reducido, frío, sombrío, entre vegetación abundante.

D. H. Lawrence

Se levantó y se dirigió lentamente hacia su casa. Mientras caminaba, oyó un débil golpeteo a la derecha y se detuvo a escuchar. ¿Eran golpes de martillo o un pájaro carpintero? Seguramente era un martillo.

Siguió caminando y escuchando. Y entonces vio una estrecha senda entre jóvenes abetos, una senda que no parecía conducir a ninguna parte. Sin embargo, Connie tuvo la impresión de que se había utilizado. Descendió por ella a la aventura, entre la espesura de abetos jóvenes, que pronto dio paso al viejo bosque de robles. Siguió avanzando por la senda y el martilleo se iba acercando, en el silencio del ventoso bosque, pues los árboles crean silencio incluso en medio del ruido que produce en ellos el viento.

Vio un pequeño claro secreto, y una cabañita secreta hecha de troncos. ¡Y ella nunca había estado allí antes! Se dio cuenta de que se trataba del tranquilo lugar donde criaban los faisanes; el guardabosque estaba en mangas de camisa, arrodillado y dando martillazos. La perra fue trotando hacia Connie, dio un breve y agudo ladrido, y el guardabosque levantó la cabeza repentinamente y la vio. Sus ojos mostraron una expresión de sobresalto.

Se irguió y saludó, la observó en silencio mientras ella avanzaba sintiendo debilidad en sus piernas. A él le molestó la intrusión; apreciaba su soledad como si se tratase de la única y última libertad en la vida.

—Me preguntaba de dónde procedía ese martilleo —dijo, sintiéndose débil y sin aliento, y un poco atemorizada mientras él la miraba fijamente.

—Estoy preparando las jaulas para los polluelos —dijo, en un marcado acento local.

Ella no sabía qué decir y se sentía débil.

—Desearía sentarme unos instantes —dijo.

—Vaya a sentarse allí, en la cabaña —dijo, y fue delante de ella hacia la cabaña, apartó algunos maderos y herramientas, y sacó una silla rústica, hecha de palos de avellano.

—¿Quiere que encienda fuego? —preguntó, con la curiosa naïveté del dialecto.

—¡Oh, no se moleste! —replicó ella.

Pero él vio sus manos; estaban azuladas. De modo que rápidamente llevó unas ramas de alerce al pequeño hogar de ladrillo situado en un rincón, y en un momento la llama amarilla ascendió por la chimenea. Hizo sitio junto a la chimenea de ladrillo.

—Siéntese aquí un rato, y caliéntese —dijo.

Ella obedeció. Estaba dotado de aquella curiosa clase de autoridad protectora a la que ella obedecía de inmediato. Así que se sentó y se calentó las manos, y echó más leños al fuego mientras él volvía a dar golpes con el martillo en el exterior. En realidad no quería estar sentada en un rincón junto al fuego; hubiese preferido observar desde la puerta, pero estaban cuidando de ella, así que tenía que someterse.

La cabaña era bastante acogedora, las paredes estaban revestidas de madera sin barnizar; había un mesita rústica y un taburete al lado de su silla, y un banco de carpintero, después una caja grande, herramientas, tableros nuevos, clavos; y muchos utensilios colgados de ganchos; un hacha grande, otra pequeña, trampas, cosas en sacos, su chaqueta. No tenía ventana, la luz entraba por la puerta abierta. Era un revoltijo, pero también una especie de pequeño santuario.

Ella escuchaba los golpes del martillo; no parecían alegres. Él se sentía agobiado. ¡He aquí una violación de su privacidad, y una peligrosa! ¡Una mujer! Había llegado al punto en el que lo único que quería en este mundo era estar solo. Y, sin embargo, no tenía poder para preservar su intimidad; era un asalariado, y aquellas personas eran sus amos.

Sobre todo, no quería entrar en contacto con una mujer otra vez. Lo temía; pues tenía una gran herida causada por antiguos contactos. Pensaba que si no podía estar solo, y si no le dejaban en paz, moriría. Su alejamiento del mundo exterior era total; su último refugio era ese bosque; ¡y se ocultaba allí!

Connie se calentaba junto al fuego, el cual había hecho demasiado grande; ahora tenía calor. Fue a sentarse en el taburete que había en la puerta, y observaba trabajar al hombre. Él parecía no advertir su presencia, pero sabía que estaba allí. No obstante, siguió trabajando, como si estuviese absorto, y su perra marrón seguía sentada sobre su rabo cerca de él, contemplando el mundo con recelo.

Esbelto, silencioso y rápido, el hombre terminó la jaula que estaba haciendo, le dio la vuelta, probó la puerta corredera y la dejó a un lado. Después se levantó, fue a por otra jaula vieja y la llevó al tronco de cortar donde estaba trabajando. Se agachó y probó los

barrotes; algunos se rompieron en sus manos; empezó a arrancar clavos. Después dio la vuelta a la jaula y reflexionó, sin dar muestra alguna de ser consciente de la presencia de la mujer.

De modo que Connie le observaba fijamente. Y la misma soledad que había visto en él desnudo, veía ahora en él vestido: solitario, concentrado, como un animal que trabaja solo, pero también pesaroso, como un alma que rehúye todo contacto humano. Silenciosamente, pacientemente, también ahora rehuía el de ella. Era la calma, y esa clase de paciencia intemporal en un hombre impaciente y apasionado lo que conmovía a Connie en las entrañas. Lo veía en su cabeza inclinada, en sus rápidas y discretas manos, en la flexión de sus caderas, delgadas y sensibles; paciente y retraído. Pensó que la experiencia de él había sido más profunda y más amplia que la suya propia; mucho más profunda y amplia, y quizás más mortífera. Y eso la alivió; se sintió casi irresponsable.

Así permaneció sentada en la puerta de la cabaña, como en un sueño, completamente ajena al tiempo y a las circunstancias particulares. Tan abstraída estaba que, cuando levantó la vista él rápidamente, la vio completamente inmóvil, con expresión expectante. Para él era una expresión de espera. Y una delgada lengua de fuego parpadeó repentinamente en sus caderas, en la raíz de su espalda, y gimió su espíritu. Temía, casi con repulsión, cualquier contacto humano cercano. Deseaba sobre todas las cosas que ella se marchara y le dejara a solas con su intimidad. Temía la voluntad de ella, su voluntad femenina, y su moderna insistencia femenina. Y sobre todo temía su fría insolencia de clase alta para conseguir lo que quisiera. Porque, después de todo, él no era más que un hombre contratado. Detestaba su presencia allí.

Connie volvió en sí con una súbita inquietud. Se levantó. Estaba atardeciendo, sin embargo no se decidía a marcharse. Se acercó al hombre, quien se irguió casi como un militar, con su rostro cansado rígido e inexpresivo, y los ojos vigilantes.

—Se está tan bien aquí; es muy tranquilo —dijo—. Nunca había estado aquí antes.

—¿No?

—Creo que vendré a estar aquí alguna vez.

—¿Sí?

—¿Cierra con llave la cabaña cuando no está aquí?

—Sí, excelencia.

—¿Cree que yo podría conseguir una llave también?, así podré venir aquí alguna vez. ¿Hay dos llaves?

—No, que yo sepa —dijo, volviendo a su acento local.

Connie vaciló; estaba oponiéndose. ¿Acaso era suya la cabaña, después de todo?

—¿No podríamos conseguir otra llave? —preguntó con voz dulce, en el tono de una mujer dispuesta a conseguir lo que quiere.

—¡Otra llave! —dijo él, mirándola con un destello de ira, y un toque de burla.

—Sí, un duplicado —dijo ella, ruborizándose.

—Puede que sir Clifford lo sepa —dijo él para desanimarla.

—¡Sí! —dijo—. Puede que él tenga otra. De todos modos podríamos hacer una de la que tiene usted. Se tardaría un día o así, supongo. Podría prescindir de ella ese tiempo.

—¡No sabría decirle, señoría! No conozco a nadie por aquí que haga llaves.

De repente Connie enrojeció de ira.

—¡Muy bien! ¡Ya lo veremos! —dijo.

—De acuerdo, excelencia.

Sus miradas se encontraron. La de él era fría, de desagrado y desprecio, y de indiferencia ante lo que ocurriría. La de ella ardía con desdén.

Pero a Connie se le encogió el corazón al ver lo que le había desagradado a él que le contrariara. Y le vio sumido en una especie de desesperación.

—¡Buenas tardes!

—¡Buenas tardes, excelencia! —le hizo un saludo y se volvió con brusquedad. Ella había despertado a los perros dormidos de la vieja ira voraz, ira contra la mujer obstinada. Y él se hallaba indefenso, indefenso. ¡Lo sabía!

Y ella estaba furiosa contra los hombres obstinados. ¡También los criados! Caminó hacia casa de mal humor.

Halló a la señora Bolton debajo del haya grande que había en el altozano, buscándola.

—Me estaba preguntando si vendría ya, señora —dijo la mujer animadamente.

—¿Llego tarde? —preguntó Connie.

—¡Oh... es que sir Clifford la esperaba para el té!

—¿Por qué no se lo ha preparado usted?

—¡Oh, no creo que me corresponda a mí! Creo que no le gustaría a sir Clifford, señora.

—No veo por qué no —dijo Connie.

Entró en el despacho de Clifford, donde la vieja tetera de latón hervía a fuego lento sobre la bandeja.

—¿Llego tarde, Clifford? —dijo, dejando las flores y cogiendo la caja de té, de pie ante la bandeja y aún con el sombrero y la bufanda puestos—. ¡Lo lamento! ¿Por qué no permitiste que preparara el té la señora Bolton?

—No lo pensé —dijo con ironía—. No la veo presidiendo la mesa del té.

—¡Oh! No hay nada sacrosanto en una tetera plateada —dijo Connie.

Él levantó la mirada hacia ella con curiosidad.

—¿Qué has hecho toda la tarde? —preguntó él.

—Caminar y sentarme en un lugar abrigado. ¿Sabes que todavía hay bayas en el acebo grande?

Se quitó la bufanda, pero no el sombrero, y se sentó a preparar el té. Las tostadas sin duda estarían ya revenidas. Cubrió la tetera y se levantó a buscar un florero para sus violetas. Las pobres flores colgaban débiles de sus tallos.

—¡Revivirán de nuevo! —dijo, acercándole el jarrón para que las oliese.

—«Más dulces que los párpados de Juno» —citó.

—No veo ninguna relación con las violetas reales —dijo—. Los isabelinos exageran bastante.

Connie le sirvió el té.

—¿Sabes si hay una segunda llave de esa pequeña cabaña que está cerca del Pozo de John, donde se crían los faisanes? —preguntó.

—Puede ser. ¿Por qué?

—Resulta que la he descubierto hoy... nunca había estado allí antes. Creo que es un lugar encantador. Podría ir allí de vez en cuando, ¿verdad?

—¿Estaba Mellors allí?

—¡Sí! Por eso la descubrí; estaba dando golpes con un martillo. No pareció agradarle mucho mi intromisión. De hecho, casi fue grosero cuando le pregunté si había una segunda llave.

—¿Qué dijo?

—Oh, nada; fue su actitud, y dijo que no sabía nada de llaves.

—Tal vez haya una en el despacho de mi padre. Betts las conoce todas, están todas allí. Le diré que mire.

—¡Oh, hazlo! —dijo ella.

—Así que Mellors fue casi grosero.

—¡Oh, no realmente! Pero no creo que quisiera que anduviera libremente por el castillo.

—Supongo que no.

—Aun así, no entiendo por qué debería importarle. No es su casa, después de todo. No es su vivienda particular. No veo por qué no debería ir allí si así lo deseo.

—¡Exacto! Ese hombre piensa demasiado en sí mismo —dijo Clifford.

—¿Tú crees?

—¡Oh, sin la menor duda! Cree que es algo excepcional. Ya sabes que tenía una esposa con la que no se llevaba bien, así que se alistó en el ejército en 1915 y fue destinado a la India, creo. El caso es que fue herrero de caballería en Egipto durante algún tiempo; siempre estuvo relacionado con caballos, en ese aspecto es un tipo listo. Luego un coronel indio le tomó afecto y le ascendieron a teniente. Sí, le dieron un cargo. Creo que regresó a la India con su coronel, y estuvo en la frontera noroeste. Cayó enfermo; cobra una pensión. No salió del ejército hasta el año pasado, creo, y entonces, naturalmente, no resulta fácil para un hombre como ese volver a su propio nivel. Se ve obligado a luchar. Pero cumple bien con su deber, en lo que a mí respecta. Lo único que no permito es que se comporte como teniente Mellors.

—¿Cómo pudieron ascenderle a oficial cuando habla con ese acento arrastrado de Derbyshire?

—No lo hace... salvo de vez en cuando. Sabe hablar perfectamente bien. Supongo que sabe que si ha descendido de rango de nuevo, mejor es hablar como los de su rango.

—¿Por qué no me habías contado nada de él?

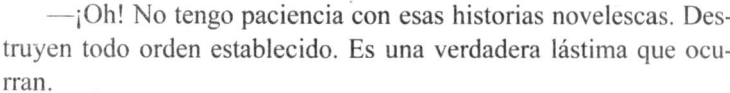

D. H. Lawrence

—¡Oh! No tengo paciencia con esas historias novelescas. Destruyen todo orden establecido. Es una verdadera lástima que ocurran.

Connie se sentía inclinada a estar de acuerdo. ¿De qué servía la gente descontenta que no se adapta a ningún lugar?

Atraído por el buen tiempo, Clifford decidió ir al bosque también. El viento era frío, pero no tan fatigante, y el sol era como la vida misma, cálido y pleno.

—Es asombroso —dijo Connie— lo diferente que se siente uno cuando hace buen día. Normalmente se siente que el propio aire está medio muerto. La gente está matando el propio aire.

—¿Crees que la gente está haciendo eso? —preguntó él.

—Sí. El vapor de tanto aburrimiento, y descontento e ira de toda la gente, mata la vitalidad del aire. Estoy segura de ello.

—Quizás ciertas condiciones de la atmósfera hacen que disminuya la vitalidad de las personas —dijo él.

—No, es el hombre el que envenena el universo —aseguró.

—Tira piedras sobre su propio tejado —observó Clifford.

La silla avanzó resoplando. En el avellanal, los amentos colgaban pálidos y dorados, en los lugares soleados las anémonas estaban completamente abiertas, como si proclamaran la alegría de vivir, igual que los días pasados, cuando la gente la proclamaba como ellas. Desprendían un ligero perfume a flor de manzano. Connie recogió unas cuentas para Clifford.

Él las cogió y las miró con curiosidad.

—«Tú, aún no violada esposa de la calma» —citó—. Parece que se adapta mejor a las flores que a las vasijas griegas.

—¡Violada es una palabra horrible! —dijo ella—. Sólo las personas violan cosas.

—¡Oh! No sé... los caracoles y bichos así —dijo él.

—Los caracoles sólo se las comen, y las abejas no violan.

Estaba enfadada con él; todo lo convertía en palabras. Las violetas eran párpados de Juno, y las anémonas, esposas violadas. ¡Cómo odiaba las palabras, siempre interponiéndose entre ella y la vida!; ellas sí que violaban, si es que algo lo hacía: las palabras y las frases hechas absorbían toda la savia de los seres vivos.

El paseo con Clifford no fue un éxito. Entre él y Connie había una tensión que cada uno de ellos pretendía ignorar, pero existía. De pronto, con toda la fuerza de su instinto femenino, estaba alejándose de él. Quería librarse de él, y especialmente de su percepción, de sus palabras, de su obsesión por sí mismo, de esa interminable obsesión por sí mismo, y sus propias palabras.

El tiempo se había vuelto lluvioso otra vez. Pero, pasados dos días, Connie salió bajo la lluvia y fue al bosque. Y una vez allí, se dirigió hacia la cabaña. Estaba lloviendo pero no hacía frío, y el bosque parecía silencioso y remoto, inaccesible en el crepúsculo creado por la lluvia.

Llegó al claro. ¡No había nadie allí! La cabaña estaba cerrada con llave, pero se sentó en el tronco que hacía de escalón en la entrada, bajo el rústico porche, y se acurrucó para darse calor. Mientras permanecía sentada, observando la lluvia, escuchaba los muchos ruidos silenciosos, y los extraños golpes de viento sobre las ramas superiores, cuando parecía que no hacía viento. Los viejos robles se alzaban a su alrededor, con sus troncos grises y poderosos, ennegrecidos por la lluvia, redondos y vitales, extendiendo sus ramas temerarias. El suelo se hallaba libre de maleza, salpicado de anémonas, había un arbusto o dos, saúco o viburno, y una maraña violácea de zarzas: los viejos helechos rojizos casi habían desaparecido bajo las verdes gorgueras de las anémonas. Tal vez este era uno de los lugares inviolados. ¡Inviolados! El mundo entero había sido violado.

Algunas cosas no se pueden violar. No se puede violar una lata de sardinas. Y muchas mujeres son así; y hombres. ¡Pero la tierra...!

Cedía la lluvia. Ya casi no oscurecía entre los robles. Connie quería irse; sin embargo, siguió sentada, aunque se estaba quedando fría; pero la abrumadora inercia de su resentimiento interior la mantenía allí como si estuviese paralizada.

¡Violada! ¡Hasta qué punto podía ser una violada sin haber sido tocada! Violada con palabras muertas que llegan a ser obscenas, e ideas muertas que se convierten en obsesiones.

Un perro marrón mojado se acercó corriendo a Connie sin ladrar, levantando su rabo mojado que parecía una pluma. El hombre le seguía vestido con una chaqueta impermeable negra mojada, como la de un chofer, y el rostro un poco enrojecido. Connie advirtió que había aminorado su rápido paso al verla. Ella se puso en pie en el reducido espacio seco que había debajo del porche rústico. Él la saludó sin hablar y se acercó lentamente. Ella empezó a retirarse.

—Ya me iba —dijo Connie.

—¿Estaba esperando para entrar? —preguntó él, mirando a la cabaña en vez de a ella.

—No, sólo llevo sentada aquí unos minutos, al resguardo —dijo con bastante dignidad.

Él la miró. Parecía que ella tenía frío.

—¿Sir Clifford no tiene otra llave entonces? —preguntó él[2].

—No, pero no importa. Me puedo sentar aquí en el porche sin mojarme. ¡Buenas tardes!

Ella detestaba que empleara el acento local al hablar.

Él la observó detenidamente mientras ella se alejaba. Después se levantó la chaqueta, metió la mano en el bolsillo de sus pantalones y sacó la llave de la cabaña.

—Será mejor que tenga usted esta llave. Ya encontraré otro lugar para los polluelos.

Ella le miró.

—¿Qué quiere decir? —preguntó.

—Quiero decir que puedo buscar otro sitio para criar los faisanes. Si usted quiere estar aquí, no querrá que yo esté estorbando todo el tiempo.

Ella le miró, tratando de entenderle a través de la bruma del dialecto.

—¿Por qué no habla usted en inglés corriente? —dijo fríamente.

—¡Yo! Creía que *era* el corriente.

Ella, enfurecida, guardó silencio unos instantes.

—Así que si quiere la llave, será mejor que la tenga. O tal vez sea mejor que se la dé mañana, y despejaré todo esto de trastos. ¿Le parece bien?

Ella aún se enfadó más.

—No quiero su llave —dijo—. No quiero que despeje nada. De ningún modo deseo echarle de su cabaña, ¡gracias! Yo sólo quería poder sentarme aquí de vez en cuando. Pero puedo sentarme perfectamente debajo del porche, así que, por favor, no diga nada más sobre este asunto.

Él la miró de nuevo con sus malvados ojos azules.

2 Durante toda esta conversación, Mellors hablará en el dialecto local. *(N. de la T.)*

—¡Vale! —comenzó a decir en su dialecto lento y arrastrado—. Su excelencia es bienvenida a la cabaña como la Navidad, y la llave y todo lo demás es suyo. Sólo que es la época del año para criar los polluelos y tengo que acercarme a verlos a cada momento. En invierno apenas es necesario venir a este lugar. Pero en primavera, como sir Clifford quiere que empiece con la cría de los faisanes... Y cuando su excelencia esté aquí, no querrá tenerme a su alrededor todo el tiempo.

Ella escuchaba con una especie de débil asombro.

—¿Por qué debería importarme que estuviera usted aquí? —preguntó.

Él la miró con curiosidad.

—¡Es una molestia para mí! —dijo de un modo breve, pero significativo. Ella se ruborizó.

—No quiero molestarle. Pero no creo que me importara mucho estar aquí viéndole cuidar de las aves. Me hubiera gustado. Pero ya que usted cree que interfiero, no le molestaré, no tema. Usted es el guarda de sir Clifford, no mío.

La frase sonó extraña, y no supo ella por qué. Pero lo dejó pasar.

—De ninguna manera, excelencia. La cabaña es de su excelencia. Su excelencia puede hacer con ella lo que le venga en gana. Puede despedirme avisándome con una semana de tiempo. Sólo que...

—¿Sólo qué? —preguntó ella desconcertada.

Él se echó hacia atrás el sombrero de un modo extraño y cómico.

—Sólo que pensé que quería estar sola en este lugar, cuando viniera, sin estar yo estorbando.

—Pero, ¿por qué? —dijo ella enfadada—. ¿No es usted un ser humano civilizado? ¿Cree que debería tenerle miedo? ¿Por qué iba a prestar atención a si está usted aquí o no? ¿Por qué es importante?

Él la miró con el rostro iluminado con una sonrisa malvada.

—Ninguna, excelencia. Ni la más mínima importancia —dijo.

—Bien, entonces ¿por qué? —preguntó.

—¿Consigo otra llave para usted entonces?

—¡No, gracias! No la quiero.

—La conseguiré de todos modos. Será mejor tener dos llaves de este lugar.

—Considero que es usted un insolente —dijo Connie, con el rostro enrojecido y apenas sin aliento.

—¡No, no! —dijo él rápidamente—. ¡No diga usted eso! ¡No, no! Nunca fue esa mi intención. Sólo pensé que si venía aquí, tenía que despejar la cabaña y eso supone mucho trabajo, hasta preparar otro sitio. Pero si su excelencia no va a prestarme ninguna atención, entonces... Es la cabaña de sir Clifford, y todo será como a su excelencia le guste, todo será como a su excelencia le guste y agrade, siempre que no me preste ninguna atención mientras hago los trabajos que tengo que hacer.

Connie se marchó completamente desconcertada. No estaba segura de si la habían insultado y ofendido mortalmente, o no.

Quizás el hombre tan sólo quería decir realmente lo que dijo; que pensaba que ella esperaría que él se mantuviera alejado. ¡Como si ella hubiese pensado en eso! Y como si fuese tan importante él y su estúpida presencia.

Regresó a casa confusa, sin saber qué pensar ni qué sentir.

Capítulo IX

A Connie le sorprendía la aversión que sentía hacia Clifford. Más aún, tenía la impresión de que siempre le había desagradado. No era odio; no había pasión en ello, sino un profundo desagrado físico. Le daba la impresión de que casi se había casado con él porque le desagradaba de una manera secreta, física. Pero, por supuesto, se había casado con él realmente porque desde el punto de vista intelectual la atraía y excitaba. En cierto modo había parecido su maestro, superior a ella.

Ahora la excitación intelectual se había acabado y desplomado, y era consciente sólo de la aversión física. Surgía de lo más profundo de su ser: y se daba cuenta de que había ido devorando su vida.

Se sentía débil y completamente desamparada. Deseaba que llegara alguna ayuda del exterior. La sociedad era terrible porque se había vuelto loca. La sociedad civilizada estaba loca. El dinero y el llamado amor eran sus dos grandes manías; el dinero iba muy por delante. El individuo se afirmaba a sí mismo en su locura inconexa de estas dos formas: dinero y amor. ¡Mira a Michaelis! Su vida y actividad eran simplemente locura. Su amor era una especie de locura.

Y Clifford lo mismo. ¡Toda esa palabrería! ¡Todos esos escritos! ¡Toda esa lucha salvaje por abrirse paso! Sólo era locura. Y estaba empeorando, realmente era maníaca.

Connie se sentía agotada por el temor. Pero al menos Clifford estaba trasladando su sujeción a la señora Bolton. Él no lo sabía. Como muchos locos, su locura podía medirse por las cosas de las que *no* era consciente: los grandes espacios desiertos en su conciencia.

La señora Bolton era admirable en muchos aspectos. Pero tenía esa extraña dote de mando, de constante afirmación de su propia voluntad, que es uno de los signos de la locura en la mujer moderna. Ella *pensaba* que era totalmente sumisa y que vivía para los demás. Clifford le fascinaba porque él siempre, o con frecuencia, frustraba

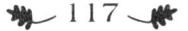

la voluntad de ella, como movido por un instinto más fino. Poseía una voluntad impositiva más fina, más sutil, que la de ella. Este era el encanto que encontraba en él.

Quizás ese había sido también su encanto para Connie.

—¡Hace un día maravilloso hoy! —decía la señora Bolton con su voz acariciante y persuasiva—. Creo que disfrutaría dando un paseo en su silla hoy; el sol es estupendo.

—¿Sí? ¿Me da ese libro... ese, el amarillo? Y llévese esos jacintos.

—¡Pero si son preciosos! —decía enfatizando el «preciosos»— y el perfume es sencillamente maravilloso.

—Al perfume es a lo que me opongo —dijo—. Es un poco fúnebre.

—¡De verdad piensa eso! —exclamaba sorprendida, como un poco ofendida, pero impresionada. Y sacaba los jacintos de la habitación, impresionada por la meticulosidad superior de él.

—¿Le afeitaré esta mañana, o preferiría hacerlo usted? —siempre con voz suave, acariciadora, servil, pero también resuelta.

—No lo sé. ¿Le importa esperar un rato? La llamaré cuando esté dispuesto.

—Muy bien, sir Clifford —respondía, tan delicada y sumisa, retirándose en silencio. Pero con cada desaire iba acumulando ella nueva energía en su voluntad.

Cuando él llamaba, después de un rato, aparecía de inmediato. Y entonces él le decía:

—Creo que preferiría que me afeitara usted esta mañana.

Su corazón daba un pequeño vuelco y respondía con más suavidad:

—Muy bien, sir Clifford.

Era muy habilidosa, delicada y un poco lenta. Al principio a él le molestaba el tacto tan suave de los dedos en su rostro. Pero ahora le gustaba, con una creciente voluptuosidad. Permitía que le afeitara casi todos los días: el rostro de ella tan cerca del suyo, sus ojos tan concentrados, observando que lo hacía bien. Y poco a poco sus dedos fueron conociendo sus mejillas y labios, su mandíbula, su barbilla y cuello a la perfección. Estaba bien alimentado y era agradable, su rostro y cuello eran bastante atractivos, y era un caballero.

Ella era atractiva también, pálida, con el rostro alargado y absolutamente sereno, ojos brillantes, aunque no revelaban nada. Poco a poco, con infinita dulzura, casi con amor, le iba cogiendo por el cuello, y él se rendía a ella.

Ahora casi todo lo hacía ella, y él se sentía más cómodo con ella, menos avergonzado de aceptar sus humildes servicios, que con Connie. A ella le gustaba manejarle. Le encantaba tener su cuerpo a su cargo, absolutamente, hasta los servicios más humildes. Un día le dijo a Connie: «Todos los hombres son como niños, cuando llegas a conocerles a fondo. He tratado a algunos de los tipos más duros que jamás hayan bajado a la mina de Tevershall. Pero basta que les duela algo para que tú tengas que hacer algo por ellos, y se vuelven como niños, como niños grandes. ¡Oh! No hay mucha diferencia entre los hombres».

Al principio, la señora Bolton pensaba que realmente había algo diferente en un caballero, en un *auténtico* caballero, como sir Clifford. De modo que Clifford tenía una buena ventaja. Pero poco a poco, a medida que le iba conociendo a fondo, empleando su propio término, descubrió que era como los demás, un niño con proporciones de hombre; pero un niño con un temperamento raro, excelentes modales y capacidad de control, y toda clase de extraños conocimientos que ella jamás habría imaginado, con los que él aún podía intimidarla.

A veces Connie se sentía tentada a decirle: «¡Por el amor de Dios! ¡No te dejes caer de eso modo tan horrible en manos de esa mujer!». Pero a la larga se dio cuenta de que no le importaba lo suficiente como para decírselo.

Todavía tenían por costumbre pasar la velada juntos, hasta las diez. Hablaban, o leían juntos, o repasaban sus escritos. Pero el entusiasmo había desaparecido. Sus manuscritos le aburrían. Todavía se los escribía a máquina obedientemente. Pero con el tiempo también la señora Bolton haría eso.

Pues Connie le había sugerido a la señora Bolton que aprendiera a usar la máquina de escribir. Y la señora Bolton, siempre dispuesta, había empezado de inmediato, y practicaba con asiduidad. De modo que ahora Clifford le dictaba a veces alguna carta y ella la escribía con cierta lentitud, pero correctamente. Y él se mostraba muy paciente, le deletreaba las palabras difíciles, o las esporádicas

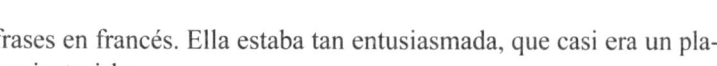

frases en francés. Ella estaba tan entusiasmada, que casi era un placer instruirla.

Ahora Connie declaraba algunas veces tener dolor de cabeza como excusa para subir a su habitación después de cenar.

—Tal vez la señora Bolton quiera jugar contigo al *piquet* —decía a Clifford.

—¡Oh, estaré perfectamente! Vete a tu habitación y descansa, querida.

Pero tan pronto se iba Connie, llamaba a la señora Bolton y le pedía que jugasen una partida de *piquet* o de *bezique,* o incluso al ajedrez. Él le había enseñado todos esos juegos. Y a Connie le parecía curiosamente reprobable ver a la señora Bolton ruborizada y temblorosa como una niña, tocando su reina o su caballo con dedos inseguros, para luego retirarlos de nuevo. Y Clifford, sonriendo débilmente con una superioridad medio burlona, le decía:

—¡Debe decir *j'adoube!*

Ella le miraba con los ojos brillantes y sorprendidos, y luego murmuraba obedientemente.

—¡*J'adoube!*

Sí, él la estaba educando. Y disfrutaba con ello, le daba una sensación de poder. Y ella estaba entusiasmada. Poco a poco iba entrando en posesión de todo lo que sabía la aristocracia, de todo lo que les convertía en clase alta: aparte del dinero. Eso la entusiasmaba. Y al mismo tiempo estaba consiguiendo que él deseara tenerla a su lado. Para él era un halago profundo y sutil el entusiasmo auténtico que mostraba ella.

Según Connie, Clifford parecía estar mostrando su verdadero cariz: un poco vulgar, algo ordinario y sin inspiración; más bien gordo. Las artimañas y humilde autoritarismo de Ivy Bolton también eran demasiado transparentes. Pero lo que realmente asombraba a Connie era el auténtico entusiasmo que suscitaba Clifford en esa mujer. Decir que estaba enamorada de él sería erróneo. Lo que le emocionaba era estar en contacto con un hombre de clase alta, ese caballero con título nobiliario, ese autor que escribía libros y poemas, y cuya fotografía aparecía en las revistas. Aquella emoción era una extraña pasión. Y el que la estuviera «educando» despertaba en ella una apasionada excitación y una respuesta mucho más profunda que la que habría despertado una aventura amorosa. Lo cierto era que el hecho mismo de no poder *ser* una aventura amorosa le daba libertad para emocionarse hasta la médula con esa otra pasión, la peculiar pasión del *saber*, de saber como él sabía.

No cabía la menor duda de que la mujer estaba enamorada de él en cierto modo: demos la fuerza que le demos a la palabra amor. Ella parecía tan atractiva, y tan joven, con esos ojos grises que a veces eran maravillosos. Al mismo tiempo, había en ella una latente y apacible satisfacción, incluso triunfo, y una satisfacción personal. ¡Uff!, esa satisfacción personal. ¡Cómo detestaba Connie esa satisfacción personal!

¡Pero no era de extrañar que Clifford fuese atrapado por esa mujer! Ella le adoraba absolutamente, de un modo tenaz, y se ponía absolutamente a su servicio para que él la utilizara como desease. ¡No era de extrañar que se sintiese halagado!

Connie oía largas conversaciones mantenidas entre los dos. O más bien, oía hablar sobre todo a la señora Bolton. Soltaba a Clifford el torrente de habladurías del pueblo de Tevershall. Eran más que habladurías. Eran la señora Gaskell, George Elliot y la señorita Mitford juntas, y mucho más, todo lo que estas mujeres habían dejado al margen. Una vez empezaba, la señora Bolton era mejor que cualquier libro, en lo que se refiere a las vidas de las personas. Los conocía a todos tan a fondo, y mostraba un entusiasmo tan peculiar y ardiente por todos sus asuntos, que resultaba asombroso, aunque también un poco humillante, escucharla. Al principio no se había atrevido a «murmurar sobre Tevershall», como lo llamaba ella, a Clifford. Pero una vez comenzó, siguió adelante. Clifford escuchaba en busca de «material», y lo encontraba en abundancia. Connie se dio cuenta de que su llamado genio era tan sólo esto: un perspicuo talento para las habladurías, inteligente y aparentemente imparcial. La señora Bolton, desde luego, se mostraba muy vehemente cuando «murmuraba sobre Tevershall». Se exaltaba, de hecho. Y eran maravillosas las cosas que sucedían y lo que sabía ella al respecto. Podría haber llenado docenas de volúmenes.

Connie se sentía fascinada al escucharla. Pero después siempre se sentía un poco avergonzada. No debería escuchar con esa extraña y ávida curiosidad. Después de todo, se puede oír hablar de los asuntos más personales de otras personas, pero únicamente con un espíritu de respeto hacia esa existencia luchadora y maltratada que es el ser humano, y con un espíritu de delicada y discriminatoria simpatía. Pues hasta la sátira es una forma de simpatía. Es el modo en el que nuestra simpatía fluye y refluye lo que realmente determina nuestras vidas. Y aquí yace la inmensa importancia de la novela, tratada adecuadamente. Puede informar y trasladar a nuevos lugares el flujo de nuestra percepción de simpatía, y puede alejar, hacer retroceder, nuestra simpatía de las cosas que ya han muerto. Por tanto, la novela, tratada adecuadamente, puede revelar los lugares más ocultos de la vida: pues es en esos lugares ocultos *pasionales,* sobre todo, donde la marea de la conciencia sensible necesita fluir y refluir, limpiando y refrescando.

Pero la novela, como las habladurías, también puede suscitar falsas simpatías y rechazos, maquinales y letales para la psique. La novela puede glorificar los sentimientos más corruptos, siempre y cuando sean *convencionalmente* «puros». Así pues, la novela, igual que las habladurías, se vuelve despiadada al final y, como las habladurías, tanto más despiadada en cuanto que siempre se encuentra ostensiblemente del lado de los ángeles. «Y él era un tipo tan *malo,* y ella era una mujer tan *encantadora».* Mientras que Connie, según podía observar incluso en las habladurías de la señora Bolton, la mujer simplemente había sido hipócrita, y el hombre una persona honrada enojada. Pero la honestidad enojada le convertía en un «mal hombre», y la hipocresía la convertía a ella en una «mujer encantadora», según canalizaba las simpatías la señora Bolton, de un modo despiadado y convencional.

Por esta razón las habladurías resultaban humillantes. Y por la misma razón, la mayoría de las novelas, especialmente las populares, resultaban también humillantes. Hoy en día el público tan sólo responde cuando se apela a sus vicios.

No obstante, se obtenía una nueva visión del pueblo de Tevershall a partir de las conversaciones de la señora Bolton. Parecía un terrible y bullicioso hervidero de gente viviendo una desagradable vida: no la monotonía gris que parecía desde el exterior. Clifford, por supuesto, conocía de vista a la mayoría de las personas mencionadas; Connie tan sólo conocía a uno o dos. Pero realmente le sonaba más a selva centroafricana que a un pueblo inglés.

—Supongo que se habrá enterado de que la señorita Allsopp se casó la semana pasada. ¡Quién lo hubiera dicho! La señorita Allsopp, hija del viejo James, el zapatero. Sabe que construyeron una casa en Pye Croft. El viejo murió el año pasado a consecuencia de una caída; ochenta y tres años tenía, y tan ágil como un muchacho. Se resbaló en Bestwood Hill, en un resbaladero que habían hecho los chicos el invierno pasado, y se rompió el fémur y eso acabó con él. Pobre viejo, fue una lástima. Bueno, pues dejó todo su dinero a Tattie: no dejó a los chicos ni un penique. Y Tattie, lo sé, tiene cinco años más... sí, cumplió cincuenta y tres el otoño pasado. Y ya sabe que eran gente de iglesia. Ella estuvo en la escuela dominical treinta años, hasta que murió su padre. Y luego empezó a hablar con un individuo de Kinbrook, no sé si le conoce, un hombre más bien mayor, con la nariz roja, bastante petimetre, se llama Willcock y trabaja en el aserradero de Harrison. Bueno, pues él tiene sesenta y cinco años por lo menos; sin embargo, habría pensado que eran un par de tortolitos al verlos cogidos del brazo y besándose en la puerta: sí, ella sentada sobre las rodillas de él en la ventana que da a la carretera de Pye Croft, para que todo el mundo los viera. Y él tiene hijos de más de cuarenta años; tan sólo hace dos años que perdió a su mujer. Si el viejo James Allsopp no se ha levantado de su tumba es porque no hay quien se levante de ahí, ¡porque era muy estricto con su hija! Ahora se han casado y se han ido a vivir a Kinbrook, y dicen que ella se pasea en bata desde la mañana a la noche, un auténtico espectáculo. ¡Es horrible el modo en el que se comportan los viejos! Son mucho peores que los jóvenes, y resulta repugnante verlos. Yo le echo la culpa a las películas. Pero no puedes evitarlas. Yo siempre digo: vayamos a ver una buena película instructiva, pero ¡santo cielo!, manteneos alejados de esos melodramas y películas de amor. En todo caso, ¡mantened alejados a los niños! Pero ahí los tiene, los adultos son peores que los niños: y los viejos llevan la batuta. ¡Hábleles de moralidad! A nadie le importa nada. La gente hace lo que quiere, y se sienten mucho mejor, debo decir. Pero ahora tienen que apretarse el cinturón, ahora que las minas van tan mal y no tienen dinero. Y lo quejumbrosos que son, es horrible, especialmente las mujeres. ¡Los hombres son tan buenos y pacientes! ¡Qué pueden hacer ellos, pobres hombres! Pero las mujeres no paran. Primero van y alardean de haber dado dinero para un regalo de bodas para la princesa Mary, y luego, cuando ven todos los magníficos regalos que ha recibido, simplemente dicen enfurecidas: «¡Quién se cree que es, no es mejor que cualquiera de las demás! ¿Por qué no me regala Swam & Edgar *un* abrigo de piel a mí, en vez de regalarle seis a ella? ¡Ojalá me hubiese quedado con mis diez chelines! ¿Qué me va a dar ella a mí, me gustaría saber? No puedo comprarme una chaqueta de entretiempo, con el mal trabajo que tiene mi padre, y ella recibe vagones llenos. Es hora de que los pobres tengamos algún dinero para gastar, los ricos ya han tenido bastante. Quiero una chaqueta de primavera nueva, sí, y ¿de dónde la voy a sacar?». Yo les digo que estén agradecidas por estar bien alimentadas e ir bien vestidas, sin todas esas galas nuevas que desean. Y ellas me contestan: «¿Por qué no agradece la princesa Mary ir por ahí con sus ropas viejas, entonces, y no tener nada? La gente como *ella* tiene vagones de ropa, y yo no puedo comprar una chaqueta de entretiempo nueva. ¡Es una condenada vergüenza! ¡Princesa! ¡Que se pudra la princesa! Es el dinero lo que importa, y como lo tiene a montones, ¡aún le dan más! Nadie me da a mí nada, y tengo tanto derecho como todo el mundo. No hablemos de educación. El dinero es lo que importa, yo quiero una chaqueta nueva, sí, y no la tendré porque no hay dinero...». Eso es todo lo que les preocupa, la ropa. Piensan que no es nada pagar siete u ocho guineas por un abrigo de invierno —hijas de mineros, como son— y dos guineas por un sombrero de verano para una niña. Y luego van a la iglesia con un sombrero de dos guineas, unas muchachas que en mis tiempos habrían estado orgullosas de ir con uno de tres chelines y seis peniques. Me he enterado de que en el aniversario de la iglesia metodista este año van a construir una plataforma para los niños de la escuela dominical, como una tribuna que va a llegar casi hasta el techo. He oído decir a la señorita Thompson, que está a cargo del primer curso de niñas en la escuela dominical, que se van a gastar más de mil libras en ropa nueva de domingo para estar en esa tribuna. ¡Y con los tiempos que corren! Pero no hay modo de impedirlo. Están locas por la ropa. Y los chicos igual. Los muchachos se gastan hasta el último penique en ellos mismos, ropa, tabaco, bebidas en el *Miner's Welfare,* o yendo a Sheffield dos o tres veces a la semana. Bueno, es otro mundo. Y no temen a nada, ni respetan nada, estos jóvenes. Los hombres más mayores son realmente buenos y pacientes, permiten a sus mujeres gastarse todo. Y a esto es a lo que nos lleva. Las mujeres son auténticos demonios. Pero los muchachos no son como sus padres. No se sacrifican por nada, no; sólo piensan en sí mismos. Si les dices que deberían ahorrar un poco para tener una casa, ellos dicen: «Ya lo haré, ya lo haré, ahora voy a disfrutar mientras pueda. ¡Y todo lo demás que espere!». Son groseros y egoístas. Todo recae sobre los hombres más mayores. ¡Malas perspectivas hay alrededor!

Clifford empezaba a tener un concepto nuevo de su propio pueblo. El lugar siempre le había asustado, pero pensaba que era más o menos estable. Pero ahora...

—¿Hay mucho socialismo, bolchevismo, entre la gente? —preguntó.

—¡Oh! —dijo la señora Bolton—. Unos cuantos hablan mucho. Pero en su mayoría son mujeres que están llenas de deudas. Los hombres no lo toman en serio. No creo que nuestros hombres de Tevershall lleguen a ser rojos. Son demasiado decentes para eso. Pero los jóvenes dicen tonterías a veces. No es que les importe realmente. Ellos sólo quieren un poco de dinero en el bolsillo para gastarlo en el *Welfare* o zascandileando por Sheffield. Eso es todo lo que les importa. Cuando no tienen dinero, escuchan la palabrería de los rojos. Pero nadie cree en ello, realmente.

—Entonces, ¿piensa que no hay peligro?

—¡Oh, no! No, si el negocio marcha bien, no habría ninguno. Pero si las cosas fueran mal durante mucho tiempo, los jóvenes podrían pensar tonterías, le digo que son egoístas, están muy consentidos. Pero no creo que vayan a hacer nada. No se toman nada en serio, salvo presumir de motocicletas y bailar en el *Palais-de-danse* de Sheffield. No se puede *conseguir* que sean serios. Los serios se visten de fiesta y se van al *Pally* a fanfarronear delante de las muchachas y a bailar ese nuevo charlestón y lo que sea. Estoy segura de que a veces el autobús va lleno de jóvenes vestidos de traje, muchachos mineros, camino del *Pally:* sin contar a los que han ido con sus novias en automóvil o en motocicletas. No dedican un pensamiento serio a nada... salvo a las carreras de Doncaster, y al Derby; pues todos ellos apuestan en cada carrera. ¡Y el fútbol! Pero ni siquiera el fútbol es lo que era, ni mucho menos. Se parece demasiado al trabajo duro, dicen. No, prefieren ir en motocicleta a Sheffield o a Nottingham los sábados por la tarde.

—Pero, ¿qué hacen cuando no van allí?

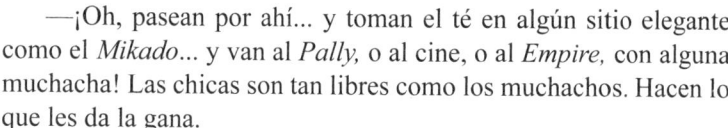

—¡Oh, pasean por ahí... y toman el té en algún sitio elegante como el *Mikado*... y van al *Pally,* o al cine, o al *Empire,* con alguna muchacha! Las chicas son tan libres como los muchachos. Hacen lo que les da la gana.

—¿Y qué hacen cuando no tienen dinero para esas cosas?

—Al parecer lo consiguen de alguna manera. Y entonces empiezan a hablar de cosas desagradables. Pero no sé cómo se puede llegar aquí al bolchevismo, cuando todos los muchachos lo único que quieren es dinero para divertirse, y las chicas igual, con ropas elegantes: y no les preocupa otra cosa. No tienen cerebro para ser socialistas. No tienen la seriedad suficiente para tomarse realmente en serio algo, y nunca la tendrán.

Connie pensaba lo extremadamente parecidas que eran las demás clases sociales a la clase baja. Exactamente lo mismo en Tevershall, o en Mayfair o en Kensington. Solo existía una clase social hoy en día: los chicos con dinero. El chico con dinero y la chica con dinero, la única diferencia era cuánto se tenía, y cuánto se necesitaba.

Bajo la influencia de la señora Bolton, Clifford empezó a interesarse de nuevo por las minas. Empezaba a sentir que le pertenecían. Una especie de nueva seguridad en sí mismo surgió en él. Después de todo, él era el verdadero dueño de Tevershall. Las minas eran realmente él. Era una nueva sensación de poder, algo que hasta ahora había rehuido con miedo.

Las minas de Tevershall se estaban agotando. Sólo quedaban dos de carbón: la del propio Tevershall y la de New London. Tevershall había sido una mina famosa y proporcionado mucho dinero. Pero se habían acabado los buenos tiempos. New London nunca fue muy rica, y en tiempos normales había funcionado decentemente. Pero ahora eran tiempos malos, y minas como las de New London quedaban abandonadas.

—Muchos hombres de Tevershall se han marchado a Stacks Gate y a Whiteover —decía la señora Bolton—. Usted no ha visto las nuevas fábricas de Stacks Gate, inauguradas después de la guerra, ¿verdad, sir Clifford? ¡Oh! Debería ir un día, es algo totalmente nuevo: grandes plantas químicas en la bocamina, que en nada se parece a una mina de carbón. Dicen que ganan más dinero con los productos químicos que extrayendo carbón... He olvidado cuales son.

Y las enormes casas nuevas para los hombres ¡verdaderas mansiones! Por supuesto, eso ha atraído a toda la chusma de la región. Pero muchos hombres de Tevershall se han ido allí, y les va bien, mucho mejor que a nuestros hombres. Dicen que Tevershall está acabado, sólo es cuestión de unos cuantos años, y tendrá que cerrar. Y New London lo hará primero. Le digo que no será divertido cuando ya no funcione la mina de Tevershall. Ya es terrible cuando hay huelga, pero le digo que si cierra, será como el fin del mundo. Cuando yo era niña, era el mejor pozo de la región, y el hombre que podía trabajar aquí, se consideraba afortunado. ¡Oh! Con el dinero que se ha ganado en Tevershall. Y ahora dicen los hombres que es un barco que se hunde, y es hora de que se marchen todos. ¡No suena horrible eso! Pero, por supuesto, hay muchos que no se irán hasta que no les quede otro remedio. No les gustan esas nuevas minas tan modernas, tan profundas, y toda esa maquinaria para trabajar en ellas. Algunos de ellos simplemente temen a esos hombres de hierro, como ellos los llaman, esas máquinas que pican el carbón donde siempre lo hacían antes los hombres. Y dicen que también es un despilfarro. Pero lo que despilfarran se lo ahorran en salarios, y mucho más. Al parecer pronto no se necesitarán hombres en la superficie, todo lo harán las máquinas. Pero dicen que eso es lo que se decía también cuando tuvieron que dejar de utilizar los antiguos telares. Yo aún recuerdo uno o dos. Pero le digo que cuantas más máquinas, más gente, ¡eso es lo que parece! Dicen que no se pueden obtener los mismos productos químicos del carbón de Tevershall que del carbón de Stacks Gate, y eso resulta curioso, porque no están a más de cinco kilómetros de distancia. Pero ellos dicen que no. Todo el mundo dice que es una pena que no se pueda hacer algo para que a los hombres les vaya un poquito mejor, y emplear a las muchachas. ¡Todas las muchachas van de mala gana a Sheffield cada día! Le digo que daría que hablar si a las minas de carbón de Tevershall se les diera una nueva vida, después de decir que están acabadas, y que es un barco que se hunde, y que los hombres deberían abandonarlas como las ratas abandonan un barco que se hunde. Pero hablan demasiado. Por supuesto que estuvieron en auge durante la guerra, cuando sir Geoffrey hizo un fondo fiduciario y aseguró el dinero para siempre, de alguna manera. ¡Eso dicen! Pero dicen que ni siquiera los dueños y propietarios sacan mucho de ellas ahora. ¡Apenas lo puedo creer! Porque yo

siempre pensé que las minas durarían eternamente. ¡Quién lo habría pensado cuando yo era niña! Pero New England ha cerrado, también Colwick Wood; sí, es una bonita excursión atravesar ese bosquecillo y ver Colwick Wood allí desierto entre los árboles, y los matorrales creciendo en la bocamina, y los raíles oxidados. Es como la muerte misma, una mina muerta. ¿Y qué haríamos si cerrara Tevershall? No quiero ni pensarlo. Siempre con tanta gente, excepto durante las huelgas, e incluso entonces no paraban los ventiladores, menos cuando sacaban a los caballos. La verdad es que el mundo es raro, nunca se sabe dónde estarás al año siguiente, no se sabe realmente.

Fueron las conversaciones con la señora Bolton las que realmente impulsaron a Clifford a luchar de nuevo. Sus rentas, como ella había señalado, estaban aseguradas por el fideicomiso de su padre, aunque no eran elevadas. Las minas no le preocupaban. Era el otro mundo el que quería conquistar, el mundo de la literatura y de la fama; el mundo de la popularidad, no el mundo del trabajo.

Ahora se daba cuenta de la diferencia entre el éxito popular y el éxito laboral: las gentes del placer y las gentes del trabajo. Él, como individuo, había estado sirviendo a las gentes del placer con sus historias. Y había logrado atraerlas. Pero por debajo de las gentes del placer se encontraban las del trabajo, grises, mugrientas y bastante terribles. Ellas también debían tener quien las proveyera. Y era un asunto mucho más sombrío proveer a las gentes del trabajo que a las gentes del placer. Mientras él creaba sus relatos y «triunfaba» en ese mundo, Tevershall se iba a pique.

Ahora se daba cuenta de que la perra diosa del Éxito tenía dos principales apetencias: una de halago, adulación, caricia y cosquilleo que le ofrecían escritores y artistas; pero la otra apetencia más sombría era de carne y hueso. Y la carne y los huesos se los proporcionaban a la perra diosa los hombres que ganaban dinero en la industria.

Sí, había dos grandes grupos de perros que se disputaban el favor de la perra diosa: el grupo de los aduladores, quienes le ofrecían diversión, historias, películas y obras de teatro; y el otro, mucho menos ostentoso, mucho más salvaje, que le ofrecía carne, la verdadera sustancia del dinero. Los perros ostentosos y acicalados de la diversión se disputaban el favor de la perra diosa y gruñían entre ellos. Pero aquello no era nada en comparación con la silenciosa

lucha a muerte que tenía lugar entre los indispensables, los proveedores de huesos.

Pero bajo la influencia de la señora Bolton, Clifford sintió la tentación de entrar en esa otra lucha, de conquistar a la perra diosa por los salvajes medios de la producción industrial. De alguna manera, cobró nuevos ánimos.

En cierto sentido, la señora Bolton había hecho de él un hombre, algo que Connie nunca hizo. Connie le había mantenido apartado, le había convertido en un hombre sensible y consciente de sí mismo y de sus propios estados. La señora Bolton sólo le hacía ser consciente de las cosas exteriores. Él empezó a ablandarse en su interior como la pulpa. Pero, exteriormente, comenzaba a ser eficaz.

Incluso se animó a ir a las minas una vez más; y cuando estuvo allí, descendió en una vagoneta y en ella le pasearon por las instalaciones. Las cosas que había aprendido antes de la guerra, y parecía haber olvidado por completo, regresaron ahora a su mente. Allí estaba, inválido, en una vagoneta, mientras el capataz le mostraba el filón con una potente lámpara. Y él habló poco. Pero su mente empezó a trabajar.

Empezó a leer de nuevo libros técnicos sobre la industria de la minería de carbón, a estudiar los informes del Gobierno y leer con atención lo último que se había publicado en alemán sobre minería, tratamiento químico del carbón y esquistos. Por supuesto, los descubrimientos más valiosos se mantenían en secreto hasta donde era posible. Pero una vez se iniciaba una especie de investigación en el campo de la minería del carbón, un estudio sobre métodos y medios, sobre productos derivados y posibilidades químicas del carbón, era asombrosa la ingenuidad y el casi inexplicable ingenio de la mentalidad técnica moderna, como si realmente el propio diablo hubiese prestado su infernal ingenio a los científicos técnicos de la industria. Esta ciencia técnica de la industria resultaba mucho más interesante que el arte, que la literatura, y esas materias pobres y emocionales a medias. En este campo los hombres eran como dioses, o como demonios, inspirados para realizar descubrimientos y luchando por llevarlos a cabo. En esta actividad, los hombres estaban más allá de cualquier edad mental calculable. Pero Clifford sabía que cuando se trataba de la vida emocional y humana, estos hombres hechos a sí mismos no tenían una edad mental de más de trece años, eran débiles muchachos. La discrepancia era enorme y espantosa.

Pero más valía dejarlo. Más valía dejar que el hombre se deslizara cuesta abajo hacia la idiotez general en lo que se refería a la mentalidad emocional y «humana»; a Clifford no le importaba. ¡Al diablo todo eso! A él le interesaban los detalles técnicos de la minería de carbón moderna, y sacar a Tevershall del agujero.

Bajaba a la mina día tras día, estudiaba, e hizo que se vieran en una situación muy apurada el director general, el de superficie, el de las galerías y los ingenieros, de un modo que jamás habían imaginado. ¡Poder! Experimentaba una nueva sensación de poder: poder sobre todos aquellos hombres, cientos y cientos de mineros. Iba descubriendo cosas, y estaba tomando las riendas.

Realmente parecía haber renacido. *¡Ahora* penetraba en él la vida! Con Connie había ido muriendo poco a poco, en la aislada vida del artista y del ser consciente. Prescindiría de eso. Lo dejaría dormir. Simplemente sentía que la vida brotaba en él desde el carbón, desde la mina. El propio aire viciado de la mina era mejor que el oxígeno para él. Le daba sensación de poder, poder. Estaba haciendo algo; e *iba* a hacer algo. Iba a ganar, a ganar; no como había ganado con sus historias, mera publicidad, en medio de un completo despliegue de energía y de malicia. Sino una victoria de hombre.

Al principio pensó que la solución se hallaba en la electricidad: convertir el carbón en energía eléctrica. Después tuvo una nueva idea. Los alemanes habían inventado un nuevo motor de locomotora que se autoabastecía, que no necesitaba fogonero. Se alimentaría con un nuevo combustible, que se quemaba en pequeñas cantidades a temperatura muy elevada, dadas ciertas condiciones.

La idea de un nuevo combustible concentrado que se quemara lentamente a temperaturas muy elevadas fue lo que atrajo a Clifford. Tenía que haber alguna especie de estímulo externo para quemar un combustible así, no sólo el abastecimiento de aire. Empezó a experimentar, contrató a un joven inteligente, que había demostrado ser brillante en química, para que le ayudara.

Y se sentía triunfante. Al fin había salido de sí mismo. Había logrado el anhelo secreto de su vida: salir de sí mismo. El arte no lo había conseguido. El arte sólo lo había empeorado. Pero ahora, ahora lo había logrado.

No era consciente de hasta qué punto estaba tras él la señora Bolton. Él no se daba cuenta de cuánto dependía de ella. Aun así, resultaba evidente que cuando estaba con ella su voz descendía a un ritmo apacible de intimidad, casi algo vulgar.

Con Connie se mostraba algo envarado. Consideraba que se lo debía todo a ella, y le mostraba el máximo respeto y consideración, en tanto que ella le mostraba un mero respeto exterior. Pero resultaba obvio que la temía en secreto. El nuevo Aquiles que había en él tenía un talón, y en este talón la mujer, una mujer como Connie, su esposa, podía infligir una herida mortal. Ante ella sentía un temor casi servil, y era extremadamente amable con ella. Pero su voz era un poco tensa cuando le hablaba, y comenzó a guardar silencio cada vez que ella estaba presente.

Únicamente cuando estaba a solas con la señora Bolton se sentía dueño y señor, y su voz fluía casi con la misma facilidad y locuacidad que la de ella. Y se dejaba afeitar o pasar la esponja por todo su cuerpo como si fuese un niño, realmente como si fuese un niño.

Capítulo X

Connie pasaba ahora mucho tiempo sola, pocas visitas acudían a Wragby. Clifford ya no las deseaba. Incluso se había vuelto en contra de sus amigos. Se volvió raro. Prefería la radio que había instalado, y que le había supuesto cierto gasto, pero al final había sido un éxito. A veces conseguía oír Madrid o Frankfurt, incluso allí en las incómodas Midlands.

Y se quedaba solo escuchando durante horas el rugido del altavoz. Esto asombraba y dejaba estupefacta a Connie. Se quedaba allí sentado, con una expresión vacía, cautiva, en su rostro, como una persona que pierde la razón y escucha, o parece escuchar, lo indecible.

¿Estaba escuchando realmente? ¿O era una especie de soporífero, mientras se ocupaba de algo diferente en su interior? Connie no lo sabía. Ella huía a su habitación, o se iba al bosque. Una especie de terror se apoderaba de ella a veces, un terror a la incipiente locura de toda la especie civilizada.

Pero ahora que Clifford se dedicaba a esa otra extravagancia de la actividad industrial, se estaba convirtiendo en una especie de *animal,* con un caparazón duro y eficaz por el exterior, y un interior carnoso; uno de esos asombrosos cangrejos o langostas del mundo moderno, industrial y financiero; invertebrados del orden de los crustáceos, con caparazones de acero, como las máquinas, y el cuerpo interior blando y carnoso. Connie se sentía completamente abandonada.

Ni siquiera era libre, pues Clifford necesitaba tenerla allí. Parecía dominado por un terror nervioso a que Connie le abandonara. La extraña parte carnosa de él, la parte emocional y humana, dependía de ella con terror, como un niño, casi como un idiota. Ella tenía que estar allí, en Wragby, y ser lady Chatterley, su esposa. De otro modo se perdería como un idiota en un páramo.

Connie era consciente de esa asombrosa dependencia y sentía una especie de horror. Le oía hablar con los directores de la mina, con los miembros de su Consejo, con jóvenes científicos, y le asombraba su astuta perspicacia, su poder, su inexplicable poder material sobre los llamados hombres prácticos. Él mismo se había convertido en un hombre práctico, asombrosamente astuto y poderoso, en un amo. Connie lo atribuía a la influencia de la señora Bolton sobre él, justo en ese momento crítico de su vida.

Pero este hombre práctico y astuto era casi un idiota cuando se quedaba a solas con su propia vida emocional. Adoraba a Connie. Ella era su esposa, un ser más elevado, y él la adoraba con una extraña y cobarde idolatría, como un salvaje, una adoración basada en un enorme temor, e incluso odio al poder del ídolo, al ídolo que infundía miedo. Todo lo que quería era que Connie le jurara que no le traicionaría nunca.

—Clifford —le dijo, pero fue después de tener la llave de la cabaña—. ¿Realmente te gustaría tener un hijo algún día?

Él la miró con una furtiva aprensión en sus pálidos ojos azules, más bien saltones.

—No me importaría, siempre y cuando no cambie nada entre nosotros —dijo él.

—¿Qué no cambie el qué? —preguntó ella.

—Ni a ti ni a mí; el amor que sentimos el uno por el otro. Si va a afectar a eso, entonces estoy en contra. Tal vez pueda tener yo un hijo algún día.

Ella le miró asombrada.

—Quiero decir que podría recuperarme uno de estos días.

Ella seguía mirándole con asombro, y él se sintió incómodo.

—¿Así que no te gustaría que tuviese un hijo? —dijo ella.

—Ya te lo he dicho —replicó rápidamente, como un perro acorralado—. Lo estoy deseando, a condición de que no afecte a tu amor por mí. Si afectara a eso, me opongo totalmente.

Connie se limitó a guardar silencio con frío temor y desprecio. Aquella conversación era realmente el parloteo de un idiota. Ya no sabía lo que decía.

—¡Oh! Eso no cambiaría lo que siento por ti —dijo ella con cierto sarcasmo.

—¡Eso es! —dijo él—. ¡Eso es lo importante! En ese caso no me importa lo más mínimo. De verdad sería maravilloso tener a un niño corriendo por la casa, y sentir que estamos construyendo un futuro para él. Entonces tendría algo por lo que luchar, y sabría que es tu hijo, ¿verdad, querida? Y sería como si fuera mi propio hijo. Porque eres tú la que cuentas en estos asuntos. Lo sabes, ¿verdad, querida? Yo no cuento, yo soy un don nadie. ¡Tú eres el gran yo en todo lo que se refiere a la vida! Lo sabes, ¿verdad? Quiero decir, en lo que a mí se refiere. Quiero decir, que si no es por ti yo no soy nada. Vivo por ti y por tu futuro. Yo no soy nada por mí mismo.

Connie oyó aquello con profunda consternación y repulsión. Era una de las horrorosas medias verdades que envenenan la existencia humana. ¡Qué hombre en su sano juicio diría semejantes cosas a una mujer! Pero los hombres no están en su sano juicio. ¿Qué hombre con una pizca de honor echaría esa horrorosa carga de responsabilidad sobre una mujer, para luego dejarla allí, en el vacío?

Además, al cabo de media hora, Connie oyó hablar a Clifford con la señora Bolton con voz ardiente, impulsiva, revelándose en él una especie de pasión desapasionada hacia esa mujer, como si ella fuera en parte amante, en parte madre adoptiva suya. Y la señora Bolton le estaba vistiendo cuidadosamente con un traje, pues había hombres de negocios importantes invitados en la casa.

En ocasiones así, Connie se sentía morir realmente. Sentía que estaba siendo aplastada hasta la muerte bajo el peso de extrañas mentiras, y de la asombrosa crueldad de la idiotez. La extraña eficiencia de Clifford en los negocios la intimidaba en cierto sentido, y su declaración de adoración le hacía sentir pánico. No había nada entre ellos. Ella ni siquiera le tocaba por entonces, y él jamás la tocaba. Jamás tomaba su mano y la sostenía afectuosamente. No, y porque no había ningún contacto, él la torturaba con su declaración de idolatría. Era la crueldad de la impotencia absoluta. Y ella creía que perdería la razón, o moriría.

Huía al bosque siempre que le era posible. Una tarde, mientras estaba sentada, taciturna, observando las frías burbujas de agua del pozo de John, se le acercó el guardabosque a grandes zancadas.

—¡Le he mandado hacer una llave, señora! —dijo, saludando y ofreciéndole la llave.

—¡Muchas gracias! —dijo sobresaltada.

—La cabaña no está muy ordenada, espero que no le importe —dijo—. He sacado lo que he podido.

—¡Pero no quería causarle molestias! —dijo ella.

—¡Oh, no ha sido ninguna molestia! Voy a instalar a las gallinas dentro de una semana. Pero no se asustarán de usted. Tendré que venir a verlas por la mañana y por la noche, pero yo no la molestaré más de lo necesario.

—Pero usted no me molestaría —alegó ella—. Preferiría no ir a la cabaña si voy a estar estorbando.

Él la miró con sus penetrantes ojos azules. Parecía amable, pero distante. Pero al menos era una persona íntegra y estaba cuerda, aunque estaba delgado y tenía un aspecto enfermizo. La tos le molestaba.

—Tose usted —dijo ella.

—No es nada... un resfriado. La última pulmonía me ha dejado esta tos, pero no es nada.

Él se mantuvo a distancia de ella y no se acercó.

Connie iba con bastante frecuencia a la cabaña, por la mañana o por la tarde, pero él nunca estaba allí. Sin duda la evitaba a propósito. Él desea conservar su propia intimidad.

Había ordenado la cabaña, había colocado la mesita y la silla cerca de la chimenea, había dejado un montoncito de leña y algunos troncos pequeños, y había colocado las herramientas y los cepos lo más lejos posible, borrando así su presencia. En el exterior, junto al claro, había construido un pequeño tejado bajo con ramas y paja, un refugio para los pájaros, y debajo de él se encontraban las jaulas. Y un día, encontró al llegar dos gallinas marrones, alertas y hostiles, sentadas sobre huevos de faisán, ahuecando las plumas, tan orgullosas y absortas, con todo el calor de la sangre de una hembra. A Connie casi se le rompió el corazón. Ella, ella misma se sentía tan abandonada y desusada, no era una hembra, sólo era una criatura aterrorizada.

Luego todas las jaulas fueron ocupadas por gallinas: tres marrones, una gris y una negra. Todas ellas, de la misma manera, se apretaban sobre los huevos con la blanda pesadez de la insistencia de la hembra, de la naturaleza de hembra, con sus plumas ahuecadas. Observaron a Connie con un brillo en los ojos cuando se agachó

delante de ellas, y cacarearon con ira y alarmadas, pero era, sobre todo, la ira de la hembra cuando alguien se le acerca.

Connie encontró maíz en un recipiente en la cabaña. Se lo ofreció a las gallinas en su mano. No se lo comieron. Tan sólo una de ellas le dio un feroz picotazo en la mano que asustó a Connie. Pero deseaba darles algo a aquellas madres que estaban empollando y que ni comían ni bebían. Llevó agua en una lata pequeña y le encantó que una de las gallinas bebiera.

Ahora iba cada día a ver a las gallinas, eran las únicas en el mundo que templaban su corazón. Las declaraciones de Clifford la dejaban fría de la cabeza a los pies. La voz de la señora Bolton la dejaba fría, y lo mismo sucedía con los hombres de negocios que venían. Alguna carta esporádica de Michaelis también le causaba la misma sensación de frío. Estaba segura de que si aquello duraba mucho, moriría.

Sin embargo, era primavera y las campanillas florecían en el bosque, y los brotes de las hojas de los avellanos se abrían como salpicaduras de lluvia verde. ¡Qué terrible era que fuera primavera y todo estuviese helado, helado! ¡Tan sólo las gallinas, con sus plumas tan maravillosamente huecas sobre los huevos, daban calor con sus cuerpos de hembra! Connie tenía la sensación de estar viviendo constantemente a punto de desmayarse.

Y un día, un espléndido día de sol, con grandes matas de prímulas bajo los avellanos, y muchas violetas moteando los senderos, fue por la tarde a ver las jaulas y había un pollito diminuto muy animado dando pequeños brincos enfrente de la jaula, mientras la gallina madre cacareaba de terror. El pollito era de color marrón grisáceo con manchas oscuras, y en aquel momento era la criatura con más chispa de vida del mundo. Connie se agachó para observarlo en una especie de éxtasis. ¡Vida, vida! ¡Era una vida pura, vivaracha, decidida, nueva! ¡Una vida nueva! ¡Tan diminuta y tan completamente desprovista de miedo! Incluso cuando, dando pequeños brincos, entró de nuevo en la jaula y desapareció bajo las plumas de la gallina en respuesta a los frenéticos gritos de alarma de la madre; realmente no tenía miedo; se lo tomó como un juego, el juego de la vida. Pues al momento siguiente una diminuta cabeza puntiaguda asomaba entre las plumas de color marrón dorado de la gallina, observando el cosmos.

Connie estaba fascinada. Y al mismo tiempo, jamás había sentido tan plenamente la agonía de su propio abandono como mujer. Se estaba volviendo insoportable.

Ahora sólo tenía un deseo, ir al claro del bosque. Lo demás era una especie de doloroso sueño. Pero a veces la retenían todo el día en Wragby sus deberes de anfitriona. Y luego se sentía como si ella también se estuviese quedando vacía, vacía y demente.

Una tarde, sin importarle si habría o no invitados, se escapó después de tomar el té. Era tarde, y cruzó corriendo el parque como quien teme que la llamen para que vuelva. Estaba atardeciendo cuando entró en el bosque, pero siguió adelante entre las flores. Aún quedaba mucha luz.

Llegó al claro con el rostro enrojecido y aturdida. El guardabosque se encontraba allí, en mangas de camisa, cerrando las jaulas para pasar la noche, de modo que sus pequeños ocupantes estuviesen a salvo. Pero aún correteaba por allí un pequeño trío con diminutas patas, vivarachas motas parduscas, bajo el cobertizo de paja, negándose a obedecer a la angustiada madre.

—¡Tenía que venir a ver los pollitos! —dijo Connie, jadeando, mirando tímidamente al guardabosque, casi ignorándole—. ¿Hay más?

—¡Treinta y seis de momento! —dijo—. ¡No está mal!

Él también experimentaba un curioso placer observando salir a los pollitos.

Connie se agachó delante de la última jaula. Los tres polluelos habían entrado ya. Pero aún asomaban sus descaradas cabezas entre las plumas amarillas, después se ocultaron y luego sólo una cabecita observaba desde el enorme cuerpo de la madre.

—Me encantaría tocarlos —dijo Connie, metiendo los dedos entre los barrotes de la jaula con cuidado. Pero la madre gallina le picoteó la mano ferozmente, y Connie la retiró, sorprendida y asustada.

—¡Qué manera de picarme! ¡Me odia! —dijo con voz sorprendida—. ¡Pero si no iba a hacerles daño!

El hombre, de pie junto a ella, se echó a reír y se agachó a su lado, separando las rodillas, y metió la mano en la jaula con confianza y lentamente. La vieja gallina le picó, pero no con tanta fuerza. Y lentamente, suavemente, con dedos seguros y amables, palpó entre las plumas del ave y sacó un pollito que piaba débilmente en su mano cerrada.

—¡Aquí está! —dijo, tendiéndole la mano.

Ella cogió a la pequeña criatura gris entre sus manos, y allí se quedó, apoyada en unas patas increíblemente delgadas, como palillos; aquel átomo de vida en equilibrio temblaba, casi ingrávido, sobre las manos de Connie. Pero levantó su preciosa y bien formada cabeza con audacia, miró rápidamente a su alrededor y emitió un débil «pío».

—¡Qué adorable! ¡Qué descarado! —dijo Connie con voz dulce.

El guardabosque, agachado a su lado, también observaba con semblante divertido a la atrevida avecilla entre sus manos. De repente vio una lágrima caer sobre la muñeca de ella.

Él se puso en pie y se alejó, dirigiéndose hacia otra jaula. Pues de pronto fue consciente de que la antigua llama se encendía y subía por sus caderas, la llama que él creía dormida para siempre. Luchaba contra ella, le dio la espalda a Connie. Pero la llama descendía, descendía rodeándole las rodillas.

Se volvió de nuevo a mirarla. Estaba arrodillada, extendiendo sus dos manos lentamente, de modo que el pollito pudiera correr hacia la madre gallina de nuevo. Y había algo en el silencio y en la sensación de abandono de ella que hizo que sus entrañas ardieran de compasión por ella.

Sin darse cuenta, se dirigió hacia ella deprisa y volvió a agacharse a su lado; le cogió el pollito de entre las manos, pues ella temía a la gallina, y volvió a meterlo en la jaula. En la parte inferior de la espalda de repente el fuego cobró más fuerza.

Él la miró con aprensión. Ella había vuelto el rostro y lloraba a ciegas, con toda la angustia del abandono de su generación. Su corazón se fundió de pronto como una gota de fuego, extendió la mano y apoyó los dedos sobre las rodillas de ella.

—No debería llorar —dijo él con voz suave.

Pero ella se cubrió el rostro con las manos y sintió que se le rompía el corazón y que ya nada importaba.

Él apoyó la mano sobre su hombro, y suavemente, con ternura, empezó a bajarla por la curva de su espalda, a ciegas, con un movimiento acariciador ciego, acarició la curva de su costado, en una caricia instintiva y ciega.

Ella había encontrado su pañuelo e intentaba secarse el rostro a ciegas.

—¿Viene a la cabaña? —dijo él, con voz tranquila y neutral.

Y cerrando la mano suavemente alrededor de su brazo, la levantó y la condujo despacio hacia la cabaña, sin soltarla hasta que estuvo ella en el interior. Luego apartó la silla y la mesa, sacó una manta marrón del ejército del arcón de las herramientas, y la extendió lentamente. Ella le miraba al rostro y permanecía inmóvil.

El rostro de él estaba pálido, sin expresión alguna, como el de un hombre que se somete a su destino.

—Túmbese aquí —le dijo suavemente, y cerró la puerta, de modo que la cabaña se quedó a oscuras, completamente a oscuras.

Con una extraña obediencia, ella se tendió sobre la manta. Luego sintió su mano suave, a tientas, con un desesperado deseo de tocar su cuerpo, en busca de su rostro. La mano le acarició el rostro suavemente, suavemente, con infinita calma y seguridad, y, al fin, sintió el suave roce de un beso en su mejilla.

Ella permanecía completamente inmóvil, como en una especie de ensueño, como en un sueño. Luego se estremeció al sentir su mano avanzando a tientas, suavemente, entre su ropa, aunque con una extraña torpeza. Sin embargo, la mano sabía desvestirla donde quería; bajó la fina prenda de seda, lenta, cuidadosamente, hacia sus pies. Después, con un estremecimiento de exquisito placer tocó el cuerpo cálido y suave, y tocó por un instante su ombligo con un beso. Y tuvo que entrar en ella enseguida, entrar en la paz de la tierra de su cuerpo suave e inmóvil. El momento de penetrar el cuerpo de una mujer era un momento de pura paz para él.

Ella permanecía inmóvil, como en una especie de ensueño, siempre como en una especie de ensueño. La actividad, el orgasmo fue de él, todo de él; ella ya no era capaz de hacer algo por sí misma. Incluso la opresión de sus brazos alrededor de su cuerpo, incluso el intenso movimiento de su cuerpo, y el paso de su semilla al cuerpo de ella, fue una especie de ensueño, del cual no empezó a despertar hasta que él hubo terminado y se quedó jadeando suavemente sobre su pecho.

Entonces Connie se preguntó confusa, ¿por qué? ¿Por qué había sido necesario eso? ¿Por qué había levantado la gran nube que había sobre ella y le había dado paz? ¿Era real? ¿Era real?

Su mente atormentada de mujer moderna aún no tenía reposo. ¿Era real? Y se dio cuenta de que si se entregaba a un hombre era real. Pero si se guardaba para sí misma no era nada. Se sentía vieja, como si tuviese millones de años. Y, finalmente, ya no podría soportar la carga de sí misma. Sería de quien la poseyera. De quien la poseyera.

El hombre yacía en una misteriosa calma. ¿Qué sentía? ¿Qué estaba pensando? No lo sabía. Era un desconocido para ella, no le conocía. Ella tan sólo tenía que esperar, pues no se atrevía a interrumpir su misteriosa calma. Seguía allí tendido, rodeándola con sus brazos, con su cuerpo sobre el suyo, su húmedo cuerpo en contacto con el suyo, tan cerca. Y era un completo desconocido. Sin embargo, no era inquietante. Su propia calma era tranquilizadora.

Se dio cuenta de eso cuando, al fin, él se levantó y se alejó de ella. Fue como un abandono. Le bajó el vestido hasta las rodillas en la oscuridad y permaneció allí unos instantes, al parecer ajustándose su propia ropa. Luego abrió la puerta en silencio y salió.

Ella vio una luna pequeña, muy brillante, resplandeciendo por encima de la luz del crepúsculo y por encima de los robles. Se levantó rápidamente y se arregló; era pulcra. Después se dirigió hacia la puerta de la cabaña.

Todo el bosque bajo se hallaba en penumbra, casi en la oscuridad. Sin embargo, el cielo por arriba era como cristal. Pero apenas iluminaba. Él cruzó las sombras hacia ella, con el rostro levantado que parecía una mancha pálida.

—¿Nos vamos? —dijo él.

—¿Adónde?

—Te acompañaré hasta la puerta del parque.

Ordenó las cosas a su manera. Cerró con llave la puerta de la cabaña y fue tras ella.

—No te arrepientes, ¿verdad? —preguntó él, mientras llegaba a su lado.

—¡No, no! ¿Y tú? —dijo ella.

—¡Por eso! ¡No! —dijo. Un momento después añadió—. Pero hay otras cosas.

—¿Qué otras cosas? —dijo ella.

—Sir Clifford. Las demás personas. Todas las complicaciones.

—¿Qué complicaciones? —dijo ella, decepcionada.

—Siempre es así. Para ti y para mí. Siempre hay complicaciones. —El caminaba con paso firme en la oscuridad.

—¿Y tú te arrepientes? —dijo ella.

—¡En cierto modo! —respondió, levantando la mirada hacia el cielo—. Pensé que había terminado con todo esto. Ahora he comenzado de nuevo.

—¿Qué ha comenzado?

—La vida.

—¡La vida! —repitió ella como un eco, con un extraño estremecimiento.

—Es la vida —dijo él—. No hay modo de evitarla. Y si la evitas es casi como morir. Así que si tengo que abrirme de nuevo a la vida, lo haré.

Ella no lo veía de aquel modo, pero guardó silencio.

—Tan sólo es amor —dijo ella animadamente.

—Sea lo que sea —respondió él.

Continuaron avanzando en silencio por la oscuridad del bosque, hasta casi hallarse en la puerta.

—Pero no me odias, ¿verdad? —preguntó ella anhelante.

—No, no —replicó él. Y de pronto la estrechó contra su pecho otra vez, con la misma pasión que les había unido—. No, para mí ha sido bueno, ha sido bueno. ¿Lo ha sido para ti?

—Sí, para mí también —respondió, faltando un poco a la verdad, pues no había sido muy consciente.

Él la besó dulcemente, dulcemente, con cálidos besos.

—¡Ojalá no hubiese tanta gente en el mundo! —dijo con aire lúgubre.

Ella se echó a reír. Estaban en la puerta del parque. Él la abrió para ella.

—No pasaré de aquí —dijo.

—¡No! —y ella le tendió la mano, como si fuese a estrechársela. Pero él la tomó entre las suyas.

—¿Quieres que vuelva? —preguntó ella anhelante.

—¡Sí, sí!

Ella le dejó y cruzó el parque.

Él se quedó atrás y la observó mientras penetraba en la oscuridad, que contrastaba con la lividez del horizonte. La observó irse casi con amargura. Le había conectado de nuevo, cuando deseaba estar solo. Había pagado por ello aquella amarga privacidad de un hombre que, al fin, lo único que desea es estar solo.

Se internó en la oscuridad del bosque. Todo estaba en calma, la luna se había ocultado. Pero era consciente de los ruidos de la noche, de los motores de Stacks Gate, del tráfico de la carretera principal. Lentamente ascendió por el desnudo altozano. Y desde lo alto pudo ver el campo, hileras brillantes de luces en Stacks Gate, luces más pequeñas en la mina de Tevershall, las amarillas en el pueblo de Tevershall y luces por todas partes, aquí y allá, en el campo a oscuras, con el distante resplandor de los hornos, tenue y rosado, ya que la noche era clara, del color rosado del vertido del metal candente. ¡Las intensas y perversas luces de Stacks Gate! ¡Un indescriptible destello de maldad en ellas! Y toda la inquietud, el temor siempre cambiante de la noche industrial de las Midlands. Podía oír los motores de las jaulas de Stacks Gate bajando a los mineros de las siete. En el pozo se trabajaba en tres turnos.

Descendió de nuevo a la oscuridad y reclusión del bosque. Pero sabía que esa reclusión del bosque era ilusoria. Los ruidos de las industrias interrumpían la soledad; las luces intensas, aunque no se vieran, se burlaban de ella. Ya no podía vivir un hombre solo y retirado. El mundo no permitía que hubiese ermitaños. Y ahora había poseído a la mujer, y había iniciado un nuevo ciclo de dolor y fatalidad. Porque él sabía por experiencia lo que aquello significaba.

No era culpa de la mujer, ni siquiera culpa del amor, ni culpa del sexo. La culpa se encontraba allí, en aquellas perversas luces eléctricas y en los diabólicos rugidos de los motores. Allí, en el mundo mecanicista, del mecanicismo codicioso y de la codicia mecanizada, centelleando con sus luces, y vertiendo metal candente, y rugiendo con el tráfico, allí se encontraba el inmenso mal, dispuesto a destruir lo que no se ajustara a ello. Pronto destruiría el bosque, y las campanillas no florecerían más. Todas las cosas vulnerables deben perecer bajo el vibrante paso del hierro.

Pensó con infinita ternura en la mujer. Pobre criatura desamparada. Era mejor de lo que ella se pensaba, y ¡oh!, demasiado buena para el duro grupo de personas con las que se relacionaba. Pobre criatura, ella también tenía algo de la vulnerabilidad de los jacintos silvestres, no era de caucho resistente ni de platino, como las muchachas modernas. ¡Y la destruirían! Estaba seguro de que la des-

truirían, como lo hacen con todo lo que es vida tierna por naturaleza. ¡Tierna! En cierto modo era tierna, tenía la ternura de los jacintos en crecimiento, algo que ha desaparecido de la mujer de celuloide hoy en día. Pero él la protegería con su corazón durante un tiempo. Durante un tiempo, antes de que el mundo del hierro, falto de sensibilidad, y el Mammón de la codicia mecanizada los destruyera a ambos, a ella y también a él.

Regresó con su escopeta y su perra a la oscura casita, encendió la lámpara, encendió la chimenea y cenó pan y queso, cebollas tiernas y cerveza. Estaba solo en el silencio que él amaba. La estancia estaba ordenada y limpia, pero bastante desolada. Sin embargo, brillaba el fuego en el hogar blanco, la lámpara de petróleo colgaba luminosa sobre la mesa cubierta con su hule blanco. Intentó leer un libro sobre la India, pero aquella noche no fue capaz de leer. Se sentó junto al fuego en mangas de camisa, no fumaba, pero tenía a su alcance una jarra de cerveza. Y pensó en Connie.

A decir verdad, lamentaba lo que había sucedido, quizás más por ella. Tenía una sensación de aprensión. No una sensación de haber hecho algo mal o haber pecado; su conciencia no le inquietaba a ese respecto. Sabía que la conciencia era principalmente el miedo a la sociedad, o el miedo a sí mismo. Él no tenía miedo de sí mismo. Pero era consciente de su miedo a la sociedad, de la cual sabía por instinto que era una bestia malvada y en parte loca.

¡La mujer! ¡Ojalá estuviese allí con él y no hubiese nadie más en el mundo! El deseo despertó de nuevo, su pene empezó a moverse como un pájaro vivo. Al mismo tiempo, sentía sobre sus hombros el peso de la opresión, el temor a exponerse a sí mismo y a ella a esa Existencia exterior que centelleaba despiadadamente con sus luces eléctricas. Ella, pobre criatura, era tan sólo una joven hembra para él; pero una joven hembra a la que había penetrado y deseaba hacerlo de nuevo.

Estirándose, con el curioso bostezo del deseo, pues había estado solo y aislado de cualquier hombre o mujer durante cuatro años, se levantó y cogió de nuevo su chaqueta y su escopeta, bajó la llama de la lámpara y salió a la noche estrellada con la perra. Conducido por el deseo y el miedo a la malvada Existencia exterior, hizo su ronda en el bosque, despacio, silenciosamente. Amaba la oscuridad y se envolvió en ella. Se adecuaba a la turgencia de su deseo que, a pesar de todo, era como una riqueza; ¡la excitante agitación de su pene, el excitante fuego en sus caderas! ¡Ojalá hubiese otros hombres con quienes estar, luchar contra aquella Existencia eléctrica centelleante de allí afuera, para conservar la ternura de la vida, la ternura de las mujeres, y la natural riqueza del deseo! ¡Ojalá hubiese hombres con los que luchar codo con codo! Pero los hombres estaban todos allá afuera, glorificando a esa Existencia, triunfando o siendo aplastados en la vorágine de la codicia mecanizada o del mecanicismo codicioso.

Constance, por su parte, había cruzado apresuradamente el parque, casi sin pensar. Todavía no pensaba en nada. Llegaría a tiempo para cenar.

No obstante, le molestó encontrar las puertas cerradas, de modo que tuvo que llamar. La señora Bolton abrió.

—¡Ah, aquí está, señora! Estaba empezando a preguntarme si se habría perdido —dijo con cierta picardía—. Aunque sir Clifford no ha preguntado por usted; está con el señor Linley, hablando de algo. Parece que va a quedarse a cenar, ¿no, señora?

—Eso parece —dijo Connie.

—¿Sirvo la cena dentro de una cuarto de hora? Así le dará tiempo a vestirse con comodidad.

—Tal vez sea mejor.

El señor Linley era el director general de las minas, un hombre de edad avanzada que procedía del norte, sin empuje suficiente para el gusto de Clifford; no se adaptaba a las circunstancias de la posguerra, ni a los mineros, con sus credos astutos. Pero a Connie le agradaba el señor Linley, aunque se alegraba de librarse de la adulación de su esposa.

Linley se quedó a cenar, y Connie fue la anfitriona que tanto agradaba a los hombres, tan modesta y, sin embargo, tan atenta y pendiente, con sus grandes ojos azules y una dulce serenidad que ocultaba lo que estaba pensando en realidad. Connie había representado ese papel tantas veces que casi era una segunda naturaleza en ella; pero era decididamente la segunda. No obstante, resultaba curioso cómo desaparecía todo lo demás de su consciencia mientras lo representaba.

Esperó pacientemente hasta que pudo subir y sumirse en sus propios pensamientos. Siempre estaba esperando; parecía que ese fuera su *forte*.

Una vez en su habitación, sin embargo, aún se sentía confusa y desorientada. No sabía qué pensar. ¿Qué clase de hombre era en realidad? ¿Le gustaba realmente? No demasiado, pensó. Pero era amable. Había algo, una especie de cálida, ingenua amabilidad, súbita y extraña, que casi le había abierto las entrañas. Pero le daba la impresión de que podría ser amable con cualquier mujer. Aun así, resultaba curiosamente relajante, reconfortante. Y era un hombre apasionado, sano y apasionado. Pero quizás no era lo bastante personal; podría comportarse con cualquier otra mujer de la misma manera que se había comportado con ella. Realmente no era personal. Ella tan sólo era una hembra para él en realidad.

Pero tal vez fuese mejor así. Y, después de todo, él era amable con la hembra que había en ella, más de lo que lo había sido jamás un hombre. Los hombres eran muy amables con la *persona* que era ella, pero bastante crueles con la hembra, despreciándola o ignorándola por completo. Los hombres eran tremendamente amables con Constance Reid o con lady Chatterley; pero no eran amables con sus entrañas. Y él no se fijó en Constance o en lady Chatterley; tan sólo acariciaba suavemente sus caderas y sus pechos.

Al día siguiente fue al bosque. Era una tarde gris, serena; las plantas de mercurial verdes oscuras se extendían bajo los avellanos, y todos los árboles realizaban un mudo esfuerzo por abrir sus yemas. Ese día casi podía sentir en su propio cuerpo el enorme impulso de la savia en los inmensos árboles, ascendiendo, ascendiendo hasta la punta de las yemas, para penetrar en las pequeñas hojas flamígeras del roble, de color bronce como la sangre. Parecía un flujo turgente hacia lo alto, y se extendía por el cielo.

Llegó al claro del bosque, pero él no se encontraba allí. En cierto modo se lo había esperado. Los polluelos de faisán correteaban, ligeros como insectos, fuera de las jaulas, donde las gallinas cacareaban inquietas. Connie se sentó a observarlas, y esperó. Se limitó a esperar. Apenas veía a los polluelos. Esperaba.

El tiempo transcurría con lentitud, como en un sueño, y él no venía. Sólo había esperado a medias encontrarle. Nunca venía por la tarde. Ella tenía que regresar a casa para el té. Pero tuvo que hacer un esfuerzo para marcharse.

Cuando llegó a casa, caía una fina llovizna.

—¿Otra vez está lloviendo? —preguntó Clifford al verla sacudir su sombrero.

—Sólo llovizna.

Ella sirvió el té en silencio, absorta en una especie de obstinación. Quería ver al guardabosque ese día, ver si realmente aquello era real. Si era real.

—¿Leo un poco para ti después? —preguntó Clifford.

Connie le miró. ¿Presentía algo?

—La primavera hace que me sienta extraña... Creo que debería descansar un poco —dijo ella.

—Como desees. No te encuentras mal, ¿verdad?

—¡No! Sólo cansada... con la primavera. ¿Jugará a algo contigo la señora Bolton?

—¡No! Creo que escucharé la radio.

Oyó una extraña satisfacción en su voz. Ella subió a su habitación. Desde allí oyó empezar a bramar al locutor, con una especie de voz estúpida y aterciopelada, diciendo algo sobre una serie de pregones callejeros, era el colmo de la refinada afectación imitando a los antiguos pregoneros. Se puso su viejo impermeable de color violeta y salió sigilosamente de la casa por la puerta lateral.

La llovizna parecía un velo que cubriera el mundo, misteriosa, susurrante, nada fría. Sintió calor al cruzar el parque apresuradamente. Tuvo que abrirse el ligero impermeable.

El bosque se hallaba en silencio, sereno y oculto en la llovizna de la tarde, lleno del misterio de los huevos, y de las yemas y de las flores medio abiertas. En la penumbra, todos los árboles resplandecían desnudos y oscuros como si se hubiesen desvestido a sí mismos, y todo lo que era verde en la tierra parecía murmurar su verdor.

Todavía no había nadie en el claro. Casi todos los polluelos se habían metido debajo de sus madres, tan sólo uno o dos aventureros correteaban en el terreno seco bajo el cobertizo del tejado de paja. Y dudaban.

¡Vaya! Aún no estaba allí. Se mantenía alejado a propósito. O quizás algo no iba bien. Tal vez debería ir a su casa a ver.

Pero ella había nacido para esperar. Abrió la cabaña con su llave. Todo estaba ordenado, el maíz en su recipiente, las mantas dobladas sobre el estante, la paja limpia en un rincón; un nuevo montón de paja. El farol colgaba de un clavo. La mesa y la silla volvían a estar colocadas donde ella se había acostado.

Se sentó en el taburete que había junto a la puerta. ¡Qué tranquilo estaba todo! La fina lluvia se movía suavemente, como un velo, pero el viento no hacía ningún ruido. Nada hacía ruido alguno. Los árboles se elevaban como seres poderosos, sombríos, en penumbra, silenciosos y vivos. ¡Qué vivo estaba todo!

La noche se acercaba de nuevo; tendría que irse. Él la estaba evitando.

Pero de repente entró en el claro del bosque andando a grandes zancadas, con su chaqueta impermeable negra, como la de un chofer, brillando por la humedad. Lanzó una rápida mirada a la cabaña, le hizo un breve saludo, después cambió de dirección y fue hacia las jaulas. Allí se agachó en silencio, mirando con atención a todo; luego cerró cuidadosamente a las gallinas y a los pollos para protegerlas de la noche.

Por fin se acercó lentamente hacia ella. Ella aún estaba sentada en el taburete. Él se quedó delante de ella, bajo el porche.

—Así que has venido —dijo, empleando la entonación del dialecto.

—Sí —dijo ella mirándole—. ¡Llegas tarde!

—¡Sí! —respondió, desviando la mirada hacia el bosque.

Ella se levantó despacio, apartando el taburete.

—¿Quieres entrar? —preguntó ella.

Él la miró con perspicacia.

—¿No pensará algo la gente si vienes aquí cada noche? —preguntó él.

—¿Por qué? —dijo, levantando la mirada hacia él desconcertada—. Dije que vendría. Nadie lo sabe.

—Aunque pronto lo sabrán —replicó—. ¿Y entonces qué?

Ella, desconcertada, no supo que responder.

—¿Por qué habrían de saberlo? —dijo ella.

—La gente siempre se entera —dijo él en un tono de fatalidad.

A Connie le tembló ligeramente el labio.

—Bueno, no puedo evitarlo —dijo entrecortadamente.

—No —dijo él—. Puedes evitarlo no viniendo... si quieres —añadió, en un tono más bajo.

—Pero no quiero —murmuró ella.

Él miraba hacia el bosque, y guardó silencio.

—¿Pero qué pasará si lo descubre la gente? —preguntó al fin—. ¡Piensa en eso! ¡Piensa en lo humillada que te sentirías! ¡Con un criado de tu marido!

Ella elevó la mirada hacia aquel rostro vuelto.

—¿Eso es que... —dijo ella tartamudeando— eso es que no me deseas?

—¡Piensa! —dijo él—. Piensa qué sucedería si la gente lo descubre... sir Clifford y... y todo el mundo hablando...

—Bueno, puedo marcharme.

—¿Adónde?

—¡A cualquier parte! Tengo dinero propio. Mi madre me dejó veinte mil libras en depósito, y sé que Clifford no puede tocarlo. Puedo marcharme.

—Pero sucede que no quieres marcharte.

—¡Sí, sí! No me importa lo que me suceda.

—¡Sí, piensas eso! ¡Pero te importará! Tendrá que importarte; a todo el mundo le importa. Tienes que recordar que su excelencia se ha liado con un guardabosque. No es precisamente un caballero. Sí, te importaría. Te importaría.

—No lo haría. ¡Qué me importa ser su excelencia! En realidad, lo detesto. Noto que la gente se burla cada vez que me lo llaman. ¡Y lo hace, lo hace! Incluso tú te burlas cuando lo dices.

—¡Yo!

Por primera vez la miró fijamente a los ojos.

—Yo no me burlo de ti —dijo.

Mientras ella le miraba a los ojos, vio que estos se oscurecían, se oscurecían mucho al dilatarse sus pupilas.

—¿No te importa correr el riesgo? —preguntó él con voz áspera—. Debería importarte. ¡Cuando sea demasiado tarde, no importará!

En su voz hubo un curioso tono de súplica y de advertencia.

—Pero no tengo nada que perder —dijo ella en tono de queja—. Si supieras lo que es esto, pensarías que debía alegrarme de perderlo. Pero, ¿tienes miedo por ti?

—¡Sí! —respondió brevemente—. Lo tengo. Tengo miedo. Tengo miedo. Tengo miedo de cosas.

—¿De qué cosas? —preguntó.

Hizo un rápido gesto hacia atrás con la cabeza, señalando al mundo exterior.

—¡De cosas! ¡De todo el mundo! ¡De todos ellos!

Luego se inclinó y de repente besó el rostro infeliz de Connie.

—No, no me importa —dijo él—. Adelante, y que se vaya al diablo lo demás. Pero si te arrepintieras de haberlo hecho...

—No me desanimes —suplicó.

Le puso los dedos en la mejilla y la besó de nuevo de repente.

—Déjame entrar, entonces —dijo él con suavidad—. Y quítate el impermeable.

Colgó su escopeta, se quitó la chaqueta de cuero mojada y fue a coger las mantas.

—He traído otra manta —dijo él—, así podemos echarnos una por encima, si quieres.

—No puedo quedarme mucho tiempo —dijo ella—. La cena es a las siete y media.

Le dirigió una rápida mirada, luego consultó su reloj.

—De acuerdo —dijo.

Cerró la puerta y encendió una pequeña llama en el farol.

—En alguna ocasión tendremos mucho tiempo —dijo él.

Colocó las mantas cuidadosamente, dobló una de ellas para que ella reposara la cabeza. Después se sentó un momento en el taburete y la atrajo hacia él, estrechándola con un brazo y buscando su cuerpo con la mano libre. Ella oyó cómo se le cortaba el aliento al encontrarlo. Bajo sus finas enaguas estaba desnuda.

—¡Ah! ¡Qué delicia tocarte! —dijo, mientras acariciaba con un dedo la delicada, cálida y oculta piel de su cintura y caderas. Bajó la cabeza, y con la mejilla frotó el vientre y los muslos de Connie una y otra vez. Y de nuevo le asombró a ella la especie de gozo que le proporcionaba. No comprendía la belleza que encontraba en ella, en el tacto de su cuerpo vivo y secreto, era casi un éxtasis de belleza. Pues sólo la pasión la despierta. Y cuando muere la pasión, o está ausente, entonces resulta incomprensible el magnífico latido de la belleza, incluso un poco despreciable; la cálida, viva belleza del contacto, mucho más profunda que la belleza de la visión. Ella sintió cómo deslizaba su mejilla por sus muslos, vientre y nalgas, y el roce de su bigote y de su suave y espeso cabello; empezaron a temblarle las rodillas. Dentro de su ser, muy abajo, sintió una nueva estimulación, una nueva desnudez que emergía. Casi le dio miedo. Casi deseaba que no la acariciara de aquel modo. Él la estaba envolviendo en cierto modo. Sin embargo, ella esperaba, esperaba.

Y cuando él la penetró, con una intensificación de alivio y consumación que era pura paz para él, ella todavía esperaba. Se sintió un poco excluida. Y sabía que, en parte, era de ella la culpa. Ella misma había deseado esa distancia. Tal vez ahora estaba condenada a ella. Se mantuvo inmóvil, sintiendo su movimiento dentro de ella, su profunda intensidad, el súbito estremecimiento al brotar de él su semilla, y después el lento empuje. El empuje de las nalgas resultaba sin duda un poco ridículo. Si una mujer se mantiene al margen, seguramente ese empuje de las nalgas le parecerá sumamente ridículo. Sin duda alguna, el hombre resulta tremendamente ridículo en esa postura y en ese acto.

Pero ella permanecía inmóvil, sin retroceder. Incluso cuando él hubo terminado, ella no reaccionó para llegar a su propia satisfacción, como había hecho con Michaelis; permaneció inmóvil, y lentamente los ojos se le llenaron de lágrimas, y se derramaron.

Él también permanecía inmóvil. Pero la tenía abrazada e intentaba cubrir sus pobres piernas desnudas para mantenerlas abrigadas. Yacía sobre ella con una calidez íntima y segura.

—¿Tienes frío? —le preguntó en voz baja, suave, como si ella estuviera cerca, muy cerca. Pero ella se encontraba lejos, distante.

—¡No! Pero debo irme —dijo dulcemente.

Él suspiró, la estrechó aún más, después se relajó para descansar de nuevo.

No había adivinado sus lágrimas. Pensaba que estaba allí con él.

—Debo irme —repitió ella.

Él se incorporó y se arrodilló a su lado un momento, besó el interior de sus muslos, luego le bajó la falda, se abotonó su propia ropa despreocupadamente, sin tan siquiera volverse, a la débil, débil luz del farol.

—Tienes que venir a mi casa alguna vez —dijo, bajando la vista hacia ella con una expresión ardiente, segura, afable.

Pero yacía allí inerte, y levantando la mirada hacia él, pensaba: «¡Eres un extraño! ¡Un extraño!», incluso se sentía un poco molesta con él.

Él se puso la chaqueta y buscó su sombrero, que se había caído, y luego se colgó la escopeta.

—¡Vamos, entonces! —le dijo, mirándola con esos ojos cálidos y serenos.

Ella se levantó lentamente. No quería marcharse. Pero también le molestaba quedarse. Él la ayudó a ponerse el impermeable y comprobó que lo llevaba bien puesto.

Luego abrió la puerta. El exterior estaba muy oscuro. Bajo el porche, la perra fiel se levantó contenta al verle. La llovizna caía gris en la oscuridad. Estaba muy oscuro.

—Voy a por el farol —dijo—. No habrá nadie.

Caminó delante de ella por el angosto sendero, moviendo el farol de un lado a otro para ver la húmeda hierba, las negras raíces de los árboles, que relucían como serpientes, las pálidas flores. Lo demás era una bruma gris y completa oscuridad.

—Tienes que venir a casa algún día. ¿Irás? —dijo—. Si nos van a condenar, igual da, de perdidos al río.

A Connie le desconcertaba su extraño y persistente deseo de ella, cuando no había nada entre ellos, cuando, en realidad, jamás hablaba con ella, y a su pesar, le molestaba que empleara el dialecto. Su «Tienes que venir» no parecía dirigirse a ella, sino a alguna mujer vulgar. Reconoció las hojas de dedalera en el camino y supo, más o menos, donde se encontraban.

—Son las siete y cuarto. Llegarás a tiempo —dijo él. Su voz había cambiado, parecía advertir la distancia de ella. Cuando llegaron a la última curva del camino que se dirigía al avellanal y a la puerta, apagó la luz. —Desde aquí ya veremos —dijo, tomándola suavemente del brazo.

Resultaba difícil avanzar; la tierra bajo sus pies era un misterio, pero él hallaba el camino a tientas: estaba acostumbrado a hacerlo. En la puerta le dio su linterna eléctrica a Connie.

—En el parque hay un poco más de luz —dijo—, pero llévatela para que no te salgas del sendero.

Era cierto, el espacio abierto del parque parecía iluminado por un destello fantasmal gris. De repente, la atrajo hacia él y metió la

mano rápidamente por debajo de su vestido, acariciando su cálido cuerpo con su mano húmeda y fría.

—Moriría por tocar a una mujer como tú —dijo con voz gutural—. Quédate un minuto más.

Ella sintió la repentina fuerza de su deseo otra vez.

—No, debo apresurarme —dijo ella con cierta vehemencia.

—Sí —replicó él, cambiando de pronto y dejándola marchar.

Ella dio media vuelta para alejarse, pero al instante se volvió hacia él para decirle:

—Bésame.

Se inclinó sobre ella sin distinguirla y la besó en el ojo izquierdo. Ella le ofreció la boca y él la besó suavemente, pero se apartó enseguida. Detestaba los besos en la boca.

—Iré mañana —dijo, alejándose—. Si puedo —añadió.

—¡Sí! ¡No vengas tarde! —respondió él en la oscuridad. Ella ya casi no podía verle bien.

—Buenas noches —dijo ella.

—Buenas noches, excelencia —se oyó su voz.

Ella se detuvo y miró atrás, hacia la húmeda oscuridad. Apenas podía ver más que un bulto.

—¿Por qué has dicho eso? —preguntó ella.

—Por nada —respondió—. ¡Buenas noches, entonces! ¡Corre!

Ella se sumergió en la noche gris oscura, tangible. Encontró abierta la puerta lateral y se dirigió con cautela a su habitación sin ser vista. Al cerrar la puerta, oyó el sonido del gong; no obstante, tomaría su baño... tenía que bañarse. «Pero no volveré a llegar tarde», se dijo a sí misma, «resulta demasiado molesto».

Al día siguiente no fue al bosque. En vez de ello, fue a Uthwaite con Clifford. Ahora podía salir en el coche de vez en cuando, pues había contratado a un joven robusto como chofer, quien podía ayudarle a salir del automóvil si era necesario. Particularmente, quería ver a su padrino, Leslie Winter, que vivía en la mansión Shipley, no muy lejos de Uthwaite. Winter era un hombre mayor ahora, rico, uno de los prósperos propietarios de minas de carbón que habían tenido su apogeo en tiempos del rey Eduardo. Más de una vez el rey Eduardo se había alojado en Shipley en la época de caza. Era una antigua y hermosa mansión de estuco, decorada con mucha elegancia, pues Winter era soltero y estaba muy orgulloso de su estilo; pero las minas asediaban el lugar. Leslie Winter sentía afecto por Clifford, pero, personalmente, no sentía un gran respeto por él a causa de las fotografías de las revistas y de la literatura. El anciano pertenecía a la escuela del rey Eduardo, quienes pensaban que la vida era la vida y los individuos que garabateaban eran otra cosa. Con Connie la Terrateniente siempre se mostraba muy galante; pensaba de ella que era una doncella recatada y bastante desperdiciada con Clifford, y era una lástima que no tuviera ninguna posibilidad de dar a luz a un heredero para Wragby. Él mismo carecía de heredero.

Connie se preguntaba qué diría si supiera que había tenido relaciones sexuales con el guardabosque de Clifford y que le había dicho «Tienes que venir a mi casa alguna vez». La detestaría y despreciaría, pues casi había llegado a odiar el avance de las clases trabajadoras. No le hubiese importado que fuera con un hombre de su propia clase, pues Connie estaba dotada por naturaleza de ese aspecto de dama recatada, sumisa, y quizás formaba parte de su naturaleza. Winter la llamaba «querida niña» y le regaló una encantadora miniatura de una dama del siglo XVIII, casi en contra de la voluntad de Connie.

Pero a Connie le preocupaba su aventura amorosa con el guardabosque. Después de todo, el señor Winter, que realmente era un caballero y hombre de mundo, la trataba como persona y mujer cultivada; no la agrupaba con las demás mujeres hembras con sus «tú» y «te».

No fue al bosque aquel día, tampoco al siguiente, ni al otro. No iría mientras presintiera, o creyera presentir, que el hombre la esperaba, la deseaba. Pero al cuarto día se hallaba terriblemente inquieta y agitada. Todavía se negaba a ir al bosque para abrir sus muslos una vez más a aquel hombre. Pensaba en todas las cosas que podría hacer: ir en automóvil a Sheffield, hacer visitas, y pensar en todas ellas le resultaba desagradable. Finalmente, decidió dar un paseo, no hacia el bosque, sino en dirección opuesta; iría a Marehay por la pequeña puerta de hierro que había al otro lado de la valla del parque. Era un día de primavera tranquilo y gris, casi cálido. Caminaba sin prestar atención, sumida en unos pensamientos de los que ni siquiera era consciente. En realidad, no advertía nada del exterior, hasta que la sobresaltó el ladrido de un perro en la granja Marehay. ¡La granja Marehay! Sus pastos llegaban hasta la valla del parque

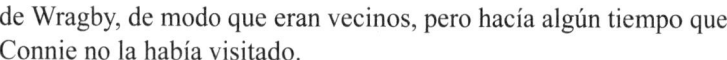

de Wragby, de modo que eran vecinos, pero hacía algún tiempo que Connie no la había visitado.

—¡Bell! —dijo al gran *bull terrier* blanco—. ¡Bell! ¿Me has olvidado? ¿No me conoces? —temía a los perros, y Bell retrocedió y gruñó; ella quería cruzar el corral hacia el sendero de las madrigueras.

Apareció la señora Flint. Era una mujer de la misma edad que Connie, había sido maestra de escuela, pero Connie sospechaba que era un poco falsa.

—¡Vaya, si es lady Chatterley! —los ojos de la señora Flint brillaron de nuevo y se ruborizó como una muchacha—. ¡Bell, Bell! ¡Ladrando a lady Chatterley! ¡Bell! ¡Cállate! —se precipitó hacia el perro y le dio con el paño blanco que sostenía en la mano, después avanzó hacia Connie.

—Antes me conocía —dijo Connie, mientras se estrechaban la mano. Los Flint eran arrendatarios de los Chatterley.

—¡Por supuesto que conoce a su excelencia! ¡Sólo está fanfarroneando!, —dijo la señora Flint, y alzó la vista con una especie de desconcierto que la ruborizaba— pero hace mucho tiempo que no la ha visto. Espero que se encuentre usted mejor.

—Sí, gracias. Me encuentro bien.

—Apenas la hemos visto en todo el invierno. ¿Quiere venir a ver a la niña?

—¡Bueno! —vaciló Connie—. Sólo un minuto.

La señora Flint entró precipitadamente a ordenar algo, y Connie entró tras ella despacio, dudando, a la cocina oscura donde una tetera hervía al fuego. Regresó la señora Flint.

—Espero que me disculpe —dijo—. ¿Quiere pasar aquí?

Entraron a la sala de estar, donde una niña pequeña estaba sentada sobre la raída alfombra que había junto a la chimenea, y la mesa estaba puesta de un modo descuidado para tomar el té. Una joven sirvienta retrocedía por el pasillo, tímida y torpe.

La niña era una alegre criaturita de alrededor de un año, pelirroja como su padre, y unos ojos descarados de color azul pálido. No se acobardaba. Estaba sentada entre cojines y rodeada de muñecas de trapo y de otros juguetes, con el típico exceso moderno.

—¡Qué preciosa es! —dijo Connie—. ¡Y cómo ha crecido! ¡Una chica grande! ¡Una chica grande!

Connie le había regalado una mantilla de lana cuando nació, y unos patos de celuloide por Navidad.

—¡Mira, Josephine! ¡Mira quién ha venido a verte! ¿Quién es, Josephine? Lady Chatterley... Conoces a lady Chatterley, ¿verdad?

La extraña criaturita miraba a Connie con descaro. A ella aún le daban lo mismo las ladies.

—¡Vamos! ¿Vienes conmigo? —dijo Connie a la niña.

A la niña le daba lo mismo una cosa que otra, de modo que Connie la cogió y la sostuvo sobre su regazo. Qué cálido y agradable resultaba sostener a un niño sobre el regazo, y aquellos suaves bracitos, las piernecitas descaradas inconscientemente.

—Iba a tomar una taza de té yo sola. Luke ha ido al mercado, así que puedo tomarlo cuando quiera. ¿Quiere una taza de té, lady Chatterley? Supongo que no es como a lo que está usted acostumbrada, pero si lo desea...

Connie aceptó, aunque no deseaba que le recordaran las cosas a las que estaba ella acostumbrada. Hubo un cambio en la mesa, y se trajeron las mejores tazas y la mejor tetera.

—Yo no quería causarle ninguna molestia —dijo Connie.

¡Pero si para la señora Flint no era ninguna molestia, era un placer! De modo que Connie jugó con la niña y se divirtió con su pequeña intrepidez femenina, experimentó un profundo y voluptuoso placer con su dulce calidez joven. ¡Vida joven! ¡Y tan valiente! Tan valiente, debido a su indefensión. ¡Todas las demás personas estaban limitadas por el miedo!

Tomó una taza de té, que resultó bastante fuerte, y pan y mantequilla muy buenos, y ciruelas en conserva. La señora Flint estaba ruborizada y resplandecía, y estaba entusiasmada, como si Connie fuese algún galante caballero medieval. Y mantuvieron una verdadera conversación de mujeres, ambas disfrutaron.

—Es un té muy pobre —dijo la señora Flint.

—Es mucho más agradable que el de casa —dijo Connie con sinceridad.

—¡Oh!... —exclamó la señora Flint, sin creerse aquello, por su puesto.

Pero, al fin, Connie se levantó.

—Debo irme —dijo—. Mi marido no sabe dónde estoy. Se estará preguntado toda clase de cosas.

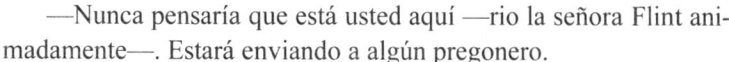

—Nunca pensaría que está usted aquí —rio la señora Flint animadamente—. Estará enviando a algún pregonero.

—Adiós, Josephine —dijo Connie, besando a la niña y revolviendo su ralo pelo rojo.

La señora Flint insistió en abrir la puerta principal, que estaba cerrada con llave y con un travesaño. Connie salió al pequeño jardín delantero de la granja, cercado con un seto de alheñas. Había dos hileras de aurículas junto al sendero, aterciopeladas y exuberantes.

—Preciosas aurículas —dijo Connie.

—Temerarias, como las llama Lukc —rio la señora Flint—. Llévese algunas.

Y ella recogió con impaciencia las prímulas aterciopeladas.

—¡Basta! ¡Basta! —dijo Connie.

Llegaron a la pequeña puerta del jardín.

—¿Por qué camino va a ir? —preguntó la señora Flint.

—Por el de las madrigueras.

—¡Veamos! ¡Oh, sí! Las vacas están en el cercado. Pero no han salido aún. La puerta está cerrada con llave, tendrá que saltarla.

—Puedo saltarla —dijo Connie.

—Tal vez pueda acompañarla hasta el cercado.

Cruzaron el pasto pobre, mordisqueado por los conejos. Los pájaros trinaban triunfantes en el atardecer del bosque. Un hombre estaba reuniendo a las últimas vacas, que avanzaban muy lentamente sobre el escaso pasto.

—Van retrasados esta noche para ordeñar —dijo la señora Flint con severidad—. Saben que Luke no regresará hasta después de oscurecer.

Llegaron a la cerca, más allá de la cual el joven bosque de abetos se erizaba denso. Había una pequeña verja, pero estaba cerrada con llave. Entre la hierba, en la parte interior, había una botella vacía.

—Ahí está la botella de leche vacía del guardabosque —explicó la señora Flint—. Nosotros se la traemos hasta aquí, y luego él la recoge.

—¿Cuándo? —dijo Connie.

—¡Oh, en cualquier momento que pase por aquí! Suele ser por la mañana. Bueno, adiós lady Chatterley. Y venga de nuevo. ¡Ha sido tan agradable tenerla aquí!

Connie saltó la cerca y se adentró en el angosto sendero que había entre los jóvenes abetos hirsutos y espesos. La señora Flint cruzó de nuevo el pasto, con la papalina puesta, pues era realmente una maestra de escuela. A Constance no le gustó la espesura de esa parte nueva del bosque; parecía espantosa y agobiante. Apresuró el paso, con la cabeza baja, pensando en la niña de los Flint. Era una criatura preciosa, aunque tendría las piernas ligeramente arqueadas como su padre. Ya se notaba, pero quizás se corrigiera al crecer. ¡Qué cálido y gratificante resultaba tener un niño, y cómo había presumido de ello la señora Flint! Tenía algo que Connie no tenía, y, al parecer, no podría tener nunca. Sí, la señora Flint había presumido de maternidad. Y Connie se había sentido un poquito, tan sólo un poquito, celosa. No podía evitarlo.

Salió de su ensimismamiento y lanzó un leve grito asustada. Había un hombre allí.

Era el guardabosque. Estaba en medio del sendero, como el asno de Balam, impidiéndole el paso.

—¿Cómo es esto? —dijo él sorprendido.

—¿Cómo es que has venido? —jadeó ella.

—¿Y tú? ¿Has ido a la cabaña?

—¡No! ¡No! He ido a Marehay.

Él la miró con curiosidad, de manera incisiva, y ella inclinó la cabeza con cierto aire culpable.

—¿Ibas a ir a la cabaña ahora? —preguntó él, con cierta severidad.

—¡No! No debo. Estuve en Marehay. Nadie sabe dónde estoy. Llego tarde. Debo apresurarme.

—Estás ocultándome de mí, ¿verdad? —dijo, con una ligera sonrisa irónica.

— ¡No! ¡No! No es eso. Sólo que...

—¿Qué más? —dijo él, acercándose a ella y rodeándola con sus brazos. Ella sintió la parte delantera de su cuerpo terriblemente cerca de ella, y viva.

—¡Oh, no, ahora no! —exclamó, intentando apartarle.

—¿Por qué no? Sólo son las seis. Tenemos media hora. Te deseo.

La oprimió con más fuerza y ella notó su urgencia. Su antiguo instinto le instaba a luchar por su libertad. Pero había algo en ella

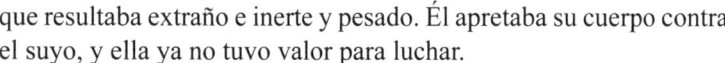
que resultaba extraño e inerte y pesado. Él apretaba su cuerpo contra el suyo, y ella ya no tuvo valor para luchar.

Él miró a su alrededor.

—¡Ven... ven aquí! Por aquí —dijo él, mirando perspicazmente hacia la espesura de abetos, que eran jóvenes y de mediana altura.

Volvió la mirada hacia ella. Ella vio sus ojos, tensos y brillantes, sin amor. Pero su voluntad la había abandonado. Sintió un extraño peso en sus extremidades. Estaba cediendo. Se estaba abandonando.

Él la condujo a través del muro de espinosos árboles, entre los que resultaba difícil avanzar, hasta llegar a un lugar donde había un pequeño claro y un montón de ramas secas. Echó un par de ramas al suelo, colocó su chaqueta y su chaleco sobre ellas, y ella tuvo que tumbarse allí, bajo las ramas de los árboles, como un animal, mientras él esperaba, de pie, en camisa y pantalón, observándola con una mirada obsesiva. Pero aún fue considerado... hizo que se acostara apropiadamente, apropiadamente. Sin embargo, le rompió la cinta de la prenda interior, pues ella no le ayudaba, tan sólo yacía inerte.

Él también se había descubierto la parte delantera del cuerpo, y ella sintió su carne desnuda contra ella cuando la penetró. Por unos instantes, él se quedó quieto en su interior, turgente y trémulo. Después empezó a moverse, en un súbito orgasmo inevitable, allí despertó en ella nuevas y extrañas sensaciones estremecedoras. Un estremecimiento, estremecimiento, estremecimiento, como un suave temblor de llamas, suaves como plumas, alcanzando puntos de resplandor, exquisitos, exquisitos y derritiendo su ya fundido interior. Era como un sonido de campanas elevándose, elevándose hasta la culminación. Yacía sin ser consciente de los leves gemidos descontrolados que emitía al final. Pero todo se había terminado demasiado pronto, demasiado pronto, y ella no podía obligarse a llegar a la culminación mediante su propia actividad. Esto era diferente, diferente. No podía hacer nada. No podía endurecerse y aferrarse a él para lograr su propia satisfacción. Tan sólo cabía esperar, esperar y gemir en su interior cuando sintiera que él se retiraba, se retiraba y contraía, hasta llegar el terrible momento en el que saldría deslizándose de su interior y todo se acabaría. Mientras sus entrañas estaban abiertas y blandas, como una anémona bajo la marea, y clamaban que volviera a entrar en ella y le hiciera llegar a su propia satisfacción. Se aferró a él con inconsciente pasión, y él no

llegó a salir de ella; ella sintió la suave cabeza del pene agitándose en su interior, y extraños ritmos ascendiendo en su interior, con un extraño movimiento creciente; creciendo y creciendo hasta llenar todo su consciencia hendida en dos, y luego comenzó de nuevo el indescriptible movimiento, que no era realmente movimiento, sino puros torbellinos de sensaciones que se arremolinaban cada vez más profundos a través de todos sus tejidos y su conciencia, hasta convertirse en un perfecto fluido concéntrico de sensaciones, mientras yacía allí, gimiendo y lanzando gritos inconscientes e inarticulados. ¡La voz salía de la noche más profunda! ¡La vida! El hombre oía esa voz debajo de él con una especie de temor, como si su vida estuviese pasando al interior de ella. Y cuando aquello cedió, cedió él también y se quedó completamente inmóvil, sin sospechar nada, mientras ella iba relajando su presión lentamente y quedaba inerte. Y permanecieron tumbados y sin saber nada, ni siquiera el uno del otro, ambos perdidos. Hasta que, finalmente, él empezó a levantarse, y se dio cuenta de su desnudez indefensa. Ella fue consciente de que el cuerpo de él iba aflojando su presión. Se estaba apartando de ella; pero en el fondo de su corazón sabía que no podría soportar que la dejara sin cubrir. Debía cubrirla ahora para siempre.

Pero, finalmente, se apartó de ella, y la besó y la cubrió, y empezó a cubrirse a sí mismo. Ella yacía mirando hacia las ramas de los árboles, incapaz de moverse todavía. Él se puso en pie y se abrochó los pantalones, mirando a su alrededor. Todo era espesura y silencio, salvo la perra asustada, que yacía con el hocico apoyado sobre las patas. Él se sentó de nuevo sobre la maleza y cogió la mano de Connie en silencio.

Ella se volvió a mirarle.

—Hemos terminado al mismo tiempo —dijo él.

Ella no respondió.

—Está bien que sea así. La mayoría de la gente pasa la vida sin conocerlo jamás —dijo, hablando como en un ensueño.

Ella miraba su rostro pensativo.

—¿De veras? —dijo ella—. ¿Te alegras?

Él volvió a mirarla a los ojos.

—Me alegro. Pero no importa —dijo. No quería que ella hablara. Y se inclinó sobre ella y la besó, y ella pensó que así debería besarla eternamente.

Finalmente, Connie se incorporó.

—¿La gente no suele terminar al mismo tiempo? —preguntó ella con ingenua curiosidad.

—La mayoría nunca. Se les ve en la cara —hablaba sin pensar, lamentando haber empezado.

—¿Has acabado a la vez con otras mujeres?

Él la miró risueño.

—No lo sé —dijo—. No lo sé.

Y ella supo que jamás le contaría nada que no deseara contarle. Ella observó su rostro, y su pasión por él le conmovió las entrañas. Se resistió tanto como pudo, de lo contrario significaba perderse a sí misma.

Él se puso el chaleco y la chaqueta, y se abrió paso hacia el sendero de nuevo.

Los últimos rayos de sol rozaban el bosque.

—No iré contigo —dijo él—. Es mejor que no lo haga.

Ella le miró con nostalgia antes de volverse. La perra le estaba esperando ansiosa para marcharse, y él no parecía tener nada más que decir. No quedaba nada.

Connie caminó lentamente hacia su casa, consciente de la intensidad de la otra criatura en ella. Había otro ser vivo en ella, ardiendo derretido y blando en su vientre y entrañas, y con ese otro ser le adoró a él. Le adoró hasta sentir débiles sus rodillas al caminar. En su vientre y entrañas ella fluía y estaba viva ahora, y vulnerable, e indefensa en su adoración, como la más ingenua de las mujeres. Es la misma sensación que llevar un hijo, se decía a sí misma que tenía la sensación de que había un hijo en su interior. Y así era, como si su vientre, que siempre había estado cerrado, se hubiera abierto y llenado de una nueva vida, de una carga, aunque adorable.

«¡Si tuviera un hijo!», pensó en su fuero interno; «si le tuviera a él dentro de mí en un hijo»... y sentía derretirse al pensarlo, y era consciente de la inmensa diferencia que existía entre tener un hijo para una misma y tenerlo de un hombre a quien las entrañas anhelaba. Lo primero parecía en cierto sentido normal; pero tener un hijo con un hombre a quien adoraba en sus entrañas y en su vientre, le hacía sentirse muy diferente a como había sido, como si estuviese hundiéndose, profundamente, profundamente, hacia el centro de toda feminidad y hacia el sueño de la creación.

No era la pasión lo que había de nuevo en ella, era la adoración anhelante. Sabía que siempre la había temido porque la dejaba indefensa; todavía la temía, pues si le adoraba demasiado, se perdería a sí misma, se anularía; no quería ser anulada, ser una esclava, como una mujer salvaje. No tenía que convertirse en esclava. Temía a su adoración; sin embargo, no lucharía contra ella de inmediato. Sabía que podría luchar contra ella. Tenía un demonio de obstinación en su pecho que podía haber luchado contra la dulce y agitada adoración de su vientre y aplastarla. Incluso podía hacerlo ahora, o así lo creía, y después podría dominar su pasión conforme a su propia voluntad.

¡Ah, sí, ser apasionada como una bacante, como una bacante huyendo a través de los bosques, recurrir a Baco, el esplendoroso falo que no tenía personalidad independiente, sino que era únicamente un dios servidor de la mujer! Al hombre, al individuo, no se le permitiría que osara importunar. Él tan sólo era un servidor del templo, portador y guardián del esplendoroso falo que era de ella.

Y así, en el flujo del nuevo despertar, la antigua y endurecida pasión prendió en ella durante un tiempo, y el hombre quedó reducido a ser un objeto despreciable, el mero portador del falo, que sería destruido una vez prestara su servicio. Sentía la fuerza de la bacante en sus extremidades y en su cuerpo, la mujer resplandeciente y ágil, que vencía al macho; pero a la vez que sentía esto, le pesaba el corazón. No quería eso, era algo conocido y yermo, estéril; la adoración era su tesoro.

Era tan incomprensible, tan dulce, tan profundo y tan desconocido. No, no, renunciaría a su duro y resplandeciente poder de hembra; estaba harta de él, endurecida por él; se sumergiría en el nuevo baño de vida, en las profundidades de su vientre y de sus entrañas que cantaban la muda canción de adoración. Era pronto todavía para empezar a temer al hombre.

—He ido paseando hasta Marehay y he tomado el té con la señora Flint —dijo a Clifford—. Quería ver a la niña. Es tan adorable, con el pelo como una telaraña rojiza. ¡Es encantadora! El señor Flint había ido al mercado, de modo que tomamos el té juntas, ella, yo y la niña. ¿Te has preguntado dónde estaba?

—Bueno, me lo he preguntado, pero he supuesto que habrías ido a tomar el té a alguna parte —dijo Clifford celoso. Con una especie de sexto sentido percibió algo nuevo en ella, algo que le resultaba totalmente incomprensible, pero lo atribuyó a la niña. Pensó que todo lo que le aquejaba a Connie era que no tendría un hijo creado de un modo automático, por así decirlo.

—La vi cruzar el parque hacia la puerta de hierro, señora —dijo la señora Bolton—; así que pensé que había ido de visita a la rectoría.

—Estuve a punto de hacerlo, pero en vez de eso me dirigí hacia Marehay.

Los ojos de las dos mujeres se encontraron: los de la señora Bolton grises y brillantes, y escrutadores; los de Connie azules y velados, y extrañamente hermosos. La señora Bolton casi estaba segura de que tenía un amante, pero, ¿cómo podría ser aquello, y quién podría ser? ¿Dónde había un hombre?

—¡Oh, eso le viene tan bien a usted, salir un poco y estar en compañía de vez en cuando! —dijo la señora Bolton—. Se lo estaba diciendo a sir Clifford, le haría muy bien a su excelencia salir y estar con más personas.

—Sí, me alegro de haber ido y de haber visto a esa encantadora y descarada niña —dijo Connie—. Tiene el pelo igual que las telarañas, de un vivo color naranja, y unos ojos de color azul china pálido de lo más extraños y descarados. Desde luego es una niña, de lo contrario no sería tan audaz, más audaz que cualquier pequeño sir Francis Drake.

—Tiene razón, señora... es una auténtica Flint. Siempre han sido una familia atrevida y de pelo color arena —dijo la señora Bolton.

—¿Te gustaría verla, Clifford? Le he pedido que venga a tomar el té para que la veas.

—¿Quién? —preguntó él, mirando a Connie con gran desasosiego.

—La señora Flint y la niña, el lunes que viene.

—Puedes llevarlas a tu habitación a tomar el té —dijo él.

—¿Por qué? ¿No quieres ver a la niña? —preguntó ella.

—¡Oh! La veré, pero no quiero sentarme con ellas a la hora del té.

—¡Oh! —exclamó Connie, mirándole con ojos velados y muy abiertos.

Realmente no le comprendía, se había convertido en otra persona.

—Se sentirán más a gusto tomando el té en su habitación, señora, y la señora Flint se sentirá más cómoda no estando presente sir Clifford —dijo la señora Bolton.

Estaba segura de que Connie tenía un amante, y en su fuero interno estaba exultante. Pero, ¿quién era él? ¿Quién era? Quizás la señora Flint le proporcionara alguna pista.

Connie no se bañaría aquella tarde. La sensación de la piel de aquel hombre tocando la suya, la adherencia sobre su cuerpo, le era muy valiosa, y en cierto sentido, sagrada.

Clifford se encontraba muy inquieto. No le permitió marcharse tras la cena, con lo que ella deseaba hallarse a solas. Le miró, pero se mostró extrañamente sumisa.

—¿Vamos a jugar a algo, o te leo, o qué quieres hacer? —preguntó con inquietud.

—Lee —dijo Connie.

—¿Qué leo... verso o prosa? ¿O teatro?

—Lee a Racine —dijo ella.

Había sido una de sus habilidades en el pasado, leer a Racine a la verdadera manera francesa, pero ahora se sentía oxidado, y un poco cohibido. En realidad prefería el altavoz. Pero Connie estaba cosiendo, cosiendo un vestidito de seda de color rosa; lo había cortado de uno de sus vestidos para la niña de la señora Flint. Lo había cortado durante el tiempo transcurrido entre su llegada y la cena, y ahora estaba sentada en un pasivo y dulce embeleso, cosiendo, mientras continuaba el sonido de la lectura.

En su interior podía sentir el zumbido de la pasión, como el que perdura tras el tañido de campanas graves.

Clifford hizo un comentario sobre Racine. Ella captó el sentido de las palabras después de que las hubiese pronunciado.

—¡Sí! ¡Sí! —dijo, levantando la vista hacia él—. ¡Es espléndido!

De nuevo le asustó el profundo brillo azul de sus ojos, y su dulce quietud, allí sentada. Jamás había estado tan sumisa y serena. Le fascinaba sin remedio, como si algún perfume le embriagara. De modo que continuó con su lectura sin poder hacer nada, y el sonido gutural del francés era como el viento en las chimeneas para ella. De Racine no oyó ni una sílaba.

Connie estaba ausente, en su propio embeleso, como un bosque que susurra el tenue y alegre gemido de la primavera, moviéndose

hacia sus brotes. Podía sentir al hombre en el mismo mundo que ella, el hombre sin nombre, moviéndose sobre hermosos pies, hermoso en el misterio fálico. Y en su interior, en todas sus venas, le sentía a él y a su hijo. Su hijo estaba en todas sus venas, como la luz del crepúsculo.

«Pues manos ella no tenía, ni ojos, ni pies, ni el dorado tesoro de *los cabellos...*».

Ella era como un bosque, como el oscuro entrelazado de la madera de roble, zumbando inaudiblemente con innumerables brotes que se despliegan. Mientras tanto, los pájaros del deseo dormían en la vasta complejidad entrelazada de su cuerpo.

Pero la voz de Clifford proseguía, chasqueando y gorjeando con sonidos inusuales. ¡Qué extraordinario resultaba aquello! ¡Qué extraordinario era él, inclinado sobre el libro, extraño, voraz y civilizado, con hombros anchos y sin piernas de verdad! ¡Qué criatura tan extraña, con la voluntad aguda, fría e inflexible de algún ave, pero sin afecto, sin ningún afecto! Una de esas criaturas del más allá, que no tienen alma, sino una voluntad extremadamente alerta y fría. Ella se estremeció un poco, le temía. Pero luego, la suave y cálida llama de la vida fue más fuerte que él, y las cosas reales permanecían ocultas para él.

Terminó la lectura. Ella se sobresaltó. Alzó la mirada y aún se sobresaltó más al ver a Clifford observándola con sus ojos pálidos, extraños, con una especie de odio.

—¡Muchas gracias! ¡Lees a Racine de un modo maravilloso! —dijo dulcemente.

—Casi de un modo tan maravilloso como lo has escuchado tú —dijo con crueldad—. ¿Qué estás haciendo? —preguntó.

—Estoy haciendo un vestido para la niña de la señora Flint.

Él desvió la mirada. ¡Un hijo! ¡Un hijo! Esa era toda su obsesión.

—Después de todo —dijo él con voz declamatoria— uno obtiene todo lo que desea de Racine. Las emociones que guardan un orden y a las que se les ha dado forma son más importantes que las emociones desordenadas.

Ella le observó con una mirada vaga y velada en sus ojos muy abiertos.

—Sí, estoy convencida de que lo son —dijo.

—El mundo moderno no ha hecho más que vulgarizar las emociones al dejarlas libres. Lo que se necesita es el control clásico.

—Sí —dijo ella lentamente, mientras pensaba en cuando escuchaba él, con expresión ausente, las estupideces sentimentales de la radio—. La gente finge tener emociones, y realmente no sienten nada. Supongo que eso es ser romántico.

—¡Exactamente! —dijo él.

En realidad, Clifford estaba cansado. Aquella tarde le había cansado. Habría preferido estar con sus libros técnicos, o con el director de la mina, o escuchando la radio.

La señora Bolton entró con dos vasos de leche con malta: en el caso de Clifford, para hacerle dormir; y en el de Connie, para que volviera a engordar. Era una bebida nocturna que había introducido ella de manera regular.

Connie se alegró de poder irse después de beberse el vaso, y agradeció que Clifford no le necesitase para acostarse. Cogió el vaso de él y lo puso sobre la bandeja, después cogió la bandeja para llevársela.

—¡Buenas noches, Clifford! ¡Que duermas bien! Racine se apodera de uno como el sueño. Buenas noches.

Ella se había ido hacia la puerta. No iba a darle el beso de buenas noches. La observó con ojos fríos y penetrantes. ¡De modo que ni siquiera le daría un beso de buenas noches, después de haber pasado la velada leyendo para ella! ¡Qué profunda insensibilidad! Aunque el beso no era más que una formalidad, era de esas formalidades de las que dependía la vida. Era una bolchevique, realmente. ¡Sus instintos eran bolcheviques! Miró con frialdad y enojo hacia la puerta por la que ella había salido. ¡Indignación!

Y de nuevo el terror de la noche se apoderó de él. Era un manojo de nervios, y cuando no estaba absorto en su trabajo y tan lleno de energía, o cuando no estaba escuchando la radio y se encontraba en un estado completamente neutral, entonces se sentía acosado por la ansiedad y por una sensación de peligroso e inminente vacío. Tenía miedo. Y Connie podía alejar de él aquel miedo, si quería. Pero resultaba obvio que no quería, no quería. Era despiadada, fría; despiadada con todo cuanto él hacía por ella. Él daba la vida por ella, y ella era despiadada con él. Ella tan sólo quería vivir a su manera. «A la señora le encanta hacer su voluntad».

Ahora le obsesionaba tener un hijo. ¡Como si se tratara de algo suyo propio, suyo propio, y no de él!

Clifford gozaba de buena salud, después de todo. Tenía buen aspecto y un semblante de buen color, sus hombros eran anchos y fuertes, el pecho profundo, había engordado. No obstante, temía a la muerte al mismo tiempo. Un terrible vacío parecía amenazarle en alguna parte, de algún modo, y en este vacío se hundiría su energía. Sin energía, a veces sentía que estaba muerto, realmente muerto.

Y sus ojos pálidos y algo saltones miraban de un modo extraño, furtivo, pero también de un modo un poco cruel, tan frío; y al mismo tiempo casi con insolencia; como si hubiese triunfado sobre la vida a pesar de la vida. «¿Quién conoce los misterios de la voluntad?... pues ella puede vencer incluso a los ángeles...»

Pero le aterraban las noches en las que no podía dormir. Entonces era realmente espantoso, cuando la derrota le presionaba por todas partes. Entonces era horrible, existir sin tener vida: sin vida, en la noche, existir.

Pero ahora podía llamar a la señora Bolton. Y ella siempre acudía. Era un gran consuelo. Acudía en bata, con el pelo recogido en una trenza que le caía por la espalda, curiosamente aniñada y sombría, aunque la trenza de color castaño tuviese mechones grises. Y le preparaba café o una infusión de manzanilla, y jugaba al ajedrez o al *piquet* con él. Poseía una extraña facultad para jugar al ajedrez bastante bien, cuando en sus tres cuartas partes estaba dormida, lo bastante bien como para que valiera la pena vencerla. Así, en la silenciosa intimidad de la noche, se sentaban, o se sentaba ella y él permanecía tendido en la cama, con la lámpara de la mesilla proyectando su solitaria luz sobre ellos, ella casi dormida, él casi sumido en una especie de miedo, y jugaban, jugaban juntos... después tomaban una taza de café y una galleta juntos, sin hablar apenas, en el silencio de la noche, pero consolándose el uno al otro.

Y esa noche ella se estaba preguntando quién sería el amante de lady Chatterley. Y pensaba en su Ted, muerto desde hacía tanto tiempo, y, sin embargo, para ella jamás había muerto. Y cuando pensaba en él, el viejo, viejo rencor contra el mundo aparecía, pero especialmente contra los amos, quienes le habían matado. Ellos no le habían matado en realidad. Sin embargo, para ella sí lo habían hecho emocionalmente. Y, a causa de ello, en algún lugar profundo de su interior era una nihilista, y realmente anárquica.

En su estado de semiinconsciencia, se entremezclaban los pensamientos de su Ted y los del amante desconocido de lady Chatterley, y luego sentía que compartía con la otra mujer un gran rencor contra sir Clifford y todo lo que él representaba. Al mismo tiempo estaba jugando con él al *piquet,* y se habían apostado seis peniques. Y era una fuente de satisfacción jugar a las cartas con un baronet, e incluso perder seis peniques con él.

Cuando jugaban a las cartas siempre apostaban. Eso le hacía a él olvidarse de sí mismo. Y solía ganar. Aquella noche también iba ganando. De modo que no se dormiría hasta que apareciesen las primeras luces del alba. Afortunadamente, empezaban a aparecer a las cuatro y media de la madrugada.

Connie se encontraba en la cama, profundamente dormida, durante todo ese tiempo. Pero el guardabosque tampoco podía descansar. Había cerrado las jaulas y hecho su ronda por el bosque, después había ido a casa y había cenado. Pero no se acostó. En vez de eso se sentó junto al fuego a pensar.

Pensó en su infancia en Tevershall, y en sus cinco o seis años de casado. Pensó en su esposa, siempre con amargura. Le había parecido demasiado cruel. Pero no la había visto desde 1915, aquella primavera se había alistado en el ejército. Sin embargo, allí estaba, a menos de cinco kilómetros de distancia, y más cruel que nunca. Esperaba no volver a verla mientras viviera.

Pensó en su vida en el extranjero, de soldado. En la India, Egipto, después la India de nuevo; en la vida ciega y despreocupada entre los caballos; en el coronel que había sentido un gran afecto por él y por quien él había sentido un gran afecto; en los años en los que había sido oficial, teniente con grandes posibilidades de ser capitán. Luego en la muerte del coronel a causa de una pulmonía, y en la forma en la que se había librado por poco de su propia muerte; en su debilitada salud; en su profundo desasosiego; en su abandono del ejército y su regreso a Inglaterra para ser de nuevo un obrero.

Estaba dejando pasar la vida. Había pensado que estaría a salvo, al menos durante un tiempo, en aquel bosque. Hasta el momento no había caza; él tenía que criar faisanes. No tenía que estar al servicio

de los cazadores. Se encontraría solo, y apartado de la vida, que era todo cuanto deseaba. Tenía que tener un entorno, y aquella era su tierra natal. Incluso había una madre, aunque nunca significó mucho para él. Y podía seguir viviendo, existiendo día a día, sin relacionarse y sin esperanza. Pues no sabía qué hacer consigo mismo.

No sabía qué hacer consigo mismo. Aunque había sido oficial durante algunos años y se había relacionado con otros oficiales y funcionarios civiles, con sus esposas y familias, había perdido toda ambición de «prosperar». Se daba una dureza, una extraña y curiosa dureza y falta de vida en las clases media y alta, tal como las había conocido, que le dejaban frío y le hacían sentirse diferente.

De modo que había regresado a su propia clase. Para hallar allí lo que había olvidado durante sus años de ausencia, una mezquindad y una vulgaridad en los modales que le resultaban deplorables. Por fin admitía ahora lo importante que eran los modales. Admitía también lo importante que era incluso *fingir* no preocuparse por el poco dinero ni por las pequeñeces de la vida. Pero entre la gente ordinaria no había fingimiento. Un penique más o menos en el precio del tocino era peor que un cambio en el Evangelio. Él no lo podía soportar.

Y allí estaba de nuevo la disputa salarial. Después de haber vivido entre las clases propietarias, sabía que era completamente inútil esperar cualquier solución a la disputa salarial. No había solución, salvo la muerte. Lo único que cabía hacer era no preocuparse, no preocuparse de los salarios.

Sin embargo, si eras pobre y desdichado, *tenías* que preocuparte. De todos modos, se estaba convirtiendo en lo único que les preocupaba. La *preocupación* por el dinero era como un gran cáncer que devoraba a los individuos de todas las clases. Él se negaba a *preocuparse* por el dinero.

¿Y entonces qué? ¿Qué ofrecía la vida aparte de preocuparse por el dinero? Nada.

No obstante, él podía vivir solo, en la vaga satisfacción de estar solo, y criar faisanes para que, en última instancia, los cazaran hombres gordos después de desayunar. Era futilidad, futilidad elevada a la *enésima* potencia.

Pero, ¿por qué inquietarse, por qué preocuparse? Él no se había inquietado ni preocupado hasta ahora, cuando aquella mujer había entrado en su vida. Era casi diez años mayor que ella. Y era mil años mayor en experiencia, empezando desde el fondo. La conexión entre ellos se iba haciendo más íntima. Él era capaz de imaginarse el día en el que aquello se decidiría y tendrían que empezar una vida juntos. «Pues los lazos del amor son difíciles de desatar».

¿Y entonces qué? ¿Qué entonces? ¿Tendría que empezar de nuevo partiendo de la nada? ¿Debía enredarse con esa mujer? ¿Debía afrontar una horrible pelea con su lisiado marido? ¿Y también alguna horrible pelea con su propia esposa, quien le odiaba? ¡Sufrimiento, mucho sufrimiento! Y él ya no era ni joven ni optimista. Tampoco podría decirse que fuera despreocupado. Cada amargura y cada fealdad les herirían a él ¡y a la mujer!

Pero aun liberándose de sir Clifford y de su propia esposa, aun liberándose, ¿qué iban a hacer? ¿Qué iba a hacer él? ¿Qué iba a hacer con su vida? Pues tenía que hacer algo. No podía ser un mero parásito, viviendo del dinero de ella y de la reducida pensión que recibía él.

Era una cuestión irresoluble. Sólo se podía pensar en ir a América, intentar cambiar de aires. No tenía fe en el dólar. Pero quizás, quizás hubiera algo más.

No podía descansar, ni siquiera acostarse. Después de permanecer sentado en un estado de aturdimiento y con amargos pensamientos hasta medianoche, se levantó de la silla de repente y cogió su chaqueta y la escopeta.

—Vamos, chica —dijo a la perra—. Estaremos mejor fuera.

Era una noche estrellada, pero sin luna. Realizó una ronda lenta, escrupulosa, caminando con pasos suaves y sigilosos. A lo único que tenía que enfrentarse era a las trampas de conejos que colocaban los mineros, especialmente los de Stacks Gate, en el lado de Marehay. Pero era época de cría, y hasta los mineros la respetaban un poco. De todos modos, la sigilosa ronda en busca de cazadores furtivos calmó sus nervios y libró su mente de pensamientos.

Pero cuando hubo hecho su lenta y cautelosa ronda dentro de los límites —suponía una caminata de casi ocho kilómetros— se encontraba cansado. Subió a la cima del altozano y observó. No se oía nada, salvo el débil ruido de la mina de Stacks Gate, que nunca dejaba de funcionar; y apenas se veían luces, excepto las brillantes hileras de luces eléctricas en la fábrica. El mundo yacía dormido en

la oscuridad y el humo. Eran las dos y media. Pero hasta en su sueño era un mundo inquieto, cruel, que se agitaba con el ruido de un tren o de algún camión grande a su paso por la carretera, o resplandecía con algún destello rojizo procedente de los hornos. Era un mundo de hierro y carbón, la crueldad del hierro y el humo del carbón, y la infinita, infinita codicia que lo guiaba todo. Sólo codicia, codicia agitándose en su sueño.

Hacía frío y tosía. Un aire frío soplaba sobre el altozano. Pensó en la mujer. En ese momento daría todo lo que tenía o pudiera llegar a tener alguna vez por tenerla, cálida, entre sus brazos, ambos envueltos en una manta, y dormir. Habría dado todas las esperanzas de eternidad y todo lo conseguido en el pasado por tenerla allí, por estar envuelta con él en una manta, y dormir, sólo dormir. Parecía que dormir con la mujer entre sus brazos era lo único que necesitaba.

Se dirigió a la cabaña, se envolvió en la manta y se tumbó en el suelo a dormir. Pero no pudo, tenía frío. Y además, sentía cruelmente su propia naturaleza incompleta. Sentía su propio e incompleto estado de soledad cruelmente. La necesitaba, quería tocarla, estrecharla con fuerza contra él en un momento de completitud, y dormir.

Se levantó de nuevo y salió, esta vez se dirigió hacia la puerta del parque; luego caminó lentamente por el sendero, hacia la casa. Eran casi las cuatro, estaba despejado y hacía frío, pero sin indicios aún del amanecer. Estaba acostumbrado a la oscuridad, podía ver bien.

Lentamente, lentamente la gran casa le fue atrayendo, como un imán. Quería estar cerca de ella. No era deseo, no era eso. Era la cruel sensación de la soledad incompleta, la necesidad de una mujer callada entre sus brazos. Quizá pudiese encontrarla. Quizá incluso pudiera llamarla para que saliese a su encuentro; o encontrar algún modo de llegar hasta ella. Pues la necesidad era imperiosa.

Lentamente y en silencio subió por la cuesta hasta la mansión. Luego rodeó los grandes árboles de la cima del altozano para llegar al camino que describía una gran curva alrededor del rombo de hierba situado enfrente de la casa. Ya podía ver las dos magníficas hayas que se encontraban en este gran rombo frente a la casa, destacando en la atmósfera oscura con su oscuridad.

Allí estaba la casa, baja, alargada y oscura; había una luz encendida en la planta inferior, en la habitación de sir Clifford. Pero no sabía en qué habitación se encontraba ella, la mujer que sostenía el otro extremo del frágil hilo que tan despiadadamente tiraba de él.

Se acercó un poco más, con la escopeta en la mano, y se quedó inmóvil en el camino, observando la casa. Tal vez pudiese encontrarla ahora, llegar hasta ella de algún modo. La casa no era inexpugnable; él era tan listo como los ladrones. ¿Por qué no llegar hasta ella?

Permaneció inmóvil, aguardando, mientras clareaba el alba, débil e imperceptible, por detrás de él. Vio apagarse la luz en la casa. Pero no vio a la señora Bolton acercarse a la ventana y retirar la vieja cortina de seda azul oscuro, y detenerse en la habitación oscura, mirando hacia la penumbra del día que se acercaba, buscando el anhelado amanecer, esperando, esperando a que Clifford estuviera realmente seguro de que era el amanecer. Pues en cuanto estaba seguro de que amanecía, se quedaba dormido casi de inmediato.

Se quedó junto a la ventana, rendida por el sueño, esperando. Y mientras se encontraba allí, se sobresaltó y casi gritó. Pues había un hombre en el camino, una figura negra en la penumbra. Se espabiló y observó, pero sin hacer ruido para no molestar a sir Clifford.

La luz del día empezaba a agitar el mundo, y la figura oscura parecía hacerse más pequeña y más definida. Distinguió la escopeta, las polainas y la chaqueta holgada... era Oliver Mellors, el guardabosque. Sí, pues había un perro olfateando a su alrededor y esperándole.

¿Y qué quería ese hombre? ¿Quería despertar a la casa? ¿Qué hacía allí de pie, paralizado, mirando hacia la casa como un perro macho delante de la casa donde está la perra?

¡Dios santo! La señora Bolton lo comprendió de repente. ¡Era el amante de lady Chatterley! ¡Él! ¡Él!

¡Quién lo iba a pensar! Bueno, ella, Ivy Bolton, había estado un poco enamorada de él hacía tiempo. Cuando él era un muchacho de dieciséis años y ella una mujer de veintiséis. Fue mientras ella estaba estudiando, y él la había ayudado mucho con la anatomía y cosas que ella había tenido que aprender. Había sido un muchacho listo, había obtenido una beca para la Escuela de Sheffield, y apren-

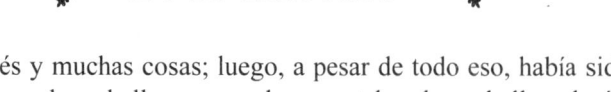

dió francés y muchas cosas; luego, a pesar de todo eso, había sido herrero, herraba caballos porque le encantaban los caballos, decía; pero, en realidad era porque temía enfrentarse al mundo, aunque nunca lo había admitido.

Pero había sido un muchacho agradable, un muchacho agradable que le había ayudado mucho, muy inteligente explicando las cosas. Era tan inteligente como sir Clifford; y siempre congeniaba con las mujeres. Más con las mujeres que con los hombres, decían.

Hasta que se marchó y se casó con esa Bertha Coutts, como si hubiese sido a pesar suyo. Algunas personas se casan a pesar suyo, porque se sienten decepcionadas con algo. Y no sorprende que fuese un fracaso. Su ausencia había durado años, todo el tiempo que duró la guerra; y había llegado a teniente y todo; sí, todo un caballero, realmente todo un caballero. ¡Y luego regresó a Tevershall para ser guardabosque! ¡Realmente los hay que no saben aprovechar las oportunidades cuando las tienen! Y hablando el dialecto de Derbyshire otra vez, como el peor de todos, cuando ella, Ivy Bolton, sabía que hablaba como un caballero *de verdad*.

¡Bueno, bueno! ¡Así que su excelencia se había enamorado de él! Bueno, su excelencia no era la primera; había algo en él. ¡Pero imagínate! Un muchacho nacido y criado en Tevershall, y ella la señora de Wragby Hall! ¡Verdaderamente, aquello era una bofetada para los petulantes Chatterley!

Pero el guardabosque, a medida que clareaba el día, se había dado cuenta: ¡es inútil! Es inútil intentar librarte de tu propia soledad. Estás adherido a ella toda tu vida. Sólo en ocasiones, en ocasiones, se llena el vacío. ¡En ocasiones! Pero había que esperar a que llegaran esas ocasiones. Aceptar tu propia soledad y adherirte a ella, toda tu vida. Y luego aceptar las ocasiones, cuando llegan, en las que ese vacío se llena. Pero tienen que llegar. No se pueden forzar.

Bruscamente, el sangrante deseo que le había arrastrado hacia ella se quebró. Él lo había roto, porque tenía que ser así. Tenía que haber un acercamiento por ambas partes. Y si ella no venía a él, él no iría tras ella. No debía. Tenía que alejarse hasta que ella viniera.

Se dio la vuelta lentamente, pensativo, aceptando de nuevo el aislamiento. Sabía que era mejor así. Ella debía venir a él; no servía de nada perseguirla. ¡No servía de nada!

La señora Bolton le vio desaparecer, vio a su perra correr tras él.

—¡Bueno, bueno! —dijo—. Jamás hubiese pensado en ese hombre; y es el único hombre en quien debería haber pensado. Fue agradable conmigo cuando era un muchacho, después de perder a Ted. ¡Bueno, bueno! ¡Qué diría él si lo supiese!

Y miró con expresión de triunfo al ya dormido Clifford, mientras salía silenciosamente de la habitación.

Capítulo XI

Connie estaba ordenando uno de los trasteros de Wragby. Había varios; la casa era una madriguera, y la familia jamás había vendido nada. Al padre de sir Geoffrey le habían gustado los cuadros y a la madre los muebles del *Cinquecento*. Al propio sir Geoffrey le habían gustado los viejos arcones de roble tallado, arcones de sacristía. Y así había seguido ocurriendo durante generaciones. Clifford coleccionada cuadros muy modernos, a precios muy moderados.

De modo que en el trastero había cuadros malos de sir Edwin Landseers y patéticos nidos de pájaros de William Henry Hunt; y otras obras de la Academia, suficientes para asustar a la hija de un miembro de la Real Academia. Decidió echarles un vistazo algún día y despejar todo aquello. Y el grotesco mobiliario le interesaba.

Envuelta cuidadosamente para preservarla de daños y de la pudrición se encontraba la vieja cuna de la familia, de palo de rosa. Tuvo que desenvolverla para verla. Tenía cierto encanto: la miró durante largo rato.

—Es una verdadera lástima que no vaya a tener uso —suspiró la señora Bolton, quien la estaba ayudando—. Aunque las cunas como esta ya están pasadas de moda hoy en día.

—Tal vez tenga uso. Tal vez tenga yo un hijo —comentó Connie sin darle importancia, como si estuviera diciendo que tal vez se comprara un sombrero nuevo.

—Quiere decir, si algo le sucediera a sir Clifford —titubeó la señora Bolton.

—¡No! He querido decir lo que he dicho. La parálisis de sir Clifford es sólo muscular... no le afecta —dijo Connie, de un modo tan natural como el respirar.

Clifford le había metido esa idea en la cabeza. Le había dicho: «Por supuesto que aún puedo tener un hijo. En realidad no estoy mutilado. Podría recobrar fácilmente la potencia, aunque los músculos

de las caderas y de las piernas estén paralizados. Y luego se podría transferir el semen».

Cuando tenía sus períodos de energía y trabajaba duramente en el asunto de las minas, tenía la impresión de estar recuperando su potencia sexual. Connie le había mirado aterrada. Pero ahora tuvo la suficiente agilidad mental para emplear esa insinuación en favor suyo. Pues ella tendría un hijo si podía, aunque no de él.

La señora Bolton se quedó por un momento sin aliento, atónita. Pero no se lo creyó; intuyó que era una artimaña. Sin embargo, los médicos podían hacer esas cosas hoy en día. Podría ser una especie de injerto de semen.

—Bueno, señora, sólo espero que así sea, y rezo por ello. Sería maravilloso para usted, y para todos. ¡Cielo santo, un niño en Wragby! ¡Qué diferente sería todo!

—¿Verdad que sí? —dijo Connie.

Y Connie eligió tres cuadros de miembros de la Real Academia, de sesenta años atrás, para enviárselos a la duquesa de Shortlands para el próximo bazar de beneficencia de dicha dama. La llamaban «la duquesa del bazar», y siempre pedía a todos los habitantes del condado que le enviaran objetos para vender. Quedaría encantada con los tres cuadros de la academia enmarcados. Incluso podría visitarles por este motivo. ¡Cómo se enfurecería Clifford cuando les visitase!

Pero ¡ay!, la señora Bolton pensaba en su fuero interno: «¿Nos estás preparando para tener un hijo de Oliver Mellors? ¡Oh, Dios mío! ¡Eso sería tener a un hijo de Tevershall en la cuna de Wragby! ¡Tampoco la avergonzaría!».

Entre otras monstruosidades había en aquel trastero una caja lacada en negro, más bien grande, hecha de un modo excelente e ingenioso unos sesenta o setenta años antes, que contenía todo objeto imaginable. En la parte superior había objetos de aseo: cepillos, frascos, espejos, peines, cajas e incluso tres bonitas navajas de afeitar pequeñas en sus fundas de seguridad, una bacía y todo lo demás. Debajo había una especie de juego de *escritoire:* secantes, plumas, tinteros, papel, sobres y cuadernos de notas; y luego un completo costurero, con tres tijeras de diferentes tamaños, dedales, agujas, sedas y algodones, un huevo para zurcir, todo de la mejor calidad y perfecto acabado. Después había una pequeña provisión de medicinas en frascos etiquetados: Láudano, Tintura de Mirra, Esencia de Clavo y demás; pero se encontraban vacíos. Todo estaba completamente nuevo, y todo el conjunto, cuando la caja estaba cerrada, era del tamaño de una maleta de fin de semana. Y en su interior todo encajaba como un puzle. No había posibilidad de que se derramaran los frascos; no había espacio.

El objeto había sido ideado y realizado de un modo maravilloso, en excelente artesanía de estilo victoriano. Pero en cierto modo era una monstruosidad. Algún Chatterley así lo debió pensar, pues jamás se había utilizado. Tenía una peculiar impersonalidad.

Sin embargo, a la señora Bolton le entusiasmó.

—¡Mire qué cepillos tan bonitos, tan caros, hasta las brochas de afeitar, tres brochas perfectas! ¡Y esas tijeras! ¡Son de lo mejor que se puede comprar con dinero! ¡Oh, son maravillosos!

—¿De veras? —dijo Connie—. Entonces quédesela.

—¡Oh, no, señora!

—Claro que sí. Si no estará aquí hasta el día del juicio final. Si no la quiere, se la enviaré a la duquesa con los cuadros, y ella no se lo merece tanto. ¡Quédesela!

—¡Oh, señora! De acuerdo, ¡no sé cómo podré agradecérselo!

—No es necesario —rio Connie.

Y la señora Bolton bajó con la caja, enorme y negrísima, en los brazos, sonrojada por la emoción.

El señor Betts la llevó en su carreta con la caja a su casa del pueblo. Y ella *tuvo* que invitar a unas cuantas amigas para mostrársela: la maestra de escuela, la esposa del boticario, la señora Weedon, esposa del cajero. Ellas pensaron que era maravillosa. Y después empezaron a murmurar sobre el hijo de lady Chatterley.

—¡Nunca dejan de suceder milagros! —dijo la señora Weedon.

Pero la señora Bolton estaba *convencida* de que, si sucedía tal cosa, el hijo sería de sir Clifford. ¡Faltaría más!

No mucho tiempo después, el rector dijo amablemente a Clifford:

—¿Es posible que haya esperanza de tener un heredero en Wragby? ¡Oh! ¡Eso sería mano de Dios en su clemencia!

—Bueno, podemos tener *esperanza* —dijo Clifford, con ligera ironía, pero al mismo tiempo con cierta convicción. Había empezado a creer realmente en la posibilidad incluso de que fuese hijo *suyo*.

Una tarde llegó Leslie Winter, el Terrateniente Winter, como todos le llamaban: delgado, inmaculado y de setenta años. Era un caballero de los pies a la cabeza, como le decía la señora Bolton a la señora Betts. ¡Cada milímetro de él! Y con su anticuada forma de hablar, bastante graciosa, parecía más pasado de moda que las pelucas. El tiempo, en su vuelo, deja caer estas viejas finas plumas.

Hablaron de las minas. La idea de Clifford era que, su carbón, aunque fuese de peor calidad, podía convertirse en un combustible duro y concentrado que se quemaría a alta temperatura si se le alimentaba con cierto aire húmedo, acidulado, a alta presión. Durante mucho tiempo se había observado que cuando había viento húmedo y especialmente fuerte en las laderas de las minas, estas ardían con un fuego muy vivo, apenas desprendían humos y dejaban una ceniza fina en vez de la gravilla rosada.

—Pero, ¿dónde encontrarás los motores apropiados para quemar tu combustible? —preguntó Winter.

—Los fabricaré yo. Y utilizaré mi propio combustible. Y venderé energía eléctrica. Estoy convencido de que podría hacerlo.

—Si puedes hacerlo, entonces espléndido, espléndido, mi querido muchacho. ¡Espléndido! Si puedo serte de alguna ayuda, estaré encantado. Me temo que estoy un poco pasado de moda, y mis minas son como yo. Pero quién sabe, cuando yo me haya muerto, puede que haya hombres como tú. ¡Espléndido! Se volverá a dar trabajo a todos los hombres, y no tendrás que vender el carbón o dejar de venderlo. Es una espléndida idea, y espero que sea un éxito. Si yo tuviese hijos, sin duda tendrían ideas para poner al día Shipley. ¡Sin duda! Por cierto, mi querido muchacho, ¿tiene algún fundamento el rumor de que tengamos la esperanza de que haya un heredero en Wragby?

—¿Existe un rumor? —preguntó Clifford.

—Bueno, mi querido muchacho, Marshall, de Fillingwood me preguntó, eso es todo lo que puedo decir del rumor. Por supuesto, no lo repetiría por nada del mundo, si no hay fundamento.

—Bueno —dijo Clifford con inquietud, pero con un extraño brillo en la mirada—. Hay esperanza. Hay esperanza.

Winter cruzó la estancia y estrechó la mano a Clifford.

—Mi querido muchacho, mi querido muchacho, ¿puedes imaginarte lo que eso significa para mí? ¿Oír eso? Y escuchar que estás

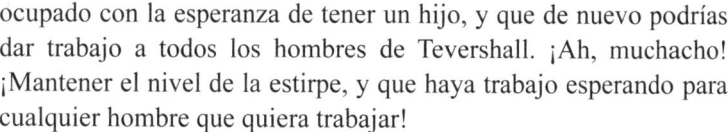

ocupado con la esperanza de tener un hijo, y que de nuevo podrías dar trabajo a todos los hombres de Tevershall. ¡Ah, muchacho! ¡Mantener el nivel de la estirpe, y que haya trabajo esperando para cualquier hombre que quiera trabajar!

El anciano estaba realmente conmovido.

Al día siguiente, Connie estaba colocando tulipanes amarillos en un jarrón grande.

—Connie —dijo Clifford— ¿sabías que existe el rumor de que vas a proporcionar a Wragby un hijo y heredero?

Connie sintió un vahído de terror; sin embargo, permaneció tranquila, tocando las flores.

—¡No! —dijo—. ¿Es una broma? ¿O malicia?

Él hizo una pausa antes de responder:

—Ninguna de las dos, espero. Espero que sea una profecía.

Connie continuó con sus flores.

—Recibí una carta de padre esta mañana —dijo ella—. Quiere saber si tengo en cuenta que aceptó por mí la invitación de sir Alexander Cooper para ir en julio y agosto a Villa Esmeralda, en Venecia.

—¿Julio y agosto? —dijo Clifford.

—¡Oh! No me quedaría todo ese tiempo. ¿Estás seguro de que no quieres venir?

—No viajaré al extranjero —respondió Clifford de inmediato.

Ella llevó las flores hasta la ventana.

—¿Te importa si voy yo? —dijo ella—. Sabes que prometí ir este verano.

—¿Por cuánto tiempo te irías?

—Tres semanas quizás.

Hubo un largo silencio.

—Bueno —dijo Clifford lentamente, y un poco sombrío—. Supongo que podría resistir tres semanas, si estás absolutamente segura de que querrás regresar.

—Querré regresar —dijo con absoluta sencillez, muy convencida. Estaba pensando en el otro hombre.

Clifford creyó su convicción, y en cierto modo la creyó a ella, creyó que era por él. De inmediato se sintió inmensamente aliviado y alegre.

—En ese caso —dijo él— creo que no habría inconveniente, ¿verdad?

—Eso creo —dijo ella.

—¿Disfrutarías del cambio?

Ella le miró con una mirada extraña en sus ojos azules.

—Me gustaría ver de nuevo Venecia —dijo— y bañarme en una de las islas de guijarros de la laguna. Pero sabes que detesto el Lido. Y no creo que me gusten ni sir Alexander Cooper ni lady Cooper. Pero si Hilda está allí, y disponemos de una góndola para nosotras, entonces sí será maravilloso. *Desearía* que vinieras.

Lo decía con sinceridad. Le encantaba hacerle feliz de esa manera.

—¡Sí, aunque imagíname en la *Gare du Nord;* o en el muelle de Calais!

—Pero, ¿por qué no? Veo a otros hombres que los llevan sentados en literas, hombres que resultaron heridos en la guerra. Además, viajaremos en automóvil todo el camino.

—Necesitaríamos llevar dos criados.

—¡Oh, no! Nos arreglaríamos con Field. Siempre habría algún otro allí.

Pero Clifford negó con la cabeza.

—Este año no, querida. ¡Este año no! ¡El próximo año lo intentaré!

Ella salió apesadumbrada. ¡El próximo año! ¿Qué sucedería el próximo año? En realidad ni ella deseaba ir a Venecia; ahora no, ahora estaba el otro hombre. Pero iba a ir por una especie de disciplina; y también porque, si tenía un hijo, Clifford podría pensar que tenía un amante en Venecia.

Ya era el mes de mayo, y se suponía que partirían en junio. ¡Siempre aquellas disposiciones! ¡Siempre eran otros los que disponían la vida de una! ¡Engranajes que la manejaban a una y la llevaban, y sobre los que ella no ejercía un control real!

Era mayo, pero frío y húmedo de nuevo. ¡Un mes de mayo frío y húmedo, bueno para el maíz y el heno! ¡Mucho importaba el maíz y el heno hoy en día! Connie tenía que ir a Uthwaite, que era su pequeña ciudad, donde los Chatterley aún eran *los* Chatterley. Fue sola, Field la llevó en el automóvil.

A pesar de ser mayo y del nuevo verdor, el campo estaba sombrío. Hacía bastante frío, el humo se mezclaba con la lluvia, y se percibían gases de combustión en el aire. Había que vivir apoyado en la propia resistencia de cada uno. No era de extrañar que aquellas gentes fueran desagradables y duras.

El automóvil ascendía por la cuesta, atravesando la alargada y sórdida extensión de Tevershall, entre las viviendas de ladrillo ennegrecido, los tejados de pizarra negra cuyos pronunciados bordes brillaban, el barro negro de polvo de carbón, el pavimento húmedo y negro. Daba la impresión de que la tristeza lo había empapado todo. Resultaba espantosa la negación total de la belleza natural, la negación total de la alegría de vivir, la ausencia total del instinto de belleza bien formada que poseen las aves y los animales, la muerte total de la intuición humana. ¡Las pilas de jabón en las tiendas, los ruibarbos y limones en las verdulerías! ¡Los horribles sombreros de las sombrererías! Todo a su paso era feo, feo, feo, seguido del horror del cine, de yeso y dorado, con sus húmedas carteleras, ¡El amor de una mujer!, y la gran iglesia nueva primitiva, realmente primitiva con su austero ladrillo y sus grandes ventanales de color verdoso y frambuesa. La capilla wesleyana, más arriba, era de ladrillo ennegrecido y se alzaba tras una verja de hierro y arbustos ennegrecidos. La iglesia congregacionista, que se consideraba superior, estaba construida de arenisca y tenía una torre, pero no era muy alta. Más allá se encontraban los nuevos edificios de las escuelas, de costoso ladrillo y patio de recreo de grava, cercado con verjas de hierro, todo muy impresionante, y que daba la sensación de ser iglesia y prisión. Las niñas de quinto estaban en clase de canto, terminaban en ese momento los ejercicios de solfeo y empezaban a cantar una «dulce canción infantil». Sería imposible imaginar algo más diferente a una canción, a una canción espontánea; eran extraños berridos que seguían a grandes rasgos una melodía. No eran como los salvajes; los salvajes poseen ritmos sutiles. No eran como animales; los animales *quieren decir* algo cuando chillan. No había nada como aquello en el mundo, y lo llamaban canto. Connie permaneció sentada, escuchando, y se sintió descorazonada, mientras Field llenaba el depósito de gasolina. ¿Qué iba a ser de aquella gente, gente para quien la viva intuición estaba muerta y enterrada, y a quienes sólo les quedaba

chillar de un modo extraño y mecánico, y una inexplicable fuerza de voluntad?

Un carro cargado de carbón descendía por la cuesta, produciendo un ruido metálico bajo la lluvia. Field se puso en marcha cuesta arriba, pasó ante las tiendas de confección, grandes pero con un aspecto deprimente, y por la oficina de correos, hasta entrar en la pequeña plaza del mercado abandonada, donde Sam Black se asomaba a la puerta del *Sun,* de la que se decía que era una posada, no una taberna, y donde se hospedaban los viajantes de comercio, y este hizo un reverencia hacia el automóvil de lady Chatterley.

La iglesia se hallaba más alejada, a la izquierda, entre árboles negros. El automóvil inició el descenso, pasó por delante del *Miners' Arms.* Ya habían pasado el *Wellington,* el *Nelson,* el *Three Tuns* y el *Sun,* ahora pasaban ante el *Miners' Arms,* después el *Mechanics' Hall,* luego ante el nuevo y casi llamativo *Miners' Welfare* y así, tras pasar unas cuantas «casas de campo» nuevas, salió a la ennegrecida carretera entre oscuros setos y oscuros campos verdes, en dirección a Stacks Gate.

¡Tevershall! ¡Aquello era Tevershall! ¡La Inglaterra medieval! ¡La Inglaterra de Shakespeare! No, era la Inglaterra actual, tal como Connie había advertido desde que había ido a vivir allí. Estaba produciendo una nueva raza de la humanidad, muy preocupada por el dinero y por los aspectos sociales y políticos, pero muertos en lo referente a la espontaneidad e intuición. Todos ellos eran medio cadáveres, pero conscientes, de un modo terrible e insistente, de la otra mitad. En todo aquello había algo misterioso y oculto. Era un inframundo. Y completamente imprevisible. ¿Cómo comprenderemos las reacciones de seres que son medio cadáveres? Cuando Connie vio los grandes camiones llenos de obreros de las acerías de Sheffield, seres espectrales, deformes, más bien pequeños, salir hacia Matlock, se conmovió y pensó: «¡Oh, Dios mío!, ¿qué le ha hecho el hombre al hombre? ¿Qué están haciendo los líderes de los hombres con sus semejantes? Los han reducido a la mínima expresión de humanidad; y ahora ya no puede haber solidaridad. Es una pesadilla».

Se sintió nuevamente en una ola de terror, sintió una gris e implacable desesperanza en todo. Con semejantes criaturas constituyendo las masas industriales, y conociendo a las clases altas como ella las conocía, no había esperanza, no había esperanza alguna. Sin embargo, ella quería un hijo, y un heredero para Wragby. ¡Un heredero para Wragby! Se estremeció de espanto.

¡Sin embargo, Mellors había surgido de todo aquello!... Sí, pero él estaba tan alejado de todo como lo estaba ella. Incluso en él no quedaba solidaridad alguna. Estaba muerta. La solidaridad estaba muerta. Sólo había alejamiento y desesperanza en todo aquello. Y esto era Inglaterra, la parte principal y mayor de Inglaterra, como Connie sabía bien, pues había viajado en automóvil desde su centro.

El automóvil subía hacia Stacks Gate. No se decidía a llover, y la atmósfera adquirió un extraño resplandor translúcido de mayo. El campo se extendía formando largas ondulaciones, al sur hacia el Peak, al este hacia Mansfield y Nottingham. Connie viajaba hacia el sur.

Al llegar a la zona alta, vio a su izquierda, por encima de la tierra ondulada, la sombría e imponente mole del castillo Warsop, gris oscuro, y por debajo las enlucidas y rojizas viviendas de los mineros, bastante nuevas, y más abajo aún penachos de humo oscuro y vapor blanco procedentes de la gran mina que había proporcionado tantos miles de libras anuales a los bolsillos del duque y demás accionistas. El antiguo e imponente castillo se hallaba en ruinas; sin embargo, aquella mole seguía dominando el horizonte bajo sobre los negros y blancos penachos que ondeaban en el aire húmedo por debajo.

Tras girar en una curva, continuaron por el terreno elevado hacia Stacks Gate. Stacks Gate, visto desde la carretera, era un enorme y magnífico hotel nuevo, el *Coningsby Arms,* rojo, blanco y dorado, situado en bárbaro aislamiento a un lado de la carretera. Pero, si se miraba con más atención se veían a la izquierda hileras de bonitas viviendas «modernas», dispuestas como fichas de dominó, con espacios abiertos y jardines, un extraño juego de dominó al que algunos misteriosos «señores» jugaban sobre la sorprendida tierra. Y más allá de aquellos bloques de viviendas, en la parte posterior, se elevaban todas las asombrosas y escalofriantes construcciones de una mina realmente moderna, fábricas de productos químicos y largas galerías, enormes y con formas hasta entonces desconocidas por el hombre. La torre y la ladera de la mina eran insignificantes entre las enormes instalaciones nuevas. Y enfrente de ellas, las fichas de dominó se erigían en una especie de eterno asombro, esperando a que jugasen con ellas.

Esto era Stacks Gate, nueva sobre la faz de la tierra tras acabar la guerra. Pero, en realidad, aunque Connie no lo supiera, a menos de un kilómetro más abajo del «hotel» se hallaba la antigua Stacks Gate, con una antigua mina pequeña y viviendas viejas de ladrillo ennegrecido, y una o dos iglesias, y una o dos tiendas, y una o dos pequeñas tabernas.

Pero aquello ya no contaba. Los extensos penachos de humo y vapor ascendían desde las fábricas nuevas, y eso era ahora Stacks Gate: sin iglesias ni tabernas, incluso sin tiendas. Tan sólo las grandes fábricas, que constituían la moderna Olimpia con templos dedicados a todos los dioses; luego se encontraban las viviendas modernas; después el hotel. En realidad el hotel no era más que una taberna de mineros, aunque parecía de primera clase.

Incluso había sido después de la llegada de Connie a Wragby cuando se había levantado aquello sobre la faz de la tierra, y cuando las viviendas modernas se habían llenado de gente vulgar procedente de todas partes, para cazar furtivamente los conejos de Clifford, entre otras ocupaciones.

El automóvil avanzaba por las tierras altas, y se veía la extensión del ondulado condado. ¡El condado! En otros tiempos había sido un condado orgulloso y señorial. Enfrente, elevándose de nuevo en el horizonte, se encontraba la enorme y espléndida mole de la mansión Chadwick, con más ventanas que muros, una de las casas isabelinas más famosas. Estaba ubicada, noble y solitaria, sobre un gran parque, pero estaba anticuada, pertenecía al pasado. Aún la cuidaban, pero más como un lugar de exhibición. «¡Mirad la grandeza de nuestros antepasados!».

Aquello era el pasado. El presente se encontraba abajo. Sólo Dios sabe dónde se halla el futuro. El automóvil ya tomaba la curva entre casitas de mineros viejas y ennegrecidas para descender hacia Uthwaite. Y Uthwaite, en un día húmedo, emitía un completo despliegue de penachos de humo y de vapor en honor a cualquier dios que hubiera allí. Uthwaite, allí abajo en el valle, con todos aquellos hilos de acero del ferrocarril que lo atravesaban en dirección a Sheffield, y las minas de carbón y acerías despidiendo humo y resplandores desde sus largos tubos, y la patética aguja de la iglesia, parecida a un sacacorchos, amenazando ruina, atravesando aún los gases, siempre afectaba a Connie de un modo extraño. Era una antigua ciudad mercantil, centro de los valles. Una de las principales posadas era la de *Chatterley Arms*. Allí, en Uthwaite, a Wragby se la conocía como Wragby, como si se tratase de un pueblo entero, no sólo de una casa, como era el caso de los forasteros: Wragby Hall, cerca de Tevershall; Wragby, «una casa solariega».

Las casitas de los mineros, ennegrecidas, se alineaban sobre el pavimento con aquella pequeñez e intimidad de las viviendas de los mineros de carbón de más de cien años. Estaban alineadas en toda su extensión. La carretera se había convertido en calle, y a medida que te adentrabas en ella, olvidabas al instante el campo abierto y ondulado donde los castillos y las grandes mansiones aún dominaban, aunque como fantasmas. Ahora te encontrabas justo por encima de la maraña de líneas ferroviarias desnudas, y se alzaban a tu alrededor las fundiciones y demás «fábricas», tan grandes que sólo eras consciente de sus paredes. Y el hierro retumbaba con un enorme ruido reverberante, y camiones enormes hacían temblar la tierra, y aullaban las sirenas.

Pero una vez más, mientras descendías y entrabas en el sinuoso y tortuoso corazón de la ciudad, detrás de la iglesia, te hallabas en el mundo de dos siglos atrás, en las tortuosas calles donde se encontraba *Chatterley Arms,* y la antigua farmacia, calles que solían conducir al mundo abierto y agreste de castillos y mansiones señoriales.

Pero en la esquina, un policía alzó la mano cuando pasaban tres camiones cargados de hierro que hacían temblar a la pobre iglesia vieja. Y hasta que no pasaron los camiones, no pudo saludar a su excelencia.

Así era. En las viejas y tortuosas calles burguesas, hordas de viviendas mineras viejas y ennegrecidas, abarrotadas, se alineaban en las calles. E inmediatamente después de estas, venían las hileras de casas bastante más grandes, más nuevas y más rosáceas, que cubrían el valle; eran los hogares de obreros más modernos. Y aún más allá, en las amplias regiones onduladas de los castillos, el humo ondeaba en el vapor, y un terreno tras otro de basto ladrillo rojizo mostraba el asentamiento más reciente de los mineros, a veces en las hondonadas y otras veces perfilándose de un modo espantosamente feo en el horizonte de las laderas. Y en medio, justo en medio, se hallaban los ruinosos vestigios de la vieja Inglaterra de diligencias y casas de campo, incluso de la Inglaterra de Robin Hood, donde los mineros, cuando no estaban trabajando, merodeaban tristes tras ser suprimidos sus instintos de diversión.

Inglaterra, ¡mi Inglaterra! Pero, ¿cuál era *mi* Inglaterra? De las casas solariegas de Inglaterra se obtienen buenas fotografías y crean la ilusión de estar relacionadas con lo isabelino. Las hermosas y antiguas mansiones permanecen ahí desde la época de la reina Ana y de Tom Jones. Pero el hollín cae y ennegrece el pardusco estuco, que hace tiempo dejó de ser dorado. Y una tras otra, como las casas solariegas, se han ido abandonando. Ahora las están derribando. Respecto a las casas de campo... son... viviendas de ladrillo que cubren un campo desesperanzado.

Ahora están derribando las casas solariegas, las mansiones georgianas están desapareciendo. Hasta Fritchley, un ejemplo perfecto de mansión antigua georgiana, estaba siendo demolida cuando Connie pasó delante de ella en el automóvil. Se hallaba en perfecto estado; los Weatherley habían vivido allí con distinción hasta que llegó la guerra. Pero ahora era demasiado grande, demasiado cara, y el campo se había convertido en un lugar demasiado desagradable. La alta burguesía había partido hacia lugares más gratos, donde pudieran gastar su dinero sin ver cómo se ganaba.

Esto es historia. Una Inglaterra elimina a la otra. Las minas habían llevado riqueza a las mansiones. Ahora las estaban eliminando, como ya habían eliminado las casas de campo. La Inglaterra industrial eliminaba a la Inglaterra agrícola. Un significado elimina otro significado. La nueva Inglaterra elimina a la vieja Inglaterra. Y la continuidad no es orgánica, sino mecánica.

Connie, perteneciente a las clases que llevaban una vida de ocio, se había aferrado a los vestigios de la vieja Inglaterra. Había tardado años en darse cuenta de que realmente estaba siendo eliminada por esta nueva, aterradora, espantosa Inglaterra, y que la eliminación continuaría hasta completarse. Fritchley había desaparecido, Eastwood había desaparecido, Shipley había desaparecido; la amada Shipley del Terrateniente Winter.

Connie dio un breve paseo por Shipley. Las puertas del parque, en la parte posterior, se abrían muy cerca del paso a nivel del ferrocarril de la mina; la propia mina Shipley se hallaba al otro lado de los árboles. Las puertas permanecían abiertas porque estaba sometida a una servidumbre de paso que atravesaba el parque, y los mineros utilizaban ese paso. Siempre andaban vagando por el parque.

El automóvil pasó junto a los estanques ornamentales, en los que los mineros arrojaban periódicos, y luego tomó el camino privado hacia la casa. Se hallaba en un lugar más elevado, a un lado; era un edificio muy agradable de estuco, de mediados del siglo XVIII. Había un bonito sendero bordeado de tejos que había conducido a una casa más antigua, y la mansión se extendía serena, haciendo guiños con sus ventanales georgianos, como si estuviese alegre. Detrás había unos jardines realmente bellos.

A Connie le gustaba mucho más su interior que el de Wragby. Era mucho más luminoso, más vivo, de formas más definidas y elegantes. Las habitaciones estaban cubiertas de paneles pintados de color crema, los techos tenían adornos dorados, y todo se encontraba en un exquisito orden, todo el mobiliario era perfecto, costara lo que costase. Hasta los pasillos eran amplios y encantadores, con suaves curvas y llenos de vida.

Pero Leslie Winter estaba solo. Había adorado su casa. Su parque estaba rodeado de tres minas de su propiedad. Había sido un hombre generoso en cuanto a ideas. Casi había dado la bienvenida a los mineros en el parque. ¿No le habían hecho rico los mineros? De modo que cuando veía cuadrillas de hombres deformes descansando junto a sus fuentes ornamentales —no en la parte *privada* del parque, no, él había trazado allí el límite— decía: «Tal vez los mineros no sean tan ornamentales como los ciervos, pero son mucho más productivos».

Pero eso sucedió en la época dorada —monetariamente hablando— de la segunda mitad del reinado de la reina Victoria. Los mineros eran entonces «buenos trabajadores».

Winter había pronunciado aquel discurso, casi a modo de disculpa, a su invitado, el entonces príncipe de Gales. Y el príncipe había respondido, en su inglés más bien gutural:

—Es totalmente cierto. Si hubiera carbón debajo de Sandringham, abriría una mina en los prados, y lo consideraría una obra de jardinería paisajística de primer nivel. Oh, a ese precio, estoy dispuesto a cambiar ciervos por mineros. He oído que los obreros son buenos hombres también.

Pero por aquel entonces, el príncipe tenía quizás una idea exagerada de la belleza del dinero y de las bendiciones de la industrialización.

Sin embargo, el príncipe llegó a ser rey, y el rey había muerto, y ahora había otro rey, cuya principal función parecía consistir en inaugurar comedores populares.

Y, en cierto modo, los buenos trabajadores cercaban Shipley. Nuevos asentamientos mineros abarrotaban el parque, y el terrateniente pensaba que era una población de extraños. Solía sentirse, de un modo afable pero con aires de grandeza, señor de sus propios dominios y de sus propios mineros. Ahora, por una sutil intromisión del nuevo espíritu, le habían excluido en cierta manera. Era él quien ya no pertenecía a aquello. No cabía la menor duda. Las minas, la industria, tenían voluntad propia, y esta voluntad iba en contra del propietario aristócrata. Todos los mineros participaban de esa voluntad, y era difícil vivir si estabas en contra de ella. O bien te expulsaba del lugar, o te expulsaba de la vida.

El Terrateniente Winter, como buen soldado, había resistido. Pero ya no le gustaba pasear por el parque después de cenar. Prácticamente se ocultaba en el interior de su casa.

En cierta ocasión había acompañado a Connie hasta la verja, con la cabeza descubierta, sus zapatos de charol y sus calcetines de seda morados. Le hablaba en su estilo educado y pasado de moda. Pero cuando pasaron junto a las pequeñas cuadrillas de mineros, que les miraron sin saludar ni decir nada, Connie advirtió que el delgado anciano se exasperaba, se exasperaba como lo hace un elegante antílope en el interior de una jaula ante las miradas del vulgo. Los mineros no sentían una hostilidad *personal;* no exactamente. Pero eran fríos, y le rechazaban. Y, muy en el fondo, había un profundo resentimiento. Ellos «trabajaban para él». Y en su fealdad, les molestaba su elegante, bien cuidada y educada existencia. ¡Quién se creía que era él! Era la *diferencia* lo que les molestaba.

Y en algún lugar de su secreto corazón inglés, en buena parte de soldado, creía que tenían razón al molestarles esa diferencia. Él mismo consideraba que no estaba bien que tuviese él todos los privilegios. No obstante, él representaba a un sistema, y no permitiría que le expulsaran.

Salvo en caso de muerte. Que le llegó poco después de la visita de Connie, de repente. Y se acordó de Clifford generosamente en su testamento.

Los herederos dieron orden de inmediato de demoler Shipley. Resultaba demasiado costoso mantenerla. Nadie quería vivir allí. De modo que la derribaron. Talaron los tejos de la avenida. El parque fue despojado de su madera y se dividió en lotes. Se encontraba bastante cerca de Uthwaite. El extraño y baldío desierto de esta tierra sin dueño, una más, dio lugar a nuevas calles formadas por casitas independientes, muy deseables. ¡La zona residencial de Shipley Hall!

Había sucedido un año después de la última visita de Connie. Allí se alzaba ya la zona residencial de Shipley Hall, casas medio independientes, de ladrillo rojo, distribuidas en calles nuevas. Nadie habría imaginado que doce meses antes había estado allí la mansión de estuco.

Pero esta es una etapa posterior a la de la jardinería paisajística del rey Eduardo, del tipo que incluye una mina de carbón ornamental en el prado.

Una Inglaterra eliminaba a la otra. La Inglaterra del Terrateniente Winter y de Wragby había desaparecido, muerto. Aunque la eliminación aún no se había completado.

¿Qué vendría después? Connie no podía imaginarlo. Ella sólo era capaz de ver las nuevas calles de ladrillo extendiéndose en los campos, las nuevas construcciones levantadas en las minas, las nuevas muchachas con sus medias de seda, los nuevos jóvenes mineros holgazaneando en el *Pally* o en el *Welfare*. La generación más joven no era consciente en absoluto de la vieja Inglaterra. Había una brecha en la continuidad de esa consciencia, casi americana; pero auténticamente industrial. ¿Qué vendría a continuación?

Connie siempre pensaba que no habría nada después. Ella quería ocultar la cabeza en la arena; o, al menos, en el pecho de un hombre vivo.

¡El mundo era tan complicado, tan extraño y espantoso! Era tan numerosa la clase trabajadora, y tan terrible en realidad. Así iba pensando mientras regresaba a casa y veía a los mineros salir de los pozos, negruzcos, deformes, con un hombro más alto que el otro, arrastrando sus pesadas botas claveteadas. Rostros grises subterrá-

neos, moviendo el blanco de sus ojos, cuellos encogidos por los techos de la mina, hombros deformados. ¡Hombres! ¡Hombres! ¡Qué lástima! Y en ciertos aspectos eran hombres pacientes y buenos. En otros aspectos, no existían. Se había acabado con algo que los hombres *deberían* tener por naturaleza. Sin embargo, eran hombres. Engendraban hijos. Se podía tener un hijo de ellos. ¡Terrible, terrible pensamiento! Eran buenos y amables. Pero eran sólo una mitad, sólo la mitad gris de un ser humano. Hasta ahora habían sido «buenos». Pero incluso esa bondad era a medias. ¿Y si alguna vez se alzara la parte muerta que había en ellos? Pero no, resultaba demasiado terrible pensar en ello. Connie temía absolutamente a las masas obreras. Le parecían tan *extrañas*. Una vida que carecía por completo de belleza, de intuición, siempre «en el pozo».

¡Hijos de tales hombres! ¡Oh, Dios mío!

Sin embargo, Mellors procedía de uno de aquellos padres. Aunque no exactamente. En cuarenta años se habían producido cambios, cambios espantosos en la humanidad. El hierro y el carbón habían devorado los cuerpos y las almas de los hombres.

¡La fealdad personificada y, no obstante, viva! ¿Qué sería de todos ellos? Tal vez cuando se agotase el carbón desaparecieran de nuevo de la faz de la tierra. Habían surgido de la nada a millares, cuando les llamó el carbón. Quizás tan sólo fueran una extraña fauna de las vetas de carbón. Criaturas de otra realidad, eran elementos básicos, al servicio de los elementos del carbón, del mismo modo que los trabajadores del metal estaban al servicio del elemento del hierro. Hombres que no eran hombres, sino ánimas de carbón y de hierro y de arcilla. Fauna de los elementos, carbón, hierro, silicio: elementos básicos. Tal vez tuvieran algo de la extraña belleza no humana de los minerales, el lustre del carbón, el peso, el color azul y la resistencia del hierro, la transparencia del vidrio. ¡Criaturas elementales, extrañas y deformes, del mundo mineral! Pertenecían al carbón, al hierro, a la arcilla, igual que los peces pertenecen al mar y los gusanos a la madera seca. ¡El ánima de la desintegración mineral!

Connie se alegró de estar en casa, de enterrar su cabeza en la arena. Se alegraba incluso de charlar con Clifford. Pues su miedo a las Midlands de la minería y del hierro le afectaba y producía una rara sensación que la invadía por entero, como la gripe.

—Por supuesto que tuve que tomar el té en el establecimiento de la señorita Bentley —dijo.

—¿De veras? Winter te habría ofrecido té.

—Oh, sí, pero no me atreví a decepcionar a la señorita Bentley.

La señorita Bentley era una vieja solterona superficial, con una nariz bastante grande y disposición romántica que servía el té con un fervor digno de un sacramento.

—¿Te preguntó por mí? —dijo Clifford.

—¡Por supuesto! «¿*Podría* preguntar a su excelencia cómo se encuentra sir Clifford?»... ¡Creo que para ella ocupas un lugar aún más elevado que la enfermera Cavell!

—Y supongo que le dirías que me encuentro rebosante de salud.

—¡Sí! Y parecía tan embelesada como si le hubiese dicho que los cielos se habían abierto para ti. Le dije que si venía alguna vez a Tevershall, tenía que venir a verte.

—¡A mí! ¡Para qué! ¡Verme a mí!

—Pues claro, Clifford. No te pueden adorar de esa manera sin que tú hagas algo por corresponder. A su parecer, san Jorge de Capadocia no era nadie a tu lado.

—¿Y crees que vendrá?

—¡Oh, se ruborizó! Y pareció bastante hermosa por un instante, ¡pobre criatura! ¿Por qué no se casan los hombres con las mujeres que realmente les adoran?

—Las mujeres empiezan a adorar demasiado tarde. Pero, ¿dijo que vendría?

—«¡Oh, excelencia!» —dijo Connie, imitando la voz sin aliento de la señorita Bentley—. «¡No sé si alguna vez tendré el atrevimiento!».

—¡Tener el atrevimiento! ¡Qué absurdo! Pero ruego a Dios que no aparezca. ¿Y qué tal era el té?

—Oh, Lipton y *muy* fuerte. Pero, Clifford, ¿te das cuenta de que eres el *Roman de la rose* de la señorita Bentley y de muchas más como ella?

—No me siento halagado por eso.

—Atesoran cada una de tus fotografías de las revistas, y probablemente rezan por ti cada noche. Es maravilloso.

Ella subió a cambiarse.

Aquella tarde él le dijo:

—¿No crees que hay algo eterno en el matrimonio?

Ella le miró.

—Pero Clifford, haces que la eternidad suene a tapadera o a una larga, larga cadena que arrastra uno tras de sí, sin importar lo lejos que se vaya.

Él la miró molesto.

—Lo que quiero decir —dijo él— es que, si vas a Venecia, no irás con la esperanza de tener una aventura amorosa en Venecia que puedas tomar *au grand sérieux,* ¿verdad?

—¿Una aventura amorosa en Venecia *au grand sérieux?* No, te aseguro que no. Nunca tendría una aventura amorosa en Venecia más que *au très petit sérieux.*

Habló con una especie de extraño desprecio. Él frunció el ceño mientras la miraba.

Cuando Connie bajó por la mañana, encontró a la perra del guardabosque, *Flossie,* sentada en el pasillo, frente a la habitación de Clifford, gimoteando débilmente.

—¡Vaya, *Flossie!* —dijo en voz baja—. ¿Qué haces aquí?

Y abrió la puerta de Clifford en silencio. Clifford se hallaba sentado en la cama, con la mesita y la máquina de escribir a un lado, y el guardabosque estaba en posición de firmes a los pies de la cama. *Flossie* entró corriendo. Con un sutil gesto de la cabeza y de los ojos, Mellors ordenó a la perra que volviera hacia a la puerta, y esta se escabulló.

—¡Oh, buenos días, Clifford! —dijo Connie—. No sabía que estuvieses ocupado. —Luego miró al guardabosque y le dio los buenos días. Él murmuró una respuesta, mirándola de una forma vaga. Pero ella percibió la pasión que surgía en ella por la mera presencia de él.

—¿Te he interrumpido, Clifford? Lo lamento.

—No, no es nada de importancia.

Ella salió cautelosamente de la habitación y subió al cuarto azul de la primera planta. Se quedó en la ventana y le vio bajar por el sendero, con sus curiosos y silenciosos movimientos, pasando inadvertido. Tenía una especie de distinción natural, un orgullo distante, y también cierto aspecto de fragilidad. ¡Un asalariado! ¡Uno de los

asalariados de Clifford! «La culpa, querido Bruto, no está en nuestras estrellas, sino en nosotros mismos, que somos subordinados».

¿Era él un subordinado? ¿Lo era? ¿Qué pensaba de *ella?*

Era un día soleado y Connie trabajaba en el jardín; la señora Bolton le ayudaba. Por alguna razón, las dos mujeres se habían unido en uno de esos flujos y reflujos de simpatía que existen entre las personas. Estaban fijando claveles y plantando pequeñas plantas para el verano. Era un trabajo que gustaba a ambas. A Connie le encantaba introducir las delicadas raíces de las plantas jóvenes en el suave mantillo negro y protegerlas luego. En esta mañana de primavera sintió también un estremecimiento en su útero, como si el sol lo hubiesc acariciado para hacerlo feliz.

—¿Hace muchos años que perdió a su marido? —preguntó a la señora Bolton mientras cogía otra pequeña planta y la colocaba en el hoyo.

—¡Veintitrés! —dijo la señora Bolton, mientras separaba cuidadosamente las jóvenes aguileñas—. Veintitrés años desde que me lo trajeron a casa.

A Connie le dio un vuelco el corazón al escucharle decir con aquella terrible rotundidad: «lo trajeron a casa».

—¿Por qué cree que le mataron? —preguntó—. ¿Era feliz con usted?

Era una pregunta de mujer a mujer. La señora Bolton apartó un pequeño mechón de pelo de su rostro con el dorso de la mano.

—¡No lo sé, señora! No era de los que se dan por vencidos; en realidad no era como los demás. Y además detestaba agachar la cabeza por la razón que fuera. Una especie de obstinación que mata. La verdad es que no le preocupaba realmente. Yo le echo la culpa a la mina. Jamás debería haber bajado a la mina. Pero su padre le obligó a bajar, cuando era un muchacho; y luego, cuando tienes más de veinte años, no resulta muy fácil dejarla.

—¿Decía él que la odiaba?

—¡Oh, no! ¡Jamás! Nunca decía que odiara nada. Se limitaba a poner un gesto raro en la cara. Era de los que no se preocupaba; como algunos de los primeros muchachos que se marcharon a la guerra tan alegres y los mataron enseguida. Lo cierto es que no era un atolondrado. Pero no se preocupaba. Yo solía decirle: «No te preocupas por nada ni por nadie», pero lo hacía. El modo en el que

estuvo presente cuando nació mi primera hija, inmóvil, ¡y esos ojos de fatalidad con los que me miró cuando terminó el parto! Yo lo pasé mal, pero tuve que consolarle *a él*. «¡Todo va bien, muchacho, todo va bien!», le dije. Y él me miró con una sonrisa extraña. Nunca dijo nada. Pero creo que ya no sintió ningún placer conmigo por las noches; nunca se entregaba del todo. Yo solía decirle: «¡Oh, déjate llevar, muchacho!». A veces le hablaba así. Y él no decía nada. Pero no se entregaba, o no podía. No quería que yo tuviese más hijos. Siempre culpé a su madre por permitirle entrar en la habitación. No tenía derecho a estar allí. Los hombres le dan más importancia de la que deberían a algunas cosas, una vez empiezan a darles vueltas.

—¿Tanto le importó? —dijo Connie asombrada.

—Sí, no podía tomar aquello como algo natural, todo aquel dolor. Y aquello acabó con el placer en su corta vida matrimonial. Yo le decía: «Si no me importa a mí, ¿por qué debería importarte a ti? ¡Es cosa mía!». Pero todo lo que decía era: «¡No es justo!».

—Tal vez fuese demasiado sensible —dijo Connie.

—¡Eso es! En cuanto se llega a conocer a los hombres, así es como son: demasiado sensibles en lo que no deberían serlo. Y creo, aunque ni él mismo lo supiera, que odiaba la mina, simplemente la odiaba. Parecía tan tranquilo cuando estaba muerto, como si se hubiese liberado. Era un muchacho muy atractivo. Me rompió el corazón verle, con aquel aspecto tan sereno y puro, como si hubiese *deseado* morir. ¡Oh, me rompió el corazón! Pero fue la mina.

Lloró lágrimas de amargura, y Connie lloró más. Era un cálido día de primavera, con perfume a tierra y a flores amarillas; brotaban muchas plantas y el jardín destilaba la propia savia del sol.

—Debió de ser terrible para usted —dijo Connie.

—¡Oh, señora! No me di cuenta al principio. Sólo era capaz de decir: «¡Oh, muchacho, por qué has querido dejarme!»... ese era todo mi lamento. Pero en cierto modo creía que regresaría.

—Pero él no *quería* dejarla —dijo Connie.

—¡Oh, no, señora! Era solo un estúpido lamento. Y seguí esperando su regreso. Especialmente por la noche. Yo seguía despertándome y pensando: ¡Por qué no está conmigo en la cama!... era como si mis *sentimientos* no creyeran que había muerto. Sólo sentía que *tendría* que regresar y yacer junto a mí, para poder sentirle a mi lado. Eso era todo lo que yo deseaba, sentirle allí conmigo,

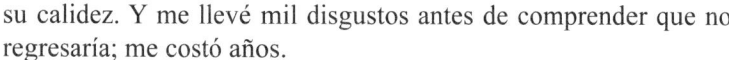
su calidez. Y me llevé mil disgustos antes de comprender que no regresaría; me costó años.

—El contacto con él —dijo Connie.

—¡Eso es, señora, el contacto con él! No lo he olvidado jamás, y nunca lo haré. Y si hay un cielo allá en lo alto, allí estará, y yaceremos juntos para que yo pueda dormir.

Connie miró con temor su bello y pesaroso rostro. ¡Otra apasionada procedente de Tevershall! ¡El contacto con él! ¡Pues los lazos del amor son difíciles de desatar!

—¡Es terrible, una vez que llevas en la sangre a un hombre! —dijo—. ¡Oh, señora! Y eso es lo que hace sentir tanta amargura. Tienes la sensación de que la gente *quería* que le mataran. La sensación de que la mina *quería* matarle. ¡Oh!, pienso que, si no hubiese sido por la mina, y por los que dirigen la mina, no me habría dejado. Pero todos ellos quieren separar a una mujer y a un hombre que están unidos.

—Que están físicamente unidos —dijo Connie.

—¡Eso es, señora! Hay mucha gente insensible en el mundo. Y cada mañana, cuando se levantaba para acudir a la mina, yo tenía la sensación de que aquello era malo, malo. Pero, ¿qué otra cosa podía hacer él? ¿Qué puede hacer un hombre?

Un extraño odio se avivó en la mujer.

—Pero, ¿puede durar tanto tiempo el contacto? —preguntó Connie de pronto—. ¿Poder sentirle durante tanto tiempo?

—¡Oh, señora! ¿Qué más hay que pueda durar? Los hijos crecen y se alejan de ti. Pero el hombre, ¡vaya! Pero hasta *eso* les gustaría matar en ti, el pensamiento del contacto con él. ¡Incluso tus propios hijos! Bueno, tal vez nos habríamos separado, quién sabe. Pero cuando se trata de sensaciones es diferente. Sería mejor no preocuparse por ellas jamás. Pero cuando veo a mujeres que nunca han sentido el calor de un hombre, bueno, no me parecen más que unas pobres deprimidas, después de todo; no importa cómo vistan y coqueteen. No, yo me mantendré en lo mío. No siento mucho respeto por la gente.

Capítulo XII

Connie fue al bosque directamente después de comer. Hacía un día realmente maravilloso, los dientes de león parecían soles, las primeras margaritas eran muy blancas. El avellanal formaba un encaje, con hojas medio abiertas y pálidos amentos perpendiculares. Las celidonias amarillas proliferaban ahora, muy abiertas, presionadas hacia atrás con apremio, con su reluciente amarillo. Era el amarillo, el poderoso amarillo de principios de verano. Y las prímulas eran anchas y poseídas de un pálido abandono, prímulas agrupadas que habían perdido la timidez. El verde exuberante y oscuro de los jacintos era un mar con brotes que se elevaban como pálido maíz, mientras que en la senda se esponjaban los nomeolvides, y las aguileñas desplegaban sus frunces purpúreos, y había trocitos de cáscara de huevo de un azulejo debajo de un arbusto. ¡Por todas partes brotes y el impulso de la vida!

El guardabosque no estaba en la cabaña. Todo estaba en calma, los pollos marrones correteaban animadamente. Connie caminó hacia la casita porque quería encontrarle.

La casita estaba al sol, en el linde del bosque. En el jardincillo los narcisos crecían en matas, cerca de la puerta abierta de par en par, y margaritas dobles rojas bordeaban el sendero. Se oyó el ladrido de un perro y *Flossie* acudió corriendo.

¡La puerta abierta de par en par! Así que él estaba en casa. ¡Y la luz del sol caía sobre el suelo de ladrillo rojo! De modo que avanzó por el sendero, le vio a través de la ventana, sentado a la mesa, en mangas de camisa, comiendo. La perra resopló suavemente, moviendo lentamente el rabo.

Él se levantó y se acercó a la puerta, limpiándose la boca con un pañuelo rojo, mientras aún masticaba.

—¿Puedo pasar? —preguntó ella.

—¡Adelante!

El sol iluminaba la habitación desnuda, que todavía olía a chuletas de cordero, cocidas al fuego en una cazuela, porque la cazuela aún se encontraba sobre la pantalla, y al lado, sobre el hogar blanco estaba la cacerola negra de las patatas, sobre un papel blanco. El fuego ardía rojo, bastante bajo, la barra estaba bajada, la tetera silbaba.

Sobre la mesa se encontraba su plato, con patatas y restos de chuletas; también pan en una cesta, sal, y una jarra azul con cerveza. El mantel era de hule blanco; él estaba de pie, en la sombra.

—Vas muy retrasado —dijo ella—. ¡Sigue comiendo!

Ella se sentó en una silla de madera, al sol, junto a la puerta.

—Tuve que ir a Uthwaite —dijo él, sentándose a la mesa pero sin comer.

—Come —dijo ella. Pero él no tocó la comida.

—¿Quieres tomar algo? —le preguntó—. ¿Una taza de té? El agua de la tetera está hirviendo.

Él volvió a levantarse de la silla.

—Si me permites lo haré yo —dijo ella, levantándose. Él parecía triste y a ella le daba la impresión de que le estaba molestando.

—Está bien, la tetera está allí —señaló hacia una pequeña alacena que había en un rincón—, y tazas. El té está en la repisa, encima de tu cabeza.

Ella cogió la tetera negra, y la lata del té de la repisa. Enjuagó la tetera con agua caliente, y se detuvo por un momento preguntándose donde vaciarla.

—Tírala afuera —dijo él, dándose cuenta—. Está limpia.

Ella se dirigió a la puerta y tiró el agua al sendero. ¡Qué bien se estaba allí, con aquella tranquilidad, en pleno bosque! De los robles brotaban hojas de color ocre; en el jardín las margaritas rojas eran como aterciopelados botones rojos. Se fijó en la gran losa de arenisca, algo hundida, del umbral, que tan pocos pies la cruzaban ahora.

—Pero se está muy bien aquí —dijo ella—. Esta hermosa quietud, todo tan vivo y tranquilo.

Él comía de nuevo, despacio y con desgana, y ella podía sentir que se encontraba desanimado. Preparó el té en silencio, y puso la tetera sobre la repisa interior del hogar, como sabía que solía hacer la gente. Él apartó su plato y fue a la parte de atrás de la casa. Ella

oyó abrir un pestillo, luego regresó él con queso en un plato y mantequilla.

Ella colocó dos tazas sobre la mesa; sólo había dos.

—¿Tomarás una taza de té? —preguntó ella.

—Como quieras. El azúcar está en la alacena, y hay un poco de leche en la jarra. La jarra de la leche está en la despensa.

—¿Retiro el plato? —le preguntó. Él la miró con una débil sonrisa irónica.

—Bien... como quieras —dijo, mientras comía lentamente pan y queso. Ella fue a la parte de atrás, entró en la trascocina, donde se encontraba la bomba del agua. A la izquierda había una puerta, sin duda la puerta de la despensa. Connie levantó el pestillo y casi sonrió al ver el lugar al que él llamaba despensa; una especie de alacena encalada, larga y estrecha. Pero allí cabía un pequeño barril de cerveza, así como unos cuantos platos y un poco de comida. Ella vertió un poco de leche de la jarra amarilla.

—¿Cómo consigues la leche? —le preguntó cuando regresó a la mesa.

—¡Los Flint! Me dejan una botella al final del camino de las madrigueras. Ya sabes, donde te encontré.

Pero él seguía desanimado. Ella sirvió el té y cogió la jarrita de leche.

—No quiero leche —dijo; luego le pareció oír un ruido y miró fijamente hacia la entrada.

—Será mejor que cerremos —dijo.

—Es una lástima —replicó ella—. No vendrá nadie, ¿no?

—Una vez de cada mil, pero nunca se sabe.

—Incluso si fuera así, no importaría —dijo ella—. Tan sólo se trata de una taza de té. ¿Dónde están las cucharas?

Él se estiró y abrió el cajón de la mesa. Connie se sentó a la mesa, junto a la puerta, donde daba el sol.

—¡*Flossie!* —llamó a la perra, que estaba tumbada en una esterilla al pie del escalón—. ¡Ve a escuchar! ¡Escucha!

Alzó el dedo, y su «¡Escucha!» fue muy eficaz. La perra salió corriendo a hacer un reconocimiento.

—¿Estás triste hoy? —le preguntó.

Él volvió hacia ella rápidamente sus ojos azules y la miró fijamente.

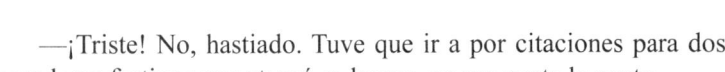

—¡Triste! No, hastiado. Tuve que ir a por citaciones para dos cazadores furtivos que atrapé, y, bueno, no me gusta la gente.

Hablaba en un buen inglés, frío, y su voz mostraba enfado.

—¿Detestas ser guardabosque? —le preguntó.

—¡Ser guardabosque no! Mientras me dejen en paz. Pero cuando tengo que ir a perder el tiempo a la comisaría, y a otros sitios, y esperar a que un montón de idiotas me atiendan... ¡oh, bueno!, me pongo furioso... —y sonrió con cierto sentido del humor.

—¿No podrías ser realmente independiente? —preguntó ella.

—¿Yo? Supongo que podría, si te refieres a lograr sobrevivir con mi pensión. ¡Podría! Pero tengo que trabajar, o me moriría. Es eso, tengo que tener algo que me mantenga ocupado. Y no tengo humor suficiente para trabajar por mi cuenta. Tiene que ser un trabajo para otra persona, o abandonaría al cabo de un mes, por mi mal humor. En general, estoy muy bien aquí, sobre todo últimamente...

Volvió a reírse de ella, con humor burlón.

—Pero, ¿por qué estás de mal humor? —preguntó—. ¿Quieres decir que *siempre* estás de mal humor?

—Casi siempre —dijo él, riéndose—. No digiero bien mi bilis.

—¿Pero qué bilis?

—¡La bilis! —dijo él—. ¿No sabes lo que es? —ella guardó silencio, decepcionada. No estaba haciéndole caso.

—Me voy por un tiempo al mes que viene —dijo ella.

—¡Te vas! ¿Adónde?

—A Venecia.

—¿Con Clifford? ¿Por cuánto tiempo?

—Durante un mes o así —respondió—. Clifford no irá.

—¿Se quedará aquí? —preguntó.

—Sí. No le gusta viajar tal como está.

—¡Ay, pobre diablo! —dijo con simpatía.

Hubo una pausa.

—No me olvidarás cuando me haya ido, ¿verdad? —preguntó ella.

De nuevo alzó los ojos y la miró de frente.

—¿Olvidar? —dijo—. Tú sabes que nadie olvida. No es cuestión de memoria.

Ella quiso decir: «¿De qué lo es, entonces?», pero no lo hizo. En su lugar dijo con voz queda, amable:

—Le dije a Clifford que yo podría tener un hijo.

Ahora sí que la miró con intensidad, con mirada penetrante.

—¿Lo hiciste? —dijo al fin—. ¿Y qué dijo él?

—Oh, no le importaría. Se alegraría realmente, siempre y cuando pareciera que fuese suyo.

No se atrevía a mirarle.

Él guardó un largo silencio, luego la miró de nuevo a la cara.

—No me mencionaste *a mí,* claro —dijo él.

—No. No te mencioné —dijo ella.

—No, no toleraría que fuese yo un semental sustituto. Entonces, ¿dónde se supone que vas a conseguir el hijo?

—Podría tener una aventura amorosa en Venecia —dijo ella.

—Podrías —respondió él lentamente—. ¿De modo que esa es la razón por la que vas?

—No para tener una aventura amorosa —dijo, mirándole, suplicante.

—Sólo para aparentar tenerla —dijo él.

Hubo un silencio. Se sentó y miró por la ventana, con una débil sonrisa, mitad burlona, mitad amarga, en su rostro. Ella odiaba esa sonrisa.

—¿No has tomado ninguna precaución para no tener un hijo, entonces? —le preguntó de pronto—. Porque yo no.

—No —dijo ella débilmente—. Me habría resultado odioso.

Él la miró de nuevo, después volvió a mirar por la ventana con aquella sutil y peculiar sonrisa. Hubo un tenso silencio.

Por fin, él volvió la cabeza y dijo con ironía:

—¿Para eso es para lo que me querías, entonces, para conseguir un hijo?

Ella agachó la cabeza.

—No, no realmente —respondió.

—Entonces, ¿para qué, *realmente?* —preguntó con bastante frialdad.

Ella le miró con reproche y dijo:

—No lo sé.

Él comenzó a reírse.

—Entonces, que me condene si lo sé yo —dijo él.

Hubo una larga pausa en silencio, un frío silencio.

—Está bien —dijo él, al fin—. Como su excelencia guste. Si usted consigue tener el hijo, sir Clifford lo acogerá. Yo no habré per-

dido nada. Al contrario, he tenido una experiencia muy agradable, ¡muy agradable, la verdad! —y se estiró, reprimiendo una especie de bostezo—. Si me has utilizado, no es la primera vez que alguien lo ha hecho; y no creo que haya sido nunca de un modo tan placentero como esta vez; aunque, por supuesto, uno no puede pensar que su dignidad haya aumentado por ello. —Se volvió a estirar de un modo curioso, temblándole los músculos y con la mandíbula tremendamente apretada.

—Pero yo no te he utilizado —dijo ella suplicante.

—Al servicio de su excelencia —replicó él.

—No —dijo ella—. Me gustaba tu cuerpo.

—¿De veras? —respondió, riéndose—. Bueno, entonces estamos en paz, porque a mí me gustaba el tuyo.

Él la miró con ojos sombríos.

—¿Te gustaría subir ahora? —le preguntó a ella, con voz ahogada.

—No, aquí no. Ahora no —dijo ella lentamente, aunque si él la hubiese presionado un poco, habría ido, pues carecía de fortaleza ante él.

Él volvió el rostro de nuevo y pareció olvidarla.

—Quiero tocarte como tú me tocas a mí —dijo ella—. Nunca he tocado realmente tu cuerpo.

Él la miró y sonrió de nuevo.

—¿Ahora? —dijo.

—¡No, no! ¡Aquí no! En la cabaña. ¿Te importaría?

—¿Cómo te toco yo? —preguntó él.

—Me acaricias.

Él la miró y se encontró una mirada intensa, ansiosa.

—¿Y te gusta que te acaricie? —preguntó, riéndose aún.

—Sí, ¿y a ti? —dijo ella.

—¡A mí! —luego cambió de tono—. Sí —dijo—. Lo sabes sin preguntar. —Lo cual era cierto.

Ella se levantó y recogió su sombrero.

—Debo irme —dijo.

—¿Irás? —preguntó él cortésmente.

Ella quería que la tocara, que le dijera algo, pero él no dijo nada, tan sólo esperó educadamente.

—Gracias por el té —dijo.

—Yo no he agradecido a su excelencia haberle hecho los honores a mi tetera —dijo.

Ella descendió por el sendero, y él se quedó en la puerta, sonriendo débilmente. *Flossie* acudió corriendo con el rabo levantado. Y Connie tuvo que adentrarse en el bosque sin decir palabra, sabiendo que él estaba allí observándola, con aquella incomprensible sonrisa en su rostro.

Caminó hacia casa muy molesta e irritada. No le había gustado que dijera que le había utilizado porque, en cierto sentido, era verdad. Pero no debería haberlo dicho. De ese modo, otra vez se hallaba dividida entre dos sentimientos: resentimiento contra él y deseo de reconciliarse con él.

Pasó la hora del té inquieta e irritada, y enseguida subió a su habitación. Pero, una vez allí, fue inútil; no podía estar sentada ni de pie. Tendría que hacer algo al respecto. Tendría que ir a la cabaña; si él no se encontraba allí, mejor que mejor.

Salió con sigilo por la puerta lateral y se puso en camino directamente, algo apesadumbrada. Cuando llegó al claro se encontraba terriblemente inquieta. Pero allí estaba él de nuevo, en mangas de camisa, agachado, dejando que las gallinas salieran de las jaulas, entre los polluelos que ahora crecían un poco desgarbados, pero eran mucho más esbeltos que los pollos de gallina.

Connie fue directamente hacia él.

—¡Ya ves que he venido! —dijo.

—Sí, ya veo —dijo, enderezando la espalda y mirándola con una expresión ligeramente divertida.

—¿Estás soltando a las gallinas ahora? —preguntó ella.

—Sí, han estado ahí sentadas hasta quedarse en los huesos —dijo—, y ahora no están impacientes por salir a comer. La clueca no piensa en sí misma, sólo en los huevos y en los pollos.

¡Pobres madres gallinas, qué devoción tan ciega! ¡Hasta con huevos que no son suyos! Connie las miró con compasión. Se hizo un silencio inevitable entre el hombre y la mujer.

—¿Entramos en la cabaña? —preguntó él.

—¿Quieres que entre? —preguntó ella, con una especie de desconfianza.

—Sí, si quieres entrar tú.

Ella guardó silencio.

—¡Vamos, entonces! —dijo él.

Y ella entró con él en la cabaña. Se quedó a oscuras al cerrar la puerta, de modo que encendió el farol, dejando una llama baja, como anteriormente.

—¿Te has quitado la ropa interior? —le preguntó.

—¡Sí!

—Bueno, entonces me quitaré la mía también.

Extendió las mantas, dejando una a un lado para cubrirse con ella. Ella se quitó el sombrero y agitó su cabellera. Él se sentó, se quitó las botas y las polainas, y se desabrochó los pantalones de pana.

—¡Túmbate, entonces! —dijo, cuando se quedó sólo con la camisa. Ella obedeció en silencio, él se acostó a su lado y tiró de la manta para cubrirse ambos.

—¡Ya está! —dijo él.

Y le levantó el vestido hasta llegar a los pechos. Los besó con dulzura, tomando los pezones en sus labios en pequeñas caricias.

—¡Ah, eres deliciosa, eres deliciosa! —dijo, frotando de repente la cara contra su cálido vientre, como si se acurrucara en él.

Y ella le rodeó con sus brazos por debajo de la camisa, pero tenía miedo, miedo de su delgado, suave y desnudo cuerpo, que parecía tan poderoso, miedo de sus violentos músculos. Se encogió de miedo.

Y cuando él dijo, en una especie de suspiro: «¡Ah, eres deliciosa!», algo en su interior se estremeció, y algo en su espíritu se endureció y opuso resistencia: se resistió a la terrible intimidad física, y a la peculiar prisa de él por poseerla. Y esta vez el gran éxtasis de su propia pasión no la venció; yacía con las manos inertes sobre el agitado cuerpo del hombre, y hacía lo que podía, pero su espíritu parecía mirar desde la parte superior de su cabeza, y el empuje de sus caderas le parecía ridículo a ella, y aquella especie de impaciencia de su pene por llegar a su pequeña culminación de evacuación, le parecía grotesco. Sí, esto era amor, ese ridículo empuje de las nalgas, y el desfallecimiento del pobre, insignificante y húmedo pequeño pene. ¡Esto era el amor divino! Después de todo, los modernos tenían razón cuando sentían desprecio por esta actuación; pues era una actuación. Era muy cierto, como decían algunos poetas, que el Dios que creó al hombre debía haber tenido un siniestro sentido del humor, creándole un ser razonable, pero obligándole a adoptar esta postura ridícula, y conduciéndole con un deseo ciego a esta ridícula actuación. Hasta Maupassant veía en ello un humillante anticlímax. Los hombres despreciaban el acto sexual, y, sin embargo, lo realizaban.

Fría y burlona, su extraña mente femenina se mantuvo alejada, y aunque yacía completamente inmóvil, su impulso era el de levantar las caderas y expulsar al hombre, escapar de su horrible sujeción, y del empuje imperioso de sus absurdas caderas. El cuerpo del hombre era ridículo, impúdico, imperfecto, un poco repugnante en su inacabada tosquedad. Pues sin duda, una evolución completa eliminaría esta actuación, esta «función».

Y, sin embargo, una vez terminó él, muy pronto, y yacía muy, muy quieto, retrocediendo en silencio y en un extraño e inmóvil distanciamiento, lejos, más lejos que el horizonte de la conciencia de ella, su corazón empezó a llorar. Sentía que el hombre se desvanecía, se desvanecía, la abandonaba como a una piedra en la orilla. Él se retiraba, su espíritu la estaba abandonando. Él lo sabía.

Y con auténtico dolor, atormentada por su propia conciencia y reacción, se echó a llorar. Él no se dio cuenta, o ni se enteró siquiera. La tormenta de su llanto aumentó y se estremeció su cuerpo, y se estremeció el de él.

—¡Vaya! —dijo él—. No ha estado bien esta vez. No estabas aquí.

¡Así que lo sabía! Sus sollozos se hicieron más violentos.

—Pero, ¿qué pasa? —dijo él—. De vez en cuando es así.

—Yo... yo no puedo amarte —sollozó, de pronto sintió que se le partía el corazón.

—¿No puedes? Bueno, no te preocupes. No hay ley que te obligue. Tú tómalo como es[3].

Él aún yacía con su mano apoyada en el pecho de ella. Pero ella había retirado las suyas de él.

Sus palabras poco la consolaron. Sollozaba con fuerza.

—¡No, no! —dijo él—. Hay que estar en las buenas y en las malas. Han sido malas por una vez.

Ella lloraba con amargura, sollozaba.

---

[3] Durante el resto de esta conversación, Mellors habla en el dialecto local. *(N. de la T.)*

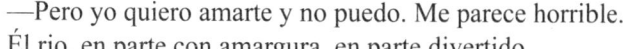
—Pero yo quiero amarte y no puedo. Me parece horrible.

Él rio, en parte con amargura, en parte divertido.

—No es horrible —dijo—, aunque así lo creas. Y esto no puede parecer horrible. Que no te preocupe lo de amarme. No debes obligarte nunca. Siempre hay una nuez mala en una cesta. Hay que tomarlas como vengan.

Él retiró la mano del pecho de ella, ya no la tocaba. Y al no tocarla ahora, ella sintió una satisfacción casi perversa. Detestaba el dialecto que había estado empleando, sus vulgares «tú» y «te». Él podía ponerse de pie si le venía en gana, quedarse ahí, por encima de ella, abrochándose aquellos absurdos pantalones de pana, enfrente de ella. Después de todo, Michaelis había tenido la decencia de darse la vuelta. Este hombre estaba tan seguro de sí mismo que no se daba cuenta de lo ridículo que parecía ante los demás, le faltaba educación.

Aunque al empezar a apartarse él, a levantarse en silencio y dejarla, Connie se aferró a él aterrada.

—¡No te vayas! ¡No te vayas! ¡No me abandones! ¡No te enfades conmigo! ¡Abrázame! ¡Abrázame fuerte! —susurró con ciego frenesí, sin saber siquiera lo que decía, y aferrándose a él con asombrosa fuerza. Era de ella misma de quien quería salvarse, de su propia ira y resistencia internas. No obstante, ¡qué poderosa era aquella resistencia interior que la dominaba!

Él la tomó de nuevo entre sus brazos y la atrajo hacia sí, y de repente ella se sintió pequeña en sus brazos, pequeña y protegida. Había desaparecido, la resistencia había desaparecido, y empezó a fundirse en una paz maravillosa. Y mientras se fundía pequeña y maravillosa en sus brazos, se volvió infinitamente deseable para él; todos sus vasos sanguíneos parecían arder de un deseo intenso pero tierno, deseo de ella, de su suavidad, de la penetrante belleza de ella entre sus brazos que pasaba a su sangre. Y suavemente, con aquella maravillosa caricia embelesada de su mano, en un dulce y puro deseo, acarició suavemente la sedosa curva de sus caderas, descendiendo, descendiendo, entre sus suaves y cálidas nalgas, acercándose cada vez más al mismísimo centro de su ser. Y ella le sintió como una llama de deseo, aunque tierna, sintió que ella misma se fundía en aquella llama. Se abandonó. Sintió su pene levantarse con una silenciosa, asombrosa fuerza, y con decisión, y ella se entregó a él.

El amante de Lady Chatterley

Se rindió con un estremecimiento que era como la muerte, se abrió por completo a él. ¡Ah! Si no fuese tierno ahora con ella, qué crueldad, pues se había abierto a él por completo y se hallaba indefensa.

Ella se estremeció de nuevo ante la potente e inexorable entrada en su interior, tan extraña y terrible. Podría haber sido la estocada de una espada en su cuerpo blando abierto, y habría significado la muerte. Ella se aferró a él, presa de una repentina angustia y terror. Pero llegó con un extraño y lento empuje de paz, un oscuro empuje de paz, y una lenta ternura, primitiva, como la que creó el mundo al principio. Y el terror desapareció de su pecho, se atrevió a entregarse en paz, sin reservas. Se atrevió a entregarlo todo, a ella misma y dejarse llevar en la corriente.

Y tuvo la impresión de que ella era como el mar, nada más que olas oscuras alzándose y agitándose, agitándose en un gran oleaje, de modo que, lentamente, toda su oscuridad se hallaba en movimiento, y ella era el océano moviendo en oleadas su oscura y muda masa. Oh, y más abajo, en su interior, las profundidades se dividían y se movían por separado, en alargadas olas que viajaban hasta muy lejos, y siempre en el centro de su ser las profundidades se dividían y se movían por separado, desde el centro de la suave penetración, mientras el buzo profundizada cada vez más, llegaba más abajo, y a más profundidad, más profundidad, más profundidad; y las grandes olas de su interior se alejaban hacia alguna costa, dejándola descubierta, mientras se sumergía y se acercaba, se acercaba cada vez más, lo desconocido tangible; y se alejaban, se alejaban cada vez más de ella las olas, la abandonaban, hasta que de pronto, en una suave y estremecedora convulsión, sintió el contacto en el mismo centro de su plasma, sintió el contacto; llegó la consumación y ella desapareció. Desapareció, dejó de existir. Había nacido como mujer.

¡Ah, maravilloso, maravilloso!

Mientras se recobrara, se dio cuenta de todo el encanto. Ahora todo su cuerpo se aferraba con tierno amor al hombre desconocido, y ciegamente al desfallecido pene, mientras se retiraba tan tiernamente, frágilmente, inconscientemente, después del feroz empuje de su potencia. Al retirarse y abandonar su cuerpo aquella cosa oculta y sensible, profirió un gemido inconsciente de pura pérdida, e intentó volverlo a meter. ¡Había sido tan perfecto! ¡Le había gustado tanto!

Y sólo en ese momento fue consciente de la pequeña reticencia y ternura del pene, y un leve grito de asombro y conmoción se le escapó de nuevo, su corazón de mujer gritando por la tierna fragilidad de lo que había sido tan poderoso.

—¡Ha sido maravilloso! —gimió—. ¡Ha sido maravilloso!

Pero él no dijo nada, tan sólo la besó suavemente, mientras aún yacía sobre ella. Y ella gemía en una especie de éxtasis, como un sacrificio, como algo que acaba de nacer.

Y en ese momento su corazón percibió el extraño prodigio que había en él.

¡Un hombre! ¡La extraña fuerza de la virilidad sobre ella! Sus manos recorrieron el cuerpo del hombre, aún un poco temerosas. Temerosas de aquello extraño, hostil, ligeramente repulsivo que había sido para ella: un hombre. Y ahora ella le tocaba, y era como los hijos de Dios con las hijas de los hombres. ¡Qué hermoso era él, qué pureza de tejido! ¡Qué maravillosa, qué maravillosa, fuerte y, sin embargo, pura y delicada, era aquella quietud del sensible cuerpo! ¡Aquella completa quietud de la potencia y de la delicada carne! ¡Qué hermoso! ¡Qué hermoso! Sus manos descendieron tímidas por su espalda, hacia la suave y un tanto pequeña redondez de sus nalgas. ¡Belleza! ¡Qué belleza! Una súbita y pequeña llama de nueva conciencia la atravesó. ¿Cómo era posible esa belleza aquí, donde hasta entonces ella solo había sentido aversión? ¡La inexplicable belleza del tacto de las nalgas cálidas y vivas! La vida dentro de la vida, la verdadera calidez, la poderosa belleza. ¡Y el extraño peso de los testículos entre las piernas! ¡Qué misterio! ¡Qué extraño y misterioso peso, que podía mantenerse, suave y pesado, en la palma de la mano! Eran las raíces, raíz de todo lo que es maravilloso, raíz primigenia de todo cuanto es belleza plena.

Ella se aferró a él con un suspiro de asombro que casi era intimidación, terror. Él la mantenía abrazada, pero no decía nada. Nunca decía nada. Ella le apretó más, más cerca, más cerca, sólo para estar cerca del sensual prodigio que había en él. Y fuera de su completa e incomprensible quietud, ella sintió de nuevo la lenta y creciente elevación del falo, el otro poder. Y su corazón se fundió con una especie de temor.

Y esta vez estar dentro de ella fue todo suavidad e iridiscencia, pura suavidad e iridiscencia, como no podría entender ninguna con-

ciencia. Todo su ser se estremecía inconsciente y vivo, como plasma. Ella no era capaz de saber qué era aquello. No era capaz de recordar cómo había sido. Tan sólo que había sido más maravilloso de lo que pudiera ser cualquier otra cosa. Sólo eso. Y después se quedó en absoluta calma, en absoluta inconsciencia, sin saber por cuanto tiempo. Y él aún seguía con ella, acompañándola en un insondable silencio. Y de esto jamás hablarían después.

Cuando empezó a recuperar la conciencia del mundo exterior, se aferró a su pecho y murmuró: «¡Amor mío! ¡Amor mío!», y él la abrazaba en silencio. Y ella se acurrucó en su pecho, plena.

Pero el silencio de él era insondable. Sus manos la sostenían como si fuesen flores, tan inmóviles y extrañas.

—¿Dónde estás? —le susurró ella—. ¿Dónde estás? ¡Háblame! ¡Dime algo!

Él la besó tiernamente y murmuró:

—¡Ay, mi niña! —pero ella no sabía lo que quería decir, no sabía dónde estaba él. En su silencio parecía perdido para ella.

—Me amas, ¿verdad? —murmuró.

—¡Ya lo sabes! —dijo él[4].

—¡Pero dímelo! —suplicó ella.

—Sí, sí. ¿Es que no lo has sentido? —dijo de una forma vaga, suavemente y con firmeza. Y ella se aferró aún más a él, aún más. Él era mucho más sosegado en el amor que ella, y ella quería que la confortara.

—¡Me amas! —susurró ella asertiva. Y las manos de él la acariciaron suavemente, como si de una flor se tratase, sin el estremecimiento del deseo, pero con delicada cercanía. Y aún le obsesionaba a ella la impaciente necesidad de dominar el amor.

—¡Dime que siempre me amarás! —suplicó ella.

—¡Sí! —dijo él abstraído. Y advirtió que sus preguntas le alejaban de ella.

—¿No tendríamos que levantarnos? —dijo él, por fin.

—¡No! —respondió ella.

Pero ella pudo advertir que desviaba su atención a los ruidos del exterior.

---

[4] Mellors habla en dialecto. *(N. de la T.)*

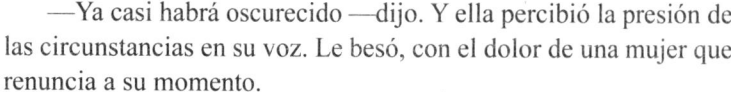

D. H. Lawrence

—Ya casi habrá oscurecido —dijo. Y ella percibió la presión de las circunstancias en su voz. Le besó, con el dolor de una mujer que renuncia a su momento.

Él se levantó, avivó la llama del farol, después empezó a ponerse sus ropas, desapareciendo rápidamente en el interior de ellas. Después se quedó allí de pie, por encima de ella, abrochándose las polainas y mirando hacia abajo con los ojos muy abiertos y oscuros, el rostro un poco enrojecido y el cabello revuelto, curiosamente cálido y tranquilo y hermoso a la tenue luz del farol; tan hermoso que ella nunca le diría cuánto lo era. Le hacía sentir el deseo de aferrarse más a él, de estrecharle, pues había un distanciamiento cálido y adormecido en la belleza de él que le hacía desear gritar y aferrarse a él, poseerle. Ella jamás le poseería. De modo que se quedó acostada sobre la manta, con la suave curvatura de sus caderas al desnudo, y él no tenía idea de lo que ella estaba pensando, pero para él también era hermosa, la criatura tierna, maravillosa, en la que podía entrar, más allá de todo.

—Me encanta poder entrar en ti —dijo él.

—¿Te gusto? —dijo ella, latiéndole con fuerza el corazón.

—Sana todo poder entrar en ti. Me gusta que te hayas abierto a mí. Me gusta haber entrado en ti así.

Él se inclinó y la besó suavemente en el costado, frotó su mejilla contra él, luego la cubrió.

—¿Y jamás me abandonarás? —dijo ella.

—No preguntes esas cosas —dijo él.

—Pero, ¿crees en mi amor? —dijo ella.

—Me has amado ahora, más de lo que podrías imaginarte. Pero quién sabe lo que sucederá una vez empieces a pensar en ello.

—¡No, no digas esas cosas!... Y no creerás realmente que quería utilizarte, ¿verdad?

—¿Para qué?

—Para tener un hijo...

—Ahora cualquiera puede tener un hijo en el mundo —dijo, mientras se sentaba para atarse las polainas.

—¡Ah, no! —exclamó ella—. ¡No lo dices en serio!

—Bueno —dijo él, mirándola con el ceño fruncido—. Esta vez ha sido la mejor.

Ella permaneció tendida. Él abrió la puerta despacio. El cielo era azul oscuro, con un cristalino borde de color turquesa. Salió para cerrar a las gallinas y habló con voz dulce a la perra. Y Connie, acostada, se maravillaba ante la maravilla de la vida, y de la existencia.

Cuando regresó, ella seguía allí tendida, radiante como una gitana. Se sentó en el taburete junto a ella.

—Tienes que venir a pasar una noche entera en mi casa, antes de irte, ¿lo harás? —preguntó él, elevando las cejas mientras la miraba, sus manos colgaban entre las rodillas.

—¿Lo harás? —repitió ella como un eco, con aire burlón.

Él sonrió.

—Sí, ¿lo harás? —repitió él.

—¡Sí! —dijo ella, imitando el dialecto.

—¡Bien! —dijo él.

—¡Bien! —repitió ella.

—Y dormir conmigo —dijo él—. Es necesario. ¿Cuándo irás?

—¿Cuándo iré? —dijo ella.

—¡No! —dijo él—. No puedes hablar así. ¿Cuándo irás entonces?

—Puede que el domingo —dijo ella.

—¡Puede que el domingo! ¡Sí!

Él se rio de su acento.

—No, no puedes hablar así —protestó él.

—¿Por qué no puedo? —dijo.

Él volvió a reírse. El intento de Connie por hablar en dialecto resultaba ridículo en cierto modo.

—¡Vamos! ¡Tienes que irte! —dijo él.

—¿Tengo que irme?

—¡Debo! —corrigió él.

—¿Por qué debería decir *debo* cuando tú dices *tienes?* —protestó ella—. No eres justo.

Se inclinó hacia ella y le acarició dulcemente el rostro.

—Aunque eres un buen coño, ¿verdad? El mejor coño del mundo. ¿Cuándo te gustaría? ¿Cuándo quieres?

—¿Qué es coño? —preguntó ella.

—¿No sabes lo que es? ¡Coño! Es lo que tienes ahí abajo; y lo que es mío cuando estoy dentro de ti, y lo que es tuyo cuando estoy dentro de ti; eso es, todo junto.

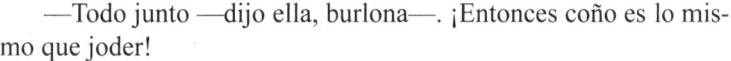

—Todo junto —dijo ella, burlona—. ¡Entonces coño es lo mismo que joder!

—¡No, no! Joder es sólo lo que haces. Los animales joden. Pero coño es mucho más que eso. Eres tú, ¿comprendes?; y tú eres mucho más que un animal, ¿no? Incluso cuando jodes. ¡Coño! Es la belleza que hay en ti, muchacha.

—¿Lo es? —dijo ella—. ¿Y te importo?

Él la besó sin responder.

—Tienes que irte, déjame que te sacuda el polvo —dijo.

Su mano recorrió las curvas de su cuerpo, con firmeza, sin deseo, pero con suave, íntimo conocimiento.

Y ella regresó apresuradamente a casa, el crepúsculo del mundo le parecía un sueño; los árboles del parque parecían alzarse y agitarse, anclados en una marea, y la cuesta que ascendía hacia la casa estaba viva.

Capítulo XIII

El domingo, Clifford quiso adentrarse en el bosque. Hacía una mañana maravillosa, las flores de los perales y de los ciruelos habían aparecido de repente en el mundo, como un prodigio de blancura aquí y allá.

Resultaba cruel para Clifford, pues mientras el mundo florecía, a él tenían que ayudarle para pasar de la silla de ruedas a la silla con motor. Pero él había olvidado, e incluso parecía envanecerse, en cierto sentido, en su invalidez. Connie todavía sufría cuando tenía que levantar y colocar sus piernas inertes. Ahora se encargaba de ello la señora Bolton, o Field.

Ella le esperó en lo alto del camino, junto a la barrera que formaban las hayas. La silla llegó resoplando con una especie de lenta importancia valetudinaria. Cuando se reunió con su esposa, dijo:

—¡Sir Clifford en su espumeante corcel!

—Resoplando por lo menos —rio ella.

Él se detuvo y miró hacia la fachada de la alargada, baja y oscura mansión.

—¡Wragby ni pestañea! —dijo él—. Pero, ¡por qué debería hacerlo! Yo cabalgo sobre los logros de la mente humana, y eso supera a un caballo.

—Supongo que así es. Y las almas de Platón que cabalgan hacia el cielo en un carro tirado por dos caballos ahora irían en un Ford —dijo ella.

—O en un Rolls-Royce. ¡Platón era aristócrata!

—¡Exacto! Se acabó lo de golpear y maltratar al caballo negro. A Platón jamás se le ocurrió que viajaríamos en algo mucho mejor que su corcel negro o su corcel blanco; nada de corceles, ¡tan sólo un motor!

—¡Solamente un motor y gasolina! —dijo Clifford.

—Espero poder hacer algunas reparaciones en este viejo lugar al año que viene. Creo que dispondré de unas mil libras para gastar en él; pero el coste de la obra será muy elevado —añadió.

—¡Oh, bien! —dijo Connie—. ¡Ojalá no haya más huelgas!

—¡De qué servirían sus nuevas huelgas! Sólo para arruinar la industria, o lo que queda de ella; y seguramente los más listos están empezando ya a darse cuenta.

—Quizás no les importe arruinar la industria —dijo Connie.

—¡Ah, no hables como una mujer! La industria les llena el estómago, aunque no pueda llenarles los bolsillos —dijo, empleando expresiones que, de un modo extraño, tenían la entonación de la señora Bolton.

—¿Pero no dijiste el otro día que eras un anarquista conservador? —preguntó ella inocentemente.

—¿Y no comprendiste lo que quería decir? —replicó él—. Lo que quería decir es que la gente puede ser lo que quiera, sentir lo que quiera y hacer lo que quiera, de un modo estrictamente privado, siempre y cuando mantengan la *forma* de vida intacta, y la organización.

Connie dio unos pasos en silencio. Después dijo con obstinación:

—Es como decir que un huevo podría ser tan huero como quisiera, mientras mantuviera íntegra su cáscara. Pero los huevos hueros se rompen solos.

—No creo que las personas sean huevos —dijo él—. Ni siquiera los huevos de ángeles, querida pequeña evangelista.

Estaba muy animado aquella resplandeciente mañana. Las alondras trinaban sobre el parque, el lejano pozo de la hondonada desprendía vapor en silencio. Era casi como en los viejos tiempos, antes de la guerra. En realidad, Connie no deseaba discutir. Pero tampoco deseaba ir al bosque con Clifford. De modo que caminaba al lado de la silla con cierta obstinación en su ánimo.

—No —dijo él—. No habrá más huelgas, si se maneja la situación adecuadamente.

—¿Por qué no?

—Porque será imposible hacer huelgas.

—Pero, ¿lo permitirán los hombres? —preguntó ella.

—No les preguntaremos. Lo haremos sin que se den cuenta: por su propio bien, para salvar la industria.

—Por tu propio bien también —dijo ella.

—¡Naturalmente! Por el bien de todos. Pero por su bien más que por el mío. Yo puedo vivir sin las minas. Ellos no. Se morirán de hambre si no hay minas. Yo tengo otros recursos.

Miraron hacia el valle poco profundo de la mina, y más allá, hacia las casas de tejados negros de Tevershall que ascendían serpenteando por la colina. Desde la vieja iglesia oscura llegaba el sonido de las campanas: ¡Domingo! ¡Domingo! ¡Domingo!

—Pero, ¿permitirán los hombres que les impongas condiciones? —preguntó ella.

—Querida, tendrán que hacerlo; si uno lo hace con tacto.

—Pero, ¿no podría haber un entendimiento mutuo?

—Absolutamente; cuando se den cuenta de que la industria va por delante del individuo.

—Pero, ¿tienes que ser tú el dueño de la industria? —dijo ella.

—No. Pero hasta cierto punto debo serlo, sí, sin duda. La posesión de propiedades se ha convertido hoy en día en una cuestión religiosa: como lo ha sido desde Jesucristo y san Francisco. La cuestión *no* es coger todo lo que tienes y dárselo a los pobres, sino emplear todo lo que tengas para fomentar la industria y dar trabajo a los pobres. Es la única manera de alimentar todas las bocas y vestir todos los cuerpos. Dar a los pobres todo lo que tenemos supone que se mueran de hambre los pobres, y también nosotros. La hambruna universal no es una meta elevada. Incluso la pobreza en general no es nada agradable. La pobreza es desagradable.

—¿Y la desigualdad?

—Eso es el destino. ¿Por qué Júpiter es más grande que Neptuno? ¡No puedes empezar a alterar el carácter de las cosas!

—Pero una vez han comenzado las envidias y el descontento... —empezó a decir ella.

—¡Lo mejor es detenerlo! Alguien *tiene* que ser director de la función.

—Pero, ¿quién es el director de la función? —preguntó ella.

—Los hombres que poseen y dirigen las industrias.

Se produjo un largo silencio.

—Me parece que están siendo malos directores —dijo Connie.

—Entonces sugiere tú lo que deberían hacer.

—No se toman muy en serio la dirección —dijo ella.

—Se la toman mucho más en serio que tú el título de lady —dijo él.

—Eso me ha sido impuesto. En realidad, no lo quiero —espetó. Él detuvo la silla para mirarla.

—¡Quién está eludiendo su responsabilidad ahora! —dijo—. ¿Quién está intentado alejarse *ahora* de la responsabilidad de su propia dirección, como tú la llamas?

—Pero yo no quiero ninguna dirección —protestó.

—¡Ah! Pero eso es miedo. La tienes; el destino así lo dispuso. Y deberás vivir en función de ella. ¿Quién ha dado a los mineros todo lo que merece la pena tener, toda su libertad política, y su educación, sea como sea, su salud pública, sus condiciones sanitarias, sus libros, su música, todo? ¿Quién se lo ha dado? ¿Se lo han dado los mineros a los mineros? ¡No! Las Wragby y Shipley de Inglaterra han contribuido, y deben seguir haciéndolo. Ahí está tu responsabilidad.

Mientras Connie escuchaba, se ruborizó intensamente.

—Me gustaría dar algo —dijo ella—. Pero no me está permitido. Todo se vende y se paga ahora; y todo lo que mencionas ahora se lo *venden* a la gente Wragby y Shipley, y obtienen grandes beneficios. Todo se vende. Tú corazón no da ni un solo latido por simpatía. Y además, ¿quién le ha arrebatado a esta gente su vida y su humanidad, y les ha dado este horror industrial? ¿Quién ha hecho eso?

—¿Y qué debo hacer yo? —preguntó él, poniéndose pálido—. ¿Pedirles que vengan a saquearme? ¿Por qué Tevershall es tan feo, tan horrible? ¿Por qué sus vidas son tan desesperadas? Construyeron su propio Tevershall, eso es parte de su manifestación de libertad. Ellos mismos construyeron su bonito Tevershall, y viven sus propias vidas bonitas. No puedo vivir sus vidas por ellos. Cada escarabajo debe vivir su propia vida.

—Pero les obligas a trabajar para ti. Viven la vida de tu mina de carbón.

—En absoluto. Cada escarabajo encuentra su propia comida. Ningún hombre está obligado a trabajar para mí.

—Sus vidas están industrializadas y carecen de esperanza, como las nuestras —gritó.

—No lo creo. Eso es sólo una figura romántica, una reliquia del romanticismo decaído y moribundo. No tienes aspecto de estar desesperanzada ahí de pie, Connie, querida..

Lo cual era cierto. Pues brillaban sus ojos azul oscuro, tenía encendido el color de las mejillas, parecía llena de una pasión rebelde que en nada se parecía a la desesperanza. Ella se fijó, en los lugares donde había más hierba, en las jóvenes prímulas algodonosas que se alzaban cegadas aún con su pelusa. Y ella se preguntó con rabia por qué estaba tan convencida de que Clifford se *equivocaba,* sin embargo, no sabría decirle, no sabría decir exactamente *en qué* se equivocaba.

—No es de extrañar que te odien los hombres —dijo ella.

—¡No lo hacen! —replicó—. Y no caigas en el error; en el sentido de la palabra, no son *hombres*. Son animales que tú no comprendes ni podrías comprender jamás. No te hagas ilusiones con los demás. Las masas han sido siempre iguales, y siempre serán iguales. Los esclavos de Nerón se diferenciaban muy poco de nuestros mineros o de los obreros de las fábricas de Ford. Me refiero a los esclavos de las minas de Nerón, y a los esclavos de sus campos. Son las masas: son inmutables. Un individuo puede salir de la masa, pero su salida no altera la masa. Las masas son inalterables. Es una de las realidades más transcendentales de las ciencias sociales. *Panem et circenses!* Sólo que hoy la educación es uno de los malos sustitutos del circo romano. El error de hoy en día es que hemos hecho muy mal la parte circense del programa, y hemos envenenado a nuestras masas con un poco de educación.

Cuando Clifford expresaba sus verdaderos sentimientos sobre la gente ordinaria, Connie se asustaba. Había algo devastadoramente cierto en lo que decía. Pero era una verdad que mataba.

Viéndola pálida y en silencio, Clifford puso la silla en marcha de nuevo, y no dijo nada más hasta que se detuvo ante la verja del bosque, que abrió ella.

—Y lo que necesitamos levantar ahora son látigos, no espadas —dijo él—. Las masas han sido gobernadas desde el principio de los tiempos, y hasta que terminen los tiempos, tendrán que serlo. Es pura hipocresía y farsa decir que pueden gobernarse a sí mismos.

—¿Pero puedes gobernarlas? —preguntó.

—¿Yo? ¡Oh, sí! Ni mi mente ni mi voluntad están inválidas, y no gobierno con las piernas. Puedo desempeñar la parte que me corresponde en el gobierno; absolutamente, esa parte que me corresponde; y dame un hijo y será capaz de gobernar su parte después de mí.

—Pero no sería hijo tuyo, de la clase gobernante... quizás no lo fuera —tartamudeó Connie.

—No me preocupa quién pueda ser su padre, mientras sea un hombre sano y no posea una inteligencia inferior a la normal. Dame un hijo de cualquier hombre sano, de inteligencia normal, y haré de él un perfecto y competente Chatterley. Lo que importa no es quien nos engendra, sino donde nos sitúa el destino. Introduce a un niño cualquiera en las clases gobernantes, y crecerá, en su propia medida, como un gobernante. Pon hijos de reyes y de duques entre las masas, y serán pequeños plebeyos, productos de la masa. Es la abrumadora presión del entorno.

—Entonces la gente ordinaria no es una raza, ni la aristocracia se encuentra en la sangre —dijo ella.

—¡No, mi niña! Todo eso es una ilusión romántica. La aristocracia es una función, una parte del destino. Y la masa es el funcionamiento de otra parte del destino. El individuo apenas importa. Es cuestión de para qué función te educan y te adaptan. No son los individuos los que forman una aristocracia: es el funcionamiento de la aristocracia en su totalidad. Y no es el funcionamiento de la masa en su totalidad lo que hace al plebeyo lo que es.

—¡Entonces no existe una humanidad común a todos nosotros!

—Como quieras decirlo. Todos necesitamos llenar nuestros estómagos. Pero cuando se trata del funcionamiento expresivo o ejecutivo, creo que existe un abismo absoluto entre las clases gobernantes y las serviles. Las dos funciones son opuestas. Y la función determina al individuo.

Connie le miraba aturdida.

—¿Seguimos? —dijo ella.

Y él arrancó su silla. Había dicho lo que tenía que decir. Ahora había caído en su peculiar apatía vacía que a Connie le resultaba tan complicada. De todos modos, estaba decidida a no discutir en el bosque.

Frente a ellos se encontraba el espacio abierto del camino, situado entre las paredes de avellanos y los vistosos árboles grises. La silla avanzaba despacio, resoplando; pasó despacio entre los nomeolvides que crecían en el sendero como una espuma lechosa, más allá de las sombras de los avellanos. Clifford conducía por el centro de la senda, donde las pisadas mantenían un canal abierto entre las flores. Pero Connie, que caminaba detrás de él, había visto cómo avanzaban las ruedas dando sacudidas por encima de las asperillas y las ayugas, y aplastaban las florecillas amarillas de las prímulas. Ahora dejaban una estela a través de los nomeolvides.

Había toda clase de flores, las primeras campanillas formaban un remanso azul, como si se tratase de agua estancada.

—Tienes mucha razón al decir que esto es hermoso —dijo Clifford—. Es asombroso. ¡Nada hay tan maravilloso como la primavera inglesa!

Connie pensó que aquello sonaba como si la primavera floreciera gracias a una ley del Parlamento. ¡Primavera inglesa! ¿Por qué no irlandesa? ¿O judía? La silla avanzaba lentamente, pasó por los rodales de campanillas que se erguían como trigo y por encima de las hojas de bardana grises. Cuando llegaron al lugar abierto donde los árboles habían sido talados, la luz lo inundaba por completo. Y las campanillas cubrían el terreno de un color azul brillante, aquí y allá, pasando a una tonalidad lila y morada. Y en medio, los helechos alzaban sus rizadas cabezas marrones como legiones de serpientes que tuvieran un nuevo secreto que susurrar a Eva. Clifford mantuvo la silla en marcha hasta llegar a la cima de la colina; Connie le seguía despacio. Los brotes de roble se abrían suaves y marrones. Todo salía tiernamente de la antigua dureza. Incluso de los nudosos y rugosos robles salían endebles hojas jóvenes que se extendían a la luz como pequeñas alas marrones, como alas de murciélagos jóvenes. ¿Por qué los hombres nunca se renovaban, no surgían de nuevo con frescura? ¡Hombres rancios!

Clifford detuvo la silla en lo alto de la cuesta para mirar hacia abajo. Las campanillas inundaban de azul el ancho sendero, e iluminaban la cuesta de un cálido azul.

—Es un color delicado y perfecto en sí mismo —dijo Clifford—, pero no sirve para utilizarse en un cuadro.

—¡En efecto! —dijo Connie, completamente desinteresada.

—¿Nos arriesgamos a ir hasta el manantial? —preguntó Clifford.

—¿Podrá subir la silla? —dijo ella.

—Lo intentaremos. ¡Quién no arriesga, no gana!

Y la silla empezó a avanzar lentamente, a bajar dando sacudidas por el ancho camino inundado de jacintos azules. ¡Oh, el último barco atravesando los bajíos de jacintos! ¡Oh, pinaza en las últimas embravecidas aguas, navegando en el último viaje de nuestra civilización! Adónde, oh, extraño barco con ruedas, diriges tu rumbo. Tranquilo y complaciente, Clifford iba sentado al timón de la aventura, con su viejo sombrero negro y su chaqueta de *tweed*, inmóvil y prudente. ¡Oh, capitán, mi capitán, nuestro espléndido viaje ha terminado! ¡No, aún no! Cuesta abajo, en la estela, iba Constance con su vestido gris, observando las sacudidas de la silla al descender.

Pasaron ante el angosto sendero de la cabaña. Gracias a Dios no era lo bastante ancho para la silla: apenas tenía anchura suficiente para una persona. La silla llegó al pie de la ladera, giró bruscamente y desapareció. Y Connie oyó un débil silbido por detrás de ella. Miró a su alrededor; el guardabosque descendía a grandes zancadas por la cuesta, hacia ella, y la perra iba tras él.

—¿Va a la casa sir Clifford? —preguntó, mirándola a los ojos.

—No, sólo hasta el manantial.

—¡Ah, bueno! Entonces puedo mantenerme fuera de la vista. Pero te veré esta noche. Te esperaré en la puerta del parque sobre las diez.

Él la miró fijamente a los ojos.

—Sí —titubeó ella.

Oyeron el ¡paa! ¡paa! de la bocina de la silla de Clifford llamando a Connie. Ella respondió: «¡Voy!». El guardabosque hizo una pequeña mueca y le acarició suavemente el pecho con la mano, de abajo hacia arriba. Ella le miró asustada y echo a correr colina abajo, diciendo «¡Voy!» a Clifford de nuevo. El hombre la observó desde arriba, luego se dio la vuelta, sonriendo débilmente, y regresó a su sendero.

Encontró a Clifford mientras ascendía lentamente hacia el manantial, a medio camino de la ladera de los oscuros alerces. Ya había llegado allí cuando ella le alcanzó.

—Lo ha hecho muy bien —dijo, refiriéndose a la silla.

Connie contempló las grandes hojas grises de la bardana que crecían con aspecto fantasmal al borde del bosque de alerces. La gente la llamaba ruibarbo de Robin Hood. ¡Qué silencioso y sombrío parecía todo alrededor del manantial! Sin embargo, ¡el agua borbotaba tan viva, tan maravillosa! Y había eufrasias y prímulas azules... Y allí, bajo la orilla, se movía la tierra amarilla. ¡Un topo! Salió a la superficie, agitando sus manos rosadas y agitando su ciega y puntiaguda cara, con la diminuta punta del hocico rosa levantada.

—Da la impresión de que ve con la punta del hocico —dijo Connie.

—¡Mejor que con los ojos! —dijo él—. ¿Vas a beber?

—¿Y tú?

Cogió una jarrita de loza de la ramita de un árbol y se agachó para llenarla. Él bebió unos sorbos. Luego ella se volvió a agachar y bebió un poco.

—¡Está helada! —dijo ella, lanzando un grito ahogado.

—Está buena, ¿verdad? ¿Has pedido un deseo?

—¿Y tú?

—Sí. Pero no te lo diré.

Connie percibió el golpeteo de un pájaro carpintero, luego el viento, suave y sobrecogedor, que pasaba entre los alerces. Miró hacia arriba. Nubes blancas cruzaban el cielo.

—¡Nubes! —exclamó.

—Sólo borregos blancos —replicó él.

Una sombra cruzó el pequeño claro. El topo había salido nadando y se encontraba sobre la blanda tierra amarilla.

—Una pequeña bestia desagradable, deberíamos matarla —dijo Clifford.

—¡Mira! Parece un párroco en un púlpito —dijo ella.

Cogió unas cuantas ramitas de asperilla y se las llevó a él.

—¡Heno recién segado! —dijo él—. ¿No huele como las damas románticas del siglo pasado, que tenían la cabeza en su sitio, después de todo?

Ella estaba mirando a las nubes blancas.

—Me pregunto si lloverá —dijo ella.

—¡Llover! ¡Vaya! ¿Quieres que llueva?

 D. H. Lawrence

Emprendieron el camino de regreso; Clifford descendía con precaución, dando pequeñas sacudidas. Llegaron al fondo oscuro de la hondonada, giraron a la derecha, y tras avanzar unos cien metros, llegaron al pie de la larga pendiente, donde las campanillas estaban al sol.

—¡Animo, muchacha! —dijo Clifford, dirigiendo la silla hacia la cuesta.

Ascendió por la empinada cuesta traqueteando. La silla avanzaba lentamente, con dificultad y desgana. Aun así se abrió camino de un modo irregular hasta llegar a un lugar donde la rodeaban los jacintos, después se resistió, forcejeó, salió de las flores dando tirones y luego se detuvo.

—Sería mejor que tocaras la bocina para ver si viene el guardabosque —dijo Connie—. Él podría empujarla un poco. Es más, yo empujaré también, ayudará.

—Dejémosla descansar —dijo Clifford—. ¿Puedes calzar la rueda, por favor?

Connie buscó una piedra y esperaron. Pasado un rato Clifford puso el motor en marcha de nuevo, luego la silla se puso en movimiento. A la silla le flaqueaban las fuerzas como si estuviese enferma, produciendo extraños ruidos.

—¡Déjame empujar! —dijo Connie, situándose detrás.

—¡No! ¡No empujes! —dijo él enojado—. ¡Para qué sirve este maldito trasto si hay que empujarlo! ¡Pon la piedra debajo!

Hubo otra pausa, luego otro intento de ponerla en marcha, pero de un modo más ineficaz que antes.

—*Debes* permitir que empuje —dijo ella—. O tocar la bocina para que venga el guardabosque.

—¡Espera!

Ella espero; y él hizo otro intento, provocando más perjuicio que beneficio.

—Toca la bocina entonces, si no quieres que empuje —dijo ella.

—¡Diablos! ¡Cállate un momento!

Ella se calló un momento; él hizo agotadores esfuerzos con el pequeño motor.

—Lo único que conseguirás es averiarla del todo, Clifford —protestó—, además de malgastar tus energías.

—¡Si pudiera bajar y examinar este maldito trasto! —dijo exasperado. E hizo sonar la bocina con estridencia—. Quizás Mellors sea capaz de ver lo que va mal.

Aguardaron entre las flores aplastadas, bajo un cielo que se iba cubriendo de nubes. En el silencio, comenzó a oírse el currucucú de una paloma torcaz. Clifford la hizo callar con un pitido de la bocina.

El guardabosque apareció por la curva en ese momento, caminando a grandes zancadas. Saludó.

—¿Sabe algo de motores? —preguntó Clifford secamente.

—Me temo que no. ¿Se ha averiado?

—¡Eso parece! —espetó Clifford.

Solícito, el hombre se agachó junto a la rueda y miró detenidamente el pequeño motor.

—Me temo que no sé nada de todos estos aparatos mecánicos, sir Clifford —dijo con calma—. Si tiene bastante gasolina y aceite...

—Limítese a mirar con atención, a ver si puede ver algo roto —espetó Clifford.

El hombre apoyó la escopeta sobre un árbol, se quitó la chaqueta y la tiró al lado de la escopeta. La perra marrón hacía guardia. Luego el hombre se sentó sobre sus talones y observó con atención la silla, golpeando con el dedo el pequeño motor cubierto de grasa, y sintiéndose molesto por las manchas de grasa en su camisa limpia de los domingos.

—No parece que haya nada roto —dijo. Y se puso de pie, empujando hacia atrás el sombrero para apartarlo de la frente; se la frotó como si estuviera analizando el problema.

—¿Ha mirado las bielas de abajo? —preguntó Clifford—. ¡Compruebe que estén bien!

El hombre se tumbó boca abajo en el suelo, con el cuello hacia atrás, se arrastró debajo del motor y lo golpeó con el dedo. Connie pensaba en lo patético que resultaba un hombre, débil e insignificante, así tumbado boca abajo sobre la gran tierra.

—Por lo que veo, parece que todo está bien —se oyó su voz apagada.

—No creo que pueda usted hacer algo —dijo Clifford.

—Me parece que no —se levantó y se sentó sobre los talones, al estilo de los mineros—. Desde luego no hay nada roto.

Clifford puso en marcha el motor, luego aceleró. No se movió.

—Acelere un poco —sugirió el guardabosque.

A Clifford le molestó la intromisión; pero hizo zumbar el motor como un moscardón. Después tosió, rugió y pareció funcionar mejor.

—Suena como si ya no hubiese obstrucción —dijo Mellors.

Clifford ya la había puesto en marcha. La silla dio una sacudida enfermiza y avanzó tímidamente.

—Si la empujo, funcionará —dijo el guardabosque, situándose detrás.

—¡Aléjese! —espetó Clifford—. ¡Lo hará sola!

—¡Pero Clifford! —intervino Connie desde el borde del camino—. Sabes que es demasiado para ella. ¿Por qué eres tan obstinado?

Clifford estaba pálido de rabia. Golpeó las palancas. La silla dio una especie de acelerón, se tambaleó unos metros más y llegó a su fin en medio de un rodal especialmente prometedor de campanillas.

—¡Se acabó! —dijo el guardabosque—. No tiene potencia suficiente.

—Ha subido aquí antes —dijo Clifford con frialdad.

—No lo hará esta vez —dijo el guardabosque.

Clifford no respondió. Empezó a probar el motor, acelerándolo y desacelerándolo, como si quisiera sacar de él una melodía. El bosque devolvía el eco en forma de extraños ruidos. Luego se puso en marcha dando un tirón, tras haber soltado el freno.

—La va a destrozar por dentro —murmuró el guardabosque.

La silla, con una sacudida enfermiza, avanzó de lado hacia la zanja.

—¡Clifford! —gritó Connie, precipitándose hacia él.

Pero el guardabosque había cogido la silla por la barra. Clifford, sin embargo, haciendo presión, logró conducirla hacia el camino, y la silla luchaba contra la colina produciendo un extraño ruido. Mellors empujaba con firmeza desde atrás, y ascendía como si fuese recuperándose.

—¡Lo veis! ¡Está funcionando! —dijo Clifford, victorioso, volviéndose a mirar por encima del hombro. Y vio la cara del guardabosque.

—¿Ha estado empujando?

—No lo conseguirá sin empujar.

—Déjela en paz. No le pedí que empujara.

—No lo conseguirá.

—¡Déjala intentarlo! —gruñó Clifford, con todo su énfasis.

El guardabosque retrocedió; luego se dio la vuelta para ir a recoger su chaqueta y su escopeta. La silla pareció ahogarse inmediatamente. Quedó inmóvil. Clifford, prisionero en la silla, estaba blanco por la ira. Manipuló las palancas con las manos, los pies no le servían para nada. Obtuvo extraños ruidos de ella. Con violenta impaciencia movió pequeñas palancas y aún obtuvo más ruidos. Pero no se movió. Clifford paró el motor y se quedó rígido a causa de la ira.

Constance estaba sentada en la orilla del camino y contemplaba las pobres campanillas pisoteadas. «¡Nada hay tan maravilloso como la primavera inglesa!». «Puedo desempeñar la parte que me corresponde en el gobierno». «Lo que necesitamos levantar ahora son látigos, no espadas». «¡Las clases gobernantes!».

El guardabosque se acercó a grandes zancadas con la chaqueta y la escopeta. *Flossie,* prudente, iba pegada a sus talones. Clifford pidió al hombre que le hiciera algo al motor. Connie, quien no entendía nada de tecnicismos de motores, y quien ya había tenido experiencias de averías, se sentó pacientemente al borde del camino como si no existiese. El guardabosque volvió a tumbarse boca abajo. ¡Las clases gobernantes y las clases serviles!

Se puso de pie y dijo pacientemente:

—Inténtelo de nuevo.

Hablaba con voz sosegada, casi como si le hablase a un niño.

Clifford lo intentó, y Mellors avanzó rápidamente para situarse detrás y empezar a empujar. Avanzaba, el motor hacía la mitad del trabajo, el hombre el resto.

Clifford se volvió, amarillo de ira.

—¡Fuera de aquí!

El guardabosque soltó la silla de inmediato, y Clifford añadió:

—¡Cómo voy a saber si funciona!

El hombre soltó la escopeta y empezó a ponerse la chaqueta. Ya era suficiente para él.

La silla comenzó a ir marcha atrás lentamente.

—¡Clifford, el freno! —gritó Connie.

Ella, Mellors y Clifford reaccionaron de inmediato; Connie y el guardabosque se empujaron levemente. La silla se detuvo. Hubo un momento de absoluto silencio.

—¡Es obvio que estoy a merced de todo el mundo! —dijo Clifford. Estaba amarillo de ira.

No hubo respuesta. Mellors estaba colgándose la escopeta al hombro, con un semblante extraño e inexpresivo, salvo una abstraída mirada de paciencia. *Flossie*, en guardia y metida casi entre las piernas de su dueño, se movió inquieta, mirando a la silla con aire sospechoso y aversivo, y muy confusa entre los tres seres humanos. El *tableau vivant* permanecía inmóvil entre las campanillas aplastadas, sin que nadie pronunciara una palabra.

—Creo que habrá que empujarla —dijo Clifford al fin, con un tono afectado de *sangre fría*.

No hubo respuesta. El semblante abstraído de Mellors daba la impresión de que no había oído nada. Connie le miró con preocupación. Clifford también le miraba.

—¿Le importa empujarla hasta casa, Mellors? —dijo en un frío tono de superioridad—. Espero no haber dicho nada que le haya ofendido —añadió, en un tono de desagrado.

—Nada, sir Clifford. ¿Desea que empuje esa silla?

—Sí, por favor.

El hombre se acercó a ella: pero esta vez sin resultado. Se había agarrado el freno. Empujaron y tiraron, y el guardabosque dejó la escopeta y se quitó la chaqueta una vez más. Clifford no decía nada. Finalmente, el guardabosque levantó el respaldo de la silla del suelo y, dando un empujón con el pie, intentó aflojar las ruedas. Falló, la silla descendió. Clifford se agarraba a los reposabrazos. El hombre jadeaba a causa del peso.

—¡No haga eso! —le gritó Connie.

—¡Si empujara usted la rueda de esta manera, así! —le dijo, mostrándole el modo de hacerlo.

—¡No! ¡No debe levantarla! ¡Se esfuerza demasiado! —dijo ella, enrojecida ahora por la ira.

Pero él la miró a los ojos y asintió con la cabeza. Y ella tuvo que ir a sujetar la rueda, dispuesta a empujar. Él levantó la silla, ella empujó la rueda, y la silla se tambaleó.

—¡Por el amor de Dios! —exclamó Clifford aterrorizado.

Pero todo fue bien y el freno se soltó. El guardabosque puso una piedra debajo de la rueda y fue a sentarse al borde del camino, latiéndole con fuerza el corazón y con la cara blanca debido al esfuerzo, casi inconsciente. Connie le miró y casi gritó de rabia. Hubo una pausa y absoluto silencio. Ella vio que le temblaban las manos sobre los muslos.

—¿Se ha lastimado? —preguntó, yendo hacia él.

—¡No, no! —él volvió la cabeza, casi irritado.

Reinó el silencio. La cabeza rubia de Clifford no se movió. Incluso la perra permanecía inmóvil. El cielo se iba cubriendo de nubes.

Finalmente, dio un suspiro y se sonó la nariz en su pañuelo rojo.

—Esa pulmonía me quitó mucho —dijo.

No hubo respuesta. Connie estimó la fuerza que era necesaria para levantar aquella silla y al corpulento Clifford: demasiada, demasiada fuerza. ¡Podría haberle matado!

El guardabosque se levantó, recogió de nuevo su chaqueta y la colgó en la barra de la silla.

—¿Está dispuesto entonces, sir Clifford?

—¡Cuando usted lo esté!

El hombre se agachó para quitar la piedra, luego apoyó todo el peso de su cuerpo sobre la silla. Connie no le había visto nunca tan pálido, ni más ausente. Clifford pesaba mucho: y la cuesta era empinada. Connie caminaba al lado del guardabosque.

—Voy a empujar también —dijo ella.

Y empezó a empujar con la turbulenta energía que proporciona la ira en una mujer. La silla iba más deprisa. Clifford volvió la cabeza y preguntó:

—¿Es necesario eso?

—¡Por supuesto! ¿Quieres matar a este hombre? Si hubieses permitido que el motor siguiera funcionando mientras...

Pero no terminó la frase. Ya iba jadeando. Aminoró un poco el esfuerzo, pues era una labor sorprendentemente ardua.

—¡Eh! ¡Más despacio! —dijo el hombre a su lado, con una vaga sonrisa en la mirada.

—¿Está seguro de que no se ha lastimado? —dijo ella con vehemencia.

Él hizo un gesto de resignación con la cabeza. Ella le miró la mano, más bien pequeña, corta, viva, curtida por estar a la intemperie. Era la mano que la acariciaba. Ni siquiera se había fijado en ella antes. Parecía tan serena, al igual que él, con una curiosa serenidad interior que le hizo desear agarrarla con firmeza, como si ella no fuese capaz de alcanzar esa serenidad. De repente, toda su alma fue arrastrada hacia él. ¡Estaba tan callado y tan distante! Y él sintió que revivían todos sus miembros. Empujando con la mano izquierda, apoyó la derecha sobre la muñeca blanca y redonda de ella, envolviéndola suavemente con una caricia. Y la llama de la fuerza descendió por su espalda y sus caderas, reviviéndole. Y ella se inclinó de repente y le besó la mano. Mientras tanto, la parte posterior de la cabeza de Clifford, con su brillante cabello, seguía inmóvil ante ellos.

Descansaron en lo alto de la colina, y Connie se alegró de soltar la silla. Había tenido fugaces sueños de amistad entre aquellos dos hombres: uno era su marido, el otro el padre de su hijo. Ahora comprendía lo absurdos que eran sus sueños. Aquellos dos hombres eran tan opuestos como el fuego y el agua. Se exterminaban mutuamente el uno al otro. Y se daba cuenta por primera vez de lo extraño y sutil que era el odio. Por primera vez odió a Clifford de un modo consciente y definitivo, sintió un odio intenso: como si debiera ser borrado de la faz de la tierra. Y resultaba extraño lo libre y llena de vida que se sentía al odiarle así y admitirlo plenamente ante sí misma. A su mente le vino este pensamiento: «¡Ahora que le odio, no seré capaz de seguir viviendo con él!».

En terreno llano, el guardabosque podía empujar la silla solo. Clifford mantuvo una pequeña conversación con ella para demostrar absoluta serenidad. Habló de tía Eva, que se encontraba en Dieppe, y de sir Malcolm, quien le había escrito para preguntar si Connie iría a Venecia con él en su pequeño automóvil, o si Hilda y ella irían en tren.

—Preferiría ir en tren —dijo Connie—. No me gustan los viajes largos en automóvil, especialmente cuando hay polvo. Pero preguntaré a Hilda qué es lo que quiere hacer ella.

—Querrá viajar en su propio automóvil y llevarte con ella —dijo él.

—¡Probablemente!... Aquí debo ayudarle. No tiene idea de lo pesada que es esta silla.

Se acercó al respaldo de la silla y caminó, codo con codo, con el guardabosque, empujando la silla por el sendero rosa. No le importaba que les vieran.

—¿Por qué no espero aquí y vas a buscar a Field? Tiene fuerza suficiente para este trabajo —dijo Clifford.

—Está tan cerca —dijo ella, jadeando.

Pero tanto ella como Mellors se limpiaron el sudor de la frente cuando llegaron arriba. Era curioso, pero durante aquel trabajo en común se habían sentido mucho más cerca de lo que lo habían estado antes.

—Muchas gracias, Mellors —dijo Clifford, cuando llegaron a la puerta de la casa—. Tendré que conseguir otra clase de motor, eso es todo. ¿Quiere ir a la cocina para que le den algo de comer? Ya debe ser la hora.

—Gracias, sir Clifford. Voy a comer en casa de mi madre hoy, domingo.

—Como guste.

Mellors se puso la chaqueta, miró a Connie, saludó y se marchó. Connie, furiosa, subió al piso de arriba.

Durante el almuerzo, no pudo reprimir sus sentimientos.

—¿Por qué eres tan abominablemente desconsiderado, Clifford? —le dijo.

—¿Con quién?

—¡Con el guardabosque! Si a eso es a lo que llamas clases gobernantes, lo lamento por ti.

—¿Por qué?

—¡Un hombre que ha estado enfermo, y no es fuerte! Te juro que si yo perteneciera a las clases serviles, te haría esperar mis servicios. Ya podrías llamar todo lo que quisieras.

—Me lo creo.

—Si hubiera estado sentado en una silla con las piernas paralizadas y se hubiera comportado como te has comportado tú, ¿qué habrías hecho por él?

—Mi querida evangelista, confundir personas con personalidades es de mal gusto.

—Y tu desagradable y estéril falta de compasión es del peor gusto imaginable. ¡Nobleza obliga! ¡Tú y tu clase gobernante!

—¿Y a qué debería obligarme? ¿A sentir un montón de emociones innecesarias por mi guardabosque? Me niego. Se las dejo todas a mi evangelista.

—¡Cómo si no fuese un hombre igual que tú!

—Es mi guardabosque, y le pago dos libras a la semana, y le doy casa.

—¡Le pagas! ¿Qué crees que le pagas con dos libras a la semana y una casa?

—Sus servicios.

—¡Bah! Yo te diría que te guardases tus dos libras a la semana y tu casa.

—Probablemente lo haría; pero no puede permitirse ese lujo.

—¡Tú y tus *normas!* Tú no gobiernas, no te halagues. Sólo tienes más dinero del que te corresponde y obligas a la gente a trabajar para ti por dos libras a la semana, o les amenazas con morir de hambre. ¡Gobernar! ¿Qué les da tú en tu gobierno? ¡Porque estás seco! ¡Te limitas a intimidar con tu dinero, como cualquier judío o cualquier Schieber!

—¡Un discurso muy elegante, lady Chatterley!

—Te aseguro que tú has sido también muy elegante en el bosque. Me he sentido completamente avergonzada de ti. ¡Mi padre vale diez veces más que tú como ser humano; tú, tan *caballero!*

Él alcanzó a tocar la campanilla para llamar a la señora Bolton. Pero estaba amarillo a causa de la ira.

Ella subió a su habitación, furiosa, diciéndose a sí misma: «No hace más que comprar a la gente. Bueno, él no me compra y, por lo tanto, no hay necesidad de que me quede con él. El caballero es un pez muerto, con alma de celuloide. ¡Y cómo embaucan a uno con sus modales y su fingida melancolía y dulzura! Tienen tanta sensibilidad como el celuloide».

Preparó su plan para la noche y decidió no pensar más en Clifford. No quería odiarle. No quería profundizar con él en ninguna clase de sentimiento. Deseaba que él no supiera nada de sí misma; y especialmente, que no supiera nada sobre sus sentimientos hacia el guardabosque. La disputa sobre la actitud de ella hacia los sirvientes era antigua. Él la consideraba demasiado familiar, ella le consideraba a él estúpidamente insensible, duro y exigente en su trato con los demás.

A la hora de la cena, ella bajó las escaleras con calma, con su habitual porte recatado. Clifford seguía amarillo por la ira; en uno de sus ataques de hígado, lo que sucedía cuando se encontraba realmente raro. Estaba leyendo un libro francés.

—¿Has leído alguna vez a Proust? —le preguntó.

—Lo he intentado, pero me aburre.

—Es realmente extraordinario.

—¡Posiblemente! Pero me aburre. ¡Toda esa sofisticación! No tiene sentimientos, sólo torrentes de palabras sobre sentimientos. Estoy cansada de mentalidades engreídas.

—¿Preferirías animalidades engreídas?

—¡Tal vez! Cabría la posibilidad de encontrar algo que no fuese engreimiento.

—Bueno, a mí me gusta la sutileza de Proust y su anarquía educada.

—Eso hace que mueras, realmente.

—Ya está hablando mi mujercita evangélica.

¡Ya estaban empezando otra vez, otra vez! Pero Connie no podía evitar discutir con él. Parecía estar sentado allí como un esqueleto, transmitiendo su fría y quejumbrosa *voluntad* de esqueleto contra ella. Casi podía sentir que el esqueleto la agarraba y presionaba contra sus costillas. Él también se hallaba en pie de guerra; y ella sentía cierto miedo ante él.

Subió en cuanto le fue posible y se acostó muy temprano. Pero a las nueve y media se levantó y salió a escuchar. No se oía nada. Se puso una bata y bajó las escaleras. Clifford y la señora Bolton estaban jugando a las cartas, apostando. Probablemente continuarían hasta la medianoche.

Connie regresó a su habitación, lanzó el pijama sobre la cama deshecha, se puso un ligero vestido de tenis y sobre él un vestido de lana, se calzó unas zapatillas de tenis, y luego un abrigo ligero. Ya estaba preparada. Si se encontraba con alguien, diría que había salido sólo unos minutos. Y por la mañana, cuando regresara, diría que había salido a dar un paseo al amanecer, como solía hacer antes de desayunar. Respecto a lo demás, el único peligro se encontraba en si alguien entraba en su habitación durante la noche. Pero era de lo más improbable. La posibilidad era de una entre cien.

Betts no había cerrado con llave. Solía cerrar la casa a las diez y volvía a abrirla a las siete de la mañana. Se escabulló en silencio y sin que la viesen. Brillaba una media luna, suficiente para iluminar un poco el mundo, pero no lo bastante para que se viese su abrigo gris oscuro. Cruzó el parque rápidamente, pero no sentía realmente la emoción del encuentro, sino cierta ira y rebeldía ardiendo en su corazón. No era el estado de ánimo apropiado para un encuentro amoroso. Pero, ¡*à la guerre comme à la guerre!*

Capítulo XIV

Cuando se acercó a la puerta del parque, escuchó el chasquido del pestillo. Él estaba allí, entonces, en la oscuridad del bosque, ¡y la había visto!

—Estás bien y has llegado temprano —dijo él en la oscuridad—. ¿Ha ido todo bien?

—Ha sido muy fácil.

Él cerró la puerta en silencio tras ella, y proyectó una luz sobre el suelo oscuro, mostrando las pálidas flores que aún permanecían abiertas en la noche. Continuaron separados, en silencio.

—¿Estás seguro de que no te hiciste daño esta mañana con la silla? —preguntó ella.

—¡No, no!

—Cuando tuviste la pulmonía, ¿qué pasó?

—¡Oh, nada! Me dejó el corazón menos fuerte y los pulmones menos elásticos. Pero siempre sucede eso.

—Y no deberías hacer esfuerzos físicos violentos, supongo.

—No con frecuencia.

Ella siguió adelante en un enojado silencio.

—¿Odiaste a Clifford? —dijo al fin.

—¡Odiarle! ¡No! He conocido a demasiados como él para molestarme en odiarles. Sé de antemano que no me importa la gente de esa clase, y lo dejé pasar por eso.

—¿De qué clase es?

—Tú le conoces mejor que yo. De esa clase de caballeros más bien jóvenes y afeminados, y sin pelotas.

—¿Qué pelotas?

—¡Pelotas! ¡Las pelotas de un hombre!

Ella reflexionó sobre esto.

—Pero, ¿es cuestión de eso? —preguntó, un poco molesta.

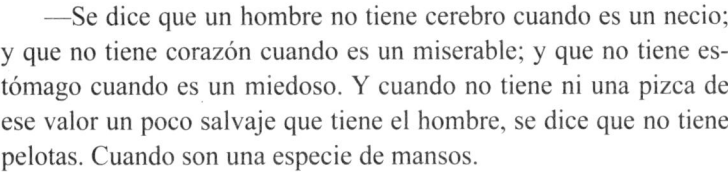

D. H. Lawrence

—Se dice que un hombre no tiene cerebro cuando es un necio; y que no tiene corazón cuando es un miserable; y que no tiene estómago cuando es un miedoso. Y cuando no tiene ni una pizca de ese valor un poco salvaje que tiene el hombre, se dice que no tiene pelotas. Cuando son una especie de mansos.

—¿Y Clifford es manso? —preguntó.

—Manso, y desagradable por eso; como la mayoría de esos individuos, cuando te enfrentas a ellos.

—¿Y crees que tú no eres manso?

—¡Tal vez no del todo!

Finalmente, ella vio a lo lejos una luz amarilla. Se quedó quieta.

—¡Hay luz! —exclamó.

—Siempre dejo una luz en la casa —dijo él.

Ella continuó andando a su lado, pero sin tocarle, preguntándose por qué iba con él.

Él abrió la puerta y entraron. Luego cerró con cerrojo tras ellos. ¡Como si fuese una prisión!, pensó. La tetera silbaba en el fuego, había dos tazas sobre la mesa.

Ella se sentó en el sillón de madera que había junto al fuego. Hacía calor después del frío del exterior.

—Me quitaré las zapatillas, están húmedas —dijo ella.

Apoyó los pies, cubiertos con las medias, sobre la pantalla de acero brillante. Él fue a la despensa y trajo comida: pan, mantequilla y fiambre de lengua. Ella tenía calor, se quitó el abrigo. Lo colgó en la puerta.

—¿Quieres cacao, té o café para beber? —preguntó él.

—No creo que quiera nada —dijo, mirando la mesa—. Pero come tú.

—No, no importa. Sólo le daré de comer a la perra.

Caminaba con pasos pesados y determinación sobre el suelo de ladrillo mientras le echaba comida a la perra en un cuenco marrón. La *spaniel* le miró con preocupación.

—Sí, esta es tu cena, no me mires como si no fuera a dártela —le dijo.

Colocó el cuenco sobre la esterilla y él se sentó en una silla junto a la pared para quitarse las polainas y las botas. La perra, en vez de comer, se acercó de nuevo a él y se sentó, mirándole preocupada.

El hombre se desabrochó las polainas lentamente. La perra se acercó un poco más.

—¿Qué te pasa? ¿Estás disgustada porque hay alguien más aquí? ¡Hembra tenías que ser! ¡Vete a cenar!

Le puso la mano sobre la cabeza, y el animal la inclinó hacia un lado y la apoyó en él. Él le tiró de su larga y sedosa oreja lenta y suavemente.

—¡Allí! —dijo—. ¡Allí! ¡Vete a cenar! ¡Vamos!

Inclinó su silla hacia el cuenco de la comida que había sobre la esterilla, la perra fue dócilmente y empezó a comer.

—¿Te gustan los perros?

—Lo cierto es que no. Son demasiado obedientes y pegajosos.

Él se había quitado las polainas y estaba desatándose sus pesadas botas. Connie se había apartado del fuego. ¡Qué desnuda estaba la pequeña habitación! Sin embargo, en la pared, sobre su cabeza, colgaba una horrible fotografía ampliada de una joven pareja casada, aparentemente él y una joven de rostro audaz, sin duda su esposa.

—¿Ese eres tú? —le preguntó Connie.

Él se volvió y miró la ampliación que había sobre su cabeza.

—Sí. Fue tomada justo después de casarnos, cuando yo tenía veintiún años —dijo, mirándola impasiblemente.

—¿Te gusta? —le preguntó Connie.

—¿Gustarme? ¡No! Jamás me ha gustado. Pero ella lo arregló todo para que nos la hicieran.

Él volvió a la tarea de quitarse las botas.

—Si no te gusta, ¿por qué sigues teniéndola colgada ahí? Tal vez le gustara a tu mujer tenerla —dijo ella.

Él la miró y esbozó una repentina sonrisa.

—Se llevó de la casa todo lo que valía la pena —dijo él—. Pero dejó *eso*.

—¿Entonces por qué la conservas? ¿Por razones sentimentales?

—No, nunca la miro. Apenas me daba cuenta de que estaba ahí. Ha estado ahí desde que vinimos a este lugar.

—¿Por qué no la quemas?

Él volvió a girarse y miró la fotografía ampliada. Estaba enmarcada en un marco marrón y dorado, horrible. Mostraba a un hombre bien afeitado, alerta, de aspecto muy joven, con cuello de camisa

alto, y una joven algo regordeta, de aspecto audaz, con el cabello ahuecado y rizado, y llevaba puesta una blusa de raso.

—No sería mala idea, ¿verdad? —dijo él.

Se había quitado las botas y puesto un par de zapatillas. Se subió a la silla y bajó la fotografía. Dejó un gran espacio más pálido en el papel verdoso de la pared.

—No hace falta limpiarle el polvo —dijo, colocándola contra la pared.

Fue a la trascocina y regresó con martillo y tenazas. Sentándose donde lo había hecho antes, comenzó a arrancar el papel de la parte posterior del gran marco, y a quitar las espigas que mantenían el tablero en posición, trabajando con la inmediata y serena concentración que le caracterizaba.

No tardó en quitar los clavos; luego sacó las tablas traseras, después la propia ampliación, en su sólido soporte blanco. Miró la fotografía con aire divertido.

—Me muestra tal como era, un cura joven; y a ella tal como era, una bravucona —dijo—. ¡El mojigato y la bravucona!

—¡Déjame verla! —dijo Connie.

Era cierto que parecía muy bien afeitado y muy limpio, uno de los jóvenes pulcros de hacía veinte años. Pero incluso en la fotografía, sus ojos eran despiertos e imperturbables. Y la mujer no era exactamente una bravucona, aunque tenía una mandíbula firme. Había cierto atractivo en ella.

—¡Nunca deberían guardarse estas cosas! —dijo Connie—. ¡No se debería! ¡Ni siquiera deberían hacerse!

Él rompió sobre su rodilla la fotografía de cartón y el soporte, y cuando los trozos fueron suficientemente pequeños, los echó al fuego.

—Acabará con el fuego —dijo él.

Subió con cuidado al piso de arriba el cristal y el tablero.

Hizo pedazos el marco con unos cuantos martillazos, haciendo saltar el estuco. Después se llevó los trozos a la trascocina.

—Los quemaré mañana —dijo—. Hay demasiado yeso en la moldura.

Después de recoger todo, se sentó.

—¿Amaste a tu esposa? —le preguntó ella.

—¿Amar? —dijo él—. ¿Amabas tú a sir Clifford?

Pero ella no iba a desanimarse.

—Pero, ¿la querías? —insistió.

—¿Querer? —dijo, con una amplia sonrisa.

—Quizás la quieras todavía —dijo ella.

—¡Yo! —dijo, abriendo mucho los ojos—. ¡No, ni siquiera pienso en ella! —dijo con serenidad.

—¿Por qué?

Pero él hizo un gesto de negación con la cabeza.

—Entonces, ¿por qué no te divorcias? Regresará a ti algún día —dijo Connie.

Él alzó la vista hacia ella con severidad.

—No se acercaría ni a un kilómetro de mí. Me odia mucho más de lo que la odio yo a ella.

—Verás como regresa.

—No lo hará. ¡Eso ha terminado! Me pondría enfermo si la viera.

—La verás. Y no estás separado legalmente, ¿verdad?

—No.

—¡Bueno, pues entonces volverá, y tendrás que admitirla aquí!

Él miró fijamente a Connie. Después hizo un extraño gesto con la cabeza.

—Tal vez tengas razón. Fui un necio al regresar aquí. Pero me sentía abandonado y tenía que ir a alguna parte. Un hombre abandonado que va donde le lleva el viento. Pero tienes razón. Me divorciaré y quedaré libre. Detesto esas cosas como la muerte, los funcionarios, los tribunales y los jueces. Pero tengo que seguir adelante con eso. Me divorciaré.

Y ella le vio apretar la mandíbula. En su interior se sentía exultante.

—Creo que tomaré ahora esa taza de té —dijo.

Él se levantó a prepararla. Pero su rostro estaba tenso. Cuando se sentaron a la mesa, ella le preguntó:

—¿Por qué te casaste con ella? Era inferior a ti. La señora Bolton me habló de ella. Nunca comprendió por qué te casaste con ella.

Él la miró fijamente.

—Te lo contaré —dijo—. La primera novia que tuve fue cuando tenía dieciséis años. Era la hija de un maestro de escuela de Ollerton; era bonita, realmente bonita. Se suponía que yo era un joven listo de la escuela de secundaria de Sheffield, que sabía un poco de francés y de alemán, era superior a los demás. Ella era de esa clase de románticas que odian la vulgaridad. Me animó a leer y a la poesía; en cierto sentido, me hizo un hombre. Yo leía y pensaba con entusiasmo por ella. Y estaba empleado en las oficinas Butterley; era un tipo delgado, pálido, y echaba humo con todas las cosas que leía. Y hablaba de *todo* con ella, de todo. Hablábamos de Persépolis y de Tombuctú. Éramos la pareja más cultivada en literatura en diez condados a la redonda. Me sentía extasiado con ella, verdaderamente extasiado. Sencillamente flotaba como el humo. Y ella me adoraba. La serpiente oculta en la hierba era el sexo. Ella, en cierto modo, no lo tenía; al menos no donde se suponía que debía estar. Yo estaba adelgazando y volviéndome loco. Después dije que teníamos que ser amantes. Lo hablé con ella, como de costumbre. De modo que ella lo permitió. Yo me excitaba mucho, pero ella nunca lo deseaba. No lo deseaba en absoluto. Me adoraba, le encantaba que hablara con ella y la besara; en ese sentido, sentía pasión por mí. Pero lo otro, no lo deseaba nunca. Y era lo otro lo que yo quería. Así que nos separamos. Fui cruel y la dejé. Después tuve a otra muchacha, una maestra, que había provocado un escándalo por liarse con un hombre casado y al que casi hizo perder la razón. Era dulce, de piel blanca, del tipo de mujeres dulces, más mayor que yo, tocaba el violín. Era un demonio. Le encantaba todo lo que se tratara de amor, excepto el sexo. Abrazaba, acariciaba, se acercaba a mí en todos los sentidos, pero si la obligabas al sexo propiamente dicho, apretaba los dientes y expulsaba odio. Yo la obligaba, y ella se limitaba a paralizarme con su odio a causa de aquello. Así que me sentí frustrado de nuevo. Detestaba todo aquello. Quería una mujer que me deseara, y que deseara *eso*.

»Después llegó Bertha Coutts. Habían vivido en una casa al lado de la nuestra cuando yo era niño, así que los conocía muy bien. Y eran gente ordinaria. Pues bien, Bertha se había marchado a algún sitio de Birmingham; ella decía que de dama de compañía; los demás decían que de camarera, o algo parecido, en un hotel. En cualquier caso, cuando yo ya estaba más que harto de la otra chica, cuando tenía veintiún años, regresó Bertha, dándose ínfulas y con cierta elegancia, y con sus ropas elegantes y una especie de lozanía en ella; una especie de lozanía sensual que ves a veces en una mujer, o en una chiflada. Bueno, yo me sentía como en un infierno. Renuncié a mi trabajo en Butterley porque pensé que era un débil si me quedaba allí de oficinista; y me fui de maestro herrero a Tevershall, a herrar caballos principalmente. Había sido el oficio de mi padre, y yo siempre había estado con él. Manejar caballos era un trabajo que me gustaba, y me resultaba algo natural. Así que dejé de hablar «fino», como dice la gente, de hablar el inglés correcto, y volví al dialecto. Aún leía libros en casa; pero era herrero, tenía carro propio y me sentía el rey del mundo. Mi padre me dejó trescientas libras cuando murió. De modo que me entendí con Bertha y me alegré de que fuese vulgar. Quería que fuese vulgar. Yo mismo quería ser vulgar. Pues bien, me casé con ella y no estuvo mal. Aquellas otras mujeres «puras» casi me habían dejado sin pelotas, pero ella se portaba bien en ese sentido. Me deseaba y no se andaba con rodeos. Y yo me sentía de lo más satisfecho. Eso era lo que yo quería: una mujer que *desease* joder conmigo. Y creo que ella me despreciaba un poco por estar tan satisfecho, y a veces se llevaba el desayuno a la cama. Pero dejó de ocuparse de las cosas, no me tenía preparada una cena apropiada cuando volvía del trabajo, y si decía algo yo, se me echaba encima. Y yo me defendía con uñas y dientes. Me tiró una taza y yo la agarré del cogote y casi la estrangulo. ¡Esa clase de cosas! Pero ella me trataba con insolencia. Llegó al punto de no querer acceder nunca cuando yo la deseaba; nunca. Siempre me quitaba las ganas de una forma brutal. Y luego, cuando ya me había quitado las ganas y no la deseaba, venía ella, muy tierna, y me conseguía. Y yo siempre accedía. Pero cuando la poseía, jamás terminaba a la vez que yo. ¡Jamás! Se limitaba a esperar. Si yo me contenía media hora, ella se contenía aún más tiempo. Y cuando yo llegaba y terminaba realmente, entonces comenzaba ella por su cuenta, y tenía que seguir dentro de ella hasta que lo conseguía por sí misma, moviéndose y gritando, agarrándose ella misma ahí abajo hasta que terminaba y se quedaba en éxtasis. Y después decía: «¡Ha sido maravilloso!». Poco a poco me fui cansando de eso, y ella fue empeorando. Cada vez resultaba más difícil que lo consiguiera ella, y a mí me destrozaba ahí abajo, como si fuese un pico desgarrándome. ¡Por Dios! Crees que una mujer es blanda ahí abajo, como un higo. Pero te digo que las viejas tienen pico entre las piernas, y te desgarran hasta hacerte sentir náuseas. ¡Yo! ¡Yo! ¡Yo! ¡Todo yo! ¡Desgarrando y gritando! Hablan del egoísmo de los hombres, pero dudo que pueda compararse con

la rapacidad ciega de una de esas mujeres, una vez han tomado ese camino. ¡Como una puta vieja! Y ella no podía evitarlo. Le hablé de ello, le dije que detestaba aquello. Y ella incluso lo intentó. Procuraba quedarse quieta y dejarme trabajar *a mí*. Lo intentaba, pero resultaba inútil. No le producía placer alguno mi trabajo. Tenía que trabajarse a sí misma, moler su propio café. Y volvió a ser como antes, para ella era una necesidad absoluta, tenía que dejarse llevar y desgarrar, desgarrar, desgarrar, como si no tuviese sensibilidad nada más que en la punta de su pico, la mismísima punta del pico, que frotaba y desgarraba. Eso es lo que solían hacer las rameras viejas, según dicen los hombres. Era una especie de baja obstinación, una especie de obstinación absoluta: como la de una mujer que bebe. Pues bien, al final, no pude soportarlo. Dormíamos separados. Ella misma había empezado, en sus peleas, cuando quería estar alejada de mí, cuando decía que yo le daba órdenes. Había empezado a tener su habitación propia. Pero llegó el momento en el que ya no la quería en mi habitación, no la quería.

»Odiaba aquella situación, y ella me odiaba a mí. ¡Dios mío, cómo me odiaba antes de nacer la niña! A menudo pienso que la concibió con odio. De todos modos, después de nacer la niña, la dejé en paz. Y cuando llegó la guerra, me alisté. No regresé hasta que estaba con ese individuo de Stacks Gate.

Dejó de hablar, su rostro estaba pálido.

—¿Y cómo es el hombre de Stacks Gate? —preguntó Connie.

—Como un niño grande, muy mal hablado. Ella le intimida, y beben los dos.

—¡Santo cielo, si regresara!

—¡Dios mío, sí! Me marcharía, volvería a desaparecer.

Hubo un silencio. El cartón que había echado al fuego se había convertido en ceniza gris.

—De modo que cuando conseguiste a una mujer que te deseaba —dijo Connie— resultó ser algo excesivo.

—¡Sí! ¡Eso parece! Sin embargo, aún la prefiero a las del nunca-nunca; al amor puro de mi juventud, y al otro lirio que olía a veneno, y a las demás.

—¿Qué hay de las demás? —dijo Connie.

—¿Las demás? No hay más. Según mi experiencia, la mayoría de las mujeres son así: la mayoría quieren un hombre, pero no quieren sexo, aunque lo toleran como parte del trato. Las más anticuadas se limitan a yacer ahí como si nada y a dejarse hacer. No les importa más tarde, y luego les gustas. Pero el verdadero asunto en sí mismo no significa nada para ellas, les resulta desagradable. Y a la mayoría de los hombres les gusta eso. Yo lo detesto. Pero esa clase de mujeres astutas que son así fingen no serlo. Fingen que son apasionadas y que se excitan. Pero todo es cuento. Se lo inventan. Luego están las que les gusta todo, toda clase de sensaciones, de arrumacos y formas de acabar, todo menos lo natural. Siempre te hacen terminar cuando *no* estás en el único lugar en el que deberías estar cuando terminas. Luego están las duras, con las que es endemoniadamente difícil lograrlo, y lo logran ellas solas, como mi esposa. Quieren ser la parte activa. Después está la clase de las que están muertas por dentro, pero muertas; y lo saben. Luego las que te hacen salir antes de que realmente hayas terminado, y siguen meneando sus caderas hasta que lo consiguen contra tus muslos. Pero la mayoría son lesbianas. Es asombroso lo lesbianas que son las mujeres, consciente o inconscientemente. Tengo la impresión de que casi todas son lesbianas.

—¿Y te importa? —preguntó Connie.

—Podría matarlas. Cuando estoy con una mujer que es lesbiana de veras, me dan ganas de gritar y deseo matarla.

—¿Y qué haces?

—Me limito a irme en cuanto puedo.

—Pero, ¿crees que las mujeres lesbianas son peores que los hombres homosexuales?

—¡Por supuesto! Me han hecho sufrir más. En abstracto, no tengo ni idea. Cuando me encuentro con una lesbiana, tanto si lo sabe ella como si no, me pongo furioso. ¡No, no! Pero no quería tener nada que ver con ninguna otra mujer nunca más. Quería vivir apartado: conservar mi intimidad y mi decencia.

Estaba pálido, y sus cejas le daban un aspecto sombrío.

—¿Y lamentaste que llegara yo?

—Lo lamenté y me alegré.

—¿Y ahora?

—Lo lamento en lo que se refiere al exterior: todas las complicaciones, las cosas feas y la recriminación que vendrán, tarde o temprano. Es entonces cuando me faltan las fuerzas y me deprimo. Pero cuando me hierve la sangre, me alegro. Incluso me siento un triunfa-

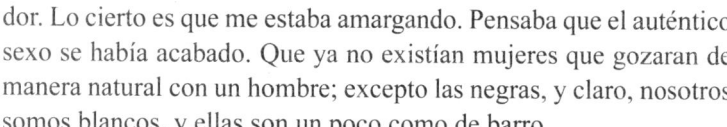

dor. Lo cierto es que me estaba amargando. Pensaba que el auténtico sexo se había acabado. Que ya no existían mujeres que gozaran de manera natural con un hombre; excepto las negras, y claro, nosotros somos blancos, y ellas son un poco como de barro.

—Y ahora, ¿te alegras de estar conmigo? —preguntó ella.

—¡Sí! Cuando soy capaz de olvidar lo demás. Cuando no soy capaz de olvidar lo demás, deseo meterme debajo de la mesa y morir.

—¿Por qué debajo de la mesa?

—¿Por qué? —rio—. Me escondo, supongo, ¡como un niño!

—Al parecer has tenido experiencias horribles con las mujeres —dijo.

—Verás, no podía engañarme a mí mismo. Eso es lo que hacen la mayoría de los hombres. Toman una actitud y aceptan la mentira. Yo nunca he podido engañarme a mí mismo. Sabía lo que quería de una mujer, y nunca he podido decir que lo había conseguido cuando no era así.

—¿Pero lo has conseguido ahora?

—Parece que sí.

—Entonces, ¿por qué estás tan pálido y abatido?

—Estoy harto de recuerdos; y quizás me tema a mí mismo.

Ella guardó silencio. Se estaba haciendo tarde.

—¿Y crees que es importante, un hombre y una mujer? —le preguntó.

—Para mí lo es. Para mí tener una relación adecuada con una mujer es el centro de mi vida.

—¿Y si no lo consiguieras?

—Entonces tendría que prescindir de esa relación.

De nuevo reflexionó ella antes de preguntar:

—¿Y crees que siempre has sido correcto con las mujeres?

—¡Dios mío! ¡No! Permití que mi mujer se convirtiera en lo que llegó a ser; en buena parte fue culpa mía. Yo la eché a perder. Y soy muy desconfiado. Tendrás que esperar eso de mí. Se necesita mucho tiempo para hacerme confiar en alguien, interiormente. De modo que tal vez yo también sea un farsante. Desconfío. Y no debe malinterpretarse la ternura.

Ella le miró.

—Tú no desconfías de tu cuerpo cuando te hierve la sangre —dijo ella—. No desconfías entonces, ¿verdad?

—¡Por desgracia, no! Eso es lo que ha causado todos los problemas. Y esa es la razón por la que mi mente desconfía plenamente.

—Deja que tu mente desconfíe. ¡Qué importa!

La perra suspiró incómoda sobre la esterilla. El fuego, cubierto de cenizas, se iba apagando.

—*Somos* un par de guerreros maltratados —dijo Connie.

—¿A ti también te han maltratado? —rio—. ¡Y aquí estamos, volviendo a la refriega!

—¡Sí! Y me siento realmente asustada.

—¡Ay!

Él se levantó, puso a secar las zapatillas de ella, limpió sus botas con un trapo y las colocó cerca del fuego. Por la mañana las engrasaría. Retiró del fuego, hasta donde fue posible, las cenizas producidas por el cartón.

—Hasta quemada está sucia —dijo.

Después trajo astillas y las dejó sobre el hogar para la mañana siguiente. Luego salió un rato con la perra.

Cuando regresó, dijo Connie:

—Quiero salir un momento también.

Salió sola a la oscuridad. Había estrellas en el cielo. Pudo oler las flores en el aire de la noche. Y pudo sentir que sus zapatillas húmedas volvían a mojarse de nuevo. Pero tenía ganas de alejarse de él, de él y de todo el mundo.

Hacía frío. Se estremeció y regresó a la casa. Él estaba sentado frente al mortecino fuego.

—¡Uff! ¡Qué frío! —dijo, estremeciéndose.

Él echó las astillas al fuego, fue a por más, hasta conseguir tener un buen fuego crepitante en la chimenea. Las llamas amarillas que ascendían ondulantes les alegraron a ambos, calentaba sus rostros y sus almas.

—¡No importa! —dijo ella, cogiéndole la mano mientras él permanecía en silencio y distante—. Uno hace lo que puede.

—¡Sí! —suspiró él, con una sonrisa torcida.

Ella se deslizó hacia él, se colocó entre sus brazos, mientras él permanecía allí sentando frente al fuego.

—¡Olvida entonces! —susurró ella—. ¡Olvida!

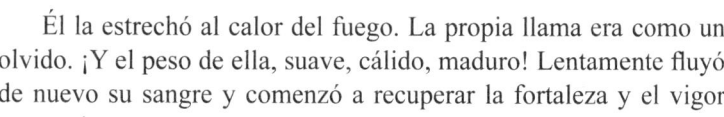

Él la estrechó al calor del fuego. La propia llama era como un olvido. ¡Y el peso de ella, suave, cálido, maduro! Lentamente fluyó de nuevo su sangre y comenzó a recuperar la fortaleza y el vigor temerario.

—Quizás las mujeres sí desearan *realmente* estar allí y amarte debidamente, sólo que tal vez no podían. Quizás no fuese culpa suya —dijo Connie.

—Lo sé. ¿Crees que no sé que he sido una serpiente pisoteada?

—Pero ahora no lo eres —dijo ella—. Ahora no eres una serpiente pisoteada.

Ella se aferró a él de repente. No quería empezar con todo eso de nuevo; sin embargo, cierta perversidad le obligaba a hacerlo.

—No sé lo que soy. Se avecinan días negros.

—¡No! —protestó ella, aferrándose a él—. ¿Por qué? ¿Por qué?

—Vendrán días negros para nosotros y para todo el mundo —repitió con un profético pesimismo.

—¡No! ¡No debes decir eso!

Él guardó silencio. Pero ella podía sentir el negro vacío de la desesperación dentro de él. Eso significaba la muerte de todo deseo, la muerte de todo amor: esa desesperación que era como la oscura cueva en el interior de los hombres, en la que se perdía su ser.

—Y tú hablas tan fríamente de sexo —dijo ella—. Hablas como si solo descases tu propio placer y satisfacción.

Protestaba en un estado nervioso contra él.

—¡No! —dijo él—. Yo deseaba obtener placer y satisfacción de una mujer, y nunca lo obtuve, porque nunca podría obtener placer y satisfacción de *ella,* a menos que ella lo obtuviera de mí al mismo tiempo. Y nunca ocurrió. Es cosa de dos.

—Pero tú nunca creíste en tus mujeres. Ni siquiera crees realmente en mí —dijo ella.

—No sé qué significa creer en las mujeres.

—¡Eso es! ¿Lo ves?

Ella aún estaba acurrucada en su regazo. Pero su espíritu estaba gris y ausente, no estaba allí con ella. Y todo lo que decía ella le alejaba aún más.

—Pero, ¿en qué crees? —insistió ella.

—No lo sé.

—En nada, como todos los hombres que conozco —dijo ella.

Se quedaron en silencio. Luego él se animó y dijo:

—Sí, creo en algo. Creo en la calidez del corazón. Creo especialmente en la calidez del corazón en el amor, en joder con calidez en el corazón. Creo que si los hombres pudieran joder con calidez en el corazón, y las mujeres lo aceptaran con la misma calidez, todo iría bien. El joder con el corazón frío significa muerte y estupidez.

—Pero tú no jodes conmigo con el corazón frío —protestó ella.

—No quiero joder contigo de ninguna manera. Mi corazón está tan frío como las patatas en este momento.

—¡Oh! —exclamó ella, besándole burlona—. ¡Nos las comeremos *sautéed*!

Él se rio y se irguió en la silla.

—¡Es así! —dijo él—. Daría cualquier cosa por la calidez del corazón. Pero a las mujeres no les gusta. Ni siquiera a ti te gusta en realidad. Te gusta joder bien, con intensidad, a fondo, con el corazón frío, y luego fingir que todo ha sido dulzura. ¿Dónde está tu ternura hacia mí? Recelas de mí como el gato del perro. Insisto en que la ternura y la calidez del corazón es cosa de dos. Te encanta joder como es debido, pero quieres que se le dé un nombre grandioso y misterioso, sólo para halagar tu vanidad. Tu vanidad significa más para ti, cincuenta veces más, que cualquier hombre, o que estar con un hombre.

—Pero eso es lo que yo diría de ti. Tu vanidad lo es todo para ti.

—¡Muy bien, entonces! —dijo, moviéndose como si deseara levantarse—. Separémonos entonces. Preferiría morir que joder con el corazón frío.

Ella se apartó y él se puso en pie.

—¿Y crees que yo lo deseo? —dijo ella.

—Espero que no —replicó él—. Pero, de todos modos, vete a la cama y yo dormiré aquí.

Ella le miró. Estaba pálido, sus cejas mostraban un gesto huraño, estaba tan distante como el polo norte. Todos los hombres eran iguales.

—No puedo regresar a casa hasta mañana —dijo ella.

—¡No! Vete a la cama. Es la una menos cuarto.

—No lo haré —dijo ella.

Él cruzó la habitación y recogió sus botas.

—Entonces, saldré yo —dijo.

Empezó a ponerse las botas. Ella le miraba fijamente.

—¡Espera! ¡Espera! —titubeó—. ¿Qué ha pasado entre nosotros?

Él se inclinó para atarse la bota y no respondió. Pasaron unos minutos. Cierta debilidad se apoderó de ella, como un desvanecimiento. Perdió toda conciencia y se quedó allí, con los ojos muy abiertos, mirándole desde lo desconocido, sin distinguir nada ya.

A causa de aquel silencio, él alzó la vista y vio sus ojos muy abiertos y perdidos. Y como empujado por el viento, se levantó y se acercó a ella cojeando, con una bota quitada y la otra puesta, la estrechó entre sus brazos y presionó su cuerpo contra el suyo, que en cierto modo sentía dolorido. Y así la mantuvo abrazada, y allí permaneció ella.

Hasta que las manos de él descendieron a ciegas y la acariciaron, y acarició bajo su ropa, hasta donde la notó suave y cálida.

—¡Mi niña! —murmuró—. ¡Mi pequeña! ¡No peleemos! ¡No peleemos nunca! Te amo a ti y me gusta tocarte. ¡No discutas conmigo! ¡No! ¡No! ¡No! Estemos siempre juntos.

Ella alzó el rostro y le miró.

—No te disgustes —dijo él con calma—. No es bueno disgustarse. ¿Realmente quieres que estemos juntos?

Ella le miraba fijamente, con los ojos muy abiertos. Él se detuvo, y se quedó quieto de repente, volviendo el rostro hacia un lado. Todo su cuerpo estaba completamente inmóvil, pero no se retiró.

Entonces levantó la cabeza y la miró a los ojos, con su extraña, débil y burlona sonrisa, y dijo:

—¡Sí, sí! Juremos estar juntos.

—¿De verdad? —dijo ella, con los ojos llenos de lágrimas.

—¡Sí, de verdad! Corazón, vientre y polla.

Él seguía sonriendo débilmente, con cierta ironía en los ojos y aire de amargura.

Ella lloraba en silencio, y él se acostó a su lado y la penetró allí, sobre la alfombra de la chimenea, y así obtuvieron cierta ecuanimidad. Y luego se fueron rápidamente a la cama, pues cada vez hacía más frío y se habían agotado el uno al otro. Ella se acurrucó en él, sintiéndose pequeña y abrazada, y ambos se durmieron enseguida, en un solo sueño. Y así permanecieron, sin moverse, hasta que el sol se elevó por encima del bosque y comenzó el día.

Se despertó él y vio la luz. Las cortinas estaban corridas. Escuchó el sonoro y animado canto de los mirlos y tordos en el bosque. Era una mañana radiante, sobre las cinco y media, su hora de levantarse. ¡Había dormido tan profundamente! ¡Qué comienzo del nuevo día! La mujer todavía estaba acurrucada, dormida, tierna. Acercó la mano y ella abrió sus asombrados ojos azules, sonriendo inconscientemente.

—¿Estás despierto? —le preguntó.

Él la miró a los ojos, sonrió y la besó. Y de pronto ella se incorporó y se quedó sentada.

—¡Me parece increíble estar aquí! —dijo.

Miro en torno suyo, al pequeño dormitorio de paredes encaladas, con su techo inclinado y ventana hastial, con las cortinas blancas cerradas. La habitación estaba desnuda, salvo una pequeña cómoda pintada de amarillo y una silla; y la cama blanca, más bien pequeña, en la que yacía con él.

—¡Me parece increíble que estemos aquí! —dijo ella, bajando la vista hacia él. Él yacía a su lado, observándola, acariciando sus senos con los dedos bajo el fino camisón. Cuando estaba templado y tranquilo, parecía joven y apuesto. Sus ojos podían parecer tan cálidos. Y ella era fresca y joven como una flor.

—¡Quiero quitarme esto! —dijo ella, tirando del fino camisón de batista y sacándoselo por la cabeza. Se quedó sentada allí, con los hombros desnudos y los senos alargados, ligeramente dorados. A él le gustaba balancear suavemente sus senos, como si fuesen campanas.

—Tienes que quitarte el pijama también —dijo ella.

—¡Eh, no!

—¡Sí! ¡Sí! —le ordenó.

Y él se quitó su vieja chaqueta del pijama de algodón y se bajó los pantalones. A excepción de manos, muñecas, rostro y cuello, era blanco como la leche, con carne delicada y musculosa. Connie volvió a ver en él aquella penetrante belleza, la que había visto aquella tarde mientras se lavaba.

Dorados rayos de sol tocaban la cortina blanca cerrada. Pensó que querían entrar.

—¡Oh, descorramos las cortinas! ¡Los pájaros están cantando! ¡Deja entrar al sol! —dijo ella.

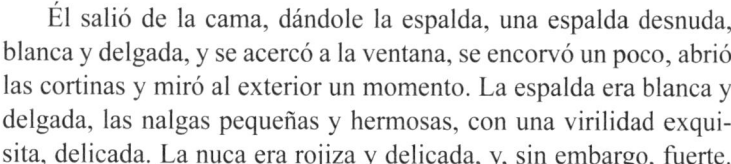

D. H. Lawrence

Él salió de la cama, dándole la espalda, una espalda desnuda, blanca y delgada, y se acercó a la ventana, se encorvó un poco, abrió las cortinas y miró al exterior un momento. La espalda era blanca y delgada, las nalgas pequeñas y hermosas, con una virilidad exquisita, delicada. La nuca era rojiza y delicada, y, sin embargo, fuerte.

Había una fuerza interior, no exterior, en el delicado y bello cuerpo.

—¡Eres hermoso! —dijo ella—. ¡Tan puro y delicado! ¡Ven! —dijo, tendiéndole los brazos.

A él le daba vergüenza darse la vuelta debido a su erecta desnudez.

Recogió la camisa del suelo y se cubrió mientras se acercaba a ella.

—¡No! —dijo, tendiéndole aún sus esbeltos y hermosos brazos desde sus senos caídos—. ¡Déjame verte!

Él dejó caer la camisa y se quedó inmóvil, mirando hacia ella. El sol, a través de la ventana baja, envió un rayo que iluminó sus muslos, su esbelto vientre y el falo erecto que se alzaba oscuro y caliente desde la pequeña nube de vello de intenso color rojo dorado. Ella estaba sorprendida y asustada.

—¡Qué extraño! —dijo lentamente—. ¡Qué extraño resulta! ¡Tan grande! ¡Y tan oscuro y arrogante! ¿Es así?

El hombre bajó la mirada hacia la parte delantera de su esbelto y blanco cuerpo, y se rio. En el pecho el vello era oscuro, casi negro. Pero en la base del vientre, donde se elevaba el falo grueso y arqueado, era de un intenso color rojo dorado, en forma de pequeña nube.

—¡Tan orgulloso! —murmuró ella inquieta—. ¡Y tan señorial! Ahora comprendo por qué los hombres son tan imperiosos. Pero es encantador, *de verdad*. ¡Como otro ser! ¡Un poquito aterrador, pero realmente encantador! ¡Y viene a *mí*! —se mordió el labio inferior, con temor y excitación.

El hombre se miró en silencio el falo erecto, que no cambiaba.

Al fin, con voz queda y en dialecto, dijo:

—¡Sí! ¡Sí, muchacho! Ahí estás. ¡Puedes levantar la cabeza! Eres tu propio dueño, ¿eh? No cuentas con nadie. No eres mío. John Thomas. ¿Eres mi jefe? ¡Bueno, eres más engreído que yo, y hablas menos! ¡John Thomas! ¿La deseas? ¿Deseas a mi lady Jane? Tú me has metido de nuevo, lo has hecho. Sí, y ahora sonríes... ¡Tómala entonces! ¡Toma a lady Jane! Dile: Alzad vuestras cabezas, abrid las puertas, para que el rey de la gloria pueda entrar. Sí, ¡qué descarado eres! El coño, es eso tras lo que vas tú. Dile a lady Jane que quieres coño, John Thomas, y que quieres el coño de lady Jane.

—¡Oh, no te burles de él! —dijo Connie, avanzando de rodillas hacia él y rodeando con sus brazos las blancas y delgadas caderas, atrayéndole hacia ella, de modo que sus senos balanceantes rozaban la punta del falo, erecto, excitado, que captaron un gota de humedad. Mantenía sujeto al hombre.

—¡Túmbate! —dijo él—. ¡Túmbate! ¡Déjame entrar! —Tenía prisa ahora.

Y después, cuando ambos se quedaron completamente quietos, la mujer tuvo que destapar de nuevo al hombre para observar el misterio del falo.

—¡Y ahora es diminuto y suave como un pequeño brote de vida! —dijo ella, tomando en su mano el pequeño y blando pene—. ¿No es encantador? ¡Tan suyo, tan extraño! ¡Y tan inocente! ¡Y ha llegado tan lejos dentro de mí! ¡No debes insultarle *nunca*, ya sabes! Es mío también. No es sólo tuyo. ¡Es mío! ¡Y tan encantador e inocente! —Y sostuvo el suave pene en su mano.

Él se rio.

—¡Bendito sea el lazo que une nuestros corazones en el amor! —dijo él.

—¡Por supuesto! —dijo ella—. Incluso cuando es blando y pequeño, siento mi corazón unido a él. ¡Y qué hermoso es aquí tu pelo! ¡Es tan diferente!

—Es el pelo de John Thomas, no es mío —dijo él.

—¡John Thomas! ¡John Thomas! —y besó rápidamente el blando pene, que empezaba a excitarse de nuevo.

—¡Sí! —dijo el hombre, estirando el cuerpo casi de una manera dolorosa—. ¡Tiene sus raíces en mi alma este caballero! Y algunas veces no sé qué hacer con él. Sí, tiene voluntad propia, resulta difícil complacerle. Sin embargo, no desearía verle muerto.

—¡No me sorprende que los hombres siempre le hayan temido! —dijo ella—. Resulta bastante terrible.

Un estremecimiento recorrió el cuerpo del hombre, mientras la corriente de la consciencia cambiaba otra vez de dirección, dirigiéndose hacia abajo. Y se hallaba indefenso, mientras el pene, en lentas y suaves ondulaciones, se llenaba, se elevaba, se endurecía y permanecía así, duro y arrogante, en su curiosa forma imponente. La mujer también temblaba un poco mientras observaba.

—¡Ahí está! ¡Tómalo! Es tuyo —dijo el hombre.

Y ella se estremeció, y su propia mente se fundió. Penetrantes y suaves olas de indescriptible placer batieron contra ella cuando él la penetró y comenzaba el singular estremecimiento fundente que se extendía más y más hasta arrastrarla con el último y ciego arrebato extremo.

Él oyó las lejanas sirenas de Stacks Gate que anunciaban las siete. Era lunes por la mañana. Sintió un leve estremecimiento, y con el rostro entre sus suaves senos, presionó hasta cubrirse con ellos las orejas para no oír.

Ella ni siquiera había oído las sirenas. Yacía en completa calma, con el alma lavada y transparente.

—Debes levantarte, ¿no? —murmuró él.

—¿Qué hora es? —llegó su voz apagada.

—Acaban de sonar las sirenas de las siete.

—Supongo que debo levantarme.

Le molestaba, como siempre lo hacía, la obligación venida del exterior.

Él se incorporó y miró por la ventana con expresión ausente.

—Me amas, ¿verdad? —preguntó ella con calma. Él bajó la mirada hacia ella.

—Ya lo sabes. ¿Por qué preguntas? —dijo, con cierto tono de queja.

—Quiero que me retengas, que no me dejes marchar —dijo ella.

Los ojos de él parecían llenos de una cálida, tierna oscuridad incapaz de pensar.

—¿Cuándo? ¿Ahora?

—Ahora en tu corazón. Después quiero venir a vivir contigo para siempre, pronto.

Él se sentó desnudo en la cama, con la cabeza caída, incapaz de pensar.

—¿No deseas eso? —preguntó ella.

—¡Sí! —dijo él.

Entonces, con aquellos mismos ojos ensombrecidos por otra llamarada de consciencia, que casi parecía reposo, la miró y dijo en dialecto:

—No me preguntes eso ahora. Me gustas. Te amo cuando yaces ahí. La mujer es algo maravilloso cuando entras profundamente en ella al joder, y el coño es bueno. Te amo a ti, a tus piernas, a tus formas y lo que hay de mujer en ti. Amo a la mujer que hay en ti. Te amo con mi cuerpo y con mi corazón. Pero no me preguntes ahora. No me hagas decir nada ahora. Déjame seguir así mientras pueda. Luego podrás preguntarme todo. Ahora déjame ser así. ¡Déjame!

Y con ternura puso la mano sobre su monte de Venus, sobre el suave vello castaño. Él estaba aún sentado en la cama, desnudo, con el rostro inmóvil en abstracción física, casi como el rostro de Buda. Inmóvil, y con la invisible llama de otra consciencia, dejó posada la mano sobre ella, y esperó el momento.

Al cabo de un rato, él alcanzó su camisa y se la puso, se vistió rápidamente, en silencio, y la miró una vez más mientras aún yacía en la cama desnuda y vagamente dorada, como una rosa Gloire de Dijon. Ella le oyó bajar las escaleras y abrir la puerta.

Ella aún estaba acostada, meditando, meditando. Resultaba muy difícil irse; irse de sus brazos. La llamó desde el pie de las escaleras: «¡Las siete y media!». Ella suspiró y salió de la cama. ¡La pequeña habitación desnuda! Nada en ella, salvo la cómoda y la cama más bien pequeña. Pero el suelo de madera estaba fregado, muy limpio. En un rincón, junto a la ventana, había un estante con libros, algunos de ellos eran de una biblioteca. Los miró. Había libros que trataban de la Rusia bolchevique, libros de viajes, un tomo que trataba del átomo y del electrón, otro de la composición del núcleo de la Tierra y las causas de los terremotos; luego unas cuantas novelas, después tres libros sobre la India. ¡Vaya! Después de todo, era un hombre que leía.

El sol caía sobre su cuerpo desnudo a través de la ventana. Vio a la perra *Flossie* afuera, correteando alrededor. La espesura de avellanos era como una bruma verdosa, con mercuriales de color verde más oscuro debajo. Era una mañana despejada, limpia, con pájaros que volaban y cantaban triunfalmente. ¡Si pudiera quedarse! ¡Si no existiera ese otro horrible mundo de humo y hierro! ¡Si construyera él un mundo para ella!

Bajó las escaleras de empinados y estrechos peldaños de madera. Hasta podría contentarse con aquella casita, con tal de que fuese su propio mundo.

Él se había lavado y despejado, y ardía el fuego.

—¿Vas a comer algo? —dijo.

—¡No! Sólo préstame un peine.

Ella le siguió hasta la trascocina y se peinó el cabello ante el espejo de mano que había colgado detrás de la puerta. Luego ya estuvo dispuesta para marcharse.

Permaneció un momento en el jardincillo delantero, mirando las flores cubiertas de rocío, el macizo gris de claveles que ya tenía capullos.

—Me gustaría que desapareciera el resto del mundo —dijo— y vivir aquí contigo.

—No desaparecerá —dijo él.

Atravesaron casi en silencio el hermoso y húmedo bosque. Pero estaban juntos en un mundo que era suyo.

A ella le resultaba amargo continuar hasta Wragby.

—Quiero volver pronto y vivir contigo —dijo cuando le dejó.

Él sonrió, no respondió.

Llegó a casa sin hacer ruido y pasando desapercibida, y subió a su habitación.

Capítulo XV

Había una carta de Hilda en la bandeja del desayuno: «Padre va a Londres esta semana, y yo iré a buscarte el jueves, 17 de junio. Debes estar preparada para poder irnos enseguida. No quiero perder tiempo en Wragby, es un lugar horrible. Probablemente pasaré la noche en Retford con los Coleman, de modo que estaría contigo a la hora del almuerzo, el jueves. Luego podríamos salir a la hora del té y tal vez dormir en Grantham. No serviría de nada pasar la velada con Clifford. Si detesta que te vayas, no le resultaría agradable».

¡Vaya! Otra vez la empujaban como a una pieza de ajedrez.

Clifford no quería que se fuera, pero tan sólo era porque no se sentía *seguro* en su ausencia. Su presencia, por alguna razón, le hacía sentirse seguro y libre para hacer las cosas que le mantenían ocupado. Pasaba mucho tiempo en los pozos, y luchaba con determinación con los problemas casi irresolubles de extraer su carbón del modo más económico posible y después venderlo tras haberlo extraído. Sabía que debía hallar el modo de utilizarlo, o transformarlo, para no tener necesidad de venderlo, o de llevarse el disgusto de fracasar a la hora de venderlo. Pero si lo transformaba en energía eléctrica, ¿podría venderla o utilizarla? Y convertirlo en combustible líquido resultaba aún demasiado costoso y complicado. Para mantener viva la industria tenía que haber más industrias. Aquello era una locura.

Era una locura y se requería a un loco para tener éxito en ello. Bueno, él estaba un poco loco. Connie así lo creía. Aquella intensidad y perspicacia en los asuntos de las minas le parecían a ella una manifestación de locura, sus propias inspiraciones eran inspiraciones de demencia.

Le hablaba de todos sus proyectos más serios, y ella escuchaba con una especie de asombro y le dejaba hablar. Después cesaba el flujo de palabras y volvía al altavoz, y se quedaba en blanco, mientras sus proyectos parecían replegarse en su interior como si se tratasen de una especie de ensueño.

Y ahora jugaba cada noche a las veintiuna, ese juego de los soldados, con la señora Bolton, apostándose seis peniques. Y de nuevo durante el juego entraba en una especie de inconsciencia, o de embriaguez vacía, o de embriaguez de vacío, o lo que fuese aquello. Connie no podía soportar verle. Pero cuando se iba a la cama, él y la señora Bolton jugaban hasta las dos o las tres de la madrugada, sin riesgos y con un extraño deseo. La señora Bolton estaba atrapada en aquel deseo tanto como Clifford; o más, ya que casi siempre perdía.

Un día le dijo a Connie:

—Anoche perdí veintitrés chelines con sir Clifford.

—¿Y él acepta su dinero? —preguntó Connie horrorizada.

—¡Por supuesto, señora! ¡Deuda de honor!

Connie protestó con rotundidad y se enfadó con ambos. El resultado fue que sir Clifford aumentó el sueldo de la señora Bolton en cien libras al año, y ella podría apostar con eso. Mientras tanto, a Connie le parecía que Clifford estaba cada vez más muerto.

Por fin le dijo que se marcharía el diecisiete.

—¿El diecisiete? —dijo—. ¿Y cuándo regresarás?

—A más tardar el veinte de julio.

—¡Sí! El veinte de julio.

La miró de un modo extraño, con una mirada perdida, con la vaguedad de un niño, pero con la sospechosa astucia de un anciano.

—No me decepcionarás ahora, ¿verdad? —dijo él.

—¿Cómo?

—Mientras estés fuera, quiero decir, ¿estás segura de que regresarás?

—Estoy tan segura de que regresaré como lo pueda estar de cualquier otra cosa.

—¡Sí! ¡Bien! ¡El veinte de julio!

La miró de un modo muy extraño.

En realidad Clifford deseaba que se marchara. Eso era lo curioso. Deseaba que se marchara, sí, que tuviera sus pequeñas aventuras y que quizá volviera a casa embarazada y todo eso. Al mismo tiempo, temía que se marchara.

Ella se estremecía al pensar en la oportunidad de dejarle definitivamente, esperando el momento en el que tanto ella misma como él estuvieran preparados para ello.

Se sentó y habló al guardabosque de su viaje al extranjero.

—Y entonces, cuando regrese —decía—, puedo decirle a Clifford que debo dejarle. Y tú yo podremos irnos lejos. Ni siquiera es necesario que sepan que se trata de ti. Podemos irnos a otro país, ¿no? A África o a Australia, ¿no?

Ella se sentía muy entusiasmada con su plan.

—Nunca has estado en las colonias, ¿verdad? —le preguntó él.

—No, ¿y tú?

—He estado en la India, en Sudáfrica y en Egipto.

—¿Por qué no vamos a Sudáfrica?

—Podríamos —dijo él lentamente.

—¿O no quieres tú? —preguntó ella.

—No me importa. No me importa mucho lo que yo haga.

—¿No te hace feliz? ¿Por qué no? No seremos pobres. Dispongo de unas seiscientas libras anuales; escribí para preguntar. No es mucho, pero es suficiente, ¿no?

—Para mí es riqueza.

—¡Oh! ¡Que maravilloso será!

—Pero debería divorciarme, y tú también, o de lo contrario tendremos complicaciones.

Había mucho en lo que pensar.

Otro día le preguntó sobre su vida. Estaban en la cabaña y había tormenta.

—¿Y no eras feliz cuando eras teniente, y oficial y caballero?

—¿Feliz? Bueno. Me gustaba mi coronel.

—¿Le querías?

—¡Sí! Le quería.

—¿Y él te quería?

—¡Sí! En cierto modo me quería.

—Cuéntame algo sobre él.

—¿Qué hay que contar? Había ascendido desde soldado. Amaba el ejército. Nunca se había casado. Tenía veinte años más que yo. Era un hombre muy inteligente y se encontraba solo en el ejército, como lo suelen estar los hombres así; era un hombre apasionado a su manera, y un oficial muy listo. Me sentí cautivado por él mientras

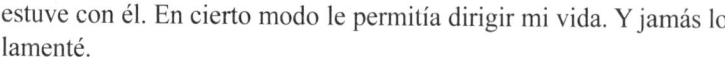

estuve con él. En cierto modo le permitía dirigir mi vida. Y jamás lo lamenté.

—¿Y te afectó mucho su muerte?

—Estuve a punto de morir yo mismo. Pero cuando me recuperé, supe que otra parte de mí había muerto. Pero siempre había sabido que terminaría en muerte. Todas las cosas lo hacen, hasta cierto punto.

Ella se quedó callada, meditando. Se oyó el estruendo de un trueno en el exterior. Era como estar en una pequeña arca durante el Diluvio.

—Parece que tienes mucho *detrás* de ti —dijo ella.

—¿Tú crees? A mí me parece que ya he muerto una o dos veces. Sin embargo, aquí estoy, luchando y con más problemas.

Ella pensaba profundamente, pero escuchaba la tormenta.

—¿Y no eras feliz siendo oficial y caballero, después de morir el coronel?

—¡No! Eran unos miserables —rio de repente—. El coronel solía decir: «Muchacho, las clases medias inglesas tienen que masticar treinta veces cada bocado porque sus intestinos son muy estrechos, un trocito del tamaño de un guisante les provocaría una obstrucción. Son el montón de afeminados más miserables que jamás se hayan inventado: llenos de engreimiento, que se asustan incluso por no llevar atados correctamente los cordones de las botas, podridos hasta más no poder, y siempre tienen razón. Eso es lo que me desazona. Se arrastran una y otra vez, lamen culos hasta que encallecen sus lenguas; sin embargo, siempre llevan razón. Son mojigatos sobre todo. ¡Mojigatos! Una generación de mojigatos afeminados con media pelota cada uno...».

Connie se rio. La lluvia caía con fuerza.

—¡Les odiaba!

—¡No! —dijo él—. No le preocupaban. Tan sólo le desagradaban. Hay una diferencia. Porque, como decía él, los soldados ingleses se están convirtiendo en mojigatos, con media pelota e intestinos estrechos. Es el destino de la humanidad, ir por ese camino.

—¿La gente vulgar también, los obreros?

—Todos. Su coraje ha muerto. Los automóviles, los cines y los aviones les han sorbido el último que les quedaba. Te digo que cada generación engendra una generación más conejil, con tubos de cau-

cho para los intestinos, y piernas de hojalata, y caras de hojalata. ¡Gente de hojalata! Es todo una especie de bolchevismo continuo que mata la parte humana y adora la parte mecánica. ¡Dinero, dinero, dinero! Todas esas gentes modernas se divierten realmente matando los viejos sentimientos humanos, haciendo picadillo del viejo Adán y de la vieja Eva. El mundo es todo igual: mata la realidad humana, una libra por cada prepucio, dos por cada par de pelotas. ¡Qué es el coño sino una máquina de joder!... es todo igual. Les pagan dinero por cortar la polla al mundo. Les dan dinero, dinero, dinero para quitar los arrestos a la humanidad, y dejarles convertidos a todos en pequeñas máquinas que dan vueltas.

Sentado allí, en la cabaña, su rostro adquirió una expresión de ironía burlona. Pero incluso entonces agudizaba el oído y se volvía para escuchar la tormenta en el bosque. Le hacía sentirse muy solo.

—Pero, ¿no acabará eso nunca? —dijo ella.

—Sí, lo hará. Logrará su propia salvación. Cuando maten al último hombre de verdad, y *todos* sean blancos, negros, amarillos, y de todos los colores, entonces *todos* estarán locos. Porque la raíz de la cordura se encuentra en las pelotas. Entonces *todos* estarán locos, y harán un gran *auto da fe*. ¿Sabes que *auto da fe* significa acto de fe? Pues bien, harán su propio gran acto de fe. Se ofrecerán en sacrificio los unos a los otros.

—¿Quieres decir que se matarán unos a otros?

—¡Eso es, querida! Si continuamos con nuestro actual índice, dentro de cien años no habrá más de diez mil personas en esta isla: puede que ni diez mil. Se habrán aniquilado entre sí afectuosamente.

Los truenos se iban alejando.

—¡Qué agradable! —dijo ella.

—¡Qué agradable! Contemplar el exterminio de la especie humana y la larga pausa que sigue a continuación, antes de que surja alguna otra especie, calma más que cualquier otra cosa. Y si continuamos por este camino, en el que todo el mundo, intelectuales, artistas, gobernantes, industriales y obreros, acaban frenéticamente con el último sentimiento humano, el último pedacito de intuición, el último instinto sano; si continuamos en progresión algebraica, como está pasando, entonces ¡adiós a la especie humana! ¡Adiós! ¡Querida! La serpiente se engulle a sí misma y deja un vacío considerablemente confuso, aunque no desesperanzado. ¡Muy agradable!

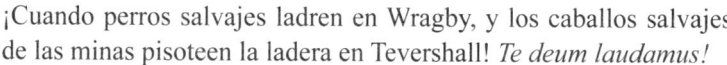

¡Cuando perros salvajes ladren en Wragby, y los caballos salvajes de las minas pisoteen la ladera en Tevershall! *Te deum laudamus!*

Connie rio, aunque no se sentía muy feliz.

—Entonces deberías alegrarte de que sean todos bolcheviques —dijo ella—. Deberías alegrarte de que se estén precipitando hacia el fin.

—Así es. No les detengo, porque no podría aunque quisiera.

—Entonces, ¿por qué estás tan resentido?

—¡No lo estoy! Si mi polla sigue cacareando, no me importa.

—Pero, ¿y si tienes un hijo? —dijo ella.

Él dejó caer la cabeza.

—Bueno —dijo al fin—. Me parece una equivocación y una angustia traer un hijo a este mundo.

—¡No! ¡No digas eso! ¡No digas eso! —suplicó ella—. Creo que voy a tener un hijo. Dime que te alegrarás —puso una mano sobre la de él.

—Me alegra porque te alegra a ti —dijo él—. Pero a mí me parece una horrible traición para la criatura que aún no ha nacido.

—¡Ah, no! —dijo ella conmocionada—. Entonces, *no puedes* quererme realmente. *¡Tú no puedes* quererme si piensas eso!

De nuevo él guardó silencio, con una expresión huraña en el rostro. En el exterior se oía el repiqueteo de la lluvia.

—¡Eso no es del todo cierto! —susurró ella—. ¡No es del todo cierto! Hay otra verdad.

Ella advirtió que él estaba resentido en parte porque ella le dejaba, se marchaba deliberadamente a Venecia. Y esto casi le complacía.

Ella le abrió sus ropas, dejó al descubierto el vientre y le besó en el ombligo. Después apoyó su mejilla en el vientre y presionó con su brazo las cálidas y silenciosas caderas. Estaban solos en el diluvio.

—¡Dime que quieres un hijo, con esperanza! —murmuró, presionando su rostro contra el vientre de él—. ¡Dímelo!

—¡Está bien! —dijo él por fin. Y sintió el curioso estremecimiento del cambio en su consciencia y la relajación que invadía su cuerpo—. Bueno, a veces he pensado que si se intentara aquí, incluso entre los mineros... Ahora hay menos trabajo y no ganan mucho. Si un hombre pudiera decirles: No pensemos ahora en el dinero. Cuando tenemos lo que se necesita, y necesitamos poco. No vivamos para el dinero...

Ella frotó suavemente la mejilla contra el vientre de él, y cogió con la mano sus testículos. El pene se movió suavemente, con extraña vida, pero no se irguió. La lluvia batía con violencia en el exterior.

—Vivamos para otra cosa. No vivamos para ganar dinero, ni para nosotros mismos ni para nadie más. Ahora estamos obligados a ello. Nos obligan a ganar una pizca para nosotros y mucho para los patronos. ¡Detengamos eso! Detengámoslo poquito a poco. No es necesario poner el grito en cielo. Poquito a poco abandonemos toda la vida industrial y volvamos atrás. Con un poquito de dinero bastará. Y esto es para todo el mundo, para ti y para mí, para patronos y amos, incluso para el rey. Sólo un poquito de dinero basta. Sólo hay que decidirse, y habremos salido de este lío.

Tras una pausa, continuó.

—Y les diría: ¡Mirad! ¡Mirad a Joe! ¡Es una maravilla cómo se mueve, vivo y consciente! ¡Es hermoso! ¡Y mirad a Jonah! Es torpe, feo, porque nunca ha deseado despertar. Les diría: ¡Miraos! ¡Miraos a vosotros mismos! ¡Un hombro más alto que otro, piernas torcidas, los pies llenos de bultos! ¿Qué os habéis hecho con ese condenado trabajo? Echaros a perder. No hay necesidad de trabajar tanto. Quitaos la ropa y miraos a vosotros mismos. Deberíais estar vivos y ser hermosos, pero sois feos y estáis medio muertos. Eso les diría. Y haría que mis hombres llevaran puestas ropas diferentes: pantalones rojos ajustados, de un rojo vivo, y chaquetas blancas cortas. Sólo que con los hombres tuvieran piernas delgadas y rojas bastaría para cambiarles en un mes. Empezarían a ser hombres de nuevo, ¡a ser hombres! Y las mujeres podrían vestir como gustaran. Porque en cuanto los hombres caminaran con piernas ceñidas de un vivo escarlata, y mostraran hermosas nalgas escarlatas debajo de la chaquetilla blanca, entonces las mujeres empezarían a ser mujeres. Es porque los hombres *no son* hombres por lo que tienen que serlo las mujeres. Y, con el tiempo, derribar Tevershall y construir unos cuantos edificios bellos, que nos alberguen a todos. Y limpiar el campo de nuevo. Y no tener muchos hijos porque el mundo está superpoblado.

»Pero no debería sermonear a los hombres; tan sólo les diría: ¡Miraos a vosotros mismos! ¡Eso os pasa por trabajar por dine-

ro! ¡Escuchaos a vosotros mismos! ¡Eso os pasa por trabajar por dinero! ¡Habéis estado trabajando por dinero! ¡Mirad a vuestras muchachas! No les importáis, ni a vosotros os importan ellas. Es porque pasáis vuestro tiempo trabajando y preocupándoos por el dinero. No sabéis hablar, ni moveros, ni vivir, no sabéis estar de verdad con una mujer. ¡Miraos!

Se hizo un absoluto silencio. Connie escuchaba a medias, mientras ensartaba en el vello de la base del vientre unos cuantos nomeolvides que había recogido camino de la cabaña. En el exterior, el mundo se había quedado calmado, y un poco frío.

—Tienes cuatro tipos de pelo —le dijo—. En el pecho es casi negro, y no es tan oscuro en la cabeza; pero el del bigote es duro y rojo oscuro, y aquí, el vello del amor es como una pequeña mata de muérdago dorado rojizo. ¡Es el más maravilloso de todos!

Él bajó la mirada y vio los lechosos nomeolvides en el vello de su ingle.

—¡Sí! Ahí es donde se ponen los nomeolvides, en el pelo del hombre, o en el pelo de la mujer. Pero, ¿no te preocupa el futuro?

Ella levantó la mirada hacia él.

—¡Oh, sí, terriblemente! —dijo.

—Porque cuando pienso que la humanidad está condenada, se ha condenado a sí misma por su propia bestialidad mezquina, entonces pienso que las colonias no están lo bastante lejos. La Luna no estaría lo bastante lejos, porque incluso allí podrías mirar hacia atrás y ver la Tierra, sucia, bestial, desagradable entre todas las estrellas: ensuciada por los hombres. Entonces tengo la impresión de que he tragado hiel y que me está devorando por dentro, y ningún lugar está lo bastante lejos para escapar. Pero cuando tengo oportunidad, me olvido de todo otra vez. Aunque es una pena lo que se le ha hecho a la gente en estos últimos cien años: los hombres no se han convertido en otra cosa más que en insectos obreros, y les han privado de toda su hombría, y de toda su vida real. Eliminaría las máquinas de la faz de la Tierra, y daría fin a la época industrial de un modo absoluto, por ser una triste equivocación. Pero ya que no puedo, y nadie puede, será mejor que retenga mi paz e intente vivir mi propia vida; si es que tengo una vida que vivir, lo cual casi dudaría.

Los truenos habían cesado afuera, pero la lluvia, que había amainado, comenzó a caer con fuerza de repente, acompañada de los últimos relámpagos y del murmullo de la tormenta que se alejaba. Connie estaba inquieta. Él llevaba mucho tiempo hablando, pero, en realidad, hablaba consigo mismo, no con ella. La desesperación parecía apoderarse de él por completo, y ella se sentía feliz, odiaba la desesperación. Sabía que su marcha, de la que él se acababa de dar cuenta en su interior, le había sumido en ese estado de ánimo. Y era un pequeño triunfo para ella.

Connie abrió la puerta y contempló la intensa lluvia, como una cortina de acero, y tuvo el repentino deseo de precipitarse en ella, de salir corriendo. Se levantó, comenzó a quitarse las medias rápidamente, luego el vestido y la ropa interior, mientras él contenía el aliento. Sus senos puntiagudos, como de animal, se inclinaban y oscilaban al moverse ella. Era del color del marfil bajo la luz verdosa. Volvió a ponerse sus zapatos de goma y salió corriendo con una risa salvaje, levantando los pechos hacia la intensa lluvia y extendiendo los brazos, y corriendo borrosa bajo la lluvia con los movimientos de danza eurítmicos que había aprendido en Dresde hacía mucho tiempo. Era una figura pálida y extraña que se elevaba y caía, inclinándose para que la lluvia golpeara y reluciera en sus caderas llenas, alzándose de nuevo y avanzando con el vientre hacia la lluvia, deteniéndose luego otra vez, de modo que sólo las caderas llenas y las nalgas se ofrecían en una especie de homenaje a él, repitiendo una alocada reverencia.

Él rio con ironía y se quitó la ropa. Aquello era excesivo. Salió de un salto, desnudo y blanco, con un pequeño escalofrío, a la intensa lluvia que caía sesgada. *Flossie* saltó ante él dando un pequeño ladrido frenético. Connie, con el cabello mojado y pegado a la cabeza, volvió su ardiente rostro y le vio. Sus ojos azules brillaban de excitación mientras se daba la vuelta y corría muy deprisa, con un extraño movimiento de carga. Salió del claro y bajó por el sendero, donde las ramas mojadas la azotaban. Ella corría y él no veía más que la cabeza redonda mojada, la espalda mojada inclinada hacia adelante en la huida, las redondeadas nalgas brillantes: una maravillosa y amilanada huida de desnudez femenina.

Casi había llegado al camino ancho cuando él la alcanzó y rodeó con su brazo la suave cintura desnuda y mojada. Ella dio un grito y se enderezó, y su carne suave y fría se acercó a su cuerpo. Presionó contra él, enloquecidamente, la carne femenina suave y helada que,

al contacto, rápidamente se encendió como una llama. La lluvia siguió cayendo sobre ellos hasta desprender vapor. Él cogió sus maravillosas y macizas nalgas una con cada mano y las apretó contra él en un frenesí, estremeciéndose inmóvil bajo la lluvia. Entonces, de repente, la inclinó y cayó sobre ella en el sendero, envueltos en el rugiente silencio de la lluvia, y con brevedad e intensidad la poseyó, con brevedad e intensidad, y acabó, como un animal.

Se levantó casi al instante, retirándose la lluvia de los ojos.

—Entremos —dijo, y echaron a correr hacia la cabaña. Él corría en línea recta y veloz; no le gustaba la lluvia. Pero ella iba más despacio, recogiendo nomeolvides y coronarias y campanillas, corría unos pasos y le observaba alejarse de ella.

Cuando llegó a la cabaña con las flores y jadeante, él ya había encendido el fuego y crepitaban las ramitas. Sus puntiagudos senos subían y bajaban, su cabello estaba cubierto de lluvia, su rostro estaba rojizo y su cuerpo relucía y goteaba. Jadeante, con los ojos muy abiertos, su pequeña cabeza mojada y las piernas llenas, inocentes y goteando, parecía otro ser.

Él cogió una sábana vieja y la frotó contra ella mientras permanecía de pie como una niña. Después se frotó él, tras haber cerrado la puerta de la cabaña. El fuego ardía. Ella se envolvió la cabeza con el otro extremo de la sábana y se frotó el cabello mojado.

—Nos estamos secando juntos en la misma toalla, nos pelearemos —dijo él.

Ella alzó la vista un instante, con el cabello revuelto.

—¡No! —dijo ella, abriendo los ojos—. No es una toalla, es una sábana.

Y ella siguió frotándose afanosamente la cabeza, mientras él se frotaba la suya.

Todavía jadeando a causa del esfuerzo, cada uno envuelto en una manta del ejército, pero con la parte delantera del cuerpo abierta frente al fuego, se sentaron sobre un tronco, uno al lado del otro, delante la chimenea, para serenarse. A Connie le desagradaba el contacto de la manta sobre su piel. Pero la sábana estaba empapada.

Dejó caer su manta y se arrodilló sobre el hogar de arcilla, acercando la cabeza al fuego y sacudiéndose el cabello para secarlo. Él observó las hermosas curvas de sus caderas. Aquello le fascinó aquel día. ¡Cómo descendían magníficas hacia la sólida redondez de sus nalgas! Y entre ellas, plegada en secreta calidez, ¡la entrada secreta!

Él le acarició el trasero con la mano, larga y sutilmente, siguiendo las curvas y la plenitud de la redondez.

—Tienes un trasero maravilloso —le dijo él, en el dialecto gutural y acariciador—. Tienes el culo más bonito del mundo. Es el más bonito, el culo de mujer más bonito que pueda haber. Cada trocito de él es de mujer, de mujer sin duda. No es de esos culos de botón de las muchachas, que parecen muchachos. Tienes un trasero realmente suave y redondeado, como les gusta a los hombres. ¡Un trasero que podría sostener al mundo!

Durante todo ese tiempo, mientras hablaba, acariciaba exquisitamente el redondeado trasero, hasta que dio la impresión de que una especie de resbaladizo fuego llegaba a sus manos desde él. Y con las puntas de los dedos acarició las dos aberturas secretas de su cuerpo, una y otra vez, con una suave caricia de fuego.

—Y agradezco que esto cague y esto mee. No quiero una mujer que no cague ni mee.

Connie no pudo evitar un repentino estallido de risa causada por el asombro, pero él permaneció impasible.

—¡Eres real, eres real! Eres real, incluso un poco puta. Por aquí meas y por aquí cagas, y yo pongo la mano sobre ellos y me gustas por ello. Me gustas por ello. Tienes un auténtico trasero de mujer, orgulloso de sí mismo. No se avergüenza de nada.

Acercó más la mano y la retuvo firme sobre sus lugares secretos, en una especie de saludo.

—Me gusta —dijo él—. Me gusta. Si viviera tan sólo diez minutos y acariciara tu trasero y llegara a conocerlo, me parecería haber vivido *una* vida entera. ¡Con sistema industrial o sin él! Este es uno de los mejores momentos de mi vida.

Ella se volvió y ascendió hacia su regazo, aferrándose a él.

—¡Bésame! —susurró.

Y ella sabía que la idea de la separación estaba latente en ambas mentes, y finalmente, se entristeció.

Connie se sentó sobre los muslos de él, con la cabeza apoyada en su pecho y separando las piernas, relucientes como el marfil, pues el fuego resplandecía sobre ellos de manera desigual. Con la cabeza agachada, el hombre miraba los pliegues del cuerpo de ella,

al resplandor del fuego, y el vello de suave pelo castaño que pendía en punta entre sus muslos abiertos. Él alcanzó a la mesa que había detrás y cogió el ramito de flores, aún muy mojadas, y cayeron gotas de lluvia sobre ella.

—Las flores de puertas afuera, haga el tiempo que haga —dijo él—. No tienen casas.

—¡Ni siquiera una cabaña! —murmuró ella.

Con dedos tranquilos entrelazó unos cuantos nomeolvides en el fino vello castaño del monte de Venus.

—¡Aquí! —dijo él—. ¡Este es el lugar apropiado para los nomeolvides!

Ella bajó la mirada hacia las extrañas florecillas lechosas que había entre el vello castaño de la parte inferior de su cuerpo.

—¿No quedan bonitos? —dijo ella.

—¡Bonitos como la vida! —respondió él.

Y le metió un capullo rosa de coronaria entre el vello.

—¡Eso es! Ese soy yo donde no me olvidarás. Es Moisés entre los juncos.

—¿Verdad que no te importa que me vaya? —preguntó ella nostálgica, elevando la mirada hacia su rostro.

Pero su rostro era inescrutable bajo las tupidas cejas. Permanecía inexpresivo.

—Haz lo que desees —dijo, en buen inglés.

—Pero no iré si tú no lo deseas —dijo ella, aferrándose a él.

Hubo un silencio. Él se inclinó y echó otro leño al fuego. La llama resplandeció sobre su silencio. Ella esperó, pero él no dijo nada.

—Sólo pienso que sería una buena manera de empezar a romper con Clifford. Yo quiero tener un hijo. Y eso me daría la oportunidad de, de... —continuó ella.

—De hacerles creer unas cuantas mentiras —dijo él.

—Sí, entre otras cosas. ¿Quieres que piensen en la verdad?

—No me importa lo que piensen.

—¡A mí sí! No quiero que me manejen con sus frías y desagradables mentes, no mientras aún me encuentre en Wragby. Podrán pensar lo que quieran cuando finalmente me haya ido.

Él guardó silencio.

—¿Pero sir Clifford espera que regreses a él?

—¡Oh, debo regresar! —dijo ella, y se produjo otro silencio.

—¿Y tendrías el hijo en Wragby? —preguntó.

Ella le estrechó el cuello con el brazo.

—Si no me llevas lejos de aquí, tendría que hacerlo —dijo ella.

—¿Llevarte adónde?

—¡A cualquier sitio! ¡Lejos! ¡Pero muy lejos de Wragby!

—¿Cuándo?

—Bueno, cuando regrese.

—¿Pero, de qué sirve volver, hacerlo dos veces, si ya te has ido? —dijo él.

—¡Oh, debo regresar! ¡Lo he prometido! Lo he prometido solemnemente. Además, regreso por ti en realidad.

—¿Por el guardabosque de tu marido?

—No veo que eso importe —dijo ella.

—¿No? —reflexionó durante un momento—. ¿Y cuándo piensas irte de nuevo, entonces, irte finalmente? ¿Cuándo exactamente?

—Oh, no sé. Regresaría de Venecia y luego prepararía todo.

—¿Qué prepararías?

—Se lo diría a Clifford. Tendría que decírselo.

—¿Lo harías?

Él permaneció en silencio. Ella le rodeó el cuello con los brazos.

—No lo hagas difícil para mí —rogó ella.

—¿Hacer difícil qué?

—Irme a Venecia y disponer las cosas.

Una débil sonrisa se dibujó en el rostro de él.

—No lo hago difícil —dijo—. Sólo quiero saber qué es lo que buscas. Pero en realidad ni tú misma lo sabes. Quieres tomarte un tiempo: alejarte y examinarlo. No te culpo. Creo que eres sensata. Preferirías seguir siendo la señora de Wragby. No te culpo. Yo no tengo Wragbys que ofrecerte. De hecho, sabes lo que obtendrás de mí. No, no, ¡creo que tienes razón! ¡De verdad lo creo! Y no me entusiasma vivir a tu costa, ser mantenido por ti. También está eso.

En cierto sentido, ella sintió que le estaba pagando con la misma moneda.

—Pero tú me quieres, ¿verdad?

—¿Me quieres tú a mí?

—Sabes que sí. Eso resulta evidente.

—¡Bien! ¿Y para *cuándo* me quieres?

—Sabes que podemos arreglarlo todo cuando regrese. Ahora estoy sin aliento contigo. Debo serenarme y aclararme.

—¡Bien! ¡Cálmate y aclárate!

Ella se sintió un poco ofendida.

—Pero confías en mí, ¿verdad? —dijo ella.

—¡Oh, absolutamente!

Ella escuchó cierta burla en su tono.

—Dime entonces —dijo ella con rotundidad—. ¿Crees que sería mejor que *no* fuera a Venecia?

—Estoy seguro de que es mejor que vayas a Venecia —respondió en un tono frío, ligeramente burlón.

—¿Sabes que es el próximo jueves? —dijo ella.

—¡Sí!

Ella empezó a reflexionar ahora. Al fin, dijo:

—*Sabremos* mejor en qué punto estamos cuando yo regrese, ¿no?

—¡Oh, seguro!

¡Se produjo un curioso silencio entre ellos!

—He estado hablando de mi divorcio con el abogado —dijo él, un poco forzado.

Ella sintió un leve estremecimiento.

—¡Has ido! —dijo ella—. ¿Y qué ha dicho?

—Ha dicho que debería haberlo hecho antes; que puede haber dificultades. Pero como estaba en el ejército, piensa que todo saldrá bien. ¡Espero que eso no haga que *ella* se me eche encima!

—¿Tendrá que saberlo?

—¡Sí! Se lo comunicarán oficialmente; también al hombre que vive con ella, el codemandado.

—¡Resultan odiosas todas esas actuaciones! Supongo que yo tendría que pasar por eso con Clifford.

Hubo un silencio.

—Y, por supuesto —dijo él—, tengo que vivir una vida ejemplar durante los próximos seis u ocho meses. Así que, si te vas a Venecia, se elimina la tentación durante al menos una o dos semanas.

—¡Soy una tentación! —dijo, acariciando el rostro de él—. ¡Me alegro de ser una tentación para ti! ¡No pensemos en ello! Me asustas cuando empiezas a pensar: me abrumas. No pensemos en ello. Podremos pensar mucho cuando estemos separados. ¡Eso es

lo importante! He estado pensando que debo venir otra noche antes de irme. *Debo* venir una vez más a la casa. ¿Vengo el jueves por la noche?

—¿No es cuando llega tu hermana?

—¡Sí! Pero dijo que saldríamos a la hora del té. De modo que podríamos salir a la hora del té. Pero ella podría dormir en otro sitio y yo dormir contigo.

—Pero entonces, ella tendría que saberlo.

—¡Oh, se lo contaré! Más o menos ya se lo he contado. Debo hablar de todo esto con Hilda. Resulta de gran ayuda, es muy sensata.

Él estaba pensando en el plan de Connie.

—¿Así que partiríais de Wragby a la hora del té, como si fueseis a Londres? ¿Por dónde iréis?

—Por Nottingham y Grantham.

—¿Entonces tu hermana te dejaría en alguna parte y tú caminarías o te llevarían de regreso aquí? Me parece muy arriesgado.

—¿Lo es? Bueno, entonces Hilda podría traerme de regreso. Ella podría dormir en Mansfield y traerme aquí por la noche, y venir a recogerme de nuevo por la mañana. Es muy fácil.

—¿Y la gente que os vea?

—Llevaré gafas y un velo.

Él meditó unos instantes.

—Bueno —dijo—. Haz lo que te dé la gana, como de costumbre.

—¿Pero no te agradaría a ti?

—¡Oh, sí! Me agradaría mucho —dijo un poco sombrío—. Debería golpear el hierro mientras aún está caliente.

—¿Sabes lo que pienso? —dijo ella de pronto—. Se me ha ocurrido de repente. Tú eres el «Caballero de la Ardiente Mano de Almirez»

—¡Sí! ¿Y tú? ¿Eres la Dama del Almirez Candente?

—¡Sí! —dijo ella—. ¡Sí! Tú eres sir Mano de Almirez y yo lady Almirez.

—De acuerdo, entonces ya soy caballero. John Thomas es sir John para tu lady Jane.

—¡Sí! ¡John Thomas es caballero! Yo soy la dama del vello púbico, y tú debes tener flores también. ¡Sí!

Ella entrelazó dos coronarias rosas en el vello dorado rojizo de su pene.

—¡Así! —dijo ella—. ¡Encantador! ¡Encantador! ¡Sir John!

Y ella prendió unos cuantos nomeolvides en el vello oscuro del pecho de él.

—Y no me olvidarás, ¿verdad?

Ella le besó en el pecho, colocó dos nomeolvides en cada uno de los pezones y le besó de nuevo.

—¡Haz un calendario de mí! —dijo. Se rio y las flores temblaron en su pecho.

—¡Espera un poco! —dijo él.

Se levantó y abrió la puerta de la cabaña. *Flossie,* que estaba tumbada en el porche, se levantó y le miró.

—¡Sí, soy yo! —dijo él.

La lluvia había cesado. Reinaba una quietud húmeda, pesada, perfumada. Se acercaba la noche.

Salió y bajó por el sendero en dirección opuesta al camino. Connie contempló su delgada y blanca figura, y le pareció un fantasma, una aparición que se alejaba de ella.

Cuando ya no podía verle, se sintió abatida. Se quedó en la puerta de la cabaña, envuelta en una manta, mirando al húmedo e inmóvil silencio.

Pero él ya regresaba, trotando de un modo extraño y con flores en la mano. Le dio un poco de miedo, como si él no fuese del todo humano. Y cuando se acercó, sus ojos miraron a los de ella, pero esta no pudo comprender su significado.

Había traído aguileñas y coronarias, y heno recién segado, ramitas de roble y pequeños capullos de madreselva. Sujetó ramitas algodonosas de roble alrededor de sus senos, y encima de ellas campanillas y coronarias; en su ombligo colocó una coronaria rosa, y sobre el vello púbico había nomeolvides y asperilla.

—¡Esta eres tú en toda tu gloria! —dijo él—. Lady Jane, en su boda con John Thomas.

Y colocó flores en el vello de su propio cuerpo, enrolló unos tallos de enredadera en su pene, y puso un jacinto en su ombligo. Ella observaba divertida su extraño empeño. Y empujó una coronaria hasta su bigote, donde quedó colgando debajo de su nariz.

—Este es John Thomas casándose con lady Jane —dijo él—. Y debemos permitir que Constance y Oliver sigan sus caminos. Tal vez...

Él extendió la mano con un gesto y luego estornudó, despidiendo a las flores de su nariz y de su ombligo. Volvió a estornudar de nuevo.

—¿Tal vez qué? —dijo ella, a la espera de que continuara.

Él la miró un poco desconcertado.

—¿Qué? —dijo él.

—¿Tal vez qué? Continúa con lo que ibas a decir —insistió ella.

—Sí, ¿qué *iba* a decir?

Lo había olvidado. Y fue una de las decepciones de su vida, que él nunca terminara.

Un rayo de sol brilló sobre los árboles.

—¡Sol! —dijo él—. Y hora de que te vayas. ¡Es la hora, excelencia, es la hora! ¿Qué es eso que vuela como las moscas pero sin alas, excelencia? ¡El tiempo! ¡El tiempo!

Él alcanzó su camisa.

—¡Di buenas noches a John Thomas! —dijo, bajando la vista hacia su pene—. ¡Estás a salvo en brazos de la enredadera Jenny! Ya no eres una ardiente mano de almirez.

Y se metió la camisa de franela por la cabeza.

—El momento más peligroso para un hombre es cuando se está poniendo la camisa —dijo, después de haber sacado la cabeza—. Es como meter la cabeza en un saco. Por eso prefiero esas camisas americanas, las que te pones igual que una chaqueta.

Ella aún permanecía observándole. Él se puso los calzones y se los abotonó alrededor de la cintura.

—¡Mira a Jane! —dijo—. ¡Con todas sus flores! ¿Quién pondrá flores sobre ti al año que viene, Jinny? ¿Yo u otra persona? «Adiós, mi campanilla, adiós». Detesto esa canción, es de los primeros días de la guerra. —Luego se sentó y empezó a ponerse los calcetines. Ella aún permanecía inmóvil. Él puso suavemente la mano sobre la curva de sus nalgas. —¡Pequeña y bonita Jane! Quizás encuentres a un hombre en Venecia que te ponga jazmines en el vello púbico, y una flor de granado en el ombligo. ¡Pobre pequeña lady Jane!

—¡No digas esas cosas! —dijo ella—. Sólo las dices para herirme.

Él dejó caer la cabeza. Después, dijo en dialecto:

—Sí, tal vez lo haga, ¡tal vez lo haga! Entonces no lo diré y ya está. Pero debes vestirte y regresar a tu casa señorial de Inglaterra, que tan hermosa es. ¡Se ha acabado el tiempo! Se ha acabado el tiempo para sir John y para la pequeña lady Jane. ¡Vístete, lady Chatterley! Podrías ser cualquiera ahí, y sin vestido, y con unas cuantas flores. Vamos, vamos, te desvestiré, mi joven zorzal sin cola. —Y le quitó las hojas del cabello, del cabello húmedo, y las flores de los senos, y besó sus senos, y le besó el ombligo, y besó el vello púbico, donde dejó las flores enredadas. —Que sigan ahí mientras quieran. ¡Así! Ya estás desnuda de nuevo, ahora tan sólo eres una muchacha con el culo al aire y con su pequeña lady Jane. Vístete ahora, porque tienes que irte, o lady Chatterley llegará tarde a cenar, y ¿dónde ha estado mi preciosa doncella?

Ella nunca sabía cómo responder cuando le hablaba en dialecto. De modo que se vistió y se preparó para regresar, con cierta ignominia, a Wragby.

Él la acompañaría hasta el camino ancho. Sus jóvenes faisanes se encontraban todos bien en las jaulas.

Cuando salieron al camino ancho, se dirigía hacia a ellos una señora Bolton tambaleante y pálida.

—¡Oh, señora, nos preguntábamos si le habría ocurrido algo!

—¡No! ¡No ha ocurrido nada!

La señora Bolton observó el rostro del hombre, que el amor había suavizado y presentaba un nuevo aspecto. Halló en sus ojos una mirada medio risueña, medio burlona. Siempre se reía ante la desgracia. Pero él la miró con amabilidad.

—¡Buenas noches, señora Bolton! Su excelencia estará bien ahora, así que puedo marcharme. ¡Buenas noches, excelencia! ¡Buenas noches, señora Bolton!

Hizo un saludo, se dio la vuelta y se alejó.

Capítulo XVI

Connie llegó a casa para soportar la dura experiencia de un interrogatorio. Clifford había estado ausente a la hora del té, pero había regresado justo antes de la tormenta, y, ¿dónde estaba su excelencia? Nadie lo sabía, sólo la señora Bolton sugirió que habría ido al bosque a dar un paseo. ¡En el bosque, con aquella tormenta! Por una vez, Clifford entró en un estado de frenesí nervioso. Se sobresaltaba con cada relámpago y palidecía con cada trueno. Miraba la gélida lluvia de la tormenta como si se tratase del fin del mundo. Se fue alterando cada vez más.

La señora Bolton intentaba calmarle.

—Se habrá refugiado en la cabaña hasta que escampe. No se preocupe, la señora se encontrará bien.

—¡No me gusta que esté en el bosque con una tormenta como esta! ¡No me gusta que esté en el bosque en ningún caso! Ya hace más de dos horas que se fue. ¿Cuándo salió?

—Un poco antes de que llegara usted.

—No la vi en el parque. Dios sabe dónde estará y qué le habrá sucedido.

—Oh, nada le habrá sucedido. Verá cómo regresa a casa directamente cuando deje de llover. Es la lluvia lo que lo impide.

Pero su excelencia no volvió a casa directamente cuando dejó de llover. De hecho, pasó el tiempo, el sol salió para mostrar su último destello amarillo, y aún no había dado señales de vida. El sol se había puesto, oscurecía y había sonado el primer gong para la cena.

—¡Es inútil! —dijo Clifford en un frenesí—. Voy a enviar a Field y a Betts.

—¡Oh, no haga eso! —exclamó la señora Bolton—. Pensarán que se trata de un suicidio o algo así. ¡No dé lugar a habladurías! Permítame ir a la cabaña y comprobar si está allí. La encontraré.

De modo que, tras insistir un poco, Clifford le había permitido ir.

—Espero que no le moleste que haya salido en su busca, excelencia; pero sir Clifford estaba muy alterado. Estaba seguro de que le habría alcanzado un rayo, o que habría muerto tras la caída de un árbol. Estaba dispuesto a enviar al bosque a Field y Betts para buscar el cadáver. Así que pensé que sería mejor que viniera yo antes de alarmar a toda la servidumbre.

Hablaba nerviosa. Aún veía en el rostro de Connie la tersura y la ensoñación de la pasión, y podía sentir su irritación.

—¡Está bien! —dijo Connie. Y no pudo decir nada más.

Las dos mujeres atravesaron con paso lento aquel húmedo mundo, en silencio, mientras grandes gotas salpicaban, como si de explosiones se trataran, en el bosque. Cuando llegaron al parque, Connie se adelantó y la señora Bolton jadeaba un poco. Estaba más rechoncha.

—¡Qué estupidez por parte de Clifford armar este alboroto! —dijo Connie al final, enfadada; en realidad, hablando para sí misma.

—¡Oh, ya sabe cómo son los hombres! Les gusta alterarse. Pero irá todo bien tan pronto vea a su excelencia.

A Connie le enojaba mucho que la señora Bolton conociera su secreto.

Constance se detuvo en el sendero de repente.

—¡Es horroroso que me tengan que seguir! —dijo, centelleándole los ojos.

—¡Oh, excelencia, no diga eso! Sin duda habría enviado a los dos hombres y habrían ido directamente a la cabaña. Yo, en realidad, ni siquiera sé dónde está.

Connie enrojeció de rabia ante aquella insinuación. No obstante, mientras le durara la pasión, no podría mentir. Ni siquiera era capaz de fingir que no había nada entre ella y el guardabosque. Miró a la mujer, quien muy astuta, mantenía la cabeza baja; sin embargo, en cierto modo, en su femineidad, era una aliada.

—¡Oh, bueno! —dijo—. Si eso es así, no importa.

—Bueno, usted está bien, mi señora. Tan sólo se ha refugiado en la cabaña. No pasa absolutamente nada.

Continuaron hacia la casa. Connie entró con paso decidido a la habitación de Clifford, furiosa con él, furiosa con su cara pálida y alterada, con sus ojos saltones.

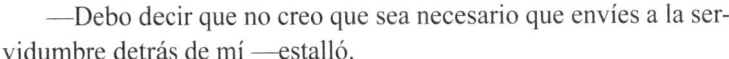

—Debo decir que no creo que sea necesario que envíes a la servidumbre detrás de mí —estalló.

—¡Dios mío! —estalló a su vez—. ¿Dónde has estado, mujer? ¡Has estado fuera horas, horas, con semejante tormenta! ¿Por qué diablos vas a ese maldito bosque? ¿Qué has estado haciendo? ¡Hace horas que dejó de llover, horas! ¿Sabes qué hora es? Bastas para volver a alguien loco. ¿Dónde has estado? ¿Qué demonios has estado haciendo?

—¿Y qué pasaría si decidiera no contártelo? —se quitó el sombrero y se sacudió el cabello.

Él la miró con sus ojos saltones y amarillentos. Le sentaba muy mal encolerizarse así. La señora Bolton se agotaría con él durante días. Connie sintió un repentino reparo.

—¡En realidad, cualquiera pensaría que he estado no sé dónde! —dijo ella más afable—. Estuve en la cabaña durante la tormenta, encendí el fuego y estuve feliz.

Hablaba ahora con tranquilidad. Después de todo, ¡por qué alterarle aún más!

Él la miró con suspicacia.

—¡Y mira tu cabello! —dijo—. ¡Mírate!

—¡Sí! —replicó ella con calma—. Corrí bajo la lluvia sin ropa.

Él la miró fijamente, boquiabierto.

—¡Debes de estar loca! —dijo.

—¿Por qué? ¿Por gustarme tomar una ducha bajo la lluvia?

—¿Y cómo te secaste?

—Con una toalla vieja y el fuego.

Él aún la miraba fijamente, pasmado.

—Y supongo que no llegó nadie —dijo él.

—¿Quién iba a venir?

—¿Quién? ¡Cualquiera! Y Mellors. ¿No ha ido? Debe ir allí por las tardes.

—Sí, llegó más tarde, cuando ya había escampado, a echar maíz a los faisanes.

Connie hablaba con asombrosa indiferencia. La señora Bolton, que estaba escuchando en la habitación contigua, la escuchaba con verdadera admiración. ¡Pensar que una mujer fuera capaz de salir airosa de aquel modo tan natural!

—Y supongamos que hubiera llegado mientras tú corrías bajo la lluvia sin nada puesto, como una loca.

—Supongo que se habría llevado el susto de su vida, y se hubiera largado lo más rápido posible.

Clifford todavía la miraba paralizado. Lo que pensaba su subconsciencia jamás lo sabría. Y se hallaba demasiado desconcertado para formarse una idea clara en su consciencia superior. Simplemente aceptó lo que ella decía, en una especie de vacío. Y la admiraba. No podía evitar admirarla. Se la veía tan sonrosada y distinguida y calmada: con la calma del amor.

—Al menos —dijo él aplacado— tendrás suerte si no has cogido un severo resfriado.

—¡Oh, no me he resfriado! —replicó ella. Estaba pensando en las palabras del otro hombre: «Tienes el culo más bonito del mundo». Deseaba, deseaba realmente poder decirle a Clifford que le habían dicho aquello a ella durante la célebre tormenta. Sin embargo, se comportó como una reina ofendida y subió a cambiarse.

Aquella noche, Clifford quiso ser amable con ella. Estaba leyendo uno de los últimos libros científico-religiosos: le había dado la vena de una especie de fingida religiosidad, y de un modo egocéntrico estaba preocupado por el futuro de su propio ego. Era costumbre suya entablar conversación con Connie sobre algún libro, ya que entre ellos tenía que entablarse la conversación casi químicamente. Casi químicamente tenían que fraguarla en sus mentes.

—¿Qué piensas de esto, por cierto? —dijo, alcanzando su libro—. No tendrías necesidad de refrescar tu ardiente cuerpo corriendo bajo la lluvia si tuviésemos unos cuantos eones más de evolución detrás de nosotros. ¡Ah! Aquí está: «El universo nos muestra dos aspectos: por un lado su desgaste físico, por el otro su ascendente espiritualidad».

Connie escuchaba, esperando algo más. Pero Clifford aguardaba. Ella le miró sorprendida.

—Y si la espiritualidad asciende —dijo ella— ¿qué queda debajo, en el lugar donde solía estar el trasero?

—¡Ah! —dijo él—. Comprende lo que el hombre quiere decir. *Ascendente* es contrario a *desgaste*, supongo.

—¡Reventado de espiritualidad, por así decirlo!

—No, en serio, sin bromas. ¿Crees que hay algo en ello?

Ella le miró de nuevo.

—¿Desgaste físico? —dijo ella—. Yo veo que tú estás engordando y que yo no me estoy desgastando. ¿Crees que el sol es más pequeño de lo que era? Para mí, no. Y supongo que la manzana que Adán le ofreció a Eva, si es que hubo alguna, no era realmente mucho más grande que nuestras manzanas reinetas. ¿Crees tú que lo era?

—Bueno, escucha lo que sigue diciendo: «Está pasando muy lentamente, con una lentitud inconcebible para nuestras medidas de tiempo, dando lugar a nuevas condiciones para la creación, en medio de las cuales el mundo físico, tal como lo conocemos actualmente, estará representado por una onda que apenas se distingue de la nada».

Ella escuchaba con cierto aire divertido. Todas aquellas impropiedades le sugerían cosas, pero se limitó a decir:

—¡Qué estúpido engaño! ¡Como si su pequeña conciencia engreída pudiese saber lo que está ocurriendo tan lentamente como todo eso! Solamente significa que él es un fracaso físico en la tierra, de modo que quiere hacer que todo el universo sea un fracaso físico. ¡Qué pedante impertinente!

—¡Pero escucha! No interrumpas las solemnes palabras del gran hombre: «El tipo de orden actual del mundo ha surgido de un inimaginable pasado, y descubriremos su tumba en un inimaginable futuro. Queda el reino inagotable de las formas abstractas, y la creatividad con carácter cambiante siempre determinado de nuevo por sus propias criaturas, y Dios, de cuya sabiduría dependen todas las formas del orden». Así es como termina él.

Connie escuchaba con desprecio.

—Ha reventado de espiritualidad —dijo ella—. ¡Qué montón de insensateces! ¡Inimaginables, y tipos de orden en tumbas, y reinos de formas abstractas, y creatividad con carácter cambiante, y Dios mezclado con las formas de orden! ¡Qué estupideces!

—Debo decir que es un conglomerado un poco vago, una mezcla de gases, por así decirlo —dijo Clifford—. Aun así, creo que hay algo en la idea de que el universo se está desgastando físicamente y ascendiendo espiritualmente.

—¿Lo crees? Entonces que ascienda, siempre y cuando me deje sana y salva físicamente aquí abajo.

—¿Te gusta tu físico? —preguntó él.

—¡Me encanta!

Y a su mente acudieron las palabras: «Es el más bonito, el culo de mujer más bonito que pueda haber».

—Pero eso es realmente extraordinario, porque no se puede negar que es un estorbo. Aunque supongo que una mujer no experimenta el supremo placer de la vida intelectual.

—¿Supremo placer? —dijo ella, mirándole—. ¿Es ese tipo de idiotez el placer supremo de la vida intelectual? ¡No, gracias! Dame el cuerpo. Creo que la vida del cuerpo es una realidad mayor que la vida de la mente: cuando el cuerpo está realmente despierto a la vida; pero muchas personas, como tu famosa máquina de viento, tan sólo tienen mentes sujetas a sus cadáveres físicos.

Él la miró asombrado.

—La vida del cuerpo —dijo él— es sólo la vida de los animales.

—Y es mejor que la vida de los cadáveres. ¡Pero no es cierto! El cuerpo humano apenas está empezando a tener vida real. Con los griegos tuvo un atisbo maravilloso, luego Platón y Aristóteles lo mataron, y Jesucristo lo remató. Pero ahora el cuerpo está cobrando vida, realmente se está levantando de la tumba. Y será maravilloso, vida maravillosa en el maravilloso universo, la vida del cuerpo humano.

—Querida, hablas como si estuvieras encargándote tú de ello. Cierto que te vas de vacaciones, pero no te sientas tan indecentemente eufórica por ello. Créeme, sea el Dios que sea, está eliminando lentamente las tripas y el aparato digestivo del ser humano para que evolucione hacia una ser más elevado, más espiritual.

—¿Por qué debería creerte, Clifford, cuando siento que, sea el Dios que sea, al fin ha despertado en mis tripas, como tú las llamas, y se propaga allí feliz como un amanecer? ¿Por qué debería creerte cuando yo pienso exactamente lo contrario?

—¡Oh, exactamente! ¿Y qué es lo que ha causado tan extraordinario cambio en ti? ¿Correr desnuda bajo la lluvia, jugar a ser una bacante? ¿El deseo de emociones o una anticipación de tu marcha a Venecia?

—¡Las dos cosas! ¿Crees que es horrible por mi parte estar tan entusiasmada por marcharme? —dijo ella.

—Resulta bastante horrible que lo demuestres tan claramente.

—Entonces lo ocultaré.

—¡Oh, no te molestes! Casi me has transmitido a mí el entusiasmo. Casi siento que soy *yo* el que se va.

—Bueno y ¿por qué no vienes?

—Ya hemos hablado de eso. Y, de hecho, supongo que tu mayor entusiasmo proviene de poder decir adiós temporalmente a todo esto. Nada tan emocionante, por el momento, como decir adiós a todo. Pero toda despedida significa un encuentro en otro lugar. Y cada encuentro una nueva esclavitud.

—No voy a entrar en una nueva esclavitud.

—No te jactes, mientras los dioses escuchan —dijo él.

Connie se retuvo.

—¡No! ¡No me jactaré! —dijo.

Pero estaba encantada de marcharse, sin embargo; sentir que los lazos se rompían. No podía evitarlo.

Clifford, que no podía dormir, estuvo jugando toda la noche con la señora Bolton, hasta que ella casi se moría de sueño.

Y llegó el día en el que llegaría Hilda. Connie había acordado con Mellors que si todo prometía bien para pasar la noche juntos, colgaría un chal verde en la ventana. Si se frustraba, sería rojo.

La señora Bolton ayudó a Connie a preparar el equipaje.

—Le vendrá muy bien a su excelencia cambiar de aires.

—Creo que sí. No le importa que deje a Clifford en sus manos durante un tiempo, ¿verdad?

—¡Oh, no! Puedo manejarle bastante bien. Quiero decir, que puedo hacer todo lo que él necesite. ¿No cree que está mucho mejor de lo que solía estar?

—¡Oh, mucho mejor! Hace usted maravillas con él.

—¡Eso creo yo! Todos los hombres son iguales, son como niños; tienes que halagarles y ganarte su confianza y dejar que piensen que se están saliendo con la suya. ¿No lo ve usted así, mi señora?

—Me temo que no tengo mucha experiencia.

Connie hizo una pausa en su tarea.

—¿Incluso a su marido tuvo usted que manejarle y halagarle como a un niño? —preguntó, mirando a la otra mujer.

La señora Bolton hizo una pausa también.

—Bueno —dijo—, tuve que ser un poco persuasiva con él también. Pero él siempre sabía lo que yo buscaba, debo decir eso. Pero, por lo general, cedía ante mí.

—¿Nunca fue amo y señor?

—¡No! Al menos aparecía a veces una expresión en sus ojos, y entonces sabía que era yo la que *tenía* ceder. Pero normalmente cedía él. No, nunca fue amo y señor. Pero tampoco yo. Sabía cuándo no podía ir más lejos con él, y entonces cedía yo; aunque a veces me costaba un poco.

—¿Y qué hubiese pasado si usted se hubiese resistido?

—Oh, no lo sé, nunca lo hice. Aun cuando él estaba equivocado, si se mostraba firme, yo cedía. Sabe, nunca quise romper lo que había entre nosotros. Y, si realmente te opones rotundamente a la voluntad del hombre, se acabó. Si realmente te importa un hombre, tienes que ceder ante él una vez ha tomado una decisión; tanto si tiene razón como si no, tienes que ceder. De lo contrario, algo se rompe. Pero debo decir que Ted cedió en ocasiones en las que yo me empeñaba en una cosa y me equivocaba. Así que supongo que es dar una de cal y otra de arena.

—¿Y así es como trata usted a todos sus pacientes? —preguntó Connie.

—¡Oh, eso es diferente! No importan de igual modo. Sé lo que es bueno para ellos, o procuro saberlo, y luego me las ingenio para que lo consigan por su propio bien. No es como con alguien a quien se quiere de verdad. Es completamente diferente. Una vez que has querido a un hombre, puedes ser afectuosa con casi cualquier hombre cuando lo necesita. Pero no es igual. Realmente no te *importa*. Dudo de que si alguna vez se ha querido *de verdad,* se pueda volver a querer de nuevo.

Aquellas palabras asustaron a Connie.

—¿Cree que sólo se puede querer una vez? —preguntó.

—O nunca. La mayoría de las mujeres no aman nunca, nunca empiezan a amar. No saben lo que significa. Pero cuando veo a una mujer enamorada, mi corazón está con ella.

—¿Y cree que los hombres se ofenden fácilmente?

—¡Sí! Si les hieres en su orgullo. ¿Pero no somos iguales las mujeres? Sólo que el orgullo de ambos es un poco diferente.

Connie reflexionó sobre esto. De nuevo empezaba a sentir cierta aprensión por marcharse. Después de todo, ¿no iba ella a dejar de prestar atención a su marido, aunque sólo fuese por breve tiempo? Y él lo sabía. Esa era la razón por la que se mostraba tan raro y sarcástico.

De todas formas, la existencia humana está controlada en gran medida por la maquinaria de las circunstancias externas. Ella estaba en manos de esa maquinaria. No podía liberarse por completo en cinco minutos. Ni siquiera lo deseaba.

Hilda llegó puntualmente el jueves por la mañana, en un automóvil ligero de dos plazas, con su maleta atada firmemente en la parte trasera. Tenía el aspecto recatado y modesto de siempre, pero la misma voluntad propia. Tenía una voluntad propia infernal, como había descubierto su marido. Pero el marido se estaba divorciando de ella. Sí, ella incluso se lo facilitó, aunque no tenía ningún amante. Por el momento, no quería saber nada de hombres. Estaba muy satisfecha siendo su propia dueña, y de tener dos hijos, a quienes estaba educando «debidamente», significara lo que significase aquello.

A Connie tan sólo le estaba permitido llevar una maleta también. Pero había enviado un baúl a su padre, quien viajaría en tren. No merecía la pena llevar un coche a Venecia, y en Italia hacía mucho calor para ir en automóvil en julio. Iba más cómodamente en el tren. Acababa de llegar de Escocia.

De modo que, como un mariscal de campo arcadio y discreto, Hilda dispuso la parte material del viaje. Ella y Connie se encontraban en la habitación de arriba, charlando.

—¡Pero Hilda! —dijo Connie, algo asustada—. Quiero estar cerca de aquí esta noche. No aquí, ¡cerca de aquí!

Hilda miró fijamente a su hermana con sus ojos grises e inescrutables. Parecía tan serena, y se enfurecía tan a menudo.

—¿Dónde es cerca de aquí? —preguntó con voz suave.

—Bueno, ya sabes que estoy enamorada de alguien, ¿no?

—Deduje que había algo.

—Bueno, vive cerca de aquí y quiero pasar esta última noche con él. ¡Debo hacerlo! Lo he prometido.

Connie insistía.

Hilda inclinó su cabeza de Minerva en silencio. Luego alzó la vista.

—¿Quieres decirme quién es? —preguntó.

—Es nuestro guardabosque —titubeó Connie, y se ruborizó intensamente, como una niña avergonzada.

—¡Connie! —dijo Hilda, alzando la nariz con indignación; un gesto heredado de su madre.

—Ya sé, pero es encantador, la verdad. Realmente entiende la ternura —dijo Connie, intentando disculparle.

Hilda, como una Atenea rubicunda, de buen color, inclinó la cabeza y reflexionó. Realmente estaba muy enfadada. Pero no se atrevía a demostrarlo, porque Connie, que se parecía a su padre, se volvería inmediatamente obstinada y rebelde.

Era cierto, a Hilda no le gustaba Clifford: ¡su fría seguridad de que era alguien! Ella pensaba que había utilizado a Connie de un modo vergonzoso e insolente. Había esperado que su hermana le *abandonara*. Pero, al pertenecer a la sólida clase media escocesa, le costaba aceptar cualquier «descenso» de clase social, propio o de la familia. Al fin, alzó la vista.

—Lo lamentarás —dijo.

—No lo haré —exclamó Connie, enrojeciendo—. Él es una excepción. Le amo *de verdad*. Es un amante maravilloso.

Hilda aún reflexionaba.

—Te cansarás pronto de él —dijo—, y vivirás avergonzada por su causa.

—¡No lo haré! Espero tener un hijo suyo.

—¡*Connie!* —dijo Hilda, con la dureza de un martillazo y pálida de ira.

—Lo tendré si es posible. Estaría tremendamente orgullosa si tuviera un hijo suyo.

No servía de nada hablar con ella. Hilda meditaba.

—¿Y Clifford no sospecha? —dijo.

—¡Oh, no! ¿Por qué debería sospechar?

—Seguro que le has dado muchos motivos para sospechar —dijo Hilda.

—En absoluto.

—Y el asunto de esta noche me parece una locura totalmente gratuita. ¿Dónde vive ese hombre?

—En la casa que hay al otro lado del bosque.

—¿Es soltero?

—¡No! Su esposa le abandonó.

—¿Cuántos años tiene?

—No sé. Es mayor que yo.

Hilda se iba enfadando más con cada respuesta, se enfadaba como su madre solía hacerlo, con una especie de paroxismo. Pero seguía ocultándolo.

—Yo en tu lugar, renunciaría a esa aventura nocturna —le aconsejó con calma.

—¡No puedo! *Debo* estar con él esta noche, o no podré irme a Venecia. Simplemente no puedo.

A Hilda le parecía volver a oír a su padre y cedió por mera diplomacia. Consintió conducir hasta Mansfield, ir las dos a cenar allí, llevar de regreso a Connie al final del sendero después de oscurecer, y recogerla al final del sendero a la mañana siguiente; ella misma dormiría en Mansfield, a sólo media hora de distancia, yendo a buena marcha. Pero estaba furiosa. Guardaría contra su hermana aquel cambio de planes.

Connie colgó un chal verde esmeralda en el alfeizar de la ventana.

A pesar de su ira, Hilda fue afectuosa con Clifford. Después de todo, tenía cerebro. Y si, funcionalmente, no tenía sexo, mucho mejor; ¡menos se discutiría sobre él! Hilda ya no quería saber nada de aquel asunto del sexo, que convertía a los hombres en pequeños horrores desagradables y egoístas. Connie realmente tenía que soportar menos que muchas mujeres, pero no se daba cuenta.

Y Clifford decidió que Hilda, después de todo, era una mujer decididamente inteligente, y convertiría a un hombre en un compañero de primera clase, si se dedicara él a la política, por ejemplo. Sí, no tenía ninguna de las tonterías de Connie, Connie era más infantil; tenías que buscar excusas que la disculparan porque no se podía confiar en ella en absoluto.

Tomaron anticipadamente una taza de té en el vestíbulo, donde se habían abierto las puertas para dejar que entrara el sol. Todos parecían estar casi sin aliento.

—¡Adiós, Connie! Regresa a mí sana y salva.

—¡Adiós, Clifford! Sí, no estaré mucho tiempo —Connie casi mostró ternura.

—¡Adiós, Hilda! Échale un ojo, ¿lo harás?

—¡Le echaré los dos! —dijo Hilda—. Si se extravía, no irá muy lejos.

—¡Es una promesa!

—¡Adiós, señora Bolton! Sé que cuidará de sir Clifford noblemente.

—Haré lo que pueda, excelencia.

—Y escríbame si hay alguna noticia, y hábleme de Clifford, de cómo se encuentra.

—Muy bien, excelencia, lo haré. Disfrute, y regrese para alegrarnos.

Todos hicieron un gesto de despedida con la mano. El automóvil arrancó. Connie miró atrás y vio a Clifford, sentado en su silla de ruedas en lo más alto de las escaleras. Después de todo, era su esposo; Wragby era su hogar; las circunstancias así lo habían decidido.

La señora Chambers abrió la verja y deseo unas felices vacaciones a su excelencia. El automóvil salió del oscuro bosquecillo que ocultaba el parque, hacia la carretera donde los mineros arrastraban los pies de regreso a casa. Hilda giró hacia Crosshill Road, que no era una carretera principal, pero conducía a Mansfield. Connie se puso las gafas. Avanzaban al lado de las vías del ferrocarril, que se encontraban en un desmonte situado por debajo de ellas. Después cruzaron las vías por un puente.

—¡Ese es el sendero de la casa! —dijo Connie.

Hilda desvió la mirada hacia él con impaciencia.

—Es una verdadera lástima que no podamos ir directamente —dijo—. Podríamos haber estado en Pall Mall a las nueve.

—Lo lamento —dijo Connie, oculta tras sus gafas.

Pronto llegaron a Mansfield, esa ciudad minera, romántica en otros tiempos, pero completamente desalentadora ahora. Hilda se detuvo en el hotel que figuraba en la guía automovilística y pidió habitación. No le interesaba en absoluto todo aquello, y estaba demasiado enfadada para hablar. Sin embargo, Connie tenía que contarle algo de la historia de ese hombre.

—¡*Él*! ¡*Él*! ¿Cómo se llama? Sólo dices él —dijo Hilda.

—Nunca le he llamado por su nombre, ni él a mí, lo cual resulta curioso cuando llegas a pensar en ello. Menos cuando decimos lady Jane y John Thomas. Pero se llama Oliver Mellors.

—¿Y te gustaría ser la señora de Oliver Mellors en vez de lady Chatterley?

—Me encantaría.

No había nada que hacer con Connie. De todas maneras, si aquel hombre había sido teniente del ejército en la India durante cuatro o cinco años, debía de ser más o menos presentable. Al parecer tenía carácter. Hilda empezó a ceder un poco.

—Pero terminará dentro de un tiempo —dijo— y entonces te avergonzarás de haber mantenido una relación con él. *No puede* mezclarse una con los obreros.

—¡Pero si tú eres socialista! Tú siempre estás a favor de las clases trabajadoras.

—Puede que esté de su parte en una crisis política, pero estar a favor suyo hace que comprenda lo imposible que resulta mezclar mi vida con las suyas. No se trata de presuntuosidad, sólo se trata de que el ritmo es totalmente diferente.

Hilda había vivido entre auténticos intelectuales políticos, de modo que contradecirla acabaría en desastre.

Fue pasando la tarde, carente de interés, en el hotel, y finalmente tomaron una cena también carente de interés. Connie metió unas cuantas cosas en una bolsita de seda y se peinó una vez más.

—Después de todo, Hilda —dijo—, el amor puede ser maravilloso: cuando sientes, *vives,* y te encuentras en el centro mismo de la creación. —Era casi como una baladronada por su parte.

—Supongo que todos los mosquitos sienten lo mismo —dijo Hilda.

—¿Eso crees? ¡Cuánto me alegro por ellos!

La tarde era maravillosamente clara y persistente, incluso en la pequeña ciudad. Habría media luz toda la noche. Con el rostro como una máscara, por el resentimiento, Hilda puso de nuevo en marcha el automóvil y las dos volvieron sobre sus pasos, pero esta vez irían por otra carretera, por Bolsover.

Connie llevaba puestas sus gafas y una gorra para ocultarse, e iba sentada en silencio. Debido a la oposición de Hilda, se había puesto de parte del hombre con vehemencia, y estaría a su lado en las buenas y en las malas.

Llevaban los faros encendidos cuando pasaron Crosshill, y el pequeño tren iluminado que pasó por el desmonte hizo que pareciera

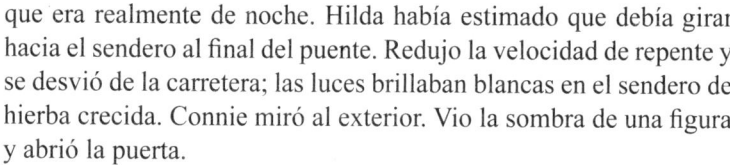

que era realmente de noche. Hilda había estimado que debía girar hacia el sendero al final del puente. Redujo la velocidad de repente y se desvió de la carretera; las luces brillaban blancas en el sendero de hierba crecida. Connie miró al exterior. Vio la sombra de una figura y abrió la puerta.

—¡Aquí estamos! —dijo con voz dulce.

Pero Hilda había apagado los faros y estaba absorta retrocediendo, haciendo el giro.

—¿No hay nada en el puente? —preguntó ella brevemente.

—Va usted bien —se oyó la voz del hombre.

Ella retrocedió hacia el puente, dando marcha atrás, dejó que el automóvil avanzara unos metros por la carretera, luego se detuvo en el sendero, bajo un olmo escocés, aplastando hierba y maleza. Después se apagaron todas las luces. Connie se apeó. El hombre se hallaba bajo los árboles.

—¿Has esperado mucho? —preguntó Connie.

—No demasiado —replicó él.

Ambos esperaron a que bajase Hilda. Pero Hilda cerró la puerta del automóvil y se quedó inmóvil.

—Esta es mi hermana Hilda. ¿No quieres venir a hablar con ella? ¡Hilda! Este es el señor Mellors.

El guardabosque se quitó el sombrero, pero no se acercó.

—Ven con nosotros a la casa, Hilda —suplicó Connie—. No está lejos.

—¿Y qué pasa con el coche?

—La gente suele dejarlos en las sendas. Coja la llave.

Hilda guardó silencio, deliberando. Después miró atrás, hacia el sendero.

—¿Puedo retroceder hasta detrás del arbusto? —dijo.

—¡Oh, sí! —dijo el guardabosque.

Ella dio marcha atrás lentamente, tomó la curva, fuera de la vista de la carretera, quitó la llave del automóvil y se bajó. Era de noche, pero había una oscuridad luminosa. Los matorrales se elevaban a buena altura, silvestres, por el sendero que nadie utilizaba, y parecían muy oscuros. Había un dulce y fresco perfume en el aire. El guardabosque iba a la cabeza, después Connie, luego Hilda, en silencio. Él se detenía para alumbrar los lugares difíciles con una linterna, y luego continuaban, mientras un búho ululaba débilmente sobre los

robles, y *Flossie* caminaba en silencio a su alrededor. Nadie era capaz de hablar. No había nada que decir.

Finalmente, Connie vio la luz amarilla de la casa y su corazón latió con fuerza. Estaba un poco asustada. Siguieron adelante, aún en fila india.

Él abrió la puerta y las precedió en la cálida pero desnuda pequeña habitación. El fuego ardía bajo y rojo en el hogar. La mesa estaba puesta con dos platos y dos vasos sobre un apropiado mantel blanco por una vez. Hilda se sacudió el cabello y miró en torno suyo a la desnuda y sombría habitación. Después se armó de valor y miró al hombre.

Era moderadamente alto y delgado, y pensó que era atractivo. Se mantenía a distancia y parecía absolutamente reacio a hablar.

—Siéntate, Hilda —dijo Connie.

—Sí —dijo él—. ¿Puedo prepararle té o algo, prefiere beber cerveza? Está medianamente fría.

—¡Cerveza! —dijo Connie.

—Para mí cerveza, por favor —dijo Hilda, con fingida timidez. Él la miró y parpadeó.

Cogió una jarra azul y se fue a la trascocina. Cuando regresó con la cerveza, su semblante había cambiado de nuevo.

Connie se sentó junto a la puerta y Hilda se sentó en la silla de él, de espaldas a la pared, en el rincón de la ventana.

—Esa es su silla —dijo Connie con voz suave. Y Hilda se levantó como si le hubiese quemado.

—¡Quédese sentada, quédese sentada! Es sólo una silla, no importa, ninguno de nosotros somos el oso grande del cuento —dijo, con total ecuanimidad.

Le dio un vaso a Hilda y sirvió la cerveza desde la jarra azul.

—Respecto a los cigarrillos —dijo— no tengo ninguno, pero quizás tenga usted. Yo no fumo. ¿Comerá algo? —Se volvió para dirigirse a Connie—. ¿Comerás un bocado si te lo traigo? Sueles comer algo.

El hombre hablaba en lengua vernácula con una curiosa seguridad y tranquilidad, como si fuese el dueño de la taberna.

—¿Qué hay? —preguntó Connie, ruborizándose.

—Jamón cocido, queso, nueces en vinagre, si quieres... no hay mucho.

—Sí —dijo Connie—. ¿No quieres tú, Hilda?

Hilda alzó la vista hacia él.

—¿Por qué habla en el dialecto de Yorkshire? —dijo con voz dulce.

—No es de Yorkshire, es de Derby.

Él volvió a mirarla con esa débil y distante sonrisa.

—¡De Derby, entonces! ¿Por qué habla como en Derby? Hablaba inglés normal al principio.

—¿Ah, sí? ¿Y no puedo cambiar si lo prefiero? No, no, déjeme hablar el dialecto de Derby porque es el adecuado para mí. Si usted no está en contra.

—Suena un poco afectado —dijo Hilda.

—¡Sí, es posible! Y en Tevershall sería usted la que sonaría afectada. —La miró de nuevo con una mirada extraña y taimada, como diciendo: «Bueno, ¿y quién eres tú?».

Caminó despacio hacia la despensa en busca de comida.

Las hermanas quedaron en silencio. Él trajo otro plato, un cuchillo y un tenedor. A continuación, dijo:

—Y si no le importa, me quitaré la chaqueta como suelo hacer.

Y se quitó la chaqueta y la colgó en el gancho, luego se sentó a la mesa en mangas de camisa: una camisa ligera de franela de color crema.

—Sírvanse ustedes —dijo—. Sírvanse. ¡No esperen!

Cortó el pan, después se quedó inmóvil. Como a Connie le solía suceder antes, Hilda sintió el poder de su silencio y su distancia. Se fijó en su mano más bien pequeña, delicada, distendida sobre la mesa. No era un simple obrero, no. ¡Estaba actuando! ¡Actuando!

—De todas formas —dijo ella mientras cogía un poco de queso—, resultaría más natural que nos hablara en inglés normal, no en lengua vernácula.

Él la miró, percibiendo su endiablada voluntad.

—¿Lo sería? —dijo en inglés normal—. ¿Lo sería? ¿Sería natural cualquier cosa que nos dijéramos usted y yo, a menos que dijera usted que desea que me vaya al infierno antes de que su hermana me vuelva a ver: y a menos que yo dijera algo desagradable otra vez? ¿Sería natural cualquier otra cosa?

—¡Oh, sí! —dijo Hilda—. Los buenos modales serían bastante naturales.

—¡Segunda naturaleza, por así decirlo! —dijo él, luego se rio—. No, estoy harto de los buenos modales. ¡Déjeme ser como soy!

Hilda estaba realmente desconcertada y furiosamente molesta. Después de todo, podría haber demostrado que se daba cuenta de que la presencia de ellas le honraba. En lugar de eso, con sus aires teatrales y de gran señor, parecía pensar que era él el que estaba confiriendo el honor. ¡Qué insolencia! ¡Pobre Connie, mal encaminada, en las garras de aquel hombre!

Los tres comieron en silencio. Hilda observó sus modales en la mesa. No podía evitar reconocer que era, instintivamente, mucho más delicado y educado que ella misma. Ella poseía cierta torpeza escocesa. Y es más, poseía toda esa serena y reservada seguridad que muestran los ingleses, sin fisuras. Resultaría muy difícil vencerle.

Pero tampoco él la vencería.

—¿Y realmente piensa que merece la pena el riesgo? —dijo, en un tono algo más humano.

—¿Que merece la pena qué riesgo?

—Esta aventura con mi hermana.

Él esbozó una sonrisa de exasperación.

—Pregúntele a ella.

Entonces miró a Connie.

—Vienes por tu propia voluntad, ¿no es cierto, muchacha? No soy yo quien te obliga.

Connie miró a Hilda.

—Me gustaría que no pusieras reparos, Hilda.

—Naturalmente, no quiero ponerlos, pero alguien tiene que pensar en las cosas. Tiene que haber cierta continuidad en tu vida. No puedes ir metiéndote en líos.

Hubo un momento de pausa.

—¡Continuidad! —dijo él—. ¿Y qué entiende por eso? ¿Qué continuidad hay en *su* vida? Creo que se está divorciando. ¿Qué continuidad es esa? Continuidad de su propia obstinación. Eso es lo que veo. ¿Y de qué va a servirle? Se hartará de su continuidad antes de que sea más mayor. Una mujer testaruda y su propia voluntad; sí, eso

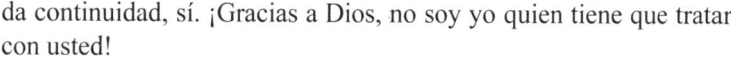

da continuidad, sí. ¡Gracias a Dios, no soy yo quien tiene que tratar con usted!

—¿Qué derecho tiene usted a hablarme así? —dijo Hilda.

—¡Derecho! ¿Qué derecho tiene usted a echar la carga de su continuidad sobre otros? Deje a los demás con su propia continuidad.

—Mi estimado señor, ¿cree que estoy preocupada por usted? —dijo Hilda con voz suave.

—Sí —dijo él—. Lo está, porque no queda más remedio. Más o menos es usted mi cuñada.

—Estoy muy lejos de serlo, se lo aseguro.

—No tan lejos, se lo aseguro yo a *usted*. Tengo mi propia especie de continuidad, como la tiene usted. Tan buena como la suya, cada día. Y si su hermana ha acudido a mí por un poco de ternura, sabe lo que está buscando. Ha estado en mi cama antes, no usted, gracias a Dios, con su continuidad —se hizo un absoluto silencio antes de añadir—: Yo no llevo pantalones con la parte del culo por delante. Y si me cae fruta del cielo, doy gracias por mi suerte. Un hombre logra mucho placer con una muchacha como esta, lo que es más de lo que alguien consigue de las que son como usted. Lo cual es una lástima, pues usted podría ser una buena manzana, en vez de un elegante cangrejo. Las mujeres como usted necesitan un injerto apropiado.

La estaba mirando con una débil y extraña sonrisa, ligeramente sensual y considerada.

—Y los hombres como usted —dijo ella— deberían ser apartados por su vulgaridad y lujuria egoísta.

—¡Sí, señora! Por suerte aún quedan hombres como yo. Pero usted merece lo que tiene: que la dejen absolutamente sola.

Hilda se había levantado y dirigido hacia la puerta. Él se levantó y cogió su chaqueta del gancho.

—Puedo encontrar el camino muy bien yo sola —dijo ella.

—Dudo de que pueda —replicó él con espontaneidad.

De nuevo fueron caminando despacio en ridícula fila por el sendero, en silencio. Un búho aún ululaba. Supo que debería disparar contra él.

El automóvil estaba intacto, con un poco de rocío. Hilda entró y puso en marcha el motor. Los otros dos aguardaban.

El amante de Lady Chatterley

—Lo que quiero decir —dijo desde su trinchera— es que dudo de que encontréis que haya merecido la pena esto, ¡ninguno de los dos!

—Lo que es comida para un hombre es veneno para otro —dijo él desde la oscuridad—. Pero es comida y bebida para mí.

Se encendieron los faros del automóvil.

—No me hagas esperar mañana.

—No lo haré. ¡Buenas noches!

El automóvil subió lentamente hacia la carretera, luego se alejó veloz, dejando la noche en silencio.

Connie le cogió del brazo tímidamente y descendieron por el camino. Él no hablaba. Finalmente, ella le hizo detenerse.

—¡Bésame! —murmuró.

—No, espera un poco. Espera a que deje de hervir —dijo él.

Aquello divirtió a Connie. Ella se mantuvo cogida de su brazo y bajaron rápidamente por el camino, en silencio. Se alegraba de estar con él en ese momento. Se estremecía al darse cuenta de que Hilda podría haberla arrebatado de su lado. Él guardaba un silencio inescrutable.

Cuando llegaron de nuevo a la casita, casi saltó de placer al sentirse liberada de su hermana.

—Has sido horrible con Hilda —le dijo.

—Deberían haberle dado una bofetada a tiempo.

—Pero, ¿por qué? Es *tan* amable.

Él no respondió, iba haciendo las tareas de la noche con movimientos tranquilos y seguros. Exteriormente estaba enojado, pero no con ella. Así lo sentía Connie. Y su enojo le confería un peculiar atractivo, una introspección y un resplandor que la estremecían y hacían que sus miembros se fundieran.

Él todavía no se fijaba en ella.

Hasta que se sentó y empezó a desatarse las botas. Después alzó la mirada hacia ella desde debajo de sus cejas, donde aún se mantenía firme el enfado.

—¿No quieres subir? —dijo—. Hay una vela.

Con un rápido movimiento de la cabeza señaló la vela encendida que había sobre la mesa. Ella la cogió obedientemente y él observó la curva plena de sus caderas mientras subía los primeros peldaños.

Fue una noche de pasión sensual, en la cual ella se halló algo sobresaltada, y un poco reacia; y, sin embargo, traspasada de nuevo por penetrantes estremecimientos de sensualidad, diferentes, más agudos, más terribles que los estremecimientos de la ternura; pero, en ese momento, más deseables. Aunque un poco asustada, se dejó llevar por él, y la sensualidad audaz y desvergonzada la sacudió hasta sus cimientos, la desnudó hasta el final, y la convirtió en una mujer diferente. No fue amor realmente. No fue voluptuosidad. Fue sensualidad aguda y abrasadora como el fuego, que hacía arder el alma como la yesca.

Quemaba las vergüenzas, las vergüenzas más profundas y antiguas, en los lugares más secretos. Le costó dejarse llevar por él y que hiciera su voluntad. Ella tenía que permanecer pasiva, consintiendo, como una esclava, una esclava física. Sin embargo, las llamas de la pasión lamían a su alrededor, consumiendo, y cuando la llama sensual llegó a sus entrañas y a su pecho, realmente pensó que estaba muriendo, pero una muerte enternecedora, maravillosa.

Con frecuencia se preguntaba qué quería decir Abelardo cuando decía que en su año de amor, él y Eloísa habían pasado por todas las fases y refinamientos de la pasión. ¡Había sido igual mil años antes, diez mil años antes! ¡Lo mismo que aparecía en los jarrones griegos, en todas partes! ¡Los refinamientos de la pasión, las extravagancias de la sensualidad! Y era necesario, siempre necesario, quemar falsas vergüenzas y fundir el mineral más pesado del cuerpo para llegar a la pureza. Con el fuego de la pura sensualidad.

En aquella corta noche de verano, ella aprendió mucho. Habría pensado que una mujer se moriría de vergüenza. Pero, en su lugar, lo que había muerto era la vergüenza. Vergüenza, que es miedo. La vergüenza orgánica profunda, el viejo, viejo miedo físico que se agazapa en las raíces de nuestro cuerpo y sólo puede ser ahuyentado por el fuego sensual, por fin lo había derrotado la caza fálica del hombre, y ella llegó al mismísimo centro de su propia jungla interior. Ahora sentía que había llegado al verdadero fondo rocoso de su naturaleza, y que, esencialmente, carecía de vergüenzas. Se había convertido en su yo sensual, desnudo y sin ninguna vergüenza. Se sentía triunfante, casi envanecida. ¡Así! ¡Así es como era! ¡Así era la vida! ¡Así era realmente uno mismo! No quedaba nada que ocultar ni de lo que avergonzarse. Había compartido su suprema desnudez con un hombre, otro ser.

¡Y qué demonio tan temerario era aquel hombre! ¡Realmente un demonio! Había que ser fuerte para soportarle. No era fácil llegar al corazón de la jungla física, al último y más profundo recoveco de la vergüenza orgánica. Sólo el falo podía explorarlo. ¡Y cómo había penetrado en ella!

Y cómo, con miedo, lo había odiado. ¡Pero ahora lo deseaba realmente! Ahora lo sabía. En el fondo de su alma, fundamentalmente, había necesitado esta caza fálica, la había deseado en secreto, y habría creído que jamás lo conseguiría. Ahora, de repente, allí estaba, y un hombre compartía su desnudez última y definitiva, sin ninguna vergüenza.

¡Qué mentirosos eran los poetas y todo el mundo! Hacían creer que lo que se necesitaba era sentimiento. Cuando lo que se necesitaba sobre todo era esa sensualidad penetrante, que consume, casi horrible. ¡Encontrar a un hombre que se atreviera a hacerlo, sin sentir vergüenza, ni pecado, ni remordimiento después! Si se hubiese avergonzado después, y le hubiese hecho sentirse avergonzada, ¡qué horrible! Lástima que la mayoría de los hombres fuesen tan perrunos, un tanto vergonzosos, como Clifford. ¡Como Michaelis incluso! Ambos eran sensualmente un poco perrunos y humillantes. ¡El placer supremo de la mente! ¿Y qué es eso para una mujer? En realidad, ¿qué es para el hombre incluso? Simplemente llega a la confusión y se comporta como un perro, incluso mentalmente. Se necesita sensualidad pura para purificar y estimular la mente. Sensualidad pura y ardiente, no confusión.

¡Ah, Dios mío, qué raro es el hombre! Todos son perros que corren, olfatean y copulan. ¡Haber encontrado un hombre que no tiene miedo y no se avergüenza! Le miró mientras dormía ahora, como un animal salvaje, ausente, ausente en la lejanía. Se acurrucó a su lado para no estar lejos de él.

Hasta que su despertar la despertó a ella por completo. Estaba sentándose en la cama, mirándola. Ella vio su propia desnudez en los ojos de él, el inmediato conocimiento de sí misma. Y el fluido, conocimiento masculino de sí misma parecía fluir hacia ella desde los ojos de él y envolverla con voluptuosidad. ¡Y qué voluptuoso

y maravilloso era sentir los miembros y el cuerpo medio dormido, pesado y bañado de pasión!

—¿Es hora de despertarse? —dijo ella.

—Las seis y media.

Tenía que estar al final del camino a las ocho. ¡Siempre, siempre, siempre obligaciones!

—Podría preparar el desayuno y subirlo aquí, ¿no? —dijo él.

—¡Oh, sí!

Flossie gimoteó suavemente abajo. El hombre se levantó, se quitó rápidamente el pijama y se frotó con una toalla. Cuando el ser humano está lleno de coraje y lleno de vida, ¡qué hermoso es! Así pensaba ella mientras le observaba en silencio.

—Descorre la cortina, ¿quieres?

El sol ya brillaba sobre las tiernas hojas verdes de la mañana, y el bosque aparecía azulado, fresco, en la cercanía. Ella se sentó en la cama, mirando soñadoramente a través de la ventana, uniendo sus pechos desnudos al oprimirlos con los brazos desnudos. Él se estaba vistiendo. Ella fantaseaba sobre la vida, una vida junto a él; tan sólo una vida.

Él se iba, huía de la peligrosa y agazapada desnudez de ella.

—¿He perdido mi camisón? —dijo ella.

Él metió la mano hacia los pies de la cama y sacó un trocito de seda fina.

—Noté que rozaba seda con los tobillos —dijo él.

Pero el camisón estaba rasgado casi en dos.

—¡No importa! —dijo—. La verdad es que pertenece a este lugar. Lo dejaré.

—Sí, déjalo, puedo ponérmelo entre las piernas por la noche, para que me haga compañía. No hay ningún nombre ni marca, ¿verdad?

Ella se puso la prenda rasgada y miró distraídamente por la ventana. Estaba abierta, entraba el aire de la mañana, y el sonido de los pájaros. Los pájaros pasaban volando continuamente. Luego vio a *Flossie* correteando afuera. Había llegado la mañana.

Le oyó encender el fuego abajo, sacar agua con la bomba y luego salir por la puerta trasera. De vez en cuando le llegaba el olor a tocino, y, finalmente, subió él con una enorme bandeja negra que apenas cabía por la puerta. Colocó la bandeja sobre la cama y sirvió el té.

Connie se puso de cuclillas con su camisón rasgado, y cayó hambrienta sobre su comida. Él se sentó en una silla, con el plato sobre las rodillas.

—¡Qué bueno está! —dijo ella—. ¡Qué agradable es desayunar juntos!

Él comía en silencio, pensaba en lo rápido que pasaba el tiempo. Eso le hizo recordar a ella.

—¡Oh, cómo desearía quedarme aquí contigo, y que Wragby estuviera a un millón de kilómetros! Es de Wragby de donde me alejo realmente. Lo sabes, ¿verdad?

—Sí.

—¿Prometes que viviremos juntos y tendremos una vida juntos, tú y yo? Me lo prometes, ¿verdad?

—Sí, cuando podamos.

—¡Sí! Y *podremos, podremos,* ¿verdad?

Ella se inclinó, derramando el té al cogerle de la muñeca.

—¡Sí! —dijo él, limpiando el té.

—Ya no podemos *no* vivir juntos ahora, ¿verdad? —dijo suplicante.

Él alzó la mirada hacia ella con una leve sonrisa.

—¡No! —dijo—. Pero tienes que irte dentro de veinticinco minutos.

—¡Tengo que irme! —exclamó.

De pronto, él levantó un dedo en señal de aviso, y se puso de pie. *Flossie* había dado un ladrido corto, luego tres largos, agudos, en señal de aviso.

En silencio, dejó el plato sobre la bandeja y bajó las escaleras. Constance le oyó descender por el sendero del jardín. Sonó el timbre de una bicicleta en el exterior.

—¡Buenos días, señor Mellors! ¡Carta certificada!

—¡Oh, sí! ¿Tiene un lapicero?

—¡Aquí tiene!

Hubo una pausa.

—¡Canadá! —dijo la voz del desconocido.

—Sí. Es un amigo mío que vive en la Columbia británica. No sé qué me manda certificado.

—A lo mejor le envía una fortuna.

—Más bien querrá algo.

Hubo una pausa.

—¡Bueno, otro día estupendo!

—¡Sí!

—¡Buenos días!

—¡Buenos días!

Al cabo de un rato subió de nuevo, parecía un poco enfadado.

—El cartero —dijo.

—¡Muy temprano! —replicó ella.

—La ronda rural; suele venir aquí sobre las siete, cuando viene.

—¿Te ha enviado una fortuna tu amigo?

—¡No! Sólo son fotografías y papeles sobre un lugar de allí, de Columbia.

—¿Irías allí?

—Pensé que tal vez podríamos.

—¡Oh, sí! ¡Creo que es un lugar maravilloso!

Pero a él le había disgustado la llegada del cartero.

—Esas malditas bicicletas, las tienes delante antes de que te enteres. Espero que no se haya dado cuenta de nada.

—Después de todo, ¿de qué podría darse cuenta?

—Debes levantarte ahora y prepararte. Voy a echar un vistazo por ahí afuera.

Ella le vio ir a inspeccionar el camino, con la perra y la escopeta. Ella bajó y se lavó, y ya estaba preparada cuando él regresó, con sus cosas metidas en la bolsita de seda.

Él cerró con llave la puerta y se pusieron en camino, pero a través del bosque, no por la senda. Estaba siendo precavido.

—¿No crees que uno vive para momentos como los de esta noche? —le dijo.

—¡Sí! Pero hay que pensar en los demás momentos —respondió él con brevedad.

Avanzaron por el camino cubierto de maleza, él al frente, en silencio.

—*Viviremos* juntos y construiremos una vida juntos, ¿verdad? —dijo suplicante.

—¡Sí! —respondió, avanzando a grandes zancadas y sin mirar a su alrededor—. ¡Cuando llegue el momento! Ahora te vas a ir a Venecia o alguna parte.

Ella le siguió sin decir palabra, con el corazón encogido. ¡Oh, ahora *tenía* que irse!

Finalmente, él se detuvo.

—Atajaré por aquí —dijo, señalando hacia la derecha.

Pero ella le rodeó el cuello con los brazos y se aferró a él.

—Pero reservarás la ternura para mí, ¿verdad? —susurró ella—. Me encantó anoche. Pero tú reservarás la ternura para mí, ¿verdad?

Él la besó y la estrechó en sus brazos durante un momento. Luego suspiró y la besó de nuevo.

-—Debo ir a ver si está allí el coche.

Avanzó dando zancadas sobre las zarzas bajas y los helechos, dejando un rastro a través de ellos. Estuvo ausente uno o dos minutos. Luego regresó dando zancadas.

—No está el coche todavía —dijo—. Pero está el carro del panadero en la carretera.

Parecía preocupado e inquieto.

—¡Escucha!

Oyeron un coche que tocó suavemente la bocina mientras se acercaba. Aminoró la velocidad en el puente.

Ella siguió con tristeza el rastro que había dejado él en los helechos, y llegó al enorme seto de acebo. Él estaba justo detrás de ella.

—¡Aquí! ¡Pasa por ahí! —dijo él, señalando un paso—. Yo no saldré.

Ella le miró con desesperación. Pero él la besó y la obligó a marcharse. Se deslizó a través del acebo llena de tristeza, y luego cruzó la cerca de madera, tropezó en la pequeña zanja y subió al camino, donde Hilda acababa de apearse del coche muy molesta.

—¡Estás aquí! —dijo Hilda—. ¿Dónde está él?

—Él no viene.

Por el rostro de Connie corrían las lágrimas cuando entró en el coche con su bolsita. Hilda agarró el casco de automovilista con las gafas que desfiguraban el rostro.

—¡Póntelo! —dijo. Y Connie se puso el disfraz, luego el abrigo largo de automovilista, y se sentó, como una criatura inhumana con gafas, irreconocible. Hilda puso en marcha el automóvil con ademán experto. Salieron del camino y se alejaron por la carretera. Connie

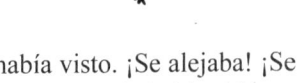

había mirado en torno suyo, pero no le había visto. ¡Se alejaba! ¡Se alejaba! Lloraba lágrimas de amargura. La despedida había sido tan repentina, de forma tan inesperada. Era como la muerte.

—¡Gracias a Dios estarás alejada de él durante un tiempo! —dijo Hilda, girando para evitar pasar por el pueblo de Crosshill.

Capítulo XVII

—Verás, Hilda —dijo Connie después del almuerzo, cuando se acercaban a Londres—, tú nunca has conocido ni la verdadera ternura ni la verdadera sensualidad; y si las conoces, con la misma persona, la diferencia es enorme.

—¡Por el amor de Dios, no alardees de tus experiencias! —dijo Hilda—. Jamás he conocido a un hombre que fuera capaz de intimar con una mujer, de entregarse a ella. Eso es lo que yo quería. No me gusta su ternura, que sólo les satisface a ellos, ni su sensualidad. No me conformo con ser la muñequita de un hombre ni su *chair á plaisir.* Yo quería una intimidad completa, y no la conseguí. Para mí ya es suficiente.

Connie reflexionó sobre esto. ¡Intimidad completa! Suponía que significaba revelar todo lo concerniente a ti a la otra persona, y que él revelara todo lo que le concernía a él. Pero eso era un aburrimiento. ¡Y toda esa fatigosa conciencia propia entre un hombre y una mujer! ¡Una enfermedad!

—Creo que eres demasiado consciente de ti misma en todo momento, con todo el mundo —dijo a su hermana.

—Espero al menos no tener naturaleza de esclava —dijo Hilda.

—¡Pero quizás la tengas! Quizás seas una esclava de tu propia idea de ti misma.

Hilda condujo en silencio durante un tiempo, después de oír la inaudita insolencia de aquella muchachita que era Connie.

—Al menos no soy esclava de la idea que tenga de mí otra persona: cuando, además, esa persona es un criado de mi marido —replicó por fin, con cruda ira.

—Bueno, eso no es así —dijo Connie con calma.

Siempre se había dejado dominar por su hermana mayor. Ahora, aunque en algún lugar de su fuero interno lloraba, se había liberado del dominio de *otras mujeres.* Esto en sí mismo era un alivio, como recibir una nueva vida; librarse del extraño dominio y obsesión de *otras mujeres*. ¡Qué horribles eran las mujeres!

Se alegraba de estar con su padre, cuya hija favorita siempre había sido ella. Ella y Hilda se alojaron en un pequeño hotel a las afueras de Pall Mall, y sir Malcolm lo hizo en su club. Pero salió con sus hijas por la tarde, y a ellas les gustaba ir con él.

Todavía era apuesto y robusto, aunque un poco temeroso del nuevo mundo que había surgido a su alrededor. Tenía una segunda esposa en Escocia, más joven que él y más rica. Pero pasaba tantas vacaciones alejado de ella como le era posible; igual que hacía con su primera esposa.

Connie se sentó a su lado en la ópera. Era moderadamente robusto, y tenía muslos robustos, pero aún eran fuertes y bien formados, los muslos de un hombre sano que había disfrutado de la vida. Su egoísmo bienhumorado, su obstinada independencia, su sensualidad impenitente, a Connie le parecía poder verlos en sus muslos rectos bien formados. ¡Un hombre! Y ahora estaba envejeciendo, lo cual resultaba triste. Pues en sus fuertes, gruesas y masculinas piernas no quedaba nada de la sensibilidad alerta y el poder de la ternura que es la esencia misma de la juventud, lo que nunca muere, una vez se ha tenido.

Connie tomó conciencia de la existencia de las piernas. Se habían convertido en algo más importante para ella que los rostros, que ya no eran muy reales. ¡Qué pocas personas tenían unas piernas vivas, despiertas! Miraba a los hombres de la platea. Grandes muslos como morcillas, embutidos en tela negra, o delgados palos de madera envueltos en tela fúnebre, o piernas jóvenes bien formadas sin significado alguno, ni sensualidad ni ternura ni sensibilidad, tan sólo mera ordinariez en piernas que caminaban pavoneándose. Ni siquiera había sensualidad en las de su padre. Todas estaban atemorizadas, atemorizadas hasta dejar de existir.

Pero las mujeres no estaban atemorizadas. ¡Los horribles postes de molino de la mayoría de las mujeres! ¡Realmente impactantes! ¡Realmente bastaban para justificar un asesinato! ¡O los lamentables palillos! ¡O piernas esbeltas, con medias de seda, sin la más mínima apariencia de vida! ¡Era horrible, los millones de piernas sin sentido que caminaban pavoneándose sin ningún sentido!

Pero no era feliz en Londres. La gente parecía demasiado espectral y vacía. Carecían de felicidad viva, sin importar lo enérgicos o atractivos que fueran. Todo resultaba estéril. Y Connie poseía un ansia ciega y femenina de felicidad, quería asegurarse la felicidad.

En cualquier caso, en París percibió aún cierta sensualidad. ¡Pero qué sensualidad tan hastiada, cansada, desgastada! Desgastada por falta de ternura. ¡Oh, París estaba triste! Una de las ciudades más tristes: hastiada de su sensualidad ahora mecánica, hastiada de la tensión del dinero, dinero, dinero, cansada incluso del resentimiento y de la vanidad, simplemente hastiada mortalmente, y aún no había conseguido ser lo bastante americana o londinense para ocultar el hastío bajo un ajetreo maquinal. ¡Ah, esos hombres varoniles, esos *flaneurs,* esos mirones, esos devoradores de buenas cenas! ¡Qué hastiados estaban! Hastiados, agotados por falta de un poco de ternura, dada y recibida. Las mujeres eficientes, a veces encantadoras, sabían un par de cosas sobre las realidades de la sensualidad: aventajaban a sus hermanas inglesas, pero sabían incluso menos de ternura. Secas, con la interminable tensión seca de la voluntad, también se estaban desgastando. El mundo humano se estaba agotando. Tal vez se volviera ferozmente destructivo. ¡Una especie de anarquía! ¡Clifford y su anarquía conservadora! Quizás no fuera conservadora durante mucho tiempo. Quizás se transformara en una anarquía muy radical.

Connie descubrió que temía al mundo. A veces era feliz durante un rato en los bulevares o en el *Bois* o en los jardines de Luxemburgo. Pero París estaba lleno ya de americanos y de ingleses, americanos extraños con uniformes de lo más extraños, y los habituales ingleses sombríos que se encontraban tan desesperanzados en el extranjero.

Se alegró de continuar el viaje. De repente, empezó a hacer calor, de modo que Hilda iría por Suiza, por el paso del Brennero, y luego llegaría a Venecia cruzando los Dolomitas. A Hilda le encantaba gestionar, conducir y ser la directora del espectáculo. Connie se contentaba con guardar silencio.

El viaje resultó bastante agradable. Pero Connie seguía diciéndose en su fuero interno: ¿Por qué no me importa realmente? ¿Por qué ya nunca me emociono de verdad? ¡Es horrible que ya no me importe el paisaje! Pero no lo hace. Es bastante horrible. Soy como

san Bernardo, quien podía salir a navegar en el lago de Lucerna sin darse cuenta de que había montañas y agua verde. Simplemente ya no me importa el paisaje. ¿Por qué debería uno mirarlo? ¿Por qué debería? Me niego.

No, no halló nada vital en Francia, ni en Suiza, ni en el Tirol, ni en Italia. Simplemente se dejaba transportar a través de todos ellos. Y todo era menos real que Wragby. ¡Menos real que la horrible Wragby! Pensaba que no le importaría no volver a ver jamás Francia, Suiza o Italia. Que siguieran donde estaban. Wragby era más real.

¡Respecto a la gente! Era toda igual, con muy pocas diferencias. Todos querían conseguir dinero de ti; o, si eran viajeros, querían disfrutar a toda costa, como si quisieran exprimir sangre de una piedra. ¡Pobres montañas! ¡Pobre paisaje! Todo tenía que ser exprimido, exprimido, exprimido una y otra vez, para proporcionar emociones, proporcionar divertimiento. ¿Qué pretendía la gente con aquel empeño por divertirse?

¡No! Connie se decía a sí misma que prefería estar en Wragby, donde podía ir de un lugar a otro o estarse quieta, sin tener que mirar nada ni representar nada. Esa representación de los turistas, en la que tienen que divertirse, resulta demasiado humillante; incluso un fracaso.

Deseaba regresar a Wragby, incluso volver a Clifford, al pobre inválido de Clifford. No era tan necio como aquel enjambre de veraneantes.

Pero en su interior seguía manteniendo el contacto con el otro hombre. No debía permitir que desapareciera su conexión con él. ¡Oh! No debería permitirlo o estaría perdida, perdida por completo en ese mundo de chusma con dinero y glotones de placeres. ¡Oh, los glotones de placeres! ¡Oh, el disfrutar uno mismo! Otra forma moderna de enfermedad.

Dejaron el automóvil en Mestre, en un garaje, y tomaron el vapor regular que iba a Venecia. Era una hermosa tarde de verano, ondulaba la superficie de la laguna poco profunda, el sol radiante hacía que Venecia, de espaldas a ellas al otro lado del agua, se perfilara borrosa.

En el muelle de la estación pasaron a una góndola y le dieron al hombre la dirección. Era un gondolero habitual, con su blusa blanca y azul, no muy apuesto y nada impresionante.

—¡Sí! ¡Villa Esmeralda! ¡Sí! La conozco. Fui gondolero de un caballero que vivía allí. ¡Pero está bastante lejos!

Parecía un individuo un tanto inmaduro e impetuoso. Remaba con cierta impetuosidad exagerada por los oscuros canales laterales, entre horribles paredes viscosas cubiertas de verdín; los canales que atraviesan los barrios más pobres, donde se tiende la ropa en cuerdas muy altas, y donde siempre hay un ligero, o fuerte, olor a aguas residuales.

Pero al fin llegó a uno de los canales abiertos, con aceras a ambos lados y puentes arqueados, que discurren rectos, formando ángulos rectos con el Gran Canal. Las dos mujeres iban sentadas debajo del pequeño toldo, el hombre iba encaramado arriba, detrás de ellas.

—¿Se van a quedar las *signorine* mucho tiempo en Villa Esmeralda? —preguntó mientras remaba pausadamente y se limpiaba el sudoroso rostro con un pañuelo blanco y azul.

—Unos veinte días; ambas somos señoras casadas —dijo Hilda, con su curiosa voz susurrante, lo que hizo que su italiano sonara tan extranjero.

—¡Ah, veinte días! —dijo el hombre. Hubo una pausa. Luego preguntó—: ¿Necesitan las *signore* un gondolero para los veinte días que van a quedarse en Villa Esmeralda? ¿O por días, o por semanas?

Connie y Hilda lo consideraron. En Venecia, siempre era preferible tener góndola propia, como era preferible tener automóvil propio en tierra.

—¿Qué hay en la Villa? ¿Qué embarcaciones?

—Hay una lancha con motor y también una góndola, pero... —el *pero* significa que no eran de su propiedad.

—¿Cuánto cobra?

Unos treinta chelines al día, o diez libras a la semana.

—¿Es ese el precio habitual? —preguntó Hilda.

—Menos, *signora,* menos. El precio habitual...

Las hermanas reflexionaron.

—Bueno —dijo Hilda—, vaya mañana por la mañana y lo arreglaremos. ¿Cómo se llama?

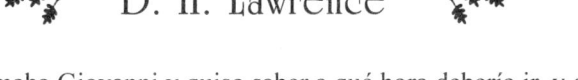

Se llamaba Giovanni y quiso saber a qué hora debería ir, y después a quién debía decir que estaba esperando. Hilda no tenía tarjetas. Connie le dio una de las suyas. Él la miró rápidamente, con sus ardientes ojos azules del sur, después volvió a echar un vistazo.

—¡Ah! —dijo, animándose—. ¡Milady! Milady, es así, ¿verdad?

—Milady Constanza —dijo Connie.

Él asintió con la cabeza y repitió: Milady Constanza, y guardó la tarjeta cuidadosamente en la blusa.

Villa Esmeralda se encontraba a gran distancia, a orillas de la laguna que daba hacia Chioggia. No era una casa muy vieja, resultaba agradable, y tenía terrazas orientadas al mar; y abajo había un jardín bastante grande con árboles oscuros, separado de la laguna por un muro.

Su anfitrión era un escocés grueso y un tanto tosco que había amasado una buena fortuna en Italia antes de la guerra, y había sido nombrado caballero por su extremo patriotismo durante la guerra. Su esposa era una persona delgada, pálida, despierta, sin fortuna propia, y la desgracia de tener que regular las hazañas amorosas, un tanto sórdidas, de su marido. Él agobiaba de un modo terrible a los criados, pero después de haber sufrido una leve apoplejía durante el invierno, ahora era más manejable.

La casa estaba bastante llena. Además de sir Malcolm y sus dos hijas, había siete personas más: una pareja escocesa, también con dos hijas; una joven condesa italiana, viuda; un joven príncipe georgiano y un clérigo inglés, más bien joven, que había tenido pulmonía y ahora era capellán de sir Alexandre por motivos de salud. El príncipe estaba arruinado, era atractivo, sería un excelente chofer, poseía el descaro necesario y ¡basta! La condesa era una gatita tranquila con alguna afición en alguna parte. El clérigo era un individuo sencillo que procedía de la vicaría de Bucks; afortunadamente, había dejado a su esposa y a sus hijos en casa. Y los Guthrie, una familia de cuatro miembros, pertenecían a una sólida clase media de Edimburgo, que disfrutaban de todo ininterrumpidamente y se atrevían con todo sin arriesgar nada.

Connie y Hilda descartaron al príncipe de inmediato. Los Guthrie eran más o menos de su misma clase, acaudalados, pero aburridos; y las muchachas querían maridos. El capellán no era un mal tipo, pero resultaba demasiado respetuoso. Sir Alexander, después de su leve apoplejía, tenía una jovialidad terriblemente pesada, pero aún se emocionaba ante la presencia de tantas jóvenes atractivas. Lady Cooper era una persona callada y maliciosa que lo pasaba mal, pobrecita, y que observaba a todas las demás mujeres con una fría vigilancia que se había convertido en su segunda naturaleza, y que decía pequeñas cosas desagradables y con frialdad, demostrando así la baja opinión que tenía de la naturaleza humana. Connie descubrió que era venenosa y despótica con los criados, pero de una manera discreta. Se comportaba con mucha destreza cuando hacía creer a sir Alexander que él era dueño y señor de todo el cotarro, con su voluminosa barriga y sus chistes totalmente aburridos; su humorosidad, como la llamaba Hilda.

Sir Malcolm pintaba. Sí, todavía pintaba algún paisaje de la laguna veneciana de vez en cuando, a modo de contraste con sus paisajes escoceses. De modo que, por la mañana, le trasladaban a remo, con un enorme lienzo, a su «sitio». Un poco más tarde, a lady Cooper la trasladarían a remo al corazón de la ciudad, con su cuaderno de dibujo y sus acuarelas. Era una acuarelista empedernida, y la casa estaba repleta de palacios rosados, oscuros canales, puentes oscilantes, fachadas medievales, etcétera. Un poco más tarde, los Guthrie, el príncipe, la condesa, sir Alexander, y algunas veces el señor Lind, partían hacia el Lido, donde se bañarían y regresarían tarde a comer, sobre la una y media.

Las reuniones en la casa, como tales, eran realmente aburridas. Pero esto no les preocupaba a las hermanas. Estaban fuera todo el tiempo. Su padre las llevaba a la exposición, kilómetros y kilómetros de aburridos cuadros. Las llevaba a ver a sus amigotes de Villa Lucchese, se sentaba con ellas en la *Piazza* en las cálidas tardes, tras conseguir mesa en el *Florian;* las llevaba al teatro, a ver obras de Goldoni. Había fiestas acuáticas iluminadas, había bailes. Este era el lugar de vacaciones de todos los lugares de vacaciones. El Lido, con sus grandes extensiones de cuerpos enrojecidos por el sol, o cubiertos con pijamas de rayas, era como una playa a la que hubieran llegado un montón infinito de focas para aparearse. Demasiada gente en la *Piazza,* demasiados troncos y extremidades humanas en el Lido, demasiadas góndolas, demasiadas lanchas de motor, demasiados vapores, demasiadas palomas, demasiados helados, demasiados cócteles, demasiados criados esperando propinas, demasiados idiomas, demasiado, demasiado sol, demasiado olor a Venecia, demasiadas barcas cargadas de fresas, demasiados chales de seda, demasiadas y enormes rodajas de sandía en los puestos callejeros: demasiada diversión. ¡Todo esto junto era demasiada diversión!

Connie y Hilda paseaban con sus vestidos veraniegos. Conocían a docenas de personas, y docenas de personas las conocían a ellas. Michaelis apareció como una falsa moneda. «Hola. ¿Dónde se alojan? ¡Vengan a tomar un helado o algo! Vengan conmigo en mi góndola». Hasta Michaelis casi estaba quemado por el sol; aunque sería más apropiado decir cocido por el sol, por el aspecto de aquella masa de carne humana.

Resultaba agradable en cierto sentido. *Casi* divertido. De todos modos, todos los cócteles, todos los baños en agua tibia, y de sol en la arena caliente bajo el sol ardiente; bailar el *jazz* con el estómago pegado al de algún individuo en las calurosas noches, refrescarse con helados, todo era un auténtico narcótico. Y eso era lo que todos querían, una droga: el agua lenta, una droga; el sol, una droga; el *jazz,* una droga; cigarrillos, cócteles, helados, vermú. ¡Estar drogado! ¡Diversión! ¡Diversión!

A Hilda casi le agradaba estar drogada. Le gustaba mirar a todas las mujeres y especular sobre ellas. A las mujeres les interesaban, de un modo absorbente, las demás mujeres. ¡Qué aspecto tiene esa! ¿A qué hombre ha atrapado? ¿Qué diversión obtiene de eso? Los hombres eran como perros grandes vestidos con pantalones de franela blancos, esperando ser acariciados, esperando regodearse, esperando pegar el estómago de una mujer al suyo al bailar el *jazz.*

A Hilda le gustaba el *jazz* porque podía pegar su estómago al de algún hombre que así pudiera llamársele, y permitirle controlar el movimiento de ella desde el centro visceral, aquí y allá, en la pista de baile, y después poder irse e ignorar a «la criatura». Había hecho un mero uso de él. La pobre Connie era más desdichada. No le gustaba el *jazz* porque, simplemente, no podía pegar su estómago al de ninguna otra «criatura». Detestaba el conglomerado de carne casi desnuda del Lido: apenas había agua suficiente para mojarlos a todos. Le desagradaban sir Alexander y lady Cooper. No quería que Michaelis ni nadie anduviera tras ella.

Los momentos más felices eran cuando conseguía que Hilda la acompañara al otro lado de la laguna, lejos, a alguna solitaria playa de guijarros, donde podían bañarse casi solas, mientras la góndola se quedaba en la parte interior del arrecife.

Más tarde, Giovanni consiguió la ayuda de otro gondolero, pues era un trayecto largo y sudaba de un modo terrible bajo el sol. Giovanni era muy agradable; afectuoso, como lo son los italianos, y bastante desapasionado. Los italianos no son apasionados: la pasión tiene profundas reservas. Se conmueven fácilmente, y suelen ser afectuosos, pero rara vez tienen pasiones permanentes de ningún tipo.

De modo que Giovanni ya estaba dedicado a las damas, igual que se había dedicado a cargamentos de damas en el pasado. Estaba plenamente dispuesto a prostituirse a ellas, si ellas lo deseaban: esperaba en secreto que así fuera. Ellas le harían un hermoso regalo, y le resultaría muy útil, ya que pronto iba a casarse. Les habló de su boda, y ellas se mostraron interesadas como correspondía.

Él pensaba que esa excursión a un lugar solitario de la otra orilla de la laguna probablemente significaba que habría asunto; siendo ese asunto *l'amore*, el amor. De modo que llevó a un compañero para que le ayudara, pues era un largo trayecto; y después de todo, eran dos damas. ¡Dos damas, dos chicharros! ¡Buena aritmética! ¡Hermosas damas, también! Se sentía orgulloso de ellas. Y aunque era la *signora* la que le pagaba y daba órdenes, esperaba que fuera la más joven la que le eligiera para *l'amore*. También le daría más dinero.

El compañero que trajo se llamaba Daniele. No era gondolero habitual, por lo que no tenía nada de gorrón ni de prostituto. Trabajaba en un sándalo; un sándalo es una barca grande que lleva fruta y productos desde las islas.

Daniele era guapo, alto y bien formado, con la cabeza redonda y clara, cubierta de pequeños rizos apretados, de color rubio pálido, y un rostro masculino agraciado, un poco como un león, y ojos azules de mirada lejana. No era efusivo, ni locuaz ni bebedor, como lo era Giovanni. Era callado y remaba con una fuerza y facilidad que daba la impresión de que estuviera solo en el agua. Las damas eran damas, lejanas a él. Ni siquiera las miraba. Miraba al frente.

Era un hombre de verdad, se enfadaba un poco cuando Giovanni bebía demasiado vino y remaba con torpeza, dando efusivos empujones al gran remo. Era un hombre como Mellors, incapaz de prostituirse. Connie se compadeció de la esposa del pletórico Giovanni. Pero la esposa de Daniele sería una de esas dulces mujeres venecianas que aún se ven, modestas y semejantes a una flor, en el fondo de aquel laberinto de ciudad.

Ah, qué triste que el hombre prostituyera primero a la mujer, y que luego la mujer prostituyera al hombre. Giovanni anhelaba prostituirse, babeando como un perro, queriendo entregarse a una mujer. ¡Y por dinero!

Connie miró a Venecia a lo lejos, baja y de color rosa sobre el agua. Construida de dinero, florecida con dinero y muerta por dinero. ¡Muerte por el dinero! Dinero, dinero, dinero, prostitución y muerte.

Sin embargo, Daniele seguía siendo un hombre capaz de la lealtad libre de un hombre. No llevaba blusa de gondolero; tan sólo el jersey azul de punto. Era un poco salvaje, rudo y orgulloso. Era asalariado del perruno de Giovanni, que a su vez era un asalariado de las dos mujeres. ¡Así era! Cuando Jesucristo rechazó el dinero del diablo, dejó al diablo como a un banquero judío, dueño de toda la situación.

Connie, al regresar en una especie de sopor producido por la resplandeciente luz de la laguna, encontró cartas de su casa. Clifford escribía con regularidad. Escribía cartas muy buenas: todas podrían haberse publicado en un libro. Y, por esta razón, Connie no las hallaba muy interesantes.

Vivía sumida en el sopor producido por la luz de la laguna, la ondulante agua salada, el espacio, el vacío, la nada: pero salud, salud, un completo sopor de salud. Resultaba gratificante, y se dejaba arrullar por él, sin preocuparse de nada más. Además, estaba embarazada. Ahora lo sabía. De modo que el sopor de la luz del sol, y de la laguna salada, y de los baños de sol, y el tumbarse sobre los guijarros, y buscar conchas, y dejarse llevar lejos, lejos, en una góndola, se completaba con el embarazo en su interior, otra plenitud de salud, satisfactoria y soporífera.

Una carta de Clifford la despertó:

También aquí tenemos una ligera agitación. Al parecer, la esposa ausente de Mellors, el guardabosque, apareció por la casa y no fue bien recibida. La echó y cerró la puerta con llave. Sin embargo, dicen que, al regresar del bosque, encontró a la dama ya no tan hermosa instalada firmemente en su cama, y en puris naturalibus; *o deberíamos decir en* impuris naturalibus. *Había roto una ventana y entrado por ahí. Incapaz de desalojar de su cama a aquella Venus un tanto manoseada, se batió en retirada y se fue, según dicen, a casa de su madre, a Tevershall. Mientras tanto, la Venus de Stacks Gate se ha instalado en la casa, que afirma que es la suya; y Apolo, al parecer, ha fijado su domicilio en Tevershall.*

Repito lo que he oído, pues Mellors no ha venido personalmente. He sabido un poco de esta basura local en particular por nuestro pájaro carroñero, nuestro ibis, nuestra aura escarbadora, la señora Bolton. No lo habría repetido si no hubiese exclamado ella: ¡Su excelencia no irá más al bosque si esa mujer anda por ahí!

Me gusta la fotografía de sir Malcolm metiéndose en el mar con su pelo blanco y su carne sonrosada. Envidio que tengas ese sol. Aquí llueve. Pero no envidio la inveterada carnalidad mortal de sir Malcolm. Sin embargo, es propia de su edad. Al parecer, uno se va haciendo más carnal y más mortal a medida que envejece. Únicamente la juventud tiene un cierto sabor a inmortalidad...

Esta noticia afectó al estado de sopor de Connie, produciéndole un disgusto que rayaba en la exasperación. ¡Ahora tenía que preocuparse por aquella bestia de mujer! ¡Ahora tenía que sobresaltarse y ponerse nerviosa! No había recibido carta de Mellors. Habían acordado no escribirse, pero ahora deseaba saber de él personalmente. Después de todo, era el padre del hijo que iba a llegar. ¡Tenía que escribir!

¡Pero qué odioso! Cómo se fastidiaba todo. ¡Qué espantosa era aquella gente baja! ¡Qué agradable se estaba aquí, al sol, en la indolencia, comparado con aquellos detestables embrollos de las Midlands inglesas! Después de todo, un cielo despejado era casi lo más importante en la vida.

No mencionó el hecho de su embarazo, ni siquiera a Hilda. Escribió a la señora Bolton en busca de información exacta.

Duncan Forbes, un artista amigo de ellas, había llegado a Villa Esmeralda cuando se dirigía al norte desde Roma. Ahora era el tercero en la góndola, y se bañaba con ellas al otro lado de la laguna; era su acompañante: un joven callado, taciturno casi, muy superior en su arte.

Connie recibió carta de la señora Bolton:

Estoy segura, excelencia, de que se alegrará cuando vea a sir Clifford. Tiene muy buen aspecto, trabaja muy duro y está muy esperanzado. Por supuesto, está deseando volver a verla entre nosotros. La casa está triste sin mi señora, y a todos nos complacerá tenerla aquí de nuevo.

Respecto al señor Mellors, no sé lo que le ha contado sir Clifford. Al parecer, su mujer regresó de repente una tarde, y él la encontró sentada en el escalón de la entrada cuando volvía del bosque. Dijo que volvía con él y que quería vivir de nuevo allí, ya que era su esposa legítima y no se iban a divorciar. Pero él no quería saber nada de ella y no le permitió entrar en la casa, ni tampoco entró él; volvió al bosque sin ni siquiera abrir la puerta.

Pero cuando regresó al anochecer, descubrió que habían entrado en la casa, de modo que subió al piso de arriba para ver lo que había hecho ella, y se la encontró en la cama sin un trapo encima. Él le ofreció dinero, pero ella dijo que era su mujer y tenía que aceptar su regreso. Yo no sé qué clase de escena tuvieron. Su madre me habló de ello, estaba terriblemente disgustada. Pues bien, él le dijo que prefería morir antes que volver a vivir con ella, de modo que cogió sus cosas y se fue directamente a casa de su madre, en la colina de Tevershall. Allí pasó la noche y fue al bosque al día siguiente, a través del parque, sin acercarse nunca a la casa. Al parecer, no vio a su mujer aquel día. Pero al día siguiente ella estaba en casa de su hermano Dan, en Beggarlee, jurando y perjurando que era su legítima esposa, y que había habido mujeres en la casa, porque había encontrado un frasco de perfume en el cajón, colillas de cigarrillos con boquilla dorada sobre un montón de ceniza, y no sé cuántas cosas más. Luego, parece ser que el cartero, Fred Kirk, oyó a alguien hablar en la habitación de Mellors una mañana temprano, y vio un automóvil en el camino.

El señor Mellors seguía viviendo con su madre e iba al bosque atravesando el parque, y, al parecer, ella seguía en la casa. Bueno, no cesaban las habladurías. De modo que, al final, el señor Mellors y Tom Phillips fueron a la casa y sacaron la mayoría de los muebles y de las ropas, y desatornillaron la palanca de la bomba del agua, de modo que la obligaron a irse. Pero en vez de regresar a Stacks Gate, se marchó a Beggarlee y se alojó con la señora Swain,

porque la mujer de su hermano Dan no quería tenerla en casa. Seguía yendo a casa de la anciana señora Mellors en busca de él, y empezó a jurar que él había estado con ella en la cama en la casa y que iría a un abogado para que le obligaran a pagarle una pensión. Está más gorda y más vulgar que nunca, y tan fuerte como un toro. Va diciendo por ahí cosas horribles sobre él: que tenía mujeres en la casa, cómo se portaba con ella cuando estaban casados, las cosas tan malas y horrorosas que le hacía, y no sé qué más. Le aseguro que es horrible el mal que puede hacer una mujer cuando comienza a hablar. Y no importa lo vulgar que pueda ser, siempre habrá alguien que la crea, y parte de esa mugre se quedará. Estoy segura de que la forma en la que ella dice que el señor Mellors era uno de esos hombres bajos y horribles con las mujeres, resulta sencillamente impactante. Y la gente está demasiado dispuesta a creer cosas en contra de cualquiera, especialmente cosas así. Declara que jamás le dejará en paz mientras él viva. Aunque lo que yo digo es, si se portó como un canalla con ella, ¿por qué está tan ansiosa por volver con él? Pero, por supuesto, ella se está acercando a la época del cambio en su vida, pues es unos años mayor que él. Y estas mujeres ordinarias y violentas siempre se vuelven medio locas cuando les llega la época del cambio...

Fue un golpe muy desagradable para Connie. Estaba segura de que llegaría a ser partícipe de aquella bajeza y suciedad. Se sentía enfadada con él por no haberse librado de Bertha Coutts; no, por haberse casado con ella. Tal vez tuviera cierto anhelo de bajeza. Connie recordó la última noche que había pasado con él, y se estremeció. ¡Había conocido toda aquella sensualidad incluso con una mujer como Bertha Coutts! Resultaba realmente repugnante. Sería bueno librarse de él, alejarse de él por completo. Tal vez fuera realmente vulgar, realmente bajo.

Sentía repugnancia por todo aquel asunto, y casi envidiaba la torpe inexperiencia y tosca doncellez de las muchachas Guthrie. Y ahora le atemorizaba pensar que alguien conociera su relación con el guardabosque. ¡Qué horrible humillación! Estaba cansada, asustada, y anhelaba respetabilidad absoluta, aunque fuera como la vulgar y adormecida respetabilidad de las Guthrie. Si Clifford se enterara de su relación. ¡Qué horrible humillación! Le asustaba, le aterrorizaba la sociedad y su sucia mordedura. Casi deseaba po-

der deshacerse del hijo que esperaba, y quedar libre. En resumen, cayó en un estado de terror.

Respecto al frasco de perfume, fue una estupidez suya. No había sido capaz de abstenerse de perfumar uno o dos pañuelos de él, y sus camisas del cajón, llevada por un instinto infantil, y había dejado un frasquito de perfume de violeta silvestre de Coty, medio vacío, entre las cosas de él. Quería que la recordara por el perfume. En cuanto a las colillas de los cigarrillos, eran de Hilda.

No pudo evitar confiarse un poco a Duncan Forbes. No le dijo que había sido amante del guardabosque, sólo que le gustaba, y contó a Forbes la historia del hombre.

—¡Oh! —dijo Forbes— ya verás, no descansarán hasta haber hundido a ese hombre y acabado con él, si se ha negado a entrar en las clases medias cuando tuvo oportunidad; y si es un hombre que defiende su propio sexo, entonces acabarán con él. Es lo único que no te permiten ser: directo y abierto respecto al sexo. Puedes ser tan sucio como quieras. De hecho, cuanto más sucio eres respecto al sexo, más les gusta. Pero si crees en tu propio sexo y no estás dispuesto a ensuciarlo, acaban contigo. Es el único tabú que queda: el sexo como algo natural y vital. Ellos no lo tendrán y te matarán antes de permitir que tú lo tengas. Verás, acosarán a ese hombre. ¿Y qué ha hecho él, después de todo? Si ha hecho el amor con su esposa en todas las posturas, ¿no tiene derecho a hacerlo? Ella debería estar orgullosa. Pero ya ves, hasta una vulgar zorra como esa se vuelve contra él y utiliza el instinto de hiena de la chusma contra el sexo para hundirle. Hay que gimotear y pensar que el sexo es pecaminoso u horrible antes que permitir practicarlo. Oh, perseguirán sin descanso a ese pobre diablo.

No, no, eso no podía ser. Connie veía su imagen, desnuda, blanca, con la cara y las manos morenas, mirando hacia abajo y dirigiéndose a su pene erecto como si se tratase de otro ser, y la extraña y ligera sonrisa en su rostro. Y volvía a oír su voz: «Tienes el culo de mujer más bonito que pueda haber». Y sentía que su mano se cerraba cálida y suavemente sobre sus nalgas, sobre sus lugares secretos, como una bendición. Y la calidez recorrió sus entrañas, pequeñas llamas lamían sus rodillas, y entonces dijo: «¡Oh, no! ¡No debo volver atrás! No debo volver atrás con él. Debo aferrarme a él y a lo que

tenía con él, a pesar de todo. No había calidez ni fuego en mi vida hasta que él me lo dio. Y no volveré atrás».

Connie hizo algo precipitadamente. Envió una carta a Ivy Bolton, adjuntando una nota para el guardabosque y pidiéndole a la señora Bolton que se la entregase. A él le escribió:

Me siento muy angustiada por los problemas que te está causando tu esposa, pero no te preocupes, es sólo una especie de histeria. Desaparecerá tan repentinamente como ha llegado. Pero lo lamento terriblemente, y espero que no te afecte demasiado. Después de todo, no merece la pena. Sólo se trata de una mujer histérica que quiere causarte daño. Volveré a casa dentro de diez días y espero que todo vaya bien.

Unos días más tarde, llegó carta de Clifford. Evidentemente, se encontraba disgustado.

Me alegra saber que te dispones a abandonar Venecia el día dieciséis. Pero si estás disfrutando, no te apresures a regresar a casa. Te echamos de menos, Wragby te echa de menos. Pero es esencial que te satures de sol, de sol y de pijamas de playa, como dicen los anuncios del Lido. Así que, por favor, quédate un poco más, si eso te anima y te prepara para pasar nuestro ya bastante horrible invierno. Incluso hoy está lloviendo.

La señora Bolton me atiende asiduamente y admirablemente. Es un espécimen raro. Cuanto más vivo, más me doy cuenta de las extrañas criaturas que son los seres humanos. Algunos de ellos podrían tener cien patas, como los ciempiés, o seis, como la langosta. La coherencia y dignidad humanas que nos han hecho esperar ver en nuestros semejantes, parecen no existir en realidad. Uno duda de si existen, de manera notoria, incluso en uno mismo.

El escándalo del guardabosque continúa y va haciéndose más grande, como una bola de nieve. La señora Bolton me mantiene informado. Me recuerda a un pez que, aunque mudo, parece exhalar silenciosos comadreos a través de sus agallas mientras aún vive. Todo pasa por la criba de sus agallas y nada le sorprende. Es como si los acontecimientos que suceden en las vidas de las demás personas fueran el oxígeno que ella necesita.

 D. H. Lawrence

Está preocupada por el escándalo de Mellors y, si la dejo empezar, me sumerge en las profundidades. Su gran indignación, que aun así es como la indignación de una actriz interpretando un papel, es contra la esposa de Mellors, a quien ella insiste en llamar Bertha Coutts. Me ha llevado a las profundidades de las cenagosas vidas de las Berthas Coutts de este mundo y cuando, liberado de la corriente del chismorreo, vuelvo a ascender de nuevo hacia la superficie, miro la luz del día y me asombra que exista siquiera.

Me parece absolutamente cierto que nuestro mundo, que nos parece la superficie de todas las cosas, es en realidad el fondo de un océano profundo: todos nuestros árboles son vegetación submarina, y nosotros somos una extraña fauna submarina con escamas, que se alimenta de desperdicios como las gambas. Sólo de vez en cuando el alma se eleva jadeando a través de las insondables aguas bajo las que vivimos, y llega arriba, a la superficie del éter, donde se encuentra aire verdadero. Estoy convencido de que el aire que respiramos es una especie de agua, y que los hombres y las mujeres son una especie de peces.

Pero a veces el alma asciende, sale disparada como una gaviota hacia la luz, con éxtasis, después de haber depredado las profundidades submarinas. Es nuestro mortal destino, supongo, alimentarnos de la espantosa vida subacuática de nuestros semejantes, en la jungla submarina de la humanidad. Pero nuestro destino inmortal es escapar, una vez nos hayamos tragado nuestras presas nadadoras, y ascender de nuevo hacia el luminoso éter, saliendo despedido de la superficie del Antiguo Océano hacia la verdadera luz. Es entonces cuando uno es consciente de su naturaleza eterna.

Cuando oigo hablar a la señora Bolton, siento que me sumerjo, me sumerjo en las profundidades donde los peces de los secretos humanos serpentean y nadan. El apetito carnal le hace a uno apoderarse de un bocado de presa; luego asciende, asciende de nuevo, sale de lo denso para entrar en lo etéreo, de lo húmedo a lo seco. A ti te puedo contar todo el proceso. Pero con la señora Bolton solo siento el descenso, hacia abajo, horriblemente, entre las algas marinas y los lívidos monstruos de las profundidades.

Me temo que vamos a perder a nuestro guardabosque. El escándalo de la esposa ausente, en lugar de apaciguarse, ha ido adquiriendo cada vez mayores dimensiones. Le acusa de todo lo indecible y, curiosamente, la mujer ha logrado que el grueso de las mujeres de los mineros la apoyen, peces horripilantes, y el pueblo está podrido de habladurías.

He oído que Bertha Coutts asedia a Mellors en casa de su madre, después de haber saqueado la casa y la cabaña. Un día se apoderó de su propia hija, cuando la pequeña fémina regresaba de la escuela; pero la pequeña, en vez de besar la mano de su querida madre, la mordió con fuerza, de modo que de la otra mano recibió una bofetada en la cara que la envió tambaleándose al arroyo, de donde fue rescatada por una indignada y atormentada abuela.

La mujer ha soltado una asombrosa cantidad de gas venenoso. Ha aireado con detalle todos esos incidentes de la vida conyugal que se suelen enterrar en la tumba más profunda del silencio marital entre las parejas casadas.

Tras haber decidido exhumarlos, después de diez años enterrados, dispone ella de un extraño surtido. Conozco los detalles por Linley y el médico: a este último le divierte. Por supuesto, no hay nada de raro en ello. La humanidad siempre ha mostrado una extraña avidez por las posturas sexuales inusuales, y si al hombre le gusta utilizar a su mujer, como dice Benvenuto Cellini, «a la italiana», bueno, eso es cuestión de gustos. Pero no habría esperado que nuestro guardabosque supiera tantos trucos. No dudo de que fuera Bertha Coutts quien primero se los enseñara. En cualquier caso, es cuestión de la propia inmundicia de ellos, y no tiene que ver con nadie más.

Sin embargo, todo el mundo escucha; como yo mismo lo hago. Hace una docena de años, la decencia normal habría silenciado el asunto. Pero la decencia normal ya no existe, y las mujeres de los mineros se han levantado en armas y no sienten vergüenza al hablar. Uno llegaría a pensar que los niños de Tevershall, durante los últimos cincuenta años, han sido fruto de una concepción inmaculada, y que cada una de nuestras hembras inconformistas fue una Juana de Arco perfecta. Que nuestro estimable guardabosque tenga cierto aire de Rabelais parece hacerle más monstruoso y espeluznante que a un asesino como Crippen. Pero la gente de Tevershall es bastante disoluta, si se ha de creer todo lo que se cuenta.

El problema es, no obstante, que la execrable Bertha Coutts no se ha limitado a sus propias experiencias y sufrimientos. Ha dado a

conocer, a voz en cuello, que su marido ha estado «manteniendo» a mujeres en la casa, y ha realizado unos cuantos disparos aleatorios nombrando mujeres. Esto ha llevado a que unos cuantos nombres decentes hayan sido arrastrados por el barro, y el asunto ha llegado demasiado lejos. Se ha dictado una orden judicial contra la mujer.

He hablado con Mellors sobre el asunto, ya que resultaba imposible mantener alejada del bosque a la mujer. Sigue como siempre, con su aire independiente, «a mí no me importa nadie, no, si yo no les importo a ellos.» Sin embargo, sospecho astutamente que se siente como un perro al que han atado una lata al rabo: aunque actúa muy bien fingiendo que no existe esa lata. Pero he oído que en el pueblo las mujeres alejan a sus hijos cuando pasa él, como si fuese el marqués de Sade en persona. Sigue comportándose con cierta insolencia, pero me temo que lleva la lata firmemente atada al rabo, y que en su fuero interno repite, como don Rodrigo en la balada española: «Ha comenzado a comerme por donde más he pecado».

Le pregunté si pensaba que era capaz de atender sus obligaciones en el bosque, y me respondió que no creía haberlas desatendido. Le dije que era una molestia que la mujer entrara al bosque sin autorización, a lo que él respondió que él no tenía poder para detenerla. Entonces aludí al escándalo y a su desagradable curso. «Sí, dijo, la gente debería dedicarse a su propia jodienda, entonces no desearía escuchar un montón de chismorreos sobre la de los demás».

Lo dijo con cierta amargura y, sin duda, contiene el verdadero germen de la verdad. El modo de expresarlo, sin embargo, no fue ni delicado ni respetuoso. Así se lo insinué, y entonces oí el tintineo de la lata de nuevo. «No es un hombre en sus condiciones, sir Clifford, el más indicado para reprocharme tener una polla entre las piernas».

Esas cosas, dichas indiscriminadamente a todos, propios y extraños, no le ayuda en absoluto, por supuesto; y el rector, Linley y Burroughs creen que sería mejor que el hombre abandonara este lugar.

Le pregunté si era cierto que había recibido visitas de mujeres en la casa, y todo lo que dijo fue: «Bueno, ¿qué tiene que ver eso con usted, sir Clifford?» Le dije que mi intención era que se observara la decencia en mis propiedades, a lo cual respondió: «Enton-

ces tendrá que cerrarle la boca a las mujeres». Cuando le presioné sobre su forma de vida en la casa, dijo: «Seguramente se podría montar un escándalo sobre mí y mi perra Flossie. No se han dado cuenta de eso». En realidad, es un ejemplo de impertinencia difícil de superar.

Le pregunté si le resultaría fácil encontrar otro trabajo. Él dijo: «Si está pensando en que le gustaría echarme de este trabajo, es facilísimo». De modo que no tuvo ningún inconveniente en marcharse a finales de la semana que viene y, al parecer, está dispuesto a iniciar a un joven, Joe Chambers, en cuantos misterios del oficio sean posibles. Le dije que le daría el salario extraordinario de un mes cuando se marchara. Él dijo que prefería que me guardara el dinero, ya que no tendría ocasión de tranquilizar mi conciencia. Le pregunté qué quería decir, y dijo: «No me debe nada extraordinario, sir Clifford, así que no me pague nada extraordinario. Si cree que hay algo más que le moleste de mí, dígamelo».

Bueno, eso es todo por el momento. La mujer ha desaparecido: no sabemos dónde ha ido; pero es probable que la detengan si aparece por Tevershall. Y he oído que tiene un miedo atroz a la cárcel, porque es lo que se merece. Mellors se irá el sábado de la semana que viene, y el lugar pronto volverá a la normalidad.

Mientras tanto, querida Connie, si quisieras quedarte en Venecia o en Suiza hasta principios de agosto, me alegría pensar que estás alejada de todo este alboroto y maldad, que habrá desaparecido por completo a finales de mes.

De modo que ya ves, somos monstruos de las profundidades marinas, y cuando la langosta camina sobre el barro, lo remueve y salpica a todo el mundo. Debemos tomarlo con filosofía a la fuerza.

La irritación, y la falta de compasión en cualquier dirección, que había en la carta de Clifford, produjeron un mal efecto en Connie. Pero lo comprendió mejor cuando recibió la siguiente carta de Mellors:

El gato se ha ido de la lengua, y con él varios otros gatitos. Te habrás enterado de que mi mujer Bertha regresó a mis nada amantes brazos y se instaló en la casita, donde, dicho de un modo irrespetuoso, olió a cuerno quemado en forma de un frasquito de Coty. No encontró más pruebas, al menos durante unos días, cuando puso el grito en el cielo por la fotografía quemada. Descubrió el cristal y el tablero en el dormitorio. Por desgracia, sobre el tablero alguien había garabateado pequeños dibujitos, y unas iniciales que se repetían varias veces: C.S.R. Esto, sin embargo, no le proporcionó ninguna pista hasta que irrumpió en la cabaña y encontró uno de tus libros, una autobiografía de la actriz Judith, con tu nombre, Constance Stewart Reid, en la primera página. Después de esto, anduvo varios días pregonando que mi amante era nada menos que la propia lady Chatterley en persona. La noticia llegó finalmente al rector, al señor Burroughs y a sir Clifford. Entonces procedieron a tomar medidas legales contra mi señora dama, quien, por su parte, desapareció, al haber tenido siempre un miedo mortal a la policía.

Sir Clifford quería verme, así que fui. Empezó a hablar de otras cosas y parecía molesto conmigo. Luego me preguntó si sabía que incluso el nombre de su excelencia había sido mencionado. Le dije que no había oído aquel chismorreo, y que me sorprendía oírlo del propio sir Clifford. Dijo, por supuesto, que aquello era un gran insulto, y yo le dije que tenía a la reina Mary en un calendario en la trascocina, y que, sin duda, era porque su majestad formaba parte de mi harén. Pero él no apreció el sarcasmo. También me dijo que era persona de mala reputación, que iba por ahí con los botones del pantalón desabrochados, y yo le dije que él no tenía nada que desabrochar, así que me despidió, y me marcharé el sábado, y este lugar ya no sabrá nada de mí.

Iré a Londres; mi antigua patrona, la señora Inger, que vive en el 17 de la plaza Coburg, me dará habitación o encontrará una para mí.

Puedes estar segura de que los pecados siempre acaban por descubrirte, especialmente si estás casado y ella se llama Bertha...

No había ni una sola palabra sobre ella, o para ella. Connie se sintió molesta. Podría haberle dicho algunas palabras de consuelo o de tranquilidad. Pero ella sabía que la estaba dejando libre, libre para regresar a Wragby y a Clifford. Eso la molestaba también. No tenía necesidad de mostrarse tan falsamente caballeroso. Ella deseaba que le hubiese dicho a Clifford: «¡Sí, ella es mi amante, mi querida, y estoy orgulloso de ello!». Pero su coraje no le llevaría tan lejos.

¡Así que su nombre iba emparejado al de él en Tevershall! Era un desastre. Aunque aquello pronto se apaciguaría.

Estaba enojada, pero con esa ira complicada y confusa que deja inerte. No sabía qué hacer ni qué decir, de modo que no dijo ni hizo nada. Continuó en Venecia de la misma manera, saliendo en la góndola con Duncan Forbes, bañándose, dejando pasar los días. Duncan, que había estado enamorado de ella de un modo deprimente, diez años antes, estaba enamorado de nuevo. Pero ella le dijo: «Sólo quiero una cosa de los hombres, que me dejen en paz».

Así que Duncan la dejó en paz: realmente bastante contento por ser capaz de ello. De todos modos, le ofreció la suave corriente de una especie de amor extraño e invertido. Quería estar *con* ella.

—¿Has pensando alguna vez que pocas personas se relacionan con otras? —le dijo un día a ella—. ¡Mira a Daniele! Es bello como un hijo del sol. Pero mira lo solitario que parece en su belleza. Sin embargo, apuesto a que tiene esposa y familia, y que posiblemente no podría alejarse de ellos.

—Pregúntale —dijo Connie.

Duncan así lo hizo. Daniele dijo que estaba casado y tenía dos hijos, ambos varones, de siete y nueve años de edad. Pero no reveló emoción alguna al decirlo.

—Tal vez sólo las personas que son capaces de una unión real tengan ese aspecto de estar solos en el universo —dijo Connie—. Los demás tienen una cierta pegajosidad, se pegan a la masa, como Giovanni... «Y como tú, Duncan», pensó para sí misma.

Capítulo XVIII

Connie tenía que decidir qué hacer. Abandonaría Venecia el mismo sábado en el que él abandonaría Wragby, al cabo de seis días. De esa manera llegaría a Londres al lunes siguiente, y entonces le vería. Le escribió a la dirección de Londres para pedirle que le enviara una carta al hotel Hartland y la visitara allí el lunes por la tarde, a las siete.

En su fuero interno se encontraba enojada de un modo curioso y complejo, y todas sus reacciones estaban paralizadas. Se negaba a confiarse incluso a Hilda, y Hilda, ofendida por su continuo silencio, había intimado con una holandesa. Connie odiaba aquellas intimidades, bastante bochornosas, entre mujeres; intimidad en la que Hilda siempre entraba realzando su importancia.

El señor Malcolm decidió viajar con Connie, y Duncan podría ir con Hilda. El viejo artista siempre se las arreglaba para vivir bien; reservó dos literas en el Orient Express, a pesar de que a Connie no le agradaban los *trains de luxe,* por el ambiente de vulgar depravación que había en ellos hoy en día. Sin embargo, el viaje a París duraba menos tiempo.

Al señor Malcolm siempre le inquietaba volver al lado de su esposa. Se trataba de un hábito heredado de su primera esposa. Pero se reunían con motivo de la caza y quería llegar con bastante anticipación. Connie, bronceada por el sol y bella, iba sentada en silencio, olvidándose por completo del paisaje.

—Te resulta un poco triste regresar a Wragby —dijo su padre, advirtiendo su abatimiento.

—No estoy segura de regresar a Wragby —dijo con sorprendente brusquedad, mirando a los ojos grandes y azules de su padre. Los grandes ojos azules expresaron el temor de un hombre cuya conciencia social no está del todo limpia.

—¿Quieres decir que te quedarás en París un tiempo?

—¡No! Quiero decir no regresar jamás a Wragby.

Estaba preocupado por sus propios problemas y, sinceramente, esperaba no tener que cargar con los de ella.

—¿Cómo es eso, tan de repente? —preguntó.

—Voy a tener un hijo.

Era la primera vez que había pronunciado esas palabras a un ser vivo, y pareció marcar un hito en su vida.

—¿Cómo lo sabes? —dijo el padre.

Ella sonrió.

—¡Como *debería* saberlo!

—Pero no es de Clifford, por supuesto.

—No, es de otro hombre.

Ella casi disfrutaba atormentándole.

—¿Conozco a ese hombre? —preguntó sir Malcolm.

—No. No le has visto jamás.

Hubo una larga pausa.

—¿Y cuáles son tus planes?

—No lo sé. Esa es la cuestión.

—¿No llegarías a un acuerdo con Clifford?

—Supongo que Clifford lo aceptaría —dijo Connie—. Después de la última vez que hablaste con él, me dijo que no le importaría que tuviese un hijo, siempre que actuara con discreción,

—Es lo único sensato que podría decir, dadas las circunstancias. Entonces supongo que todo irá bien.

—¿En qué sentido? —dijo Connie, mirando a los ojos a su padre. Eran grandes y azules como los suyos propios, pero había cierto desasosiego en ellos, unas veces su mirada era como la de un niño intranquilo, otras veces era de egoísmo huraño, pero normalmente era afable y cautelosa.

—Puedes ofrecerle a Clifford un heredero de los Chatterley, y asentar a otro baronet en Wragby.

El rostro de sir Malcolm esbozó una media sonrisa sensual.

—Pero no creo que quiera hacerlo —dijo ella.

—¿Por qué no? ¿Te sientes atada al otro hombre? Bueno, si quieres que te diga la verdad, hija mía, es esta. El mundo continúa. Wragby está ahí y lo seguirá estando. El mundo es algo más o menos fijo y, externamente, tenemos que adaptarnos a él. En privado, en mi opinión particular, podemos hacer lo que nos plazca. Las emociones

cambian. Puede que te guste un hombre este año y otro al siguiente. Pero Wragby permanece ahí. Apoya a Wragby mientras Wragby te apoye a ti. Luego haz lo que te plazca. Pero obtendrás muy poco si rompes. Puedes romper si lo deseas. Tienes ingresos propios, es lo único que nunca te fallará. Pero no obtendrás mucho de eso. Pon a un pequeño baronet en Wragby. Será divertido.

Y sir Malcolm se recostó y volvió a sonreír. Connie no respondió.

—Espero que al menos sea un hombre de verdad —le dijo al cabo de un rato, con expresión sensual.

—Lo es. Ese es el problema. Hay muy pocos por ahí —dijo.

—¡No, por Dios! —reflexionó—. ¡No los hay! Bueno, querida, al mirarte hay que decir que es un hombre afortunado. ¿Seguro que no te causaría problemas?

—¡Oh, no! Me permite ser dueña de mí misma por completo.

—¡Bien! ¡Bien! Como haría un hombre de verdad.

Sir Malcolm quedó satisfecho. Connie era su hija preferida, siempre le había gustado su femineidad. No era como la de su madre, ni como la de Hilda. Y nunca le había agradado Clifford. De modo que se sentía satisfecho, y mostró mucha ternura con su hija, como si el hijo que iba a nacer fuese su hijo.

La acompañó hasta el hotel Hartland y esperó a que estuviese instalada; después se fue a su club. Ella había rechazado su compañía para aquella tarde.

Encontró una carta de Mellors.

No iré a tu hotel, pero te esperaré fuera del Golden Cock, en la calle Adam, a las siete.

Allí estaba, alto y delgado, y tan diferente, con un traje bien cortado, de fino paño oscuro. Poseía distinción natural, pero no el aspecto que tenían los pertenecientes a la clase de ella. Sin embargo, enseguida comprendió que él podría ir a cualquier parte. Tenía una educación innata, lo cual era mucho más agradable que el aspecto que presentaban los de la clase de ella.

—¡Ah, estás aquí! ¡Qué buen aspecto tienes!

—¡Sí, pero tú no!

Ella le miró a la cara con preocupación. Estaba delgado y se marcaban los pómulos. Pero sus ojos le sonreían, y ella se sintió con él como en casa. Así era: de pronto, la tensión de guardar las apariencias desapareció. Algo fluía de él físicamente que la hacía sentirse en paz interiormente y feliz, como en casa. Con ese instinto femenino para la felicidad, ahora despierto, lo percibió de inmediato. «¡Soy feliz cuando está él!». Ni todo el sol de Venecia le había proporcionado aquella expansión interior y calidez.

—¿Ha sido horrible para ti? —le preguntó, sentada frente a él en una mesa. Estaba demasiado delgado; ahora lo veía. Apoyaba la mano como ella lo recordaba, con esa curiosa distensión de un animal dormido. Deseaba tanto cogerla y besarla. Pero no se atrevió.

—La gente siempre es horrible —dijo.

—¿Y te molestó mucho?

—Me molestó, como siempre me molestará. Y sabía que era una locura que me molestara.

—¿Te sentiste como un perro con una lata atada al rabo? Clifford dijo que te sentías así.

Él la miró. Fue cruel por su parte decir eso en aquel momento; pues su orgullo había sufrido terriblemente.

—Supongo que sí —dijo.

Ella nunca sabría la fiera amargura que le provocaba el insulto. Se produjo una larga pausa.

—¿Me echabas de menos? —preguntó ella.

—Me alegraba de que estuvieses alejada de aquello.

De nuevo una pausa.

—Pero, ¿la gente *creyó* lo que se decía de ti y de mí? —preguntó ella.

—¡No! Creo que no, por el momento.

—¿Y Clifford?

—Diría que no. Lo desechó sin pensar en ello. Pero, naturalmente hizo que deseara no volver a verme.

—Voy a tener un hijo.

La expresión se desvaneció por completo de su rostro, de todo su cuerpo. La miró con ojos oscuros, cuya mirada no pudo comprender en absoluto: como si la mirase algún espíritu oscuro y llameante.

—¡Dime que te alegras! —rogó, buscando su mano. Y vio aparecer en él cierto regocijo. Pero este estaba apresado por cosas que ella no podía comprender.

—Es el futuro —dijo él.

—Pero, ¿no te alegras? —insistió ella.

—Tengo una terrible desconfianza en el futuro.

—Pero no tienes que preocuparte por ninguna responsabilidad. Clifford lo acogería como si fuese suyo propio, se alegraría.

Le vio ponerse pálido y retroceder ante aquello. No respondió.

—¿Debería volver con Clifford y poner a un pequeño baronet en Wragby? —preguntó.

Él la miró, pálido y muy distante. La fea ligera sonrisa se esbozó en su rostro.

—¿No tendrías que decirle quién es el padre?

—Oh, incluso entonces lo aceptaría, si yo quisiera que lo hiciera —dijo ella.

Él pensó un momento.

—¡Sí! —dijo al fin para sí mismo—. Supongo que lo haría.

Hubo un silencio. Había un gran abismo entre ellos.

—Pero tú no quieres que vuelva con Clifford, ¿verdad? —le preguntó.

—¿Qué quieres tú? —replicó él.

—Quiero vivir contigo —dijo llanamente.

En contra de su voluntad, pequeñas llamas recorrieron su vientre al oírle a ella decir aquello, y bajó la cabeza. Luego la alzó de nuevo para mirarla, con aquellos ojos atormentados.

—Si te merece la pena —dijo—. Yo no tengo nada.

—Tienes más que la mayoría de los hombres. Vamos, tú lo sabes —dijo ella.

—En cierto sentido, lo sé.

Guardó silencio durante un rato, pensando. Luego continuó:

—Solían decir que tenía algo demasiado femenino en mí. Pero no es eso. No soy mujer no porque no quiera disparar a los pájaros, ni porque no quiera ganar mucho dinero, o prosperar. Podría haber prosperado en el ejército fácilmente, pero no me gustaba el ejército. Aunque sabía manejar bien a los hombres: ellos me apreciaban, y me temían un poco cuando me enfadaba. No, era la estupidez y el peso muerto de la autoridad superior lo que hacía que el ejército estuviese muerto, absolutamente muerto. Me gustan los hombres, y a los hombres les gusto yo. Pero no puede soportar la insolencia autoritaria y estúpida de las personas que dirigen este mundo. Esa es la razón por la que no puedo prosperar. Odio la insolencia del dinero, y odio la insolencia de clase. Así que, siendo el mundo como es, ¿qué tengo que ofrecer a una mujer?

—Pero, ¿por qué hay que ofrecer algo? No se trata de un negocio. Sólo se trata de que nos amamos el uno al otro —dijo ella.

—¡No, no! Es más que eso. Vivir es moverse y avanzar. Mi vida nunca discurrirá por el cauce apropiado, no lo hará. Así que no valgo la pena. No soy quién para meter a una mujer en mi vida, a menos que mi vida sirva para algo y llegue a alguna parte, interiormente al menos, para mantener la frescura ambos. Un hombre debe ofrecer a una mujer una vida con algún sentido, si va a ser una vida aislada, y si ella es una mujer de verdad. No puedo limitarme sólo a ser su concubino.

—¿Por qué no? —dijo ella.

—Pues porque no puedo. Y tú pronto lo detestarías.

—Como si no pudieras confiar en mí —dijo ella.

La ligera sonrisa apareció en su rostro.

—El dinero es tuyo, la posición es tuya, las decisiones recaerán sobre ti. No soy solamente el que se acuesta con su excelencia, después de todo.

—¿Qué más eres?

—Bien puedes preguntarlo. No hay duda de que es invisible. Sin embargo, al menos soy algo para mí mismo. Soy capaz de ver el sentido de mi propia existencia, aunque comprendo que no pueda verlo nadie más.

—¿Y tendrá menos sentido tu existencia si vives conmigo?

Él hizo una larga pausa antes de responder.

—Tal vez.

Ella también se quedó pensando.

—¿Y cuál es el sentido de tu existencia?

—Te digo que es invisible. No creo en el mundo, ni en el dinero, ni en el progreso, ni en el futuro de nuestra civilización. Si tiene que haber un futuro para la humanidad, tendrá que realizar un gran cambio respecto a lo que es ahora.

—¿Y cómo tendrá que ser el futuro real?

—¡Dios sabe! Siento algo dentro de mí, todo se mezcla con mucha rabia. Pero a qué equivale exactamente, no lo sé.

—¿Quieres que te lo diga? —le dijo, mirándole a la cara—. ¿Quieres que te diga qué tienes tú que no tienen los demás hombres, y que eso construirá el futuro? ¿Te lo digo?

—Dímelo, entonces —respondió él.

—Es el coraje de tu propia ternura, eso es lo que es: como cuando me pones la mano en el culo y dices que tengo un culo bonito.

La ligera sonrisa apareció de nuevo en su rostro.

—¡Eso! —dijo.

Luego se quedó pensativo.

—¡Sí! —dijo—. Tienes razón. Es eso realmente. Siempre ha sido eso. Lo sabía con mis hombres. Tenía que estar en contacto con ellos, físicamente, y no retroceder. Tenía que tener conciencia de ellos corporalmente y ser un poco tierno, aunque les hiciera pasar por un infierno. Es cuestión de conciencia, como decía Buda. Pero incluso él luchó contra la conciencia corporal, y esa ternura física natural, que es la mejor, incluso entre los hombres; de una forma varonil. Eso les hace varoniles, no tan parecidos a monos. Sí, es la ternura, en realidad; es la conciencia del coño. En realidad, el sexo es sólo tacto, el tacto más íntimo. Y es al tacto a lo que tenemos miedo. Sólo somos medio conscientes, y estamos vivos a medias. Tenemos que estar vivos y ser conscientes. Especialmente los ingleses tienen que entrar en contacto uno con otro, de un modo delicado, tierno. Es nuestra necesidad más apremiante.

Ella le miró.

—Entonces, ¿por qué me tienes miedo? —dijo.

Él la miró largo rato antes de responder.

—Es al dinero, en realidad, y a la posición. Es al mundo que hay en ti.

—Pero, ¿no hay ternura en mí? —dijo ella con tristeza.

Él la miró con ojos sombríos, abstraídos.

—¡Sí! Va y viene, como me ocurre a mí.

—Pero, ¿no puedes confiar en ella entre tú y yo? —preguntó, observándole con inquietud.

Connie vio que se suavizaba la expresión de su rostro, se despojaba de su armadura.

—¡Tal vez! —dijo él.

Ambos quedaron en silencio.

—Quiero que me abraces —dijo ella—. Quiero que me digas que te alegras de que vayamos a tener un hijo.

Ella parecía tan bella, y cálida, y anhelante, que se conmovieron sus entrañas.

—Supongo que podemos ir a mi habitación —dijo él—. Aunque sea un escándalo otra vez.

Connie vio que el olvido del mundo volvía a apoderarse de él, y que su rostro adoptaba la expresión suave y pura de la tierna pasión.

Caminaron por las calles más remotas hasta la plaza Coburg, donde tenía una habitación en la parte superior de la casa, una habitación en el ático donde cocinaba él mismo en un hornillo de gas. Era pequeña, pero decente y limpia.

Ella se quitó la ropa y le pidió a él que hiciera lo mismo. Estaba preciosa al comienzo de su embarazo.

—Debería dejarte en paz —dijo él.

—¡No! ¡Ámame! —dijo ella—. Ámame y dime que seguirás conmigo. ¡Dime que seguirás conmigo! Dime que jamás me dejarás marchar, ni al mundo ni a estar con nadie.

Se acercó a él y se aferró a su cuerpo desnudo, delgado y fuerte, el único hogar que había conocido.

—Entonces seguiré contigo —dijo él—. Si tú quieres, seguiré contigo.

La estrechó con fuerza.

—Y di que te alegras del hijo —repitió ella—. ¡Bésalo! ¡Besa mi vientre y di que te alegras de que esté ahí!

Pero eso le resultaba más difícil.

—Me da miedo traer hijos al mundo —dijo—. Tengo tanto miedo por su futuro...

—Pero tú lo has engendrado en mí. Sé tierno con él, y eso ya será su futuro. ¡Bésalo!

Él se estremeció porque era cierto. «Sé tierno con él, y eso ya será su futuro...». En ese momento sintió un amor puro por la mujer. La besó en el vientre y en su monte de Venus, para estar más cerca del útero y del feto que había en su interior.

—¡Oh, me amas! ¡Me amas! —dijo ella con un pequeño gemido, como uno de sus gemidos de ciego e inarticulado amor. Y la penetró suavemente, sintiendo la corriente de ternura que fluía de

sus entrañas a las de ella, las entrañas de la comprensión que se despertaba entre ellos.

Y al entrar en ella se dio cuenta de que eso era lo que tenía que hacer, entrar en contacto íntimo con ternura, sin perder su orgullo, su dignidad o su integridad como hombre. Al fin y al cabo, si ella tenía dinero y recursos, y él no los tenía, debería sentirse muy orgulloso y honrado, y no reprimir su ternura hacia ella por ese motivo. «Represento la conciencia del contacto corporal entre seres humanos», se decía a sí mismo, «y el contacto de la ternura. Y ella es mi compañera. Y es una batalla contra el dinero, y la máquina, y el ideal simiesco y falto de sensibilidad del mundo. Y ella me apoyará. ¡Gracias a Dios, tengo una mujer! Gracias a Dios tengo una mujer que está conmigo, es tierna y tiene conciencia de mí. Gracias a Dios no es una bravucona, ni una necia. Gracias a Dios es una mujer tierna y consciente». Y cuando su semilla pasó a ella, su alma también lo hizo, en el acto creador que es mucho más que procreador.

Estaba firmemente decidida ahora a que no hubiese una separación entre ellos. Pero el modo y los medios aún estaban por acordarse.

—¿Odiabas a Bertha Coutts? —le preguntó.

—No me hables de ella.

—¡Sí! Debes permitírmelo, porque en otro tiempo te gustó. Y en otro tiempo tuviste la misma intimidad con ella que ahora tienes conmigo. De modo que tienes que contármelo. ¿No resulta bastante terrible, una vez tuviste intimidad con ella, odiarla de ese modo? ¿Por qué?

—No lo sé. De alguna manera mantenía su voluntad contra mí, siempre, siempre: su horrible voluntad femenina; ¡su libertad! ¡La horrible libertad femenina que acaba convirtiéndose en el abuso más horrible! Oh, ella siempre utilizaba su libertad contra mí, y me la echaba a la cara como vitriolo.

—Pero ella no se ha liberado de ti ni siquiera ahora. ¿Aún te ama?

—¡No, no! Si no se libra de mí, es por esa rabia loca, tiene que intentar intimidarme.

—Pero ha tenido que amarte.

—¡No!... Bueno, en algunos momentos, sí. Se sentía atraída por mí. Y creo que hasta eso detestaba. Me amó en ciertos momentos.

Pero nunca lo admitía e incluso empezó a intimidarme. Su deseo más profundo era intimidarme, y no había manera de cambiarla. Su *voluntad* fue errónea desde el principio.

—Pero quizás intuía que tú no la amabas en realidad, y quería obligarte.

—Dios mío, pues era de un modo violento.

—Pero tú realmente no la amabas, ¿no? Tú le hiciste daño.

—¿Cómo podía amarla? Empecé. Empecé a amarla. Pero en cierto modo, ella siempre me hacía pedazos. No, no hablemos más de ello. Fue una condena, eso fue. Y ella una condenada mujer. Esta última vez, le habría disparado como disparo a una alimaña, si hubiese estado permitido. ¡Una condenada criatura loca de atar en forma de mujer! ¡Si hubiera podido disparar contra ella y acabar con todo el sufrimiento! Debería estar permitido. Cuando una mujer está absolutamente poseída por su propia voluntad, cuando su voluntad se opone a todo, entonces es aterradora, y se le debería pegar un tiro.

—¿No habría que pegarles también un tiro a los hombres cuando están poseídos por su propia voluntad?

—Sí... es lo mismo. Pero tengo que librarme de ella o empezará otra vez con lo mismo. Quería contártelo. Debo conseguir el divorcio en cuanto sea posible. De modo que debemos tener cuidado. No deben vernos juntos a ti y a mí. Jamás, *jamás* podría soportar que se nos echara encima.

Connie reflexionó sobre esto.

—Entonces, ¿no podemos estar juntos? —dijo ella.

—No hasta dentro de seis meses, más o menos. Creo que mi divorcio se consumará en septiembre; de modo que hasta marzo.

—Pero el niño nacerá probablemente a finales de febrero —dijo ella.

Él se quedó callado.

—Me gustaría que todos los Clifford y las Berthas estuviesen muertos —dijo él.

—Eso no es ser muy tierno con ellos —dijo ella.

—¿Tiernos con ellos? Incluso entonces, lo más tierno que podrías hacer por ellos, tal vez, sería darles la muerte. ¡No saben vivir! Sólo frustran la vida. Sus almas son terribles. La muerte debe resultarles dulce a ellos. Y se me debería permitir dispararles.

—Pero no lo harías —dijo ella.

—¡Lo haría! Y con menos escrúpulos que si se tratara de una comadreja. Al menos la comadreja es bonita y solitaria, pero son una legión. Oh, dispararía.

—Entonces, tal vez sea mejor que no te atrevas.

—Bueno.

Connie tenía mucho en qué pensar. Era evidente que él deseaba librarse absolutamente de Bertha Coutts. Y creía que él tenía razón. El último ataque había resultado demasiado nefasto. Eso significaba que viviría sola hasta la primavera. Quizás pudiera divorciarse de Clifford, ¿pero cómo? Si nombraban a Mellors, significaría el fin de *su* divorcio de Bertha. ¡Qué odioso! ¿No podría irse uno de inmediato a los confines de la tierra y liberarse de todo?

No se podía. Los confines del mundo, en la actualidad, no están a más de cinco minutos de Charing Cross. Mientras la radio está funcionando, no hay confines de la tierra. Los reyes Dahoney y los lamas del Tibet escuchan Londres y Nueva York.

¡Paciencia! ¡Paciencia! El mundo es un vasto y espantoso intricado mecanismo, y hay que ser muy cauteloso para no verse aplastado por él.

Connie se confió a su padre.

—Verás, padre, era el guardabosque de Clifford; pero fue oficial del ejército en la India. Es como el coronel C. E. Florence, quien prefirió volver a ser soldado raso.

Sir Malcolm, sin embargo, no sentía simpatía por el insatisfactorio misticismo del famoso C. E. Florence. Había visto demasiada propaganda tras toda esa humildad. Se parecía al tipo de presunción que más aborrecía el caballero, la presunción de la humillación propia.

—¿De dónde ha salido tu guardabosque? —preguntó sir Malcolm irritado.

—Era hijo de un minero de Tevershall. Pero es absolutamente presentable.

El artista nombrado caballero se enfadó más.

—Me parece un cazafortunas —dijo él—. Y tú una mina de oro bastante fácil de conseguir, al parecer.

—No, padre, no es así. Lo sabrías si le conocieras. Es un hombre. Clifford siempre le ha detestado porque no se humilla.

—Al parecer, tuvo buen instinto por una vez.

Lo que sir Malcolm no podía soportar era el escándalo de que su hija tuviese una aventura amorosa con un guardabosque. No le importaba tanto la aventura, le preocupaba el escándalo.

—No me importa nada ese tipo. Resulta evidente que ha sido capaz de persuadirte muy bien. Pero, por Dios, piensa en todas las habladurías. Piensa en tu madrastra, en cómo se lo tomará.

—Lo sé —dijo Connie—. Las habladurías son horribles, especialmente si vives en sociedad. Y tiene muchas ganas de divorciarse. Pensé que tal vez podríamos decir que el hijo es de otro hombre, y no mencionar el nombre de Mellors en ningún momento.

—¡De otro hombre! ¿De qué otro hombre?

—Quizás de Duncan Forbes. Ha sido amigo nuestro toda la vida. Y es un artista bastante conocido. Y siente cariño por mí.

—¡Maldita sea! ¡Pobre Duncan! ¿Y qué va a sacar de eso?

—No lo sé. Pero puede que incluso le guste.

—¿Que puede que le guste? Bueno, pues es un hombre raro si lo hace. Porque tú nunca has tenido una aventura con él, ¿verdad?

—¡No! Pero no es eso lo que desea en realidad. Le encanta que esté cerca de él, pero sin tocarle.

—¡Dios mío, qué generación!

—Lo que más le gustaría sería que posara para él. Pero yo nunca he querido.

—¡Que Dios le ayude! Pero parece lo bastante reprimido como para hacer cualquier cosa.

—Aun así, ¿te importarían tanto las habladurías sobre él?

—¡Dios mío, Connie, qué condenadas estratagemas!

—Lo sé. ¡Es repugnante! Pero, ¿qué puedo hacer?

—¡Engaños, confabulaciones; confabulaciones, engaños! Hace que un hombre piense que ha vivido demasiado.

—Vamos, padre, podrías hablar si tú no hubieses engañado ni confabulado en tus tiempos.

—Pero era diferente, te lo aseguro.

—*Siempre* es diferente.

Llegó Hilda, también furiosa al enterarse de los nuevos acontecimientos. Y tampoco podía soportar la idea de un escándalo público sobre su hermana y un guardabosque. ¡Demasiado, demasiado humillante!

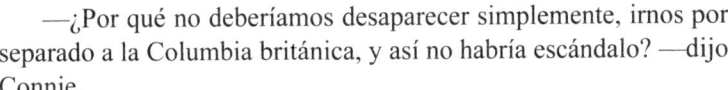

—¿Por qué no deberíamos desaparecer simplemente, irnos por separado a la Columbia británica, y así no habría escándalo? —dijo Connie.

Pero no era buena idea. El escandalo se produciría igualmente. Y si Connie iba a irse con ese hombre, sería mejor que pudiese casarse con él. Esta era la opinión de Hilda. Sir Malcolm no estaba seguro. Quizás aún pudiera pasar al olvido la aventura.

—Pero, ¿le verás, padre?

—¡Pobre sir Malcolm! No le entusiasmaba en absoluto. Y al pobre Mellors aún le entusiasmaba menos. Sin embargo, tuvo lugar el encuentro: un almuerzo en una sala privada del club, los dos hombres solos, mirándose el uno al otro de arriba abajo.

Sir Malcolm bebió una generosa cantidad de wiski, Mellors también bebió. Y hablaron largo y tendido de la India, sobre la que el joven estaba bien informado.

La conversación duró toda la comida. Sólo cuando sirvieron el café y el camarero se había retirado, sir Malcolm encendió un puro y dijo cordialmente:

—Bueno, joven, ¿qué pasa con mi hija?

Una ligera sonrisa apareció en el rostro de Mellors.

—Bueno, señor, ¿qué pasa con ella?

—Parece ser que le ha hecho usted un hijo.

—¡He tenido ese honor! —dijo Mellors, sonriendo.

—¡Honor! ¡Por Dios! —sir Malcolm soltó una carcajada y se volvió escocés y lascivo—. ¡Honor! ¿Cómo fue, eh? Bueno, muchacho, ¿qué?

—Bien.

—Apuesto a que sí. ¡Ja, ja! Mi hija, ¡de tal palo tal astilla! Yo jamás me he echado atrás ante una buena jodienda. Aunque su madre, ¡Santo cielo! —puso los ojos en blanco, mirando hacia el cielo—. Pero usted la ha calentado, oh, la ha calentado, me doy cuenta. ¡Ja, ja! ¡Lleva mi sangre! Le prendió fuego a su almiar. ¡Ja, ja, ja! Me alegro por ello, se lo aseguro. Lo necesitaba. Oh, es una buena chica, es una buena chica, y sabía que sería buena si encontraba a un condenado hombre que prendiera fuego a su almiar. ¡Ja, ja, ja! Guardabosque, ¿eh, muchacho? Un buen cazador furtivo, diría yo. ¡Ja, ja! Pero ahora hablemos en serio, ¿qué vamos a hacer al respecto? Hablemos en serio, ya sabe.

No llegaron muy lejos hablando en serio. Mellors, aunque un poco achispado, era con mucho el más sobrio de los dos. Mantuvo la conversación del modo más inteligente que le fue posible, lo cual no es decir mucho.

—¡Así que es usted guardabosque! ¡Lo hace muy bien! Esa clase de caza es la que merece la pena, ¿eh? Para probar a una mujer hay que pellizcarle el trasero. Puedes saber con sólo sentir su trasero si va resultar bien. ¡Ja, ja! Le envidio, muchacho. ¿Cuántos años tiene?

—Treinta y nueve.

El caballero alzó las cejas.

—¡Tantos! Bien, le quedan veinte años buenos, por el aspecto que tiene. Guardabosque o no, es usted un buen gallo. Puedo ver eso con un ojo cerrado. ¡No como ese condenado Clifford! Un sabueso cobarde que no ha jodido en su vida, jamás. Me gusta, muchacho. Apostaría a que tiene una buena polla; oh, es usted un gallo, puedo ver eso. Es un luchador. ¡Guardabosque! ¡Ja, ja! ¡Caramba! ¡No le confiaría mi caza! Pero mire, en serio, ¿qué vamos a hacer al respecto? El mundo está lleno de condenadas viejas.

En serio no hicieron nada, salvo reafirmar entre ellos la vieja masonería de sensualidad masculina.

—Mire, muchacho, si alguna vez puedo hacer algo por usted, puede confiar en mí. ¡Guardabosque! ¡Por Cristo, eso tiene gracia! Oh, me gusta. ¡Me gusta! Demuestra que la muchacha tiene arrestos. Después de todo, sabe, ella posee ingresos propios, modestos, modestos, pero no para morirse de hambre. Y yo le dejaré lo que tengo. Por Dios que lo haré. Se lo merece por tener arrestos en un mundo de viejas. Llevo setenta años luchando por librarme de las faldas de esas viejas y todavía no lo he conseguido. Pero usted sí, me doy cuenta.

—Me alegra que piense así. Suelen decirme con indirectas que soy un diablo.

—Oh, claro. Querido amigo, ¿qué podría ser, salvo un diablo, para todas esas viejas?

Se separaron de la manera más cordial, y Mellors estuvo riéndose en su interior durante el resto del día.

Al día siguiente comió con Connie y con Hilda en un lugar discreto.

D. H. Lawrence

—Es una lástima que sea una situación tan desagradable en todos los sentidos —dijo Hilda.

—Me divertí mucho —dijo él.

—Creo que deberíais haber evitado traer hijos al mundo hasta haber sido los dos libres para casaros y tener hijos.

—El Señor sopló demasiado pronto en la chispa —dijo él.

—Creo que el Señor no tiene nada que ver con ello. Por supuesto, Connie posee dinero suficiente para manteneros a los dos, pero la situación resulta insoportable.

—Pero usted no tiene que soportar más que una esquinita, ¿no? —dijo él.

—Si hubiese pertenecido a la misma clase que ella...

—O si hubiese estado en una jaula en el zoológico.

Hubo un silencio.

—Creo —dijo Hilda— que lo mejor será que ella dé el nombre de otro hombre como codemandado y usted se mantenga completamente al margen.

—Pero pensé que estaba bien metido en el asunto.

—Quiero decir en el proceso del divorcio.

Él la miró asombrado. Connie no se había atrevido a mencionarle la intriga de Duncan.

—No entiendo —dijo él.

—Tenemos un amigo que probablemente estaría de acuerdo en que se utilizara su nombre como codemandado; de ese modo, no sería necesario que apareciera su nombre —dijo Hilda.

—¿Quiere decir un hombre?

—¡Por supuesto!

—Pero, ¿tiene otro ella?

Miró sorprendido a Connie.

—¡No, no! —dijo apresuradamente—. Sólo se trata de una vieja amistad, simplemente, no de amor.

—Entonces, ¿por qué debería asumir la culpa ese hombre, si no ha recibido nada de ti?

—Algunos hombres son caballerosos y no sólo cuenta para ellos lo que han recibido de una mujer —dijo Hilda.

—Como yo, ¿eh? Pero, ¿quién es ese tipo?

—Un amigo a quien conocimos cuando éramos niños en Escocia, un artista.

—¡Duncan Forbes! —dijo él de inmediato, pues Connie le había hablado de él—. ¿Y cómo le echaréis la culpa a él?

—Podían estar juntos en algún hotel, o incluso ella podía quedarse en su apartamento.

—Me parece mucho lío para nada —dijo él.

—¿Qué otra cosa sugiere? —dijo Hilda—. Si aparece su nombre, no obtendrá el divorcio de su esposa, quien, al parecer, es una persona con la que resulta imposible entenderse.

—¡Desde luego! —dijo con una amplia sonrisa.

Hubo un largo silencio.

—Podríamos irnos de inmediato —dijo él.

—Connie no puede irse de inmediato —dijo Hilda—. Clifford es un hombre muy conocido.

De nuevo el silencio de pura frustración.

—El mundo es como es. Si queréis vivir juntos sin que os persigan, tendréis que casaros. Para casaros, ambos tenéis que divorciaros. De modo que, ¿cómo lo vais a arreglar?

Él guardó silencio durante mucho tiempo.

—¿Cómo va a arreglarlo *usted* por nosotros? —dijo él.

—Comprobaremos si Duncan consiente figurar como codemandado; después debemos conseguir que Clifford se divorcie de Connie; usted continuará con su divorcio, y ambos se mantendrán separados hasta que sean libres.

—Suena a manicomio.

—Posiblemente. Y el mundo les miraría como a lunáticos, o algo peor.

—¿Qué es peor?

—Criminales, supongo.

—Espero poder clavar la daga unas cuantas veces más aún —dijo, sonriendo. Luego se produjo silencio, y enfado.

—¡Bueno! —dijo él, al fin—. Estoy de acuerdo. El mundo es idiota, está loco de atar y nadie puede matarlo; aunque yo haré lo que pueda. Pero tenéis razón. Debemos salvarnos como podamos.

Miró a Connie con humillación, ira, cansancio y hastío.

—¡Mi niña! —dijo—. El mundo te va echar sal en la herida.

—No, si no se lo permitimos —dijo ella.

A ella le importaba menos que a él esta confabulación contra el mundo.

Cuando acudieron a Duncan, también insistió en ver al guardabosque delincuente, de modo que hubo una cena, esta vez en el piso de él; estuvieron los cuatro. Duncan era un Hamlet más bien bajo, ancho, de piel oscura y taciturno, con el cabello lacio negro y un extraño engreimiento celta. Su arte consistía en tubos y válvulas y espirales y colores extraños, ultramoderno, pero con cierto poder, incluso cierta pureza de forma y tono; pero Mellors pensó que era cruel y repelente. No se arriesgó a decírselo, pues Duncan era casi un loco en lo que a su arte se refería. Era para él un culto personal, una religión.

Estaban mirando los cuadros en el estudio, y Duncan mantenía la mirada de sus ojos castaños, más bien pequeños, fija en el otro hombre. Deseaba oír lo que diría el guardabosque. Ya conocía las opiniones de Connie y de Hilda.

—En cierto modo es como un asesinato —dijo Mellors al final; una forma de hablar que Duncan no esperaba en un guardabosque.

—¿Y quién es el asesinado? —preguntó Hilda, con cierta frialdad y desprecio.

—¡Yo! Asesina todas las entrañas de compasión de un hombre.

Una oleada de puro odio salió del artista. Oyó el tono de desagrado en la voz del otro hombre, y el tono de desprecio. Y a él mismo le costaba mucho mencionar las entrañas de la compasión. ¡Sentimentalismo enfermizo!

Mellors, allí de pie, alto y delgado, con aspecto cansado, observaba los cuadros con un fluctuante desapego que parecía el baile de una polilla cuando vuela.

—Quizás se asesina la estupidez; la estupidez sentimental —dijo el artista con desprecio.

—¿Eso cree? Creo que todos estos tubos y vibraciones corrugadas son bastante estúpidas, y bastante sentimentales. Muestran autocompasión en gran medida y una horrible cantidad de engreimiento nervioso, según me parece a mí.

Otra oleada de odio volvió amarillo el rostro del artista. Pero con una especie de muda *soberbia* volvió los cuadros hacia la pared.

—Creo que deberíamos pasar al comedor —dijo. Y salieron de allí con aspecto sombrío.

Después del café, Duncan dijo:

—No me importa en absoluto hacerme pasar por el padre del hijo de Connie. Pero sólo con la condición de que venga a posar como modelo para mí. Durante años he deseado que lo hiciera, y ella siempre se ha negado. —Lo pronunció con la oscura finalidad de un inquisidor que anuncia un *auto de fe*.

—¡Ah! —dijo Mellors—. Sólo lo hace con condiciones, entonces.

—¡Exactamente! Lo hago con esa condición.

El artista trató de mostrar el máximo desprecio hacia la otra persona en sus palabras. Se excedió.

—Mejor tómeme como modelo al mismo tiempo —dijo Mellors—. Mejor formemos un grupo, Vulcano y Venus bajo las redes del arte. Fui herrero antes de ser guardabosque.

—Gracias —dijo el artista—. Creo que Vulcano no tiene una figura que me interese.

—¿Ni siquiera en forma de tubos y emperifollado?

No hubo respuesta. El artista era demasiado arrogante para seguir hablando.

Fue una reunión nefasta, en la que el artista ignoraba constantemente la presencia del otro hombre y hablaba a las mujeres brevemente, como si le arrancasen las palabras de las profundidades de su abatida vanagloria.

—No te ha gustado, pero, en realidad, es mejor de lo que parece. Es muy amable —explicó Connie cuando se marcharon.

—Es un cachorrito negro, enfermo de corrugación —dijo Mellors.

—No, hoy no ha estado amable.

—¿Irás a posar para él?

—Oh, ya no me importa. No me tocará. Y no me importa nada, si eso allana el camino para vivir juntos tú y yo.

—Pero no hará nada más que estupideces sobre ti en un lienzo.

—No me preocupa. Se limitará a pintar lo que siente por mí, y no me importa que lo haga. No quería que me tocara, por nada del mundo. Pero si cree que puede hacer algo mirándome como un búho, le dejaré mirar. Puede hacer tantos tubos vacíos y corrugaciones de mí como guste. Es su problema. Te odia por lo que dijiste: que su arte a base de tubos es sentimental y presuntuoso. Pero, por supuesto, eso es verdad.

Capítulo XIX

Clifford, me temo que lo que preveías ha sucedido. Estoy ena-
morada de otro hombre en realidad y espero que te divorcies de
mí. Actualmente vivo con Duncan en su piso. Te dije que estaba en
Venecia con nosotras. Lo siento tremendamente por ti, pero trata
de tomarlo con calma. Realmente ya no me necesitas y no puedo
soportar volver a Wragby. Lo siento mucho. Pero trata de perdonar-
me, divórciate de mí y encuentra a alguien mejor que yo. Realmente
no soy la persona adecuada para ti, soy demasiado impaciente y
egoísta, supongo. No volveré a vivir contigo. Lo siento muchísimo
por ti. Pero si no te dejas llevar por el desasosiego, verás que no te
importa de un modo tan espantoso. En realidad, yo no te importaba
personalmente. De modo que perdóname y libérate de mí.

A Clifford no le sorprendió en *su fuero interno* recibir esta carta. En su fuero interno, sabía desde hacía tiempo que ella iba a
abandonarle. Pero se había negado rotundamente a admitirlo externamente. Por tanto, externamente, supuso un terrible golpe y le
dejó conmocionado. Había mantenido la apariencia de confiar en la
serenidad de ella.

Somos así. Mediante fuerza de voluntad aislamos nuestro conocimiento intuitivo interior de la consciencia admitida. Esto provoca
un estado de terror, o aprensión, que hace que el golpe sea diez veces
peor cuando se produce.

Clifford era como un niño histérico. Le dio un susto terrible a la
señora Bolton cuando le vio incorporado en la cama, con un aspecto
horrible y muy pálido.

—Sir Clifford, ¿qué sucede?

No hubo respuesta. Estaba aterrada por si le había dado un ataque de apoplejía. Se precipitó hacia él, le tocó la cara y le tomó el
pulso.

—¿Le duele algo? Intente decirme dónde le duele. ¡Dígamelo! ¡No hubo respuesta!

—¡Oh, Dios mío! ¡Oh, Dios mío! Voy a telefonear al doctor Carrington de Sheffield, y tal vez el doctor Lecky venga también inmediatamente.

Se dirigía hacia la puerta cuando dijo él con voz hueca:

—¡No!

Ella se detuvo y le miró fijamente. Su rostro estaba amarillo, sin expresión, como el rostro de un idiota.

—¿Quiere decir que prefiere que no vaya a buscar al médico?

—¡Sí! No quiero que venga —dijo una voz sepulcral.

—Oh, pero sir Clifford, está usted enfermo y no me atrevo a asumir la responsabilidad. *Debo* ir en busca del médico o me culparán a mí.

Una pausa; luego la voz hueca dijo:

—No estoy enfermo. Mi esposa no va a regresar.

Daba la impresión de que hablara una imagen.

—¿No va a regresar? ¿Su excelencia, quiere decir? —La señora Bolton se acercó un poco más a la cama—. ¡Oh, no lo crea! Puede confiar en que su excelencia regresará.

La imagen de la cama no cambió, pero empujó la carta sobre la colcha.

—¡Léela! —dijo la voz sepulcral.

—¡Cómo! Es una carta de su excelencia, estoy segura de que ella no querría que leyera una carta dirigida a usted, sir Clifford. Puede contarme lo que dice, si lo desea.

—¡Léela! —repitió la voz.

—Lo haré por obedecerle, sir Clifford —dijo ella.

Y leyó la carta.

—Bueno, *me* sorprende su excelencia —dijo—. Dio su fiel palabra de que regresaría.

El rostro de la cama pareció intensificar su expresión abstraída pero inmóvil. La señora Bolton miraba esa expresión y le preocupaba. Sabía a lo que se enfrentaba: histeria masculina. Había atendido a soldados y aprendido algo sobre ese mal tan desagradable.

Estaba un poco molesta con sir Clifford. Cualquier hombre en sus cabales debía haber *sabido* que su esposa estaba enamorada de otro, y que iba a abandonarle. Incluso estaba segura de que sir Clifford, en su fuero interno, era absolutamente consciente de ello, solo que no lo había admitido. ¡Si lo hubiese admitido y se hubiese preparado para ello! O si lo hubiese admitido y luchado activamente con su esposa contra ello: eso habría sido actuar como un hombre. ¡Pero no! Lo sabía, y durante todo ese tiempo había intentado engañarse a sí mismo diciendo que no era así. Sentía que el diablo le retorcía el rabo, y fingía que eran ángeles que le sonreían. Este estado de falsedad provocaba ahora esa crisis de falsedad y desconcierto, histeria, que es una forma de locura. «Eso le pasa —pensó para sí misma, odiándole un poco—, por pensar siempre en sí mismo. Está tan envuelto en su propio e inmortal ego, que cuando le dan un susto se queda como una momia enredada en sus propias vendas. Mírale.»

Pero la histeria es peligrosa; y ella era enfermera, era su deber sacarle de ese estado. Cualquier intento de alentar su hombría y su orgullo sólo lo empeoraría; pues su hombría estaba muerta, temporal o definitivamente. Solo se retorcería más y más, como un gusano, dejándole más desconcertado.

Lo único que podía hacerse era liberar su autocompasión. Al igual que la dama de Tennyson, él tenía que llorar o morir.

De modo que la señora Bolton empezó a llorar primero. Se cubrió el rostro con la mano y estalló en pequeños sollozos violentos. «¡Jamás lo habría creído de su excelencia, jamás!», lloró, reuniendo de repente todo su antiguo dolor y aflicción, y derramó lágrimas por sus propios amargos pesares. Una vez comenzó, su llanto era sincero, pues había tenido motivos para llorar.

Clifford pensaba en el modo en el que había sido traicionado por la mujer, por Connie, y en un contagio de dolor, sus ojos se llenaron de lágrimas y empezaron a descender por sus mejillas. Lloraba por sí mismo. La señora Bolton, tan pronto vio las lágrimas correr por su pálido rostro, se limpió apresuradamente sus mejillas húmedas con un pañuelito y se inclinó hacia él.

—¡No, no se inquiete, sir Clifford! —dijo, con un derroche de emoción—. Ahora no se inquiete; no lo haga, sólo conseguirá hacerse daño.

El cuerpo de Clifford se estremeció de repente al contener sus mudos sollozos y las lágrimas cayeron más deprisa por su rostro. Ella puso una mano sobre su hombro, y sus propias lágrimas volvieron a caer. De nuevo sintió él el escalofrío, como una convulsión,

y ella le rodeó el hombro con su brazo. «¡Vamos, vamos! No se inquiete, no lo haga. ¡No se inquiete!» gemía ella, mientras caían sus propias lágrimas. Y le atrajo hacia sí y rodeó con sus brazos aquellos grandes hombros, mientras él apoyaba el rostro sobre su pecho y sollozaba, sacudiendo sus enormes hombros, y ella le acariciaba suavemente el cabello rubio oscuro y le decía: «¡Vamos, vamos, vamos! ¡No se preocupe! ¡No se preocupe!».

Y él la rodeó con sus brazos y se aferró a ella como un niño, mojando con sus lágrimas el delantal blanco almidonado, y la pechera de su vestido de algodón azul pálido. Por fin él se había abandonado completamente.

De modo que, finalmente, ella le besó y le meció sobre su pecho, y en su corazón se decía a sí misma: «¡Oh, sir Clifford! ¡Oh, altivos y poderosos Chatterley! ¡A esto es a lo que habéis llegado!». Y, por fin, se quedó dormido como un niño. Ella se sentía agotada y se fue a su habitación, donde rio y lloró a la vez, llevada por su propia histeria. ¡Resultaba tan ridículo! ¡Tan horrible! ¡Caer tan bajo! ¡Qué vergüenza! ¡Y qué fastidioso *era* también!

Después de aquello, Clifford se comportó como un niño con la señora Bolton. Cogía su mano y apoyaba la cabeza sobre el pecho de ella, y cuando ella le daba un beso rápido, él decía: «¡Sí! ¡Béseme! ¡Béseme!». Y cuando limpiaba con una esponja su robusto y rubio cuerpo, le decía lo mismo: «¡Béseme!» y ella daba besos fugaces en su cuerpo, en cualquier parte, medio en broma.

Y él yacía en la cama con una expresión extraña y ausente en su semblante, como la de un niño asombrado. Y la miraba fijamente con los ojos muy abiertos e infantiles, con la misma relajación que cuando se adora a una santa. Era pura relajación por su parte, dejando de lado toda su virilidad y sumergiéndose de nuevo en una postura infantil que resultaba realmente perversa. Y luego le ponía la mano en el pecho, le tocaba los senos y los besaba con euforia, la euforia de la perversidad, de ser un niño cuando era un hombre.

La señora Bolton se estremecía y se avergonzaba al mismo tiempo, le encantaba y lo detestaba a la vez. Sin embargo, nunca le rechazaba ni le reprendía. Y llegaron a una mayor intimidad física, una intimidad perversa, en la que él era un niño aparentemente candoroso y aparentemente asombrado, algo que casi parecía exaltación religiosa: la traducción literal y perversa de «a menos que volváis a ser como niños». Ella, mientras tanto, era la *Magna Mater*, rebosante de poder y de fuerza, que tenía al gran niño-hombre rubio completamente sometido a su voluntad y a sus caricias.

Lo curioso era que, cuando este niño-hombre que era ahora Clifford, y en el que se había ido convirtiendo al cabo de los años, salía al mundo, era mucho más despierto y más entusiasta que el verdadero hombre que acostumbraba a ser. Este niño-hombre pervertido era un *verdadero* hombre de negocios; cuando se trataba de negocios, era todo un hombre, puntiagudo como una aguja e insensible como un trozo de acero. Cuando se hallaba entre hombres, en busca de sus propios fines, y «haciendo bien» su trabajo en las minas, tenía una astucia, una dureza y un empuje que resultaban casi inexplicables. Era como si su misma pasividad y prostitución a la *Magna Mater* le dieran cierta visión para asuntos comerciales y le dotaran de cierta fuerza inhumana y notable. Regodearse en emociones privadas, la absoluta degradación de su virilidad, parecían otorgarle una segunda naturaleza, fría, casi visionaria, hábil para los negocios. En los negocios era bastante inhumano.

Y en eso la señora Bolton triunfaba. «¡Cómo progresa!» se decía a sí misma con orgullo. «¡Y es obra mía! La verdad es que nunca lo habría conseguido con lady Chatterley. No era de las que hacen progresar a un hombre. Quería demasiado para sí misma.»

Y al mismo tiempo, en algún rincón de su extraña alma femenina, ¡cómo le despreciaba y le odiaba! Para ella era la bestia caída, el monstruo que se retorcía. Y mientras le ayudaba y le animaba todo lo que podía, en el rincón más remoto de su antigua y saludable femineidad sentía un enorme desprecio que no conocía límites. El más simple vagabundo era mejor que él.

Su comportamiento respecto a Connie resultaba curioso. Él insistía en verla de nuevo. Insistía, además, en que fuera a Wragby. Respecto a este punto se mostraba definitiva y absolutamente inflexible. Connie había dado su palabra de regresar a Wragby.

—Pero, ¿de qué sirve? —dijo la señora Bolton—. ¿No puede dejarla marchar y liberarse de ella?

—¡No! Ella dijo que regresaría, y tiene que venir.

La señora Bolton no se opuso más. Sabía a lo que se enfrentaba.

Clifford escribió a Connie a Londres:

No es necesario que diga el efecto que me ha causado tu carta. Tal vez lo puedas suponer si lo intentas, aunque dudo de que te molestes en emplear tu imaginación en mí.

Sólo puedo decirte una cosa como respuesta: Debo verte en persona, aquí, en Wragby, antes de poder hacer algo. Prometiste regresar a Wragby, y debes mantenerte fiel a tu promesa. No creeré nada ni comprenderé nada hasta verte personalmente, aquí, en circunstancias normales. No es necesario que te diga que aquí nadie sospecha nada, de modo que tu regreso resultaría completamente normal. Luego, si después de haber hablado las cosas, crees seguir con la misma idea, no dudes de que podremos llegar a un acuerdo.

Connie mostró esta carta a Mellors.

—Quiere empezar a vengarse de ti —dijo él, devolviéndole la carta.

Connie guardó silencio. Estaba un poco sorprendida al haber descubierto que temía a Clifford. Temía acercarse a él. Le temía como si él fuese malvado y peligroso.

—¿Qué voy a hacer? —dijo.

—Nada, si no deseas hacer nada.

Ella respondió a la carta, tratando de disuadir a Clifford. Él respondió a su vez:

Si no regresas ahora a Wragby, consideraré que vas a regresar algún día y actuaré en consecuencia. Yo seguiré igual y te esperaré aquí, aunque espere cincuenta años.

Ella se asustó. Era intimidación insidiosa. No albergaba ninguna duda de que hablaba en serio. No se divorciaría de ella, y el hijo sería suyo, a menos que pudiera hallar ella los medios para establecer su ilegitimidad.

Después de pasar un tiempo preocupada y atormentada, decidió ir a Wragby. Hilda la acompañaría. Connie escribió a Clifford. Él respondió:

Tu hermana no será bienvenida, pero no le negaré la entrada. No me cabe duda de que se ha confabulado contigo para que aban-

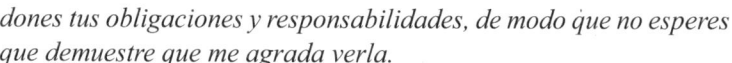

dones tus obligaciones y responsabilidades, de modo que no esperes que demuestre que me agrada verla.

Fueron a Wragby. Clifford estaba ausente cuando llegaron. La señora Bolton las recibió.

—Oh, excelencia, no es el regreso feliz que habíamos esperado, ¿verdad?

—No, ¿verdad? —dijo Connie.

¡De modo que esta mujer lo sabía! ¿Cuánto sabría o sospecharía el resto de la servidumbre?

Entró en casa, que odiaba ahora con cada fibra de su cuerpo. Aquella gran mole laberíntica le parecía nociva, una amenaza para ella. Ella ya no era su dueña, era su víctima.

—No puedo quedarme mucho tiempo aquí —susurró a Hilda, aterrorizada.

Y sufrió al entrar en su propio dormitorio, a volver a entrar en posesión como si nada hubiese sucedido. Odiaba cada minuto pasado en el interior de los muros de Wragby.

No se reunieron con Clifford hasta que bajaron a cenar. Llevaba traje y una corbata negra. Se mostró bastante reservado y se portó como el caballero que se siente superior. Se comportó con perfecta educación durante la cena y mantuvo una especie de conversación cortés: pero todo parecía mostrar cierta demencia.

—¿Cuánto saben los criados? —preguntó Connie, una vez hubo salido la mujer.

—¿De tus intenciones? Nada en absoluto.

—La señora Bolton lo sabe.

Él cambió de color.

—La señora Bolton no es exactamente uno de mis sirvientes —dijo él.

—Oh, no importa.

Hubo tensión hasta después del café, cuando Hilda dijo que subía a su habitación.

Clifford y Connie permanecieron en silencio tras haberse ido. Ninguno deseaba empezar a hablar. Connie se alegraba tanto de que no hubiese adoptado una actitud patética, que lo mantuvo en su altivez tanto como le fue posible. Se limitó a guardar silencio y mirarse las manos.

—Supongo que no te importa en absoluto haber faltado a tu palabra —dijo él, al fin.

—No puedo evitarlo —murmuró ella.

—Pero, si no puedes, ¿quién puede?

—Supongo que nadie.

Él la miró con extraña y fría rabia. Estaba acostumbrado a ella. Era como si ella estuviese incrustada en su voluntad. ¿Cómo se atrevía ahora a volverse contra él y destruir el tejido de su existencia cotidiana? ¿Cómo se atrevía a intentar causar ese trastorno en su persona?

—¿Y *por qué* quieres volver atrás en todo? —insistió él.

—Por amor —dijo ella. Era mejor ser banal.

—¿Por amor a Duncan Forbes? Pero cuando me conociste, pensabas que él no merecía la pena. ¿Quieres decir que ahora le amas más que a cualquier otra cosa en la vida?

—Una cambia —dijo ella.

—¡Posiblemente! Es posible que hayas tenido un capricho. Pero todavía tienes que convencerme de la importancia de ese cambio. Sencillamente no creo en tu amor por Duncan Forbes.

—Pero, ¿por qué *deberías* creer en él? Sólo tienes que divorciarte de mí, no creer en mis sentimientos.

—¿Y por qué debería divorciarme de ti?

—Porque no voy a vivir aquí nunca más. Y, realmente, tú no me quieres.

—¡Perdóname! Yo no cambio. Por mi parte, ya que eres mi esposa, preferiría que permanecieras bajo mi techo con dignidad y tranquilidad. Dejando a un lado sentimientos personales, y te aseguro que por mi parte voy a dejar a un lado una buena cantidad, me resulta amargo como la muerte haber destrozado este orden de vida, aquí en Wragby, y hacer pedazos la vida cotidiana decente, tan sólo por un capricho tuyo.

Después de un silencio, dijo ella:

—No puedo evitarlo. Tengo que irme. Espero tener un hijo.

Él también guardó silencio durante un tiempo.

—¿Y es por el hijo por lo que debes irte? —preguntó finalmente.

Ella asintió con la cabeza.

—¿Y por qué? ¿Tan entusiasmado está Duncan Forbes con su progenie?

—Seguramente más entusiasmado de lo que lo estarías tú —dijo ella.

—¿De veras? Quiero a mi esposa, y no veo razón para permitir que se marche. Si quieres dar a luz a un hijo bajo mi techo, bienvenida seas, y el hijo también, siempre y cuando se conserve la decencia y un orden de vida. ¿Quieres decir que Duncan Forbes ejerce mayor dominio sobre ti? No me lo creo.

Hubo una pausa.

—¿Pero no comprendes que debo alejarme de ti y debo vivir con el hombre a quien amo? —dijo Connie.

—No. No lo comprendo. No doy dos peniques por tu amor, ni por el hombre al que amas. No creo en esa clase de falsedades.

—Pero ya ves que yo sí.

—¿Tú? Mi querida señora, eres demasiado inteligente, te lo aseguro, para que tú misma creas en tu amor por Duncan Forbes. Créeme, incluso ahora te importo yo más que él. ¡Así que por qué debería tragarme semejante tontería!

Ella se dio cuenta de que tenía razón en eso. Y pensó que no podía guardar silencio durante más tiempo.

—Porque no es a Duncan a quien amo —dijo, levantando la mirada hacia él—. Nos limitamos a decir que era Duncan para evitarte sufrimientos.

—¿Para evitarme sufrimientos?

—¡Sí! Porque a quien amo realmente, y eso hará que me odies, es al señor Mellors, el que fue nuestro guardabosque.

Si pudiese haberse levantado de un salto de la silla, lo habría hecho. Su rostro se volvió amarillo, y sus ojos se salían de sus órbitas ante el desastre mientras la miraba fijamente.

Después se recostó en la silla, jadeando y mirando al techo.

Finalmente se incorporó.

—¿Quieres decir que me estás diciendo la verdad? —preguntó con un espantoso aspecto.

—Sí, sabes que sí.

—¿Y cuándo empezaste con él?

—En primavera.

Él guardó silencio como una bestia atrapada.

—¿Y *eras* tú, entonces, la que estuvo en el dormitorio de la casita?

Así que él lo había sabido todo el tiempo.

—¡Sí!

Él aún se encontraba inclinado en su silla, mirándola fijamente como una bestia acorralada.

—¡Dios mío, deberían borrarte de la faz de la tierra!

—¿Por qué? —exclamó ella débilmente.

Pero él no pareció oírla.

—¡Es escoria! ¡Ese zopenco engreído! ¡Ese miserable canalla! ¡Y tener un lío con él todo este tiempo, mientras tú estabas aquí y él era uno de mis sirvientes! ¡Dios mío, Dios mío, y que no tenga fin la espantosa bajeza de las mujeres!

Estaba fuera de sí por la rabia, como ella sabía que sucedería.

—¿Y quieres decir que deseas tener un hijo con un canalla como ese?

—¡Sí! Voy a tenerlo.

—¡Vas a tenerlo! ¡Quieres decir que estás segura! ¿Desde cuándo estás segura?

—Desde junio.

Él se quedó mudo, y la extraña mirada inexpresiva e infantil apareció de nuevo.

—Sorprende que se permita que nazcan semejantes seres —dijo al fin.

—¿Qué seres? —preguntó ella.

Él la miró de una manera extraña, sin responder. Resultaba obvio que ni siquiera podía admitir la existencia de Mellors en ningún tipo de relación con su propia vida. Era odio puro, atroz, impotente.

—¿Y quieres decir que te casarías con él... y llevarías su asqueroso apellido? —preguntó finalmente.

—Sí, eso es lo que quiero.

Volvió a quedarse estupefacto.

—¡Sí! —dijo por fin—. Eso demuestra que lo que siempre he pensado de ti es correcto: no eres normal, no estás en tus cabales. Eres una de esas mujeres medio locas y pervertidas que han de perseguir la depravación, la *nostalgie de la boue*.

De repente se había vuelto moral de un modo casi melancólico, viendo en sí mismo la encarnación del bien, y en personas como Mellors y Connie la encarnación del barro, del mal. Parecía ir aumentado su vaguedad, como si estuviese en el interior de un nimbo.

—¿De modo que no piensas que sería mejor divorciarte de mí y terminar con esto? —dijo ella.

—¡No! Puedes ir donde quieras, pero no me divorciaré —dijo de un modo estúpido.

—¿Por qué no?

Él guardó silencio, el silencio de la obstinación imbécil.

—¿Permitirías incluso que el hijo fuese legalmente tuyo, y tu heredero? —dijo ella.

—No me importa nada el hijo.

—Pero si es un niño, será tu hijo legalmente, y heredará tu título, y tendrá Wragby.

—No me importa nada eso —dijo él.

—¡Pero *debe* hacerlo! Yo evitaré que el niño sea tuyo legalmente, si me es posible. Preferiría que fuese ilegítimo y mío, si no puede ser de Mellors.

—Haz lo que quieras al respecto.

Era inflexible.

—¿Y no te divorciarás de mí? —dijo ella—. Puedes emplear a Duncan como pretexto. No haría falta dar el nombre real. A Duncan no le importa.

—Jamás me divorciaré de ti —dijo, como si remachara un clavo.

—Pero, ¿por qué? ¿Porque quiero yo?

—Porque sigo mis propias disposiciones, y no estoy dispuesto a eso.

Era inútil. Connie subió al piso de arriba y le contó a Hilda el resultado.

—Será mejor que nos vayamos mañana —dijo Hilda— y dejar que recupere la sensatez.

Así que Connie pasó la mitad de la noche empacando sus efectos personales, lo que realmente era suyo. Por la mañana había enviado a la estación sus baúles, sin decírselo a Clifford. Decidió verle antes del almuerzo, tan sólo para despedirse.

Aunque habló con la señora Bolton.

—Debo despedirme de usted, señora Bolton, ya sabe por qué. Pero puedo confiar en que usted no hablará.

—Oh, puede confiar en mí, su excelencia, aunque es un golpe triste para nosotros, desde luego. Sin embargo, espero que sea feliz con el otro caballero.

—¡El otro caballero! Es el señor Mellors, y le quiero. Sir Clifford lo sabe. Pero no se lo diga a nadie. Y si algún día cree que sir Clifford podría estar dispuesto a divorciarse de mí, hágamelo saber, ¿lo hará? Me gustaría estar casada legalmente con el hombre al que quiero.

—Le aseguro que lo haré, señora. Puede confiar en mí. Seré fiel a sir Clifford, y también seré fiel a usted, pues me doy cuenta de que ambos tienen razón, cada uno a su manera.

—¡Gracias! Y mire... quiero darle esto... ¿puedo?

Y así, Connie abandonó Wragby una vez más y se fue con Hilda a Escocia. Mellors se fue al campo y consiguió trabajo en una granja. La idea era que él se divorciara, si era posible, tanto si Connie conseguía su divorcio como si no. Durante seis meses trabajaría en la granja, de modo que, con el tiempo, pudieran tener una pequeña granja propia a la que poder dedicar sus energías. Pues tendría que trabajar, incluso duramente, y ganarse la vida por sí mismo, aunque utilizara al principio el capital de ella.

Así que tendrían que esperar hasta que llegara la primavera, hasta que naciera el bebé, hasta que volviera el comienzo del verano.

D. H. Lawrence

Grange Farm
Old Heanor
29 de septiembre

Llegué aquí con cierta idea, pues conocía a Richards, el ingeniero de la compañía en el ejército. Es una granja que pertenece a las Compañías Butler y Smitham Colliery; la utilizan para cultivar heno y avena para los caballos de las minas; no es una empresa privada. Sin embargo, también tienen vacas, cerdos y todo lo demás, y yo cobro treinta chelines a la semana como jornalero. Rowley, el granjero, me asigna tantos trabajos como puede para que aprenda todo lo posible desde ahora hasta la próxima Pascua. No tengo noticias de Bertha. No sé por qué no se presentó en el divorcio, ni dónde está ni qué está haciendo. Pero si me mantengo callado hasta marzo, supongo que seré libre. Y no te preocupes por sir Clifford. Querrá librarse de ti uno de estos días. Si te deja en paz, ya es mucho.

Me alojo en una vieja casita en Engine Row, muy aceptable. El dueño es maquinista en High Park, alto, con barba y muy de iglesia. La mujer es como un pajarillo a quien le encanta todo lo superior. Habla inglés correcto y dice constantemente «permítame». Pero perdieron a su único hijo en la guerra, y eso ha dejado una especie de vacío en ellos. Hay una muchacha alta y desgarbada, su hija, que está preparándose para ser maestra de escuela, y yo le ayudo a veces con sus clases, así que somos casi una familia. Son personas muy decentes y muy amables conmigo. Supongo que me miman más que a ti.

Me gusta el trabajo de la granja. No es muy estimulante, pero tampoco busco estimulación. Estoy acostumbrado a los caballos; y las vacas, aunque son muy hembras, tienen un efecto relajante sobre mí. Cuando me siento a su lado para ordeñarlas, siento mucho consuelo. Tienen seis Hereford bastante buenas. Acaba de terminar la cosecha de avena y he disfrutado, a pesar del dolor en las manos y de lo mucho que ha llovido. No presto mucha atención a la gente,

pero me llevo bien con ella. Sencillamente, no hago caso de la mayor parte de las cosas.

Las minas van mal; esta es una comarca minera como Tevershall, sólo que más bonita. A veces me siento en el Wellington y hablo con los hombres. Se quejan mucho, pero no van a cambiar nada. Como dicen todos, los mineros de Notts-Derby tienen el corazón en el sitio correcto, pero el resto de su anatomía debe estar en el lugar equivocado, en un mundo que no tiene sentido para ellos. Me gustan, pero no animan mucho; ya no son los gallos de pelea de antes. Hablan mucho de nacionalismo, de nacionalización de beneficios, de nacionalización de toda la industria. Pero no se puede nacionalizar el carbón y dejar todas las demás industrias como están. Hablan de dar nuevos usos al carbón, como está intentando hacer sir Clifford. Puede que funcione aquí y allí, pero dudo que lo haga en general. Se fabrique lo que se fabrique, luego hay que venderlo. Los hombres son muy apáticos. Creen que todo este condenado asunto está condenado de verdad, y yo lo creo también. Y ellos también están condenados. Algunos jóvenes sueltan peroratas sobre crear un soviet, pero no están muy convencidos. No hay ningún tipo de convicción sobre nada, salvo que todo esto es un embrollo y un agujero. Incluso en un soviet habría que vender carbón; y ahí radica la dificultad.

Tenemos esta enorme población industrial y hay que alimentarla, de modo que este condenado espectáculo tiene que continuar. Las mujeres hablan mucho más que los hombres hoy en día, y son más engreídas. Los hombres se sienten sin fuerzas, ven fatalidad por todas partes, y van por ahí como si no hubiera nada que hacer. De todas maneras, nadie sabe lo que debería hacerse a pesar de hablar tanto. Los jóvenes se enfadan porque no tienen dinero para gastar. Esa es nuestra civilización y nuestra educación: acostumbrar a las masas a depender totalmente de gastar dinero, y luego el dinero se acaba. En las minas se trabajan dos días, o dos días y medio a la semana, y no hay ningún indicio de que vaya a mejorar, ni siquiera en invierno. Eso significa que una familia se tiene que mantener con veinticinco o treinta chelines. Las mujeres son las que están más desesperadas. Pero también son las que con más desesperación gastan hoy en día.

D. H. Lawrence

¡Si pudiese decirles que vivir y gastar no es lo mismo! Pero es inútil. Si se les enseñara a vivir en lugar de enseñarles a ganar y gastar, podrían arreglárselas muy bien con veinticinco chelines. Si los hombres llevaran pantalones escarlatas, como he dicho, no pensarían tanto en el dinero: si pudieran bailar, saltar y brincar, cantar, pavonearse y ser hermosos, podrían vivir con muy poco dinero. Y divertir a las mujeres, y que las mujeres les divirtieran a ellos. Deberían aprender a estar desnudos y ser hermosos, y a cantar todos juntos, y a bailar las antiguas danzas en grupo, y tallar los taburetes en los que se sientan, y bordar sus propios emblemas. Entonces no necesitarían dinero. Y esa es la única manera de solucionar el problema industrial: formar a la gente para que sea capaz de vivir y vivir en la hermosura, sin necesidad de gastar. Pero no puedes hacerlo. Hoy en día, tienen una mente que sólo piensa en una cosa. Las masas ni siquiera intentan pensar, porque no pueden. Deberían estar vivos, llenos de vitalidad, y reconocer al gran dios Pan. Es el único dios de las masas, siempre lo ha sido. Unos cuantos pueden dedicarse a cultos más elevados si lo desean. Pero que dejen que las masas sean paganas para siempre.

Sin embargo, los mineros no son paganos, ni mucho menos. Forman un grupo triste, son un montón de hombres muertos: muertos para sus mujeres, muertos para la vida. Los jóvenes se pasean en motocicleta con las chicas, y bailan jazz cuando tienen oportunidad, pero están muy muertos. Y se necesita dinero. El dinero te envenena cuando lo tienes y te mata de hambre cuando no lo tienes.

Seguro que ya estás harta de todo esto. Pero es que no quiero insistir en mí mismo, y no me sucede nada. No me gusta pensar demasiado en ti, darle vueltas a la cabeza, porque sólo sirve para embrollarnos ambos. Pero, por supuesto, por lo que vivo ahora es porque tú y yo vivamos juntos. Realmente estoy asustado. Presiento al diablo en el aire, e intentará atraparnos. Si no el diablo, Mammón; que, después de todo, creo que no es más que la voluntad de la masa, que desea dinero y odia la vida. De todas maneras, siento unas manos blancas enormes en el aire que quieren agarrar por el cuello a todo aquel que intenta vivir, vivir más allá del dinero, y privarle de la vida. Llegan malos tiempos. ¡Llegan malos tiempos, chicos, llegan malos tiempos! Si las cosas siguen como están, no habrá nada en el futuro, salvo muerte y destrucción, para estas

*masas industriales. A veces siento que mi interior se vuelve agua,
y ahí estás tú, a punto de tener un hijo mío. Pero no importa. Todos
los malos tiempos que han pasado no han sido capaces de conseguir
que no salga el azafrán, ni siquiera han acabado con el amor de
las mujeres. Así que no podrán acabar con mi deseo de ti, ni con el
pequeño fulgor que hay entre tú y yo. Estaremos juntos al año que
viene. Y aunque estoy asustado, creo en ti y en mí. Un hombre tiene
que valerse y luchar para conseguir lo mejor, y luego confiar en
algo que esté más allá de sí mismo. No puedes estar seguro frente al
futuro, pero se puede creer realmente en lo mejor de uno mismo,
y en el poder que hay más allá de todo ello. De modo que creo en
esa llamita que hay entre nosotros. En este momento, para mí es lo
único que existe en el mundo. No tengo amigos, amigos de verdad.
Sólo tú. Y ahora esa llamita es todo lo que me preocupa en la vida.
También está el niño, pero es un asunto secundario. Es mi Pentecostés, la llama bifurcada entre tú y yo. No es exactamente como el
Pentecostés de siempre. Eso de Dios y yo resulta un poco pretencioso en cierta manera. Pero la llamita bifurcada entre tú y yo ¡eso sí!
A eso me he atenido y me atendré, a pesar de todos los Cliffords y
Berthas, a pesar de las compañías mineras y de los gobiernos, y de
las masas que sólo quieren dinero.*

*Esa es la razón por la que no me gusta empezar a pensar en ti
en realidad. Sólo me tortura, y a ti no te hace ningún bien. No quiero
estar lejos de ti. Pero si empiezo a ponerme nervioso, se desapro-
vecha algo. Paciencia, siempre paciencia. Este es mi cuadragésimo
invierno. Y no puedo borrar los inviernos ya pasados. Pero este invierno me apegaré a mi llamita de Pentecostés y tendré un poco de
paz. Y no permitiré que el aliento de la gente la apague. Creo en el
más elevado misterio, que no permite que no crezca el azafrán. Y si
tú estás en Escocia y yo en las Midlands, y no puedo rodearte con
mis brazos y envolverte con mis piernas, sin embargo, tengo algo de
ti. Mi alma aletea suavemente en la llamita de Pentecostés contigo,
como la paz de joder. Jodiendo dimos vida a una llama. Hasta las
flores dan vida por joder el sol y la tierra. Pero es algo delicado,
y requiere paciencia y un largo descanso.*

*Así que ahora me encanta la castidad, porque es la paz que
llega después de joder. Me encanta ser casto ahora. Me encanta
como a las campanillas de invierno les encanta la nieve. Me encan-*

ta esta castidad, que es la pausa de paz después de nuestro joder, y que es entre nosotros como una campanilla de invierno de un fuego blanco bifurcado. Y cuando llegue la verdadera primavera, cuando volvamos a estar juntos, entonces podremos joder y hacer que esa llamita sea brillante y amarilla, brillante. ¡Pero ahora no, aún no! Ahora es el momento de ser castos, es tan bueno ser casto, como un río de agua fresca en mi alma. Ahora me encanta la castidad que fluye entre nosotros. Es como el agua fresca y la lluvia. ¡Cómo pueden los hombres ir detrás de las mujeres de forma tan fatigosa! Qué triste ser como don Juan, incapaz siempre de alcanzar la paz jodiendo, y la llamita encendida, impotente e incapaz de ser casto en los frescos intermedios, como a la orilla de un río.

Bueno, son muchas palabras porque no puedo tocarte. Si pudiera dormir abrazándote, la tinta se quedaría en el tintero. Podríamos ser castos juntos igual que podemos joder juntos. Pero tenemos que permanecer separados durante un tiempo, y supongo que realmente es lo más prudente. ¡Ojalá uno estuviese seguro!

No te preocupes, no te preocupes, no nos pondremos nerviosos. Realmente confiamos en la pequeña llama y en el dios sin nombre que la protege de ser apagada. Hay tanto de ti aquí conmigo, que es una lástima que no estés aquí.

No te preocupes por sir Clifford. Si no sabes nada de él, no te preocupes. En realidad no puede hacerte nada. Espera, al final querrá librarse de ti, echarte fuera de su vida. Y si no lo hace, nos las arreglaremos para mantenernos alejados de él. Pero querrá. Al final, querrá vomitarte como si fueses algo abominable.

Ahora ni siquiera puedo dejar de escribirte.

Pero una gran parte de nosotros está unida, y no podemos sino atenernos a ello, y guiar nuestros rumbos para encontrarnos pronto. John Thomas le da las buenas noches a lady Jane, un poco decaído, pero con el corazón esperanzado.

Índice